王豫生　主编

福建省教育学会成立四十周年纪念文集

海峡出版发行集团
海峡文艺出版社

图书在版编目(CIP)数据

奠基:福建省教育学会成立四十周年纪念文集/
王豫生主编.--福州:海峡文艺出版社,2020.10
ISBN 978-7-5550-2426-2

Ⅰ.①奠… Ⅱ.①王… Ⅲ.①地方教育－教
育工作－福建－文集 Ⅳ.①G527.57－53

中国版本图书馆 CIP 数据核字(2020)第 196114 号

奠基

——福建省教育学会成立四十周年纪念文集

王豫生　主编		
责任编辑	李永远	
出版发行	海峡文艺出版社	
经　　销	福建新华发行(集团)有限责任公司	
社　　址	福州市东水路 76 号 14 层	**邮编** 350001
发 行 部	0591－87536797	
印　　刷	福州力人彩印有限公司	**邮编** 350012
厂　　址	福州市晋安区新店镇健康村西庄 580 号 9 栋	
开　　本	787 毫米×1092 毫米　1/16	
字　　数	560 千字	
印　　张	30.5	
版　　次	2020 年 10 月第 1 版	
印　　次	2020 年 10 月第 1 次印刷	
书　　号	ISBN 978-7-5550-2426-2	
定　　价	80.00 元	

如发现印装质量问题,请寄承印厂调换

编委会名单

主　编　王豫生

副主编　林佳添

成　员　张平忠　唐　宁　陈文强

　　　　黄达平　肖淑芬　汤吟莹

　　　　段艳霞　郭常斐　易增加

序

　　教育是国之大计、党之大计。福建省教育学会是福建教育系统成立最早、覆盖人群最多、影响面最广的全省性、群众性教育学术组织，是伴随改革开放成长、发展起来的福建省重要教育智库，在加快推进福建教育现代化、建设基础教育强省上起着重要作用。

　　光阴荏苒，岁月流转，从1980年到2020年，福建省教育学会走过了40年坚实的奋进历程。40年来，福建省教育学会从开始萌生，到成长壮大，再到稳健前行，始终团结和带领全省教育工作者积极贯彻落实党的教育方针和工作部署，融入中心服务大局，推动形成了省、市、县三级教育学会体系，组织成立了学科门类较为齐全的众多二级机构，扎实开展学术活动，创新研究教育问题，为推进福建省基础教育改革发展做了大量的基础性工作，为推动福建省基础教育公平优质发展做出了积极的贡献。

　　40周年，是学会发展史上的一个重要里程碑，是回顾历史、展望未来、凝心聚力、开拓创新的良好契机。为此，福建省教育学会面向全省基础教育界开展论文征集活动，全省每个设区市教育学会推荐学会会员在CN级及以上刊物正式发表过的学术论文40篇，具体为40年来每十年10篇，并细分为教育行政、中学、小学、幼儿园四个类别。经过评审，最终遴选出行政20篇、中学20篇、小学20篇、幼儿园20篇共80篇论文汇编成纪念文集正式出版。

　　这本文集，作者是学会40年发展历程中不同时期的人，有的年逾耄龄，有的岁过古稀，有的正处花甲，大多数则是年富力强风华正茂的青年人；有奋斗在教学一线的教师，也有专门从事研究的科研人员，还有长期从事教育管理的行政人员。文集从内容的选取而言，分为教育行政、中学、小学、幼儿园四类。教育行政类从宏观的角度探究教育理论、科学管理、学校布局、人文素养培育、校园文化建设等；其他三类则立足于基础教育中学、小学、幼儿园三个重要阶段，以问题为导向，以理论为支撑，针对教育教学实践中的具体问题提出解决方案和提升对策等，平淡中闪烁灿烂，浅微中蕴含深远。

文字是定格的历史。翻阅这本文集，让我们感慨于流逝之岁月，感发于教育之探索，感动于学人之真情，纵使掩卷，亦是余味长存。用一本小集子，把 40 年的光阴在这易逝的流年中记录下来，也算是对 40 年历史的一个总结和纪念了。

一切过往，皆为序章。新时期，福建省开启了全方位推动高质量发展超越的新征程。教育发展是全方位推动高质量发展超越的重要内容，也是其他超越的基础。基础教育如何实现高质量发展超越，是学会要主动面对、积极应对的问题。学会要继续团结和带领全省教育工作者，以习近平新时代中国特色社会主义思想为指导，紧紧围绕统筹推进"五位一体"总体布局和协调推进"四个全面"战略布局，全面贯彻党的教育方针和工作部署，充分利用学会良好的第三方专业机构和学术组织平台优势，始终以学术繁荣发展为根本要务，面向基础教育主战场，助力提升基础教育质量；始终以建会初心为根本遵循，发挥引领、辐射、带动全省教育发展和培育人才的重要作用，努力为加快建设"机制活、产业优、百姓富、生态美"的新福建贡献教育力量，在全方位推动高质量发展超越中谋求更大作为。

朱之文

2020 年 10 月

目 录

教育行政编

中学编

小学编

幼儿园编

教育行政编

JIAOYU
XINGZHENG BIAN

关于普及九年义务教育若干问题的思考

王豫生*

完成"两基"任务，这是教育工作的"重中之重"。从实施"两基"的情况看，扫盲工作基础较好些，"普九"的难度则大些。其难点集中在两个方面，一是贫困县，二是人口大县。贫困县经济基础薄，学校办学条件差，教育投入资金不足是一大难点；人口大县面临人口增长高峰期，新初中布点不足，适龄学生入学难是又一紧迫的难题。这些问题都有待各级政府、各有关部门同心协力去解决。这里，我结合调研情况，就当前普及九年义务教育应着力抓好的五个方面问题谈一些意见。

关于合理布局问题。为保证"普九"规划的实施，各地在加快初中布点和撤并小学分散教学点，创办寄宿制小学等方面做了大量工作，取得了明显成效，这项工作目前各地仍在加紧进行。但必须清醒地看到，学校的布局科学性不强，布局不合理，既影响"普九"的进度，也影响将来教育的进一步健康、协调发展，造成不必要的投资浪费。需要特别引起重视的有两点：（1）要实事求是地预测当地人口的自然增长情况。确定学校布点和规模，所依据的参数只能是当地适龄儿童和青少年需要入学的实际人口数，而不是计划生育本子上的人口数。由于客观实际存在的"黑户口"现象，许多农村地区没有户口的少年儿童数量庞大。对于他们，教育系统既不能，也无法将其拒之于学校门外。这就需要我们既要掌握户口本上的适龄入学人口数，也要摸清"黑户口"的适龄少年儿童数。要逐村、逐乡、逐县地了解当地"全额"入学人数，调查并预测当地小学生入学后五年及100％升入初中的实际人口数。这些，光乡、镇长了解还不够，教育局长和有关校长更要心中有数。同时，还要充分考虑到其他的种种因素，比如"小县大城关"、"造福工程"等人口迁移增容状况等，都应当

* 王豫生，福建省教育委员会副主任。本文发表于1996年第1期《教育评论》。

成为我们考虑布点的依据之一。确保全额入学是完成"普九"的先决条件，各地应以此为依据逐校规划当地中小学校每个学年、每一年段的学生规模和班级数，在此基础上科学合理地提出当地中小学校整体布局方案，确保学校布点既能满足"普九"需要，又能达到学校规模效益。（2）学校布局应结合乡镇建设发展进行统筹规划。要把我们的初中、小学的学校布点和建设纳入乡镇建设规划中去统筹考虑，尤其应把初中作为乡镇建设中最具规模的群体加以规划，这是值得我们研究的新课题，对于新布点的学校，能建一校的，就不建两个学校，这里有个办学效益问题。过去我们教育部门有个说法，即1—1.2万人口的地方建一所中学，那么1.8万人口的地方怎么办呢？这就值得我们去研究。办两所学校，投入资金增大，财政负担也大；两校两个班子、两套教师队伍；乃至盖两堵围墙、两个操场、建两个厕所等。显然是浪费资金，没有效益，建两所学校，两校都达不到效益规模和班级数；建一所学校，能满足需要，既达到效益规模，又能集中有限的财力以改善学校教学设施、仪器设备等办学条件，实现标准化，提高教育质量。中学应规划建在乡镇所在地，有些地方一定要建两所学校，也应尽可能建在乡镇。中学建在乡镇所在地，至少有几个好处：其一，节省教育投资，提高办学效益，特别是规模效益。其二，有利于学校建设和管理，教师派出到位率高，开展教学教研交流活动规范，有利于提高教学水平。其三，有利于学生之间交往和对外交流，改变观念，拓展知识面，促进良好素质养成。其四，有利于乡镇的两个文明建设，乡镇有了一所设备完善、教学教育质量较高的中学，其文明度和知名度都将得到提高。只要乡镇切实把学校作为两个文明建设的"窗口"来抓，其促进乡镇发展的作用是不可估量的。

关于教育规划问题。目前，不少学校，特别是农村中小学校规划不够合理，校园内教学区、活动区、生活区相互混杂，既影响校容，又影响长远的发展。一些学校因为先期规划没做好，而不得不拆除本可以使用的设施，进行重新规划建设，造成了不必要的浪费。对此，各地应有搞好规划的紧迫感和责任感，必须明确整体规划正确方能达成合理布局规划一步到位，学校建设效益可明显提高。各地要集中精力抓紧教育规划工作，其他建设工作宁可放慢，教育规划工作也要先行。规划搞好了，可以按照规划分期分批建设，但是校园布局规划要一步到位。地县教育部门要根据规划的整体性原则，对辖区内的中小学校进行统筹规划，形成整体的思路，确保校园规划一步到位。在调研中，我们看到有些学校，基建项目没有统筹规划，今天有钱上一个项目，明天有钱再建个什么，弄得学校内部到处是"歪门斜道"，教学用房、学生宿舍及其设施排列和朝向不尽科学，未按规范要求进行合理布局。我们现在进行规划，就要特别在标准化、科学化和规范化上下功夫。校园布局要科学化，教学用房、实验室用房、运动场所要尽可能按设置标准建设；教师住宅应尽可能规划建在校园以外，教学区与生活地应尽可能分离，科学安排，规范合理。二是学校用地规划要一步到位。在搞好校园布局规划的同时，要着眼于长远的发展，高度重视学校用地的规划。规范用地，要以学校发展规模和国家规定的标准化要求为依据。在此基础上，尽可能争取土地，规划好学校用地范围，如一时征地完不成，可分期征，但务必要划定红线。土地是不可再生资源，我们教育部门的同志要以为后人负责，为教育事业长远利益负责的高度责任感来做好这项工作。要特别注意：在规范校园建设时，都要有"留有方寸地，留与子孙学"的观念，不要以牺牲学生最大限度占有活动空间，来换取教师的部分利益（即在校内兴建教师宿舍），更不要以牺牲学校用地，来满足城市建设的部分需求。在学校周围已确实无法征地的情况下，新上的基建项目也要尽可能地往四周盖，以防止校园用地被蚕食。即使目前一些属于学校的土地仍未投入使用，也不能荒废闲置，要尽快地用起来。可以发动学生义务劳动，平整这些土地，增加学生的活动场所等。学校扩班要尽可能考虑在原有设施的基础上加层，即使新建校舍，也要努力往高层发展，以最大限度地利用空间，节省土地。

关于基建质量问题。学校土建工程质量问题，事关"百年大计"，必须明确规定土建质量的标准要求。不同类别的学校，土建标准应有所不同，作为窗口学校的，要按高标准来建；作为一般学校的，则可按普通标准来建。标准低决不等于质量低，从这个意义上说，无论是窗口学校还是普通学校，质量的要求都是一致的。归纳起来就是要做到：造价不高，设计水平高；档次不高，建筑质量高，占地不多（按规定标准）、校园环境美，要确保土建项目至少15年不落后，设计要美观、大方，适用，要适合教育的特点，适合学生身心发展的特点，而不是追求豪华。在土建施工中每一项都要确立质量标准要求，而不是应付型的"今年建、明年修"，低水平的重复和返工。施工中要抓二个环节，一方面设计、审批手续要完备，施工要有质量监督。另一方面，要按省级基建规定程序，项目立项、审核、批准、验收规范有序。一旦新的设施建成房，原来的危房必须立即拆除。危房不拆除，造成事故的，当地政府领导要负主要责任，教育部门和学校的领导也要负一定的责任。

关于投入问题。几年来，有关方面对"普九"的经费投入逐年增加，为改善中小学办学条件做出了很大努力，但要满足"普九"的实际需要，经费的缺口仍然很大。据测算，福建省实施"普九"工程，需投入资金 50 亿元，这样大的缺口，唯有通过多渠道筹措才能解决。首先，各级政府要加大投入，实施"普九"工程，光有省的积极性是不够的，还要调动地、县的积极性。按照中央要求，中央、省、地、县四级政府都要设立"两基"专项资金。目前，中央和省级已设立，但仍有不少地、县没有设立这块专项资金，有的地方对"两基"的专项投入，甚至还少于省的专项补助。这不符合"分级办学、分级管理"的体制要求，客观上给"普九"造成很多困难。各地务必要做好宣传工作，使政府在考虑财政切块时，将"普九"的专项资金列为重要的一项，真正使县级政府承担起实施"加强"的主要责任。在各级财政增加投入的基础上，还要采取多种措施，通过各种渠道筹资，还要争取企业及社会各界人士捐资办学。广东提出"储、借、贷"的思路，福建省也要利用贷款筹措资金，但贷款必须由政府出面，不能要求学校去贷。其次，投资体制的改革要抓紧进行。目前，省对各地的投入基本上是沿袭过去的补助办法，这种补助方式曾经在改善基础教育办学条件等方面发挥了重要的作用，但也有不利的方面。最突出的就是容易滋长地方政府"等、靠、要"的思想。因此，今后要逐步改补助为奖励，即地方政府先增加投入，省再根据各地投入情况进行奖励，地市财政投入得多，省也相应多奖励。各地、市对县，县对乡镇也应当相应进行这一改革，把地方政府的积极性充分调动起来，形成争先为教育增加投入的新局面。在当前资金普遍紧张的情况下，各地要尽可能加大基建投入，在基建项目的安排上，要做到有计划地分步实施。比如，省里的分步实施方案是先国家级贫困县，再省级贫困县，后其他县。各地也有个计划性的问题，要区别轻、重、缓、急，分步实施。在资金的使用上，要确保集中使用，保证重点工程建设所需，要集中财力、物力去解决"普九"工程中最突出的难点，并确保资金投入，提高项目效益。资金投向要讲求"投入产出"效益，切忌把项目摊子铺得太大。面面俱到，反而什么也干不成。要舍得丢掉一些项目，才能有得有失。只能建成一个项目就不要铺成 10 个项目，否则都完不成。

关于效益问题。投入与效益是紧密联系的，在当前财力有限的情况下，讲究效益，意义尤其重大。要讲究规模效益，没有一定的规模，办学的效益难以提高。在广大农村，目前还有不少的分散教学点，规模很小，效益很低。这几年各地都在做拆并和创办寄宿制学校的工作，但情况复杂，矛盾很多，难以加快步伐。究竟怎样加大力度，方式方法上可以探讨，但无论如何是必须要抓紧的。当然，讲规模不是无限制地扩大，规模超负荷容易造成牺牲学生应有的教学质量。这有一个需要把握度的问题，这个度就是基本的办学规模要求。各地要以此为原则，并结合当地实际，制定各级各类学校的规模要求。规模严重失调的地方，要调整结构布局，对规模小的适当拆并，规模大的适当增加布点，或重新划分招生区域，从而提高规模效益。在结构布局的调整上要掌握三个原则：一是农民志愿；二是要积极引导；三要以更高的标准去吸引。要讲求速度效益，一旦建设项目确定，就要争时间，抢速度，以超常规的办法组织建设。该集中财力，就必须想尽一切办法去集中资金，确保资金提早到位。此外，项目基建进度加快，可节约资金，避免原料涨价。在基建立项的同时要统筹规划使用教学用房、实验室等，要先充分考虑资源共享及设施多功能用途，然后再确定土建项目建多少、怎么建，建成后管理要跟上。许多发达国家都十分重视综合效益，教学设施的使用率极高，他们况且如此，我们穷国办大教育更要如此。

要特别重视思想政治课的教学改革

林祖岳[*]

《中共中央关于教育体制改革的决定》指出："要从根本上改变我国教育事业落后状况，除了必须从教育体制入手，有系统地进行改革外，还要改革同社会主义现代化不相适应的教育思想、教育内容、教学方法"。这是教育改革中必须认真探讨的一个重大问题。这个问题解决得好不好，直接关系到能否大规模地培养出现代化建设所需要的新型人才的重大问题。

去年中央发出中发（1985）18 号通知，就学校的思想品德和政治理论课教学改革的方向、要求、内容和方法等方面系统地提出了指导性意见，要求学校培养出来的学生，在思想上、政治上都能够符合社会主义现代化建设所需要的人才。中央这个通知实质是教育体制改革的决定的重要补充。目前，思想政治课教学与其他学科一样，存在着与社会主义现代化不相适应的问题。过去在这方面也曾进行过一些改革，并提出不少措施。但是收效并不显著。问题的实质在于我们的教育思想、教育内容、教学方法都比较老旧，在相当大的程度上脱离了实标，脱离了四化建设，脱离了现代科技新发展，脱离了国内外经济、政治的巨大变化，脱离新时期青少年心理发展的具体状况。重知识的传授，轻能力的培养；教材内容和活生生的现实生活脱节，教学方法一般还是灌输式的，教师不善于启发引导。理论脱离实际，教学效果不佳。中央通知说："改革马克思主义思想理论课的教学，关键是坚决贯彻执行理论联系实际的方针。"现代化的实际要求我们培养的学生不仅要有知识，更重要的是要有能力、要有独立思考，创造性地解决问题的能力。我们必须从实际出发，去考虑教育内容和教学方法；八十年代的青少年学生所处的时代环境和心理特征，显然与过去年代的青少年不一样，我们也必须从实际出发去组织教学，所以必须紧紧抓住

林祖岳，福建省教育学会副会长。本文发表于 1986 年第 1 期《教育评论》。

理论与实际的联系这个关键，进行改革，克服枯燥无味的单纯说教，使我们的教学充满生机，使学生的学习产生兴趣。当然，实际情况是千变万化的，尤其是教材的内容的现代化就是一项艰巨的工程，即使有了一套符合现代化要求的新教材，在教学过程中也还要随着实际情况的变化不断补充新材料，不断采用新方法，才能使教学生动活泼，收到应有的效果。研究实际情况，从实际出发，理论联系实际；改革教育思想、教育内容、教学方法，这是一件不易做好的事，我们必须下定决心，知难而进，把它做好。

在学校思想政治课教学改革中，政治教师肩负着十分繁重的任务，要使教改获得成功，政治教师应当做到以下几点：

一要根据《中共中央关于教育改革的决定》和《中共中央关于改革学校思想品德和政治理论课程教学的通知》，对照检查教学中存在的差距，端正教育思想，明确改革方向，从教育对象的实际出发制定出切实可行的改革方案。

二要大搞调查研究，大量搜集与教学有关的信息资料。特别是对以下四个方面，进行系统的调查研究，①教育对象的调查。只有了解学生，才有可能教育学生。②社会信息的调查研究。我们党的开放、搞活、改革的方针、政策措施，国内外的重大经济、政治变动，社会上发生的重大事件等。③学术动态的调查。掌握学术研究动向，不断从中吸取营养。④人物调查。社会上活生生的新人新事，英雄模范事迹，是教育青少年的极好教材。

三要调动学生学习的主动性、积极性，引导学生去独立思考、探究解决问题的方法，可采用课堂讨论、参观访问的形式，组织高年级的学生带着问题，进行社会调查等方法。此外，还可利用假期，在共青团、政治、民政等部门的安排下，让一些学生骨干参加社会工作。

四要搞好协作教育工作。每个学生的健康成长，都是学校教师集体教育和家庭、社会配合教育的成果，这种协作教育，尤其对小学、初中学生更为重要。协作教育搞得好不好，对学生的思想、品德、行为、习惯的影响是很大的。这个工作过去强调不够，研究不够，有加以积极提倡的必要。

五要以自身的好思想、好作风影响和感染学生，以自己的实际行动，表达对社会主义祖国的无限热爱，对共产主义事业的坚定不移，只有这样，才能收到教育的效果。

数学、自然科学教育　重视实用，勿轻理论

马长冰[*]

脱离实际的现象比较普遍地存在于我们的社会生活中，教育领域同样存在着脱离实际的现实问题，这在许多文件和有关人员的讲话中多有阐述，其中包括教育内容当中理论脱离实际的问题。因此克服"脱离实际"的倾向就成为大家的共识，成为我们共同努力的行动。多年来这些努力虽有收获，但是尚未基本解决。

从宏观上说教育存在脱离实际问题，是教育改革需要解决的重大课题。但是将数学和自然科学的科学教育纳入其中，则是应该慎重的。大学的理科教育，中小学的科学教育（一般指数学和自然科学教育），都应该非常重视联系实际，重视应用，这是一方面。同时，数学和自然科学的理论，本身就是对客观世界自然规律的认识和总结，是实践中认知概述的真理。这些真理随着科学的发展，会不断得到完善或修正。所以，数学和自然科学教育，强调联系实际，重视应用，同时也要重视基础理论，包括理论形成的过程、背景及其思想方法。

数学和自然科学的理论，产生的过程以及刚刚诞生的时候，有时不被看好，甚至不被同行所理解。往往这些理论还谈不上它的应用，更不用说在生产生活实践中产生经济效益。但是过了若干年甚至几十年甚至百余年，却会发挥其意想不到的广泛应用。数学奇才伽罗华的探索经历以及伽罗华理论的诞生，科学巨星爱因斯坦的故事等，都是可以说明问题的典型的例子。

---

* 马长冰，福建省教委副主任。本文发表于 2006 年第 12 期《看世界·教育家》。

伽罗华理论的诞生

16 世纪的时候，意大利数学家塔塔利亚和卡当等人，发现了三次方程的求根公式。不过两年时间，卡当的学生费拉里就找到了四次方程的求根公式。数学家们以为马上就可以写出五次方程、六次方程，甚至更高次方程的求根公式了。然而，时光流逝了几百年，谁也找不出这样的求根公式。1828 年，17 岁的中学生伽罗华开始研究方程论，他独辟蹊径，创造了"置换群"的概念和方法。

1829 年 5 月，伽罗华把他的成果写成论文，递交给法国科学院，但伴随着这篇杰作而来的是一连串的打击：先是父亲因不堪忍受教士诽谤而自杀，又因他的答辩既简捷又深奥，令考官们不满，他因而未能进入著名的巴黎综合技术学校。负责审查伽罗华论文的是柯西和泊松，他们都是当时世界第一流的数学家。柯西不相信一个中学生能够解决这样著名的难题，顺手把论文扔在一边，不久就丢失了。两年后，伽罗华再次将论文送交巴黎科学院。这次负责审查伽罗华论文的是傅立叶。不巧，这位年迈的著名数学家在这一年去世了，伽罗华的论文再一次丢失。在 1831 年，20 岁的伽罗华向巴黎科学院送交了第三篇论文，题目是《关于用根式解方程的可解性条件》。这一次，著名数学家泊松仔细审查了论文。由于论文中出现了"代数群"等新的数学概念和方法，让人感到难于理解。几个月后，他将论文退还给伽罗华，嘱咐写一份详尽的阐述送来。不幸的是，伽罗华 1832 年 5 月 30 日在决斗中去世，年仅 21 岁。人们说，他的死使数学发展推迟了好几十年。

伽罗华去世后 16 年，他的手稿才得以发表，科学界才传遍了他的名字，被称作《伽罗华理论》。应用伽罗华的理论，不仅高次方程求根公式问题得到了彻底的解决，许多数学难题，都变成了明显的推论或者简单的练习题。数学真理显示了强大的威力。更重要的是，伽罗华理论的出现，改变了代数学的面貌。从这时起，方程论已经不是代数学的全部内容了，它渐渐转向了研究代数结构本身，并不断向各个数学领域渗

伽罗华（1811—1832）

透。到 19 世纪末期，伽罗华开创的数学研究，形成了一门重要的数学分支——近世代数学。至于它在实际中的应用还要滞后得多，比如物质结构、密

码编写与破译，计算机编程等，都是近年的事。近二三十年，伽罗华理论（群论）得到广泛的应用和发展，其基本概念被引入中小学。

爱因斯坦对理论的探索

爱因斯坦却是幸运的。他利用业余时间开展科学研究，经过 8 年艰苦的探索，于 1905 年在物理学三个不同领域中取得了历史性成就，特别是狭义相对论的建立和光量子论的提出，推动了物理学理论的革命。他所作的光线经过太阳引力场要弯曲的预言，于 1919 年由英国天文学家 A. S. 爱丁顿等人的日全食观测结果所证实，全世界为之轰动。爱因斯坦建立的理论及其预言，是在后来才得到实验验证的，其理论的科学价值和巨大的经济效益也是逐步显现出来的。

爱因斯坦（1879—1955）

爱因斯坦特别提到，在十二岁的时候"几何学的这种明晰性和可靠性给我留下了一种难以形容的印象"。后来，几何学的思想方法对他的研究工作确实有很大的启示。他多次提出，在物理学研究工作中也应当在逻辑上从少数几个所谓公理的基本假定开始。

欧几里得几何和非欧几何的创立

为此我们要涉及给爱因斯坦留下了难以形容的印象的几何学及其思想方法。

几何学和算术一样产生于实践。正是生产实践的需要，原始的几何概念便逐步形成了比较粗浅的几何知识。

生活在公元前 300 年左右，欧几里得是一位受人尊敬的、温良敦厚的教育家。他非常详尽地搜集了当时所能知道的一切几何事实，按照柏拉图和亚里士多德提出的关于逻辑推理的方法，整理成一门有着严密系统的理论，写成了数学史上早期的巨著——《几何原本》。

欧几里得

　　《几何原本》的伟大历史意义在于，它是用公理法建立起演绎的数学体系的最早典范。在这部著作的第一卷列有 23 个定义，5 条公理，5 条公设，全部几何知识都是从最初的几个假设出发，运用逻辑推理的方法展开和叙述的。从《几何原本》发表开始，几何才真正成为一个有着比较严密的理论系统和科学方法的学科。从欧几里得发表《几何原本》到现在，已经过去了两千多年，尽管科学技术日新月异，但是欧几里得几何学仍旧是中学生学习数学基础知识的好教材。

　　数学，不仅仅在于其知识本身，它的明晰性和可靠性的思维方法、严密的论证，也是中学生科学态度和科学方法的基本训练。也正是这些，给了科学巨匠爱因斯坦最大的启发。在狭义相对论中，爱因斯坦就是运用这种思想方法，把整个理论建立在两条公理之上：相对原理和光速不变原理。

　　欧几里得《几何原本》的最后一条公设就是著名的平行公设，或者叫做第五公设："过直线外一点有且只有一条直线与已知直线平行"，第五公设能不能不作为公设，而作为定理？能不能依靠前四个公设来证明第五公设？这就是几何发展史上最著名的、争论了长达两千多年的关于"平行线理论"的讨论。

　　19 世纪 20 年代，俄国喀山大学教授罗巴切夫斯基在证明第五公设的过程中走了另一条路子。他提出了一个和欧氏平行公设相矛盾的命题，用它来代替第五公设"从直线外一点，至少能做两条直线和这条直线平行"，然后与欧氏几何的前四个公设结合成一个公理系统，展开一系列的推理。在他极为细致深入的推理过程中，得出了一个又一个在直觉上匪夷所思，但在逻辑上毫无矛盾的命题，形成了新的理论。这个理论像欧氏几何一样是完善的、严密的几何学。这种几

罗巴切夫斯基

何学被称为罗巴切夫斯基几何，简称罗氏几何。这是第一个被提出的非欧几何学。非欧几何与欧几里得几何表面上矛盾，但各自都反映了现实空间的相对真理。

　　从罗巴切夫斯基创立的非欧几何学中，可以得出一个极为重要的、具有普遍意义的结论：逻辑上互不矛盾的一组假设都有可能提供一种几何学。

　　那么是否存在这样的几何："过直线外一点，不能做直线和已知直线平行"？黎曼几何就回答了这个问题。

　　德国数学家黎曼在 1851 年发表的一篇论文《论几何学作为基础的假设》

中，明确提出另一种几何学的存在，开创了几何学的一片新的广阔领域。黎曼几何中的一条基本规定是：在同一平面内任何两条直线都有公共点（交点）。在黎曼几何学中不承认平行线的存在，它的另一条公设是：直线可以无限延长，但总的长度是有限的。黎曼几何的模型是一个经过适当"改进"的球面。

黎曼几何是相对论的数学基础，没有数学的发展，相对论就找不到一个可以表达的数学工具。在广义相对论里，爱因斯坦放弃了关于时空均匀性的观念，他认为时空只是在充分小的空间里以一种近似性而均匀的，但是整个时空却是不均匀的。在物理学中的这种解释，恰恰是和黎曼几何的观念是相似的。

此外，黎曼几何在数学中也是一个重要的工具。它不仅是微分几何的基础，也应用在微分方程、变分法和复变函数论等方面。

欧氏几何、罗氏几何、黎曼几何是三种各有区别的几何。这三种几何各自所有的命题都构成了一个严密的公理体系，各公理之间满足和谐性、完备性和独立性。因此这三种几何都是正确的。在我们这个不大不小、不远不近的空间里，也就是在我们的日常生活中，欧氏几何是适用的；在宇宙空间中或原子核世界，罗氏几何更符合客观实际；在地球表面研究航海、航空等实际问题中，黎曼几何更准确一些。

关于"平行线理论"的讨论，看似理论问题的讨论，却创立了不同的几何学，各自适合于不同的客观世界。许多数学家的理论探索，虽然少有伽罗华的悲哀，但是也不都是很顺利的。几乎在罗巴切夫斯基创立非欧几何学的同时，匈牙利数学家鲍耶·雅诺什也发现了第五公设不可证明和非欧几何学的存在。鲍耶在研究非欧几何学的过程中也遭到了家庭、社会的冷漠对待。他的父亲——数学家鲍耶·法尔卡什认为研究第五公设是耗费精力劳而无功的蠢事，劝他放弃这种研究。但鲍耶·雅诺什坚持为发展新的几何学而辛勤工作。终于在1832年，在他的父亲的一本著作里，以附录的形式发表了研究结果。

在非欧几何里，有很多奇怪的结论，三角形内角和不是180°，圆周率也不是3.14，等等，因此在刚出台时，倍受嘲讽，被认为是最无用的理论。直到在球面几何中发现了它的应用才受到重视。

那个时代被誉为"数学王子"的高斯也发现第五公设不能证明，并且研究了非欧几何。但是高斯害怕这种理论会遭到当时教会力量的打击和迫害，不敢公开发表自己的研究成果，只是在书信中向自己的朋友表达了自己的看法，也不敢站出来公开支持罗巴切夫斯基、鲍耶他们的新理论。

数学和自然科学领域慎言"脱离实际"

在黎曼空间中三角形内角和大于180°，在罗巴契夫斯基空间里三角形内角和小于180°，三角形的内角和是180°只是在欧氏几何学中才能成立。如果我们让许多人用纸张剪出许多的三角形，然后用量角器量出各角并求出这些三角形的内角和，大概均接近180°。这是重复原始的几何知识，而舍弃了几何的精髓——几何学的理论和方法。我们可能在证明几何难题方面花费了过多的精力，从而将几何原理和方法当成了加重负担的"替罪羊"，两者一并舍弃，只剩下粗浅的几何知识。这样就把最基本的科学训练也一并舍弃了。如果早期就是这样的话，也许爱因斯坦就得不到启发从而激起他对科学探索的满腔热情。

我们应该做好基本的科学教育和科学训练，让学生掌握必要和基本的科学知识与技能的同时，体验科学探究活动的过程与方法，培养良好的科学态度、情感与价值观。在十分重视应用于生产生活中的科学知识的同时，不能忽视其提升为科学理论的结论、过程与方法。更不要轻言数学和自然科学的理论"脱离实际"。

著名物理学家、诺贝尔奖获得者丁肇中正在组织寻找由反物质组成的物质、暗物质和宇宙线的来源。有人请教丁先生：开展这项研究有什么意义？丁肇中巧妙地回答说：100年前，发现了电子和X光，当时几乎所有的人都认为没用，现在我们生活中已经离不开它们了；20世纪20年代，发现了原子物理、量子力学，当时的人们也认为没有用，现在已经把它们用在了超导、激光、手机、通讯上；20世纪40年代发现了原子核物理，当时人们还是认为没用，现在已用在能源上。实验物理从发现到应用，一般要经过20年到40年的时间。至于自己做这些研究，主要是出于好奇心，这是人和动物的最大区别。

丁肇中先生的答问，深刻地阐述了要重视数学和自然科学基础理论，包括理论产生的过程和方法。

以有用或没有用来决定数学和自然科学教育内容的取向，显然是有失偏颇的，不利于提高科学素质。

国家很重视数学、自然科学的基础教育和研究。1990年，发生一个被称为高等教育发展史上里程碑的事件——"兰州会议"。也就是这次会议，开启了我国国家基础科学人才培养基金战略实施的大幕。会后颁发的《关于深化改革高等理科教育的意见》指出：数学和自然科学的基础性学科教育，不仅担负着培养、输送基础性研究人才的重任，而且还要为高技术的研究与开发，工、农、医等应用科学技术的研究与开发，乃至哲学和部分人文、社会科学的研究，培养、输送更多的理科人才。同时，它们也是其他各科高等教育的重要基础，还对提高全民族的文化科学水平和文明程度担负着重要的使命。

1995 年，国务院设立"国家基础科学人才培养基金"，经历十几年的发展，"国家基础科学人才培养基金"在推动国家基础科学人才培养方面成效显著，为我国基础科学人才培养带来了全新的面貌。2006 年 3 月，国务院颁布《科学素质纲要》，目标是全民科学素质的整体提高。

但是，对基础科学理论的地位与作用以及它的特点的认识仍然不足，轻视基础科学理论的影响还是存在的。应该进一步提高全体国民的科学素养，对大学的基础科学教育给予极大的重视，加大对基础科学研究领域的投入，提高研究人员的待遇，重视中青年科学人才的培养。

只有全社会真正形成尊重科学、热爱科学、了解科学的氛围，才会有更多的人愿意在科学的崎岖道路上攀登。有了这个前提，我国综合科技实力赶超发达国家的水平必将早日到来。

参考资料：

[1] 吕贤如. 丁肇中：以科学的态度面对一切 [N]. 光明日报，2006－09－19.

[2] 邓东皋等编. 数学与文化 [M]. 北京：北京大学出版社，1990：41.

[3] 斯蒂恩主编. 今日数学 [M]. 上海：上海科学技术出版社，1982：384.

[4] 国家教委. 关于印发《关于深化改革高等理科教育的意见》的通知 [Z]. 1990－10－11.

关于中小学布局调整的思考与建议

赵素文*

摘要：进入新世纪以来，我省中小学布局调整工作取得明显成效，但也面临新情况、新问题。本文在对经济社会发展对中小学布局规划影响及走势分析的基础上，提出中小学布局调整的指导思想、战略考虑、主要原则和主要措施。

关键词：布局调整　走势分析　战略考虑

党的十七大报告提出，"优先发展教育，建设人力资源强国"，并强调要"优化教育结构，促进义务教育均衡发展"。贯彻党的十七大精神，推进义务教育均衡发展，很重要的一个方面是用科学发展观指导中小学布局调整工作，优化教育资源配置，提高教育资源使用效益。在贯彻落实《国务院关于支持福建省加快建设海峡西岸经济区的若干意见》中，各地正在着手制定"十二五"经济社会发展规划，跟进经济社会发展，对中小学布局进行科学、合理的调整，既是落实科学发展观、推进义务教育均衡发展的要求，也是加快建设海峡西岸经济区的需要。本文就福建省中小学布局调整问题谈几点看法与建议。

一、福建省中小学布局现状及出现的新情况新问题

20 世纪 80 年代中期，根据人口生育高峰和"两基"工作要求，我国大力倡导"人民教育人民办"，在"县办高中、乡办初中、村办小学"的教育管理体制下，为普及九年义务教育，福建省很多乡村都办起小学，至 2001 年，全省有小学 13664 所、初中 1465 所，对普及九年义务教育做出了积极的贡献。

---

* 赵素文，福建教育学院院长。此文发表于 2009 年第 12 期《发展研究》。

进入新世纪后，随着经济社会的发展、计划生育水平的提高和城镇化进程的加快，学校生源发生了变化，村村办学校造成的经费和资源大量浪费、办学效益不高的问题日益显现出来。在这样的背景下，根据教育部部署，福建省教育厅、财政厅于2001年部署开展中小学布局调整工作，要求通过调整中小学网点布局，合理配置资源，减少中小学校数量，扩大校均规模，提高教学质量和教育投资效益，逐步实现学校合理布局、教育结构优化和学校用人机制健全、经费使用高效的目标，促进基础教育事业积极、稳步、健康发展。2008年4月，福建省政府办公厅转发省教育厅、省发改委、省财政厅关于编制2009－2012年县（市、区）义务教育布局调整和学校建设规划意见的通知，对进一步完善中小学布局调整规划、推进义务教育均衡发展工作做了进一步的部署。经过多年努力，福建省中小学布局调整工作取得明显成效。

但是，布局调整中也出现了一些新情况、新问题：

1. 有的地方教育布局规划与经济社会发展衔接不够，对人口、生源等变化把握不准，布局调整规划前瞻性不够，有的中小学出现了二次整合、三次整合的现象。

2. 有的地方过渡撤并，撤销了一些交通不便地区的中小学和教学点，一方面造成部分学生上学更远，给年龄较小的低年级学生带来安全隐患；另一方面产生了低龄化寄宿生，既给农村家长带来经济压力，又给学校教育管理增加了很多工作量，带来了很多麻烦。

3. 有的地方布局调整后寄宿制学校配套设施未跟上，学生食宿条件较差。农村有的学校寄宿生睡"统铺"，或是2个人挤一张床。有的农村学校学生吃饭无饭厅，或有饭厅有餐桌但无坐椅。有的学校容纳不下寄宿生，家长只好在学校周边租房子"陪读"，增加了群众生活负担。

4. 城镇学校容量不足，"大班额"现象上升。由于城镇化进程和城镇教育资源与农村教育资源的落差，大量农村生源涌进城镇，造成很多城镇学校生源爆满，小学大班额（56人以上班级）、初中超大班额（65人以上班级）比例上升。

城镇学校由于生源骤增，拉低了教育资源的生均占有率，许多学校反映造成新的不达标，也影响了办学质量。

5. 城市建成区迅速扩张，新区学校布点规划建设相对滞后。近几年来随着城市化进程的加快，城市建成区面积迅速扩张，但有的城市新区学校规划建设没有同步跟上，造成百姓子女上学远、上学难的问题。

6. 农村学校校舍资源富足，有的甚至闲置浪费。

二、经济社会发展对中小学布局规划影响及走势分析

进行学校布局调整不是一件孤立的事，应该把它放在社会、经济、文化发展的大背景下去分析和看待。

1. 经济社会发展对中小学教育的影响分析。

第一，全面建设小康社会，要求教育事业适应经济社会的发展。新一轮教育布局调整规划要适应经济社会发展的需要，要增强科学性、预见性，做到高起点、高标准。

第二，人口发展和城镇化进程，要求科学规划城乡教育布局。

第三，城镇继续扩张，要求新增一批教育资源。

2. 福建省义务教育走势分析。

2001 年以来，福建省义务教育走势出现三个变化。

（1）生源变化。2001 年以来，福建省总人口数基本稳定在 3500 万人左右，义务教育阶段总生源数在逐步下降。但是，在城市、乡镇、农村三个方面和小学、初中生源变化却各不一样。

（2）学校变化。2001 年以来，我省经过中小学布局调整，学校数逐年减少。小学、初中平均在校生分城市、乡镇、农村三个方面分析，变化情况各不一样。

（3）教学资源变化。2001 年以来，随着生源变化和学校布局调整，我省城乡小学、初中生均占有资源发生了变化。

3. 未来一段时间内，福建省中小学生源趋势预测。

（1）总生源数将在基本稳定的基础上略有增长。根据国家人口和计划生育委员会主任李斌 2008 年 10 月 23 日在改革开放与人口发展论坛上公布的数字，我国在稳定低生育水平的前提下，将于 20 世纪上半叶迎来总人口、劳动年龄人口、老年人口三大高峰。今后十几年，我国总人口每年仍将净增长 800 万人左右，"十一五"期末全国人口总量控制在 13.6 亿人以内，到 2020 年人口总量控制在 14.5 亿人左右，到 2033 年左右达到高峰值 15 亿人。随着 2033 年人口高峰的到来，总人口数将有所增加，生源也会有所增加。

（2）城镇生源将继续增加。由于城镇化率的提高和中心城市、中小城市和小城镇的发展，城镇特别是城市人口数和学生数还将继续增加，城镇学校仍将

面临压力。

（3）农村生源将继续下降。在继续稳定低生育水平、加快城镇化进程的大背景下，农村人口将相对减少，农村生源将进一步下降。农村学校教学资源将会更富足，有的将闲置。

在制定新一轮中小学布局调整规划中，我们要正视上述因素，统筹规划城乡义务教育发展。

三、中小学布局调整的指导思想、战略考虑和主要原则

1. 指导思想。

根据《义务教育法》和《教育部关于进一步推进义务教育均衡发展的若干意见》，根据《福建省国民经济和社会发展第十一个五年规划纲要》《福建省贯彻落实〈国务院关于支持福建省加快建设海峡西岸经济区的若干意见〉的实施意见》，福建省新一轮中小学布局调整应做到"三个坚持"，即坚持以科学发展观为指导，根据全面建设小康社会目标和海峡西岸经济区建设要求，适应经济社会发展，适应加快城镇化建设的新形势，合理调配好公共教育资源；坚持以推进义务教育均衡发展为目标，促进教育公平，办好每一所学校，关注每一个孩子成长；坚持以办好人民满意教育为宗旨，通过调整布局有效配置教育资源，全面提升义务教育办学质量。

2. 战略考虑。

（1）从城市、县镇、农村三个方面，学校布局的战略考虑是：农村学校要适当裁减，提高办学效益；县镇学校要适当增容，重在内涵发展，提高办学水平；城市学校要扩容扩张，扩大优质资源，改造薄弱校，提高办学质量。新增教育资源应主要投放在城镇和城市。

（2）从小学、初中、高中学校三个方面，学校布局的战略考虑是：小学向集镇和人口密集的行政村集中；初中向中心镇集中；普通高中向县镇、城市集中，城市新办高中向新区发展。幼儿园向中心村（社区）集中。

（3）从小学布局调整方面的战略考虑是：

生源数 100 人以下，一般只办初小，不办完小；

初小校的撤并要充分论证，对于低学龄儿童上学道路偏远、交通不便的学校及教学点，该保留的要予以保留，防止过度撤并造成低龄儿童寄宿学校生活上的困难。

完小校一般办在人口密集的行政村和集镇，防止出现布局调整后又出现"空校"的现象。

危房改造资金重点投放在完小校、中心校，此类学校比较稳定，以防止出现新一轮布局调整后造成教育资源浪费。

3. 主要原则。

在新一轮中小学布局调整中，要坚持以下原则：

一是统筹规划，因地制宜的原则。要把教育布局放在海峡西岸经济区建设的新形势下、放在经济社会发展的大背景下，综合考虑人口变化、经济条件和教育基础等因素，结合社会主义新农村建设、城镇化建设要求，坚持城乡统筹规划；要把中小学布局放在各类教育协调发展的大环境下，综合考虑小学、初中、普高、职高以及幼儿园等各个层次的有机衔接、协调发展；要把校舍建设与教学设施设备配备、加强教师队伍建设等结合起来统筹考虑。要根据当地地理环境，因地制宜开展布局调整工作，注意从当地实际出发，充分尊重人民群众的需求和愿望，综合考虑必要性和可能性，科学合理制订布局调整规划，分类推进，分步组织实施，不搞"一刀切"。

二是优化资源，均衡发展的原则。在中小学布局调整中，要深入贯彻落实福建省政府办公厅批转的《关于进一步推进义务教育均衡发展的工作意见》，各县（市、区）对本地办学条件低于基本要求的薄弱学校，要结合布局调整加快实施改造计划，推进薄弱校改造进程，尽快使辖区内薄弱校逐年减少。要充分发挥优质教育资源的公办学校的辐射、带动作用，促进薄弱校的改造，促进义务教育学校的均衡发展。

三是确保普及，提高效益的原则。要把保证入学率、普及率作为底线，既要积极进取，优化教育资源配置，提高办学效益和教育质量，又要注重方便学生就近入学，减轻人民群众的负担。原则上低年级学生应就近入学。对于低年级儿童上学道路偏远、交通不便的小学或教学点，该保留的要予以保留。寄宿制学校建设以初中为主，小学高年级学生确需住校的应征得学生家长同意。防止因过急、过快、过度撤点并校造成学生失学、辍学和上学难等现象的发生。

四是把握标准，实事求是的原则。按照教育部要求，学校服务半径应以小学就近入学、中学相对集中、方便学生就学为原则，小学教学网点的服务半径一般约为2公里左右。农村小学低年级走读生上学途中单程时间不超过30分钟，小学高年级和初中走读生上学途中单程时间一般不超过45分钟为宜。义务教育阶段学校的设置，原则上人口总数不足4万人的乡镇，可办1所初中；

人口总数超过 4 万人的乡镇，可办 2 所初中。重点办好乡镇所在地的初中，扩大其规模；有计划、有步骤地撤销规模小、质量低、效益差的初中。同时，要加强需保留的薄弱初中的建设，提升办学质量。努力办好乡镇中心学校，积极推动村与村联办完全小学，有计划、有步骤地撤并一批村小和教学点。地处偏远、交通不便的农村地区应保留必要的教学点。

五是加强管理，严防浪费的原则。对规划撤并但暂时不能撤并的学校要加强管理，在保证其基本办学条件、维持正常运转的前提下，不再新增基本建设投入，校舍如系 D 类危房的，要及时予以拆除。要严格防止以布局调整为名减少教育投入。严格防止原有教育资源的浪费。校园、校舍等办学条件较好，又具有一定生源的学校，要尽量予以保留；确需调整的学校，调整后的教育资源应主要用于举办学前教育、成人教育等；确实闲置的校园校舍，应由县级教育行政部门统一处置，处置所得应用于当地发展义务教育。

四、布局调整的主要措施

1. 加强领导，以县（区）为主制定、实施布局调整规划。成立由县（市、区）政府领导牵头，教育、发展和改革、财政、国土、建设、规划、人口计生及统计等有关部门参加的学校建设布局调整领导小组，认真开展调研，深入进行论证。专门工作小组在开展规划编制中，要深入实地进行踏看，逐校划定红线，编制好义务教育布局调整和学校建设规划，提交县政府研究审核后，上报设区市政府研究确定。经县、市政府研究确认后的学校布点规划，县、市规划部门要进入规划档案予以锁定，不能随意变动。

教育布局规划调整是群众最关心、最现实、最直接的利益问题。在布局调整前，要将调整方案向群众公布，充分听取群众的意见，对群众反映的问题要慎重对待，深入调研论证，使布局调整方案更符合实际。要通过做好做细的宣传工作让群众理解、支持中小学布局调整工作，促进把好事办好。

2. 农村布局规划调整要与寄宿制学校建设及交通问题统筹考虑。

一是要推进寄宿制学校标准化建设。

二是要解决寄宿制学校生管老师和校医的问题。

三是要落实农村寄宿生生活补助。

四是要统筹解决学生上学放学交通问题。

3. 城市布局调整要与旧城改造新区开发统筹考虑。

（1）城区政府在进行旧城开发改造中，要统筹考虑学校。周边预留地的开发改造。为了在城市建设大发展时期统筹开发使用教育预留地，盘活教育资源，可考虑几种办法：一是公开拍卖撤销的学校。凡布局调整中应撤销的中小学，在其周边地区建设时，可将整校连同预留地全部公开拍卖，所得资金全额用于易地周边学校的建设。二是开发使用预留地工作由城区人民政府统筹规划，提出意见，上报设区市规划、土地、教育、建设部门联审后，报设区市政府决定，由区人民政府具体实施。三是应严格执行城市建设规划和教育规划，规划部门对中学、小学、幼儿园建设用地面积要按国家规定的生均用地严格把关执行，任何单位不得以任何理由侵占教育预留用地。四是老城区中小学征用教育预留用地扩大校园改造，在拆迁安置中所需的居民过渡房、安置房，由房屋管理部门安排解决，以支持教育部门实施教育预留地征用工作。五是妥善处理好城郊结合部小学校产问题。在分级办学的历史背景下，以村财自筹为主、国家补助为辅所建的学校，因在教育历年统计年报中已体现为国有资产，应将这部分校产进一步明晰，产权归学校所有。要通过资源整合、置换等形式，改善城区学校办学条件，促进城区学校标准化建设。

（2）政府要将城市新区学校规划建设列入新区基础设施规划统筹制定。在贯彻落实《国务院关于支持福建省加快建设海峡西岸经济区的若干意见》中，福建省有关部门正在着手制定《海峡西岸城市群协调发展规划》，各设区市也在进行新一轮城市总体规划编制工作，如福州市中心城区现有建设用地 160 平方公里、人口 200 万，规划到 2020 年，中心城区建设用地 368 平方公里、人口 400 万，城区面积与人口扩展较大。在新一轮城市规划编制过程中，教育规划要紧紧跟进城市发展规划。要做到教育规划与城市建设规划同步考虑，并要划定红线，锁定档案。学校建设要与新区建设同步进行，以确保新区群众教育需求。

（3）理性对待流动人口生源，不要盲目建校舍以免造成浪费。近几年来，福建省外来工子女逐年增长，至 2008 年外来工子女超过 53 万人，占全省义务教育阶段在校生数的 13.3%。城市学校普遍感到压力很大。随着社会主义新农村的建设、西部地区经济社会的发展、农民生活水平的提高，随着本省中心镇的建设与发展，外来工子女将有一部分回流到中心镇和农村，城市外来工子女数量将趋于平稳或有所下降。据广东省预测，到 2010 年，活跃在广东的第二代农民工子女的数量将越来越少。因此，城市要理性对待流动人口生源。可结合产业结构调整，制定非户籍儿童义务教育办法等，解决好外来工子女入学问题。不要盲目扩建校舍，以免造成大规模的学校资源浪费。

（4）新区学校建设要高标准、高起点。对新建学校，要严格执行福建省教育厅、发改委、建设厅发布的《福建省义务教育校舍建设标准（试行）》，并采取优质校带新区校的办法，使新建的学校一建好就进入优质校的行列，防止产生新的不达标学校、薄弱校。

4. 布局调整要与学校标准化建设相结合。

一是要合理确定城乡学校服务范围、规模。农村地区要按照教育部规定的服务半径、校舍布点指导要求搞好布局调整规划。城市小学服务半径以 500 米以内为宜，中学以 1000 米以内为宜。并可按每万人 650 个小学生、330 个初中生计算生源规划学校建设规模。

二是在布局调整中，要根据办学标准建好每一所学校。要认真落实福建省政府办公厅批转的《关于进一步推进义务教育均衡发展的意见》，按照福建省教育厅、发改委、建设厅发布的《福建省义务教育校舍建设标准（试行）》，推进学校标准化建设，办好每一所学校，促进教育资源公平、促进社会公平。

三是要根据信息化新形势推进学校信息化建设。在开展中小学布局调整、推进办学标准化建设中，要把学校现代信息技术设备建设作为重要标准，强力推进，促进城乡优质教育资源共享共用。

5. 要在布局调整中统筹加强民办学校及幼儿园的规范化建设与管理。

在开展中小学布局规划调整中，要把义务教育阶段民办学校规范化建设与管理纳入统筹考虑。福建省现有义务教育阶段民办学校 193 所，民办义务教育在校生 254079 人（其中小学 135 所，在校生 95389 人；初中 58 所，在校生 158690 人）。由于历史原因，福建省相当一部分民办学校办学场所为租赁性质，校园面积偏小。特别是民办农民工子弟学校办学条件普遍较差，达不到学校办学标准。在新一轮布局调整中，应根据《义务教育法》《民办教育促进法》，全面开展民办学校督导评估、清理整顿工作。

在进行义务教育布局调整中，应统筹加强幼儿园管理。据 2008 年底统计，福建省在园幼儿数为 992722 人，适龄幼儿入园率为 95.2%。目前学前教育以民办为主体（全省民办幼儿园 4132 所，占幼儿园总数的 55.03%；民办园幼儿 43267 人，占在园幼儿总数的 43.5%），学前教育普遍存在财政投入不足、教育质量不高的问题。学前教育对于个人的全面发展至关重要，对建设人力资源强省、全面推进小康社会和建设社会主义和谐社会也具有十分重要的意义。鉴于目前农村、县镇小学生源减少，学校教育资源富足的情况，可在小学附设幼儿园，改善幼儿园办学条件，提高学前教育质量。

6. 做好城乡布局调整中学校产处置工作。

在开展中小学布局规划调整中，要妥善处理好闲置校产。一是可对闲置校产进行公开拍卖，将拍卖的资金用于周边布点学校建设；二是对闲置校产进行置换，将置换的校产（资金）用于扩大布局调整后保留的学校；三是调整做教育用途，如办职业学校、成人学校、幼儿园等，尽量使教育资源不流失；四是对农村地区不能拍卖、置换，产权又属于乡镇的校产，可移交当地乡村做村部或农家书屋、医疗室等社会服务单位用。韩国政府将农村闲置校舍资源进行再利用，将"空教室"变成当地社区文化、终身教育等公共场所的做法可以借鉴，使闲置校舍资源既体现社会公益功能，体现公共服务功能，又能获得比较好的经济、社会效益，服务于城乡一体化统筹协调发展。

莆田市基础教育信息化区域范本的启示

郑祖杰[*]

莆田市教育部门坚持"五个同城"发展思路，即坚持学校建设"同城同步"，统筹规划城乡学校布局；坚持教育资源"同城同质"，统筹推进教育信息化建设；坚持学生入学"同城同校"，统筹招生制度改革；坚持优质资源"同城同享"，统筹建立名校帮扶机制；坚持城乡教师"同城同酬"，统筹师资均衡配置。莆田市大力推进城乡教育公共服务一体化均衡化建设是富有成效的，特别是以教育信息化促进城乡教育均衡化，从而带动教育现代化的做法，使莆田市成为全省乃至全国基础教育信息化建设的典型。"城乡共享优质教育资源的区域范本"作为福建省设区市唯一入选的区域优秀案例被推荐参加 2015 年 5 月在青岛举行的全国中小学教学信息化应用展览，其经验做法可资借鉴。

启示之一：统筹规划建立机制是推进教育信息化的关键。实现义务教育基本均衡和基本实现教育现代化是"十三五"期间教育工作的两大任务。加快推进教育信息化建设是实现这两大任务的有效路径。如何更加有效地使信息化在城乡教育公共服务均等化、教育精准扶贫、促进信息技术与教育教学深度融合、实现教育教学管理新常态等方面发挥更大作用？莆田市的经验做法和所遇到的困难问题，是值得深入探索与研究的。一是必须加强统筹规划建设。由于学校管理主体的归属不同，不论是"班班通"建设、"直录播系统"、"一拖三"在线课堂，还是"人人通"个人空间的开通，都是由学校主管的县区组织实施，而且由于各县区财政投入的不同，建设过程中可能出现不同时段招投标主建的企业不同的情况造成应用中软件不兼容等问题。这就要求我们加强区域信息化建设的统筹规划（莆田市已在 2012 年布置了全市信息化建设三年规划），统一技术指标要求，确保建设标准的区域整体性，使互动教学、网络教研、应

* 郑祖杰，莆田市人大常委会副主任。此文发表于 2016 年 10 月《福建教育》。

用管理无障碍。二是必须建立运行保障机制。信息技术的广泛应用成为教学教育管理的新常态，其运行维修费用也相应增加。因此，财政增加专项资金保障就显得重要且亟须（莆田市从 2016 年开始将每个班级每年 600 元维护费的标准列入各级财政专项预算）。而且，建设专业化运行维护体系也是相当急迫的工作。应以县区为单位，探索采取政府部门与企业签约购买服务的办法，由专业化企业（公司）来实施维护，以解决目前学校信息化设备数量、种类繁多、面广点多、维修维护难等问题，保证信息技术设备在教学管理过程中的顺畅运行，确保整个网络的安全性、稳定性。三是必须出台相关政策促进信息技术常态性应用。随着信息技术系统的全面建设与启动，教师的熟练应用、主动应用极为重要。因此，教育部门必须探索出台相应政策，把加强教师的应用培训、管理使用列入教师职称评聘、日常教学评价、年度量化考核的重要内容，建立科学的使用管理与考核评价机制，促进教师积极开发和应用资源。如对"一师一优课，一课一名师"活动，莆田市规定，特级教师、骨干教师、学科带头人每年每人至少要录制上传一节优质课，列入年度考核内容；所有教师上传的课例，经教研部门评选，优质课例视同同级公开课。如此，便大大调动了教师应用开发的积极性。这里值得一提的是"一拖三"在线课堂的应用，客观上增加了优质校教师的工作量，因此政府要协调教育、人社、编制部门，探索给予相关优质校适当的增编、教师课时计量、职称评定（授课教师视同支教经历）等相关政策保障，从机制上确保该课堂系统常态运行，质量提升。

　　启示之二："直录播"系统实现了区域优质教学资源集聚共享。有效推进区域内优质教学资源共享，实现资源的合理配置，这是城乡基础教育均衡服务面临的新课题。通常做法是采取组建教育集团，建立帮扶支教机制，推动校际教师交流等来解决，但都因人力资源的调配难度而遇到了困难。建设"教学视频直录播"系统为探索解决这个课题找到新的途径，即运用直录播技术系统，自动跟踪录制名师优质教学课，拆除名师教学的校际樊篱，实现全市区域内名师优质教学资源共享，起到了示范教学的带动、促进作用。莆田市在全市中小学名校建设 52 套直录播系统，发挥特级教师、名师骨干、学科带头人的作用，自动跟踪录制名师现场教学课，并上传到"莆田教育视频网"，实现区域内名师教学优质课的资源共享。从一定意义上讲，名师教学不再成为某一名校的自有资源，而是全市共享的公共服务资源。仅 2015 年，全市就精选 2168 节优质教学课视频同步上传共享，全市区域内在同一教材版本、学生素养基础相近的情况下，名师示范教学带动的效应、效果更加明显。

启示之三：**"人人通"个人空间提升了教学管理与应用效率**。推进基础教育公共服务均衡化面临的又一课题是资源配置后的管理与应用。城乡教育差距的一个重要方面是学校教育教学管理的差距。"人人通"个人空间的开设有效地提升了教育教学管理的效率，强化了学校对教师日常教学的管理，实时检查、交流与评价；方便了教师教学手段的运用，加强了师生之间互动和家校之间的沟通联系。随着个人空间的广泛应用与深化，学校的管理更趋于科学有效，学生的教育更有针对性，从而有效促进教育质量的提升。莆田市 2015 年已开通教师个人空间 18756 个，学生个人空间 162761 个，家长个人空间 344167 个。在全国开展的"一师一优课，一课一名师"征集活动中，全市有 1.2 万名教师参加，参与率达 42.8%，上传课例 3.7 万节，居福建省首位，全国第 4 位。

启示之四：**"一拖三"在线课堂破解了教育教学难题**。开齐开足课程是城乡基础教育公共服务最基本的均衡，也是教育公平的"低保"。但是长期以来，在偏远的农村、老少边岛地区，由于学校规模小，一些专业学科师资出现结构性缺编，教师派不进、留不住等问题，一直影响着这些学校课程的开课率和教学质量的提升。"一拖三"在线课堂模式在教学实际中的建设应用，破解了农村边远地区小规模学校实现开足开齐课程程这个近乎无解的难题。这种模式是由一所优质学校的学科教师担纲，通过信息网络在线课堂给边远地区 2～3 所小规模学校的学生同时同步现场教学，实现特殊的"走教"，让边远地区学校也能开齐开足所有课程，补齐教育教学的短板，实施了教育的精准扶贫。莆田市 2015 年由市实验小学等 5 所优质校负责，建设了 5 个主课堂，覆盖 14 个农村小学（教学点），提供小学音乐、美术、科学三个学科专递课堂，每周在线同步教学 69 节，受益学生 615 人，收到了良好效果。在此基础上，今年，市政府决定由市、县（区）财政对半负担，为全市 118 所 15 人以下小规模学校（教学点）专门建设在线课堂，并由优质学校相关学科教师提供主课堂教学服务，将更多的优质教学资源直接导向农村边远学校，促进全市教育的均衡服务、均衡发展。

启示之五：**"班班通"建设为基础教育均衡化服务提供平台**。城乡教育的差距之一，就在于教育教学的资源获取、手段运用的差距。"班班通"建设是缩小这个差距的实现路径。所谓"班班通"是指学校每个班级里具备与外界进行不同层次的信息沟通、信息资源获取与利用、终端信息显示的软硬环境。以"班班通"建设为平台，依托云服务将丰富优质的教学资源和多样的教学应用引入课堂，实现信息技术与学科日常教学的有效整合，促进教师教学方式和学生学习方式的变革，打破基础教育的城乡体制和信息孤岛的限制，使城乡师生在教学资源获取、共享和手段应用上处于均等位置。莆田市正是借用"班班通"建设，在推进城乡基础教育均衡化服务上打破资源配置的壁垒，搭建了共享的平台。目前，全市"班班通"设备覆盖率已达80％，年底可望基本实现全市普通教室建设全覆盖。这彻底改变了农村学校师生在教学资源获取和教学手段运用上的窘境，也使教学更加直观、生动、有效，促进了教学质量的提升。

开拓创新　全面推进新课程师资培训工作

苏文锦 *

我省基础教育课程改革已从国家级课改实验区——厦门市拓展到 23 个省级实验区，到 2005 年，全省所有中小学校都将走进新课程。这是建国以来我省基础教育战线最为深刻的一场变革，涉及面之广、影响之深刻是前所未有的。加快实施基础教育课程改革，对于打造人才培养新模式，全面推进素质教育，培养适应 21 世纪需要的社会主义建设者和接班人，提高全民族的素质，全面建设小康社会，具有十分重要而又深远的意义。

抓好新课程师资培训工作，是实施新课程的先行工程，也是新课程改革实验工作成败的关键。省教育厅在《福建省基础教育新课程师资培训工作实施意见》中明确提出：要把新课程师资培训作为新一轮课程改革成败的关键，作为"十五"期间中小学教师继续教育的核心内容，按照"先培训，后上岗；不培训，不上岗"和"面向全体，骨干先行"的原则，加强领导、精心组织、分工协作、密切配合、形成合力，确保新课程师资培训工作与新课程的推广同步进行并适当超前，为新一轮课程改革工作提供师资保证，努力使中小学教师的整体素质有明显的提高。

为了扎实开展新课程师资培训，今年以来，省教育厅从省、市两级教师教育院校和教研室中选派 110 名教师，参加教育部举办的新课程通识培训和学科培训的骨干培训者国家级培训班，初步建立了一支新课程省级培训者队伍。4 月上旬，省教育厅举办了全省新课程通识培训教育管理者和培训者省级培训班，有近 500 名教育管理者和教育理论课教师参加了培训，大家共同学习《基础教育课程改革纲要》和《走进新课程》通识培训教材；教育部基础教育课程改革专家组组长钟启泉教授等 7 位专家的精彩报告，使每一位参加培训的同志

---

* 苏文锦，省教育厅师资管理处。本文发表于 2002 年第 12 期《福建教育》。

的心灵受到了一次又一次的震撼。省级通识培训后，在全省课改实验区的中小学校和师范院校迅速掀起了一次新课程通识培训的热潮。据统计，全省课改实验区就有 7 万多名中小学教师参加新课程通识培训。6 月以来，省教育厅又先后举办了 25 期新课程学科培训者省级培训班，有 4000 多名各设区市和省级实验区的培训者以及师范院校的教师参加培训。培训内容包括通识培训、学科标准培训和新教材培训，以学科标准培训为主要内容。这是我省有史以来举办的规模最大的省级培训活动，为各地开展新课程师资培训打下了较好的基础。在各设区市和省级实验区的共同努力下，今年秋季小学一年级、初中一年级的 2 万多名教师都做到"先培训，后上岗"，有力地保证了课改的顺利实施。

如今，走进课改实验区，到处都呈现出生机勃勃的景象，广大教师的观念已经发生深刻的变化，学生的学习方式、教师的教学模式正悄然改变，民主、平等、和谐的师生关系开始形成，新课程已日益被广大教师、学生、家长和社会所接受。但是，我省新课程师资培训工作开展还不大平衡，有些地区和学校抓的力度不够，培训形式比较单一，课程资源较少，投入不足，在一定程度上影响了培训的质量。

2003 年是开展新课程师资培训工作的关键一年，要把新课程师资培训作为中小学教师继续教育的首要任务来抓，把 2003 年作为新课程师资培训工作年，主要任务是：继续抓好省级实验区教师的滚动培训，扎实抓好新加入新课程推广的县（市、区）的师资培训；同时，组织全省所有中小学教师参加新课程的通识培训，开展一场课改的大讨论，把全体中小学教师的思想统一到《基础教育课程改革纲要》上来，切实转变教育观念，为新课程的推广和实施提供师资保证。为此，要以开拓创新的精神，认真抓好以下几项工作：

扎实抓好教育管理者的培训和校长培训。课改的实践证明，凡是教育行政部门的第一把手和中小学校长参加新课程培训，对课改的认识到位，行动就到位，师资培训就抓得扎实，措施有力，经费有保证，有困难也容易解决。因此，新课程师资培训首要的一环，就是根据分工继续抓好教育管理者（包括各市、县、区教的正副局长和中层干部，教师培训、教研机构的领导）中小学校长的通识培训。对于没有参加新课程培训的管理者和校长，一定要坚持补课，切忌放松。

建远程教育师资培训网络，探索新课程师资培新路子。随着课改的不断推进，课改培训任务越来越重。因此，必须充分发挥信息技术的优势，努力探索课程培训的新路子。要充分发挥福建师大网络教育学院、福建教育电视台和省电教馆等资源优势，以及全省各级教师进修院校和有条件的中小学校，构建省中小学教师继续教育远程教育网、聘请省内外的专家来讲学，为各地制作和提供最好最新的培资源（包括教学案例）和信息。这样，既可扩大培训，满足每一位教师的不同要求，增强培训效果，又可大大节约培训的成本。全省大多数县级教师进修，经过努力是可以做到的；有条件的地方，还可以在中或乡镇中心小学建立远程教育教学点，进一步方便教师的培训。

开展校本培训，促进教师专业成长。新课程向教师提出了新的挑战，也为广大教师提供了施展才华的大台。教师共同成长与新课程，主要应通过校本培训来实现。所谓校本培训，就是以学校为基地，以实践为导向，旨在解决学校发展和改革实际问题和提高教师教学能力的教师专业发展的一种模式。校本培训把教师专业发展融入学校的整体改革中，通过教师的专业成长来促进学校的改革与发展；坚持以实践为导向，以教师反思性学习为主要内容，以行动研究和案例分析为抓手，重建教师的学习结构，与大学、教师培训研究机构建立合作伙伴关系，以学校作为教师学习和研究的主要场所。去年以来，我省与上海教科院专家合作，在福州市选择了3所不同类型的中小学校，开展校本培训的实验，取得了很好的成效。实践证明，校本培训具有针对性、灵活性和多样性的特点，是深入开展新课程师资培训，促进教师专业成长的重要途径。开展校本培训需要制度创新和政策引导，要研究建立校本培训制度，将教师接受继续教育的自主权交给校长和教师。校长是教师校本进修计划的设计者，也是校本培调的第一责任人。培训院校、教研部门在与中小学合作开展校本培训计划中，应充分发挥他们在教师培训中的作用，并与中小学合作培养校本培训的骨干。只有把校本培训抓好了，课改师资培训才能真正落到实处，广大教师才能够在课改的实践中锻炼成长起来。

变革培训模式，提高培训质量。开展新课程培训，必须更新培训理念，积极探索新的培训模式。要通过新课程师资培训，引导广大教师从实践中学习，在反思中成长，提高专业化水平；要坚持培训、教研、教改相结合，坚持集中培训和分散培训相结合，坚持骨干培训与面向全体相结合，积极倡导培训者与中小学教师的平等交流、对话，了解中小学教师的疑惑和困难，引导他们结合自己的教学实际，深入地讨论，使他们全身心地参与到培训中来，提高新课程培训的针对性和实效性。在今年的省级培训中，"参与式培训互动性培训"、"案例分析研讨"等受到教师们的空前欢迎，激发了积极参与的热情，"自主、合作、探究"成为教师的基本学习模式。各地在实践中也创造了许多新模式、新经验，如南安市举办以课例分析、评点、研讨为主要形式的新课程课堂教学研讨班，举办"校长课改论坛""教育沙龙"，开展技能型（教学技能、现代教育技术等）、实践型（教学观摩、案例交流、教学反思、写教后记）、评价型（课例评析、听课评课、教学变革等）、理论型（专题讲座、写学习心得、做自学笔记、组织理论学习等）、研究型（课题研究、问题探究、策略研究、专题讨论）等多种形式的培训，符合新课程的理念，受到广大教师的欢迎。

加强培训者队伍建设和各级教师培训基地建设。造就一支高水平的能承担和指导开展新课程师资培训的培训者队伍，是开展新课程师资培训的关键。各地要把那些通过各级培训（包括骨干教师培训）或在课改实践中涌现出来的，教育思想观念新、素质高、能力强，有强烈事业心、责任感的教师、教研员吸收到培训者队伍中来，采取建立"中心组"等形式，定期或不定期地组织他们学习研讨，深入一线听课调研或外出学习、考察等活动，不断提高培训者的水平。大力加强各级教师培训基地建设，也是开展新课程师资培训的迫切要求，各地要特别加强县级教师进修学校的建设，加大投入力度，改善办学条件，提高信息化水平，建设支高水平、专兼结合的能适应新课程培训需要的师资队伍，使县级教师进修学校与新课程同步发展壮大，更好地承担新课程师资培训和教研任务。

加强对新课程师资培训工作的领导和管理。各地教育行政部门和中小学校都要从本地、本校的实际出发，认真制定新课程师资培训方案，精心组织实施，优先安排和保证新课程师资培训的经费。坚持高标准、严要求、求实效，建立严格的培训管理制度。坚持"先培训，后上岗；不培训，不上岗"的原则，对参加新课程实验的教师严格实行持证上岗制度。所有教师必须接受通识培训、课程标准培训和新教材培训，对完成新课程规定学时并经考核合格者，可记入继续教育学时。凡没有参加培训或考核不合格者不能担任新课程实验工作。对在新课程实验中表现突出的教师应予以表彰和奖励。要根据新课程的需要，研究改进教师职称评聘工作，进一步调动广大教师的工作积极性。

强化公共产品意识　推进教育事业发展

翁　福　骆沙舟*

摘要：按照公共经济学的理论，我们可以依据是否具有完全非竞争性和非排他性这两大特征，将公共产品分为两类，即纯公共产品和准公共产品。教育是一种公共产品，根据其服务和提供的不同特点，我们把义务教育归为纯公共产品，把非义务教育归为准公共产品。为此，我们必须树立和强化教育的公共产品意识，明确政府职责，坚持以政府投入为主，鼓励和扶持社会的多元化投入，推动教育事业健康发展，努力办好让人民群众满意的教育。

关键词：教育　公共产品　政府职责

新颁行的《义务教育法》明确义务教育是一项"公益性事业"。所谓"公益性事业"，也就是公共经济学所说的"公共产品"。为什么说教育是一种公共产品？教育作为公共产品有何特征？明确教育作为公共产品的性质，有何实际意义？本文拟根据公共经济学的相关原理，结合当前教育界存在的一些热点问题，谈谈自己的体会。

一、公共经济学的分析框架

作为公共经济学范畴的公共产品，是与私人产品相对而言的。私人产品由消费者个人通过市场取得，私人消费该产品的私人成本和私人收益是对等的，对该产品的消费是有竞争性和排他性的。某人通过市场，支付一定货币购得某物，此物便专属于他所有，只有他拥有对该物的支配权。公共产品则不同，它

---

* 翁福，漳州市教育局局长，北京大学 MPA 在读硕士；骆沙舟，漳州市教育局副局长，哲学硕士、副教授。本文发表于 2007 年第 1 期《教育与考试》。

是指为全体社会成员集体享用的集体消费品，社会全体成员可以同时享用该产品，而每个人对该产品的消费都不会减少其他社会成员对该产品的消费。消费的非排他性和非竞争性是公共产品的两大基本特征。消费的非排他性是指，产品一旦被提供出来，就不可能排除任何人对它的不付代价的消费。也就是说，作为一种公共产品，任何人都不可能不让别人消费它，任何人都不得不消费它，任何人都可以恰好消费相同的数量。消费的非竞争性是指，一旦公共产品被提供，增加一个人的消费不会减少其他任何消费者的受益，同时也不会增加社会成本，其新增消费者使用该产品的边际成本为零。人们对公共产品的消费是无需付费的（因为边际成本为零），即成本与收益是不对等的。

按照公共经济学的理论，我们可以依据是否具有完全非竞争性和非排他性这两大特征，将公共产品分为两类。第一类是完全满足非竞争性和非排他性两个条件的公共产品，可称之为纯公共产品。第二类的公共产品在消费上具有一定的竞争性和排他性。换言之，这类产品因为数量上的有限，不可能同时为社会全体成员同等地使用，只能为一部分社会成员所使用，这类产品称为准公共产品。对这类公共产品的消费，也不可能是完全免费的，而需支付一定的成本，因此这类产品又具有一定的私人产品的性质，也有人将此类公共产品称作"混合产品"[1]。这一类公共产品的消费，虽然具有一定的私有性质，即会给产品消费者个人带来较大的私人利益，但与此同时，又会产生很大的外部效应，即给社会带来更大的利益。

公共产品由谁来生产，由谁来提供？这也是公共经济学关于公共产品理论所研究的一个重点。在以往相当长的时间里，政府一直是公共经济的最主要、甚至是唯一的主体，政府几乎垄断了公共经济和公共事务领域的一切事务，理所当然地，政府也成了公共产品的最主要的，甚至是唯一的生产者和提供者。但是，随着社会和经济的发展，这种局面已发生了变化。首先，由于公共经济活动中广泛存在着"政府失灵"、"政策失败"的现象，政府作为公共经济活动的唯一主体失去了合法性基础。其次，人们对公共经济尤其是公共产品的认识不断发生变化，公共产品是可以分类的，准公共产品或混合产品是可以由政府以外的社会团体或私人来生产并提供的，这就为其他主体参与到公共经济活动中提供了理论依据。再次，社会及科学技术的进步也为其他主体参与公共经济活动提供了技术上的可能，如通过招投标、特许经营、委托承包、政府采购等方式，使传统意义上由政府垄断的公共服务进入市场，由其他主体进行经营。

现代社会经济活动多元化的特征，决定了提供公共产品的主体也是多元的，按照公共经济学理论，政府、私人企业、社区、社会第三部门和国际组织都广泛地参与到公共经济活动中，它们也都理所当然地成为公共产品的提供者。当然，迄今为止，政府仍然是最主要的和最大的公共产品生产者和提供者。

二、教育作为公共产品的基本特征

依据公共经济学关于公共产品的理论，我们可以对教育作以下分析：

首先，教育①是一种公共产品。从教育机会均等、教育平等等理论上讲，每一个人都拥有受教育的权利，任何人、任何社会团体都不能剥夺任何一个人受教育的权利；而一个人受教育权利的获得，也并不必然地排斥另一个人受教育的权利，从这个意义上说，教育的服务与消费具有非竞争性与非排他性两个基本特征，教育应当是一种纯公共产品。我国宪法和新修订的《中华人民共和国义务教育法》对此作了明确的规定。《义务教育法》明确规定："凡具有中华人民共和国国籍的适龄儿童、少年，不分性别、民族、种族、家庭财产状况、宗教信仰等，依法享有平等接受义务教育的权利，并履行接受义务教育的义务。""国家实行九年义务教育制度。义务教育是国家统一实施的所有适龄儿童、少年必须接受的教育，是国家必须予以保障的公益性事业。"[3]《义务教育法》所界定的教育是一种"公益性事业"，也就是公共经济学所说的"公共产品"。

其次，在现阶段，由于受到社会经济发展水平的制约，社会还不能够为全体受教育者提供充分的、完全的、无差别的教育产品和服务，尤其是优质教育资源的相对匮乏（公共经济学的术语称之为"拥挤"现象），教育还不能完全做到非竞争性和非排他性。在一定条件下，某些教育产品和服务具有竞争性和排他性，增加一个单位对教育服务的消费，会影响他人消费的数量和质量，这在非义务教育阶段（如高等教育）及义务教育阶段的优质教育资源（如名校、重点中小学）表现得最为明显。如，我国高等教育通过招生指标分配、入学考试、分数切线、择优录取、收取学费等一系列环节将部分同龄人排除在高等教育服务之外。又如，由于一个地区优质高中资源的有限性，各地普遍采取"中考"的形式，按照分数高低，选拔进入不同等级学校就读的学生，这也使得一

---

① 为了叙述方便，本文所说的教育，主要指狭义上的教育，即学校教育，或"正规教育"。

大部分同龄人无法同等享受优质高中教育。这就是人们通常所形容的"千军万马挤独木桥"的现象。而且，接受这部分教育产品和服务的人，还需交纳数额可观的学费或择校费、赞助费，从这个意义上说，高等教育和高中阶段教育（即非九年义务教育），就被视为"准公共产品"或"混合产品"。

再次，从教育产品和服务的提供来看，依据公共经济学理论，教育作为公共产品（或准公共产品），其最主要的提供者应该是政府。组织和发展教育事业，是政府最基本的职能之一，现代国家都将对教育事业的投入作为其财政支出的主要部分。早在 20 世纪 90 年代，一些发达国家的教育经费支出已占国民生产总值（GNP）的 7％—8％，如美国联邦教育经费为 GNP 的 7％左右，加拿大占 7％—8％，日本占 6％左右，在这些发达国家，对教育的投入约占全部政府财政支出的 30％左右（英国地方政府支出的最大项目是教育，1995 年占总支出的 29.19％，美国则占 30.81％）[4]。经济主体的多元性趋势，使得越来越多的非政府组织和机构参与到教育产品和服务的提供，作为政府提供的一种必要的补充。在一些发达国家，非政府的基金会、教会、企业及私人投资的学校占到教育的半壁江山。在我国近年来民办学校也有较快的发展，根据教育部新近公布的 2005 年教育事业发展统计公报，2005 年全国共有各类民办学校 8.62 万所，在校生数已达 2，168.1 万人，民办学校在校生数在高等教育、高中阶段教育、学龄前幼儿阶段教育的比例已分别占到 13.99％、9.45％、30.66％，即使在九年义务教育阶段，民营学校也占有一席之地，小学阶段在校生数占 3.58％，初中阶段在校生数占 5.99％[5]。

从上面的分析我们可以得出如下结论：（1）教育是一种公共产品。确切地说，在义务教育阶段，教育是纯公共产品，提供教育产品是政府的基本职能之一，也是公共财政的基本职能之一，教育经费应由政府完全提供。我国《教育法》规定"实施义务教育，不收学费、杂费。国家建立义务教育经费保障机制，保证义务教育制度实施。"[6]（2）在非义务教育阶段，教育是准公共产品或"混合产品"。受教育者通过接受优质的高中教育和高等教育，学到了知识，掌握了技能，提高了素质，从而提高了自身在未来社会活动中的综合竞争力，也增加了自己获得较高收入与享受较好生活的能力，这是一种内部效益（私人效益），这种利益完全为受教育者所拥有。从这一角度看，教育这种产品具有竞争性和排他性。但是，这种产品在给受教育者带来利益的同时，还有相当大的一部分利益通过受教育者外溢给了社会，即通过劳动者个人素质的提高，从而使得社会劳动生产率得以提高，民族的科学文化素质得以提高。而公民个人文化知识和科学素养的普遍提高，又对国家综合实力的提高，对社会主义物质文明、精神文明和政治文明建设，均有决定性的作用。从这个意义上说，教育产品又具有非竞争性和非排他性。（3）在确保政府投入为主的同时，鼓励社会对教育投入的多元化、多渠道。同时对消费"准公共产品"的教育产品和服务的人，收取一定的费用（学费），在接受受教育者进入该领域时，设置一定的门槛，采用公平竞争，择优录取。

三、强化教育的公共产品观念，推进教育事业发展

1. 消除"教育产业化"的不良影响，强化教育作为公共产品的意识

最近，中国人民大学校长纪宝成提出"清算教育产业化"流毒，在教育界引起很好的反响。我们认为，是到了彻底清算"教育产业化"这一谬论给教育事业带来恶劣影响的时候了，应强化教育作为公共产品的意识。

教育产业化论者主张把教育推向市场，用经济规律或市场法则来支配教育的发展，有的地方政府甚至提出教育要像其他产业部门一样，对地方财政做贡献。虽然近一两年来，教育产业化论受到了普遍的反对，一些地方政府也不敢公开提产业化的口号，但教育产业化论的恶劣影响却远未肃清。时至今日，一些地方财政部门规定，凡是使用财政发票的各种收费，均要按照30％的比例上缴县财政，不仅学校收取的学费、杂费要上缴30％，而且学校代收的课本费、簿籍费、高考中考会考报名费，也要上缴30％。学校在向财政部门上缴（或在"收支两条线"的大旗下被财政部门截留）了本该用于教育的资金后，为了学校的生存，不得不把手伸向学生，实行名目繁多的乱收费，人们形象地把这种现象称为"逼良为娼"。有的地方政府公开"奖励"学校的乱收费行为，如某县财政部门规定，学校开学初收费时在省定标准之上，初中生再加50元，小学生再加30元上缴财政，作为"奖励"，学校可得到20％的"红利"，极大地损害了教育的社会形象和社会公信力。去年初国家财政部、国家税务总局下发文件，要对学校择校费、赞助费等收入收取营业税，分明就是把学校作为一个经营单位看待。正如纪宝成同志所说，"这种状况对教育造成的'器质性内伤'已经随着时间的流逝逐渐显现。"

教育产业化论在理论上的重大失误，就在于对教育产品和服务属性的定位上出现偏颇，否认了教育作为一种"公益事业"，是一种公共产品，而不是私人产品，教育不可能（也不应当）完全由市场法则来支配，更不能（更不应

当）像其他社会生产部门那样，对地方财政作贡献。在我国现阶段，根据分级办学的原则，政府应承担起应有的职责和义务，即使在非义务教育阶段，在某些环节上采取一些市场化方式（如高校后勤服务社会化）也应遵循教育的规律，把教育的公益性，即公共产品属性放在第一位。如，在实行后勤服务社会化的高校，应为贫困学生提供住宿补贴，或为他们提供低价住所。只有明确并强化教育的公共产品意识，才能消除"教育产业化"论的恶劣影响，从而使教育事业的发展在正确的理论指导下，健康有序地发展，办好让人民满意的教育。

2. 明确政府职责，加大政府的财政性投入

既然教育是公共产品，而不是私人产品，那么就应该主要由公共财政来支付大部分的教育经费，教育支出应成为公共财政支出的主要内容。李岚清同志曾指出："公共财政作为市场经济条件下的财政，主要是为全社会提供包括教育在内的公共产品和公共服务，体现整体公众利益。"[7]新近修订的《义务教育法》对此作了明确的规定："国家将义务教育全面纳入财政保障范围，义务教育经费由国务院和地方各级人民政府依照本法规定予以保障。国务院和地方各级人民政府将义务教育经费纳入财政预算，按照教职工编制标准、工资标准和学校建设标准、学生人均公用经费标准等，及时足额拨付义务教育经费，确保学校的正常运转和校舍安全，确保教职工工资按照规定发放。""义务教育经费投入实行国务院和地方各级人民政府根据职责共同负担，省、自治区、直辖市人民政府负责统筹落实的体制。""地方各级人民政府在财政预算中将义务教育经费单列。"[8]这些条款明确了国家公共财政对义务教育的职责和义务。

无论从教育产品的属性，还是政府在教育产品和服务提供上的法律定位都很明确，这就要求政府必须承担起教育投入的主体作用，特别是义务教育的主要职责和义务。为此，在政府投入上必须从两个方面来保证教育的发展：一是增加投入的总量。在20世纪80年代，北京大学陈良焜等人用经济计量模型计算出了同等经济发展水平条件下的教育投资的国际平均水平，认为人均GDP达到800美元时，公共教育经费占GDP比重应达到4.06%，达到1200美元时应达到4.24%。20世纪90年代上半期的又一研究表明人均GDP达到800和1000美元时，对应的公共教育经费占GDP的比重应为3.7%和3.99%。[9]《中国教育改革和发展纲要》据此提出到2000年国家财政性教育经费占GDP的比重要达到4%，但至今这一目标仍未实现，甚至逐年下降，2002年占3.41%，2003年占3.28%，2004年占2.79%，2005年已下降至只占2.16%。因此，政府对教育的投入当务之急是提高投入的总量，尽早达到占 GDP4％的水平。二是调整财政支出教育中的结构比例，在政府教育支出水平确定的情况下，对教育内部的支出结构应根据教育作为公共产品的属性调整投入比例，属于纯公共产品的义务教育应具有优先权，"差不多所有经济体制健全的国家，由于拥有完善的公共财政制度，自然把免费的义务教育作为财政支出的主要方向。"[10]义务教育作为社会的公共教育资源，应当完全由国家财政予以保障。我国目前已在中西部和部分东部省份实行了农村义务教育经费保障机制，也就是"两免一补"，即免学杂费、免困难家庭学生课本费、补助困难家庭寄宿生生活费，使农村义务教育有了基本的保障。目前重要的工作是确保各级政府所承担份额的落实到位。

3. 多元发展，鼓励和扶持民办教育

既然教育作为公共产品，其提供者不是一元的，而是多元的，那么我国就应坚持以政府办学为主体，公办学校与民办学校共同发展这个方向不动摇，尤其在我国处于社会主义初级阶段的现阶段，这点尤其重要。李岚清同志指出："中国的教育事业，只靠政府这一个'轮子'推动，发展速度总是有限的，如果采取加上另一个'轮子'——民办教育的推动，一定会发展得更快、更好。我们要进一步解放思想，转变观念，积极鼓励和支持社会力量以各种形式办学，满足人民群众日益增长的教育需求，形成以政府办学为主体，公办学校和民办学校共同发展的格局。"[11]为保障民办教育的健康发展，应注意以下几点：(1) 正确理解《民办教育促进法》。《民办教育促进法》颁布实施已 3 年多，但各部门的"解读"各有不同，由于"解读"不同，就有着不同的行政行为，甚至于直接对民办学校采取命令式的行政干预，限制甚至简单的"剥夺"，这些都直接影响了民办教育的健康发展。其问题的核心在于对民办教育出资举办者对拥有财产权及其所拥有的所有权利的解读。对民办教育的主体及其财产的态度，首先要遵从和坚持我国《宪法》对私有财产的保护原则。我们决不能以教育的公益性而去剥夺举办者的私有财产。坚持公益性，既要保证民办教育的社会效益，也要保证社会和政府对民办教育的扶持和保护。

（2）区分营利性教育机构和非营利性教育机构。对于非营利性教育机构，其公益性成分更多，政府除按《民办教育促进法》的要求给予各种政策外，对于履行义务教育阶段职责和义务的民办学校，应给予与公办学校一样的财政补贴，如一些民办学校对义务教育阶段学生免收学杂费，那么政府就应按规定给予补贴。而对于营利性教育机构，特别是一些教育中介机构，应由工商和税务部门规范化管理，依法办学，依法纳税。

（3）完善民办教育的体系。由于我国民办教育目前仍处于发展的初级阶段，法律机制，办学环境，自律机制，风险预警机制还不健全，出现了办学模式粗放，师资缺乏，竞争无序，财务管理混乱，急功近利，缺乏诚信等问题，对民办教育的健康发展产生了不利影响。为此，政府要承担监管职责，通过法律法规、定期评估等手段规范民办教育的办学行为，避免出现"劣币驱逐良币"的结果，维护办学者和消费者的合法权益。

参考文献：

［1］黄恒学. 公共经济学［M］. 北京：北京大学出版社，2005. 49－50.

［2］《中华人民共和国义务教育法》第 4 条、第 2 条.

［3］黄恒学. 公共经济学［M］. 北京：北京大学出版社，2005. 337－338.

［4］2005 年全国教育事业发展统计公报［N］. 中国教育报，2006－07－04（2）.

［5］《中华人民共和国教育法》第 2 条.

［6］李岚清. 李岚清教育访谈录［M］. 北京：人民教育出版社2004. 61.

［7］《中华人民共和国义务教育法》第 42、44、45 条.

［8］王善迈. 教育投入与产出研究［M］. 石家庄：河北教育出版社，1996. 130－131.

［9］张力. 与现代学校制度相关联的若干政策思考［M］. 北京：人民教育出版社，2004. 12.

［10］李岚清. 李岚清教育访谈录［M］. 北京：人民教育出版社，2004. 68.

关于对当前学校"校长推门听课"的几点思考

杨邦清[*]

摘要："校长推门听课"作为学校教学管理的一种手段，有利于学校校长深入一线课堂，推动教师专业化成长，推进校长教学领导力的提升。"校长推门听课"是推动每一位教师构筑理想课堂的手段，是促进教师专业化提高的最直接最有效的途径，更是推进学校"以师为本"实现内涵发展的重要举措。但"校长推门听课"也时常面临尴尬，管理者只有化弊为利，才能使"校长推门听课"真正成为一种学校管理文化，为课程改革服务，为素质教育服务。

关键词：校长推门听课；学校管理；利与弊

当前，面对新课程实施过程中越来越凸显的学校管理的挑战与困惑，为消除学校教师存在的职业倦怠和"高原现象"等诸多问题，许多学校实行了"校长推门听课"[1]。对于"校长推门听课"这一形式可谓是众说纷纭，褒贬不一，应引起管理者和教师的思考与重视。但笔者认为，只要有效发挥"校长推门听课"在新课程改革中的促进作用，化弊为利，定能彰显其对学校管理的积极意义。

一、"校长推门听课"的内涵与作用

"校长推门听课"作为学校课程管理的一种手段，在新课程实施过程中，已经越来越普遍地受到学校校长的认可与赞同。何谓"校长推门听课"？简单说，就是校长事先不与教师预约，随时进入课堂听课，听完课后与教师探讨，

＊ 杨邦清（1973－），男，福建南平人，小学高级教师，副校长。福建省教育科学"十二五"规划课题（FJCGJJ12—024）。本文发表于 2013 年第 1 期《现代中小学教育》。

并提出意见和建议，为校长教学指导、学校管理提供素材。所以，"校长推门听课"是推动每一位教师构筑理想课堂的手段，是促进教师专业化提高的最直接最有效的途径，更是推进学校"以师为本"实现内涵发展的重要举措。

二、"校长推门听课"在学校管理中的积极意义

1. "校长推门听课"推开了一线课堂的"门"

没有调查，就没有发言权。来自基层的意见和问题是最有价值的，因为那是实事求是的真知灼见。[2]然而，为了学校发展，校长经常忙于行政工作，很少有时间进入课堂，容易以行政为思考取向，缺少的是对课堂的直接观察。实行"校长推门听课"，重心下移，校长可以看到原汁原味的常态课堂，而且面对的并非是经过特别安排或控制的情景，这是校长发现问题、分析问题、解决问题的有利契机。在这样真实的课堂里，校长可以了解到教师的日常工作情况；了解到教师对待日常教学工作时的态度、方法、手段和行为；近距离地观察到教师的知识、能力和情感；也能较直观地看到教师日常教学中存在的问题。而且相对那些过分追求外表华丽包装的"公开课"而言，校长看到的是这类原生态的课，看到的是"我们学校"的课，看到的是"我们学校"教师的教学水平和状态。

"接地气"才能"抓实际"。新课程的课堂不仅是教师表演的舞台，更是师生之间交往、互动的对话平台。由于教师角色的转变和学生学习方式的改变，教师在课堂实践中都在努力探索和尝试各种新方法、新手段，其中不乏创新性的亮点和个性化的教学风格。同时，学生的主体性也在课堂上得以充分的体现，课堂教学焕发出新的生机。[3]实行"校长推门听课"，一则可以捕捉到校长平时不易获取的教师教学信息；二则还可以观察到课堂上学生真实的学习状态和学习水平。从而较为准确、客观地掌握课堂师生表现的第一手资料，开展更切合实际的教学研究。由于"校长推门听课"直接指向的是教师的课堂教学，而课堂教学恰是学校管理的突破口。所以，攻克了课堂教学，就等于牵住了学校管理的"牛鼻子"，有利于校长不断总结和推广成功的课堂教学经验，掌握教学管理主动权，改善管理效能。

2. "校长推门听课""推动"了教师专业化的成长

校长的舞台在"一线"，管理的点在"校长推门听课"，可以帮助校长全面了解教师的工作表现，把握教师的发展倾向和发展需求，有针对性地对每位教

师提出改进建议、专业发展目标和进修计划，更加充分地关注教师个体差异，引导教师追求个性化的教学方式，更好地促进教师的专业发展和主动创新。从校长推门的那一刻开始，只要有理想追求的任何一位教师都会在校长面前表现出自己工作状态最良好的一面，把"校长推门听课"当做自己展示教学水平的机会，一个学习、研究和锻炼的机会，希望得到校长的赏识与肯定。"校长推门听课"的外在动力加之教师的内驱力，必然鞭策和激励教师要规范自身教学行为，促使每一位教师更自觉地钻研教材，认真备课，研究学情，改变部分教师自由、懒散的坏习惯，从而增强教师的质量意识、危机意识和忧患意识。

当局者迷，旁观者清。推门听课后，一般情况下校长会给教师提出意见和建议，尽可能地帮助教师发展使用教学策略技巧。若是校长对教师的闪光点和长处能够及时捕捉，加以肯定，并为之创造施展才能和获得承认、表扬的机会，这样的"校长推门听课"必定是大受教师欢迎的。因此，"校长推门听课"不仅能较快捷地解决教师的教学问题，而且能促进教师的教学行为跟进、提升教学品质。还有，推门听课后，校长和老师之间良好的互动、对话，以及所营造的共同讨论、共同研究的气氛也非常适宜教师的成长。所以，我们可以这样说，所有"校长推门听课"过程以及课后反馈所产生的意见，最大的意义和价值在于校长给了教师一个外力和支点，唤醒了教师潜在的特质，督促教师在以后教学中不断提高自己的教学指导水平。

3. "校长推门听课""推进"了校长教学领导力的提升

一位好校长，就是一所好学校，校长的引领作用不言而喻。校长带头抓教学，带头搞教科研，在校长的带领下，学校教科研就会焕发勃勃生机，这也是校长管理学校所需要的。在教师心目中，有校长的专业引领、校长的示范，能赋予教师很好的启迪，起到教学的辐射作用。有着教学领导力的校长，一定是公信力强、威望度高的校长。一位校长能驾驭课堂，能"轻车熟路"地开展听评课，那么他所带领的教学团队必将充满活力，拥有极强的教学凝聚力和向心力。

毋庸置疑，打铁还需自身硬。校长作为"教师之师"，若要推门听课，就要比教师站得高、看得远，须有更深的专业修养。校长的理论水平高低，或多或少地影响和制约着对课堂教师教学的理解和判断。推门听课，意味着校长自身要强化专业修养，用先进的教育教学思想、崭新的课改理念，引领教师积极开展教学研究，才能在教育教学上有"话语权"，才能树立起校长的业务领导威信。在听课过程中，校长要居于学术的高度，运用已有的教学理论和教学经验，对课堂教学做出分析与判断，准确地发现教师的不足，而教师的问题解决往往需要校长提供强有力的专业支持，校长在教学领域研究的高度与深度也就决定了校长在教师心目中的地位。虽然，校长不可能是精通各科教学的全才，但从领导和管理教学的需要出发，还是要摸着门道，略知概要。所以，校长推门听课前应熟悉相应教材，明确学段要求，了解学科特点，才能对教师专业需求进行直接面对面的指导，说出道道来，谈到点子上。话说回来，校长作为学校教学的最高指挥者，在"校长推门听课"过程中同时也扮演着学习者、研究者和思考者的角色。推门听课、课后评议、行为跟踪，其实也是给校长提供了一个不断反思的机会，促使其不断反思自己的教学指导行为，反思自己对教学现象、教学问题的独立思考和创造性见解。经常性地思考如何提升自身的教学领导力，才能对教学的实施与推进进行有效的指导，为逐步成长为一名科研型的校长或学者型的校长而不断努力着。所以，也有人说"校长推门听课"是校长、教师成长的催化剂，是学校课程质量提升的助推器，不无道理。

三、"校长推门听课"在学校管理中所面临的遭遇与尴尬

然而，在现实中，"校长推门听课"往往被作为一种行政管理手段而存在着，听课者与教师之间容易造成领导与被领导、监督与被监督的关系，[4]"校长推门听课"也常常面临尴尬。

1. 校长推开"门"，教师关"心门"

有的校长推门听课仅凭个人好恶，不搞预约，突然袭击，教师常有"被听课"的潜意识，对"校长推门听课"有心理抵触，有压力，容易让教师产生不信任感。门是推进去了，课是听了，遗憾的是，反而加深了校长与教师之间的隔阂。教师们总觉得这是校长对自己自主、自由权利的干涉，是对自己人格的不尊重，是对自己尊严和心理安全需要的漠视，或多或少地降低了教师的职业幸福感。

2. 校长随意"推"，教师累成"堆"

有的校长推门听课缺少统筹安排，听课无计划、无目的，甚至没有重点，随心情推门想听谁的课就听谁的课，有时候还出现了校长连续一段时间重复听同一位教师课的怪现象，使教师疲于应付，消极懈怠。还有的校长听评课仅凭"长官意志"，喜欢以个人印象直接给教师课堂下结论，评课随意、评点不到位、针对性不强，让教师不知所云、无所适从，使"校长推门听课"陷入于尴

尬的境地。

　　但是无论如何，"校长推门听课"作为学校不可或缺的管理手段之一，已经在现代学校管理中凸显了较为积极的一面，产生了一定的效益，其利大于弊。当前，只有不断地引领学校管理者和教师转变观念，聚焦课堂质量，方可将"校长推门听课"外显的权利管理内化为文化管理，使"校长推门听课"真正成为一种学校管理文化，为课程改革服务，为素质教育服务。

参考文献：

　　[1] 杨邦清. 浅谈"随课看课"在综合实践活动实施中的有效运用 [J]. 教育与教学研究，2012（4）：124-126.

　　[2] 宋运来. 做有策略的校长 [M]. 重庆：西南师范大学出版社，2010：47.

　　[3] 张文质　陈海滨. 今天我们应怎样评课 [M]. 重庆：西南师范大学出版社，2011：120.

　　[4] 李方强. 发展型随堂听课的实践操作思考 [J]. 当代教育科学，2005（8）：44-46.

　　[5] 林华. 随堂听课＝随便听课？[J]. 教书育人，2007（5）：49.

生命科学教学应重视人文精神的培养

张伟川 *

一、问题的提出

回顾我国百年科学教育的发展历史，自然科学以其实用性的工具价值从教育的边缘走向教育的中心。从"科技兴国"到"科教兴国"话语的转换无疑折射出科学教育的经济价值，但现代化进程中出现的诸多问题，如环境恶化、生态失衡、道德伦理沦丧、青少年违法犯罪率居高不下等等，使人在反思科学文化之际不断地呼唤人文精神的重建，在教育界有了科学教育与人文教育整合的共识。生命科学作为中学阶段最早开设的自然学科，理应渗透人文教育，贯穿和体现人文精神。

二、生命科学教学中渗透人文教育初探

生命科学教学中该如何渗透人文教育，在培养学生的人文精神中起潜移默化的作用呢？笔者结合教学实际，挖掘教材内容，设计丰富多彩的科技活动，根据生命科学的特点进行了初步的探索。

（一）要培养学生科学发展观

科学发展观坚持以人为本，走全面、协调、可持续发展的道路，强调的不仅包括社会、经济的可持续发展，也包括生态环境的可持续发展以及人类自身的可持续发展。其中，生态道德观是人们对自然万物和生态环境方面的认识和态度，决定着人们对生态环境的行为方式。教学中，我们特别要重视培养生态

* 张伟川，莆田市教师进修学院。本文发表于 2009 年 11 期《生命世界》。

道德观。如，在"生物与环境"一章的教学中，我们结合身边的例子——莆田市主要水源东圳水库由于受上游地区开山造果，植被严重被毁的影响，一场大暴雨致使其水质数月来一直浑浊不清，给生产、生活带来严重后果；通过调查活动让学生调查发生在身边的生态问题及其对社会发展的影响，使学生深刻地体会到生态环境在社会、经济发展中的重要性，自觉地接受环境教育，并开始关心身边的生态环境。同时，让学生逐步了解人与自然关系的发展过程，认识到建立一个新的人与自然和谐发展的生物圈是人们的共同愿望。

　　生物教学和科技活动中，常常要涉及活的生物体，如何在教学中引导学生关心这些物种，自然而然也就成了重要的话题。我们通过《生态系统的功能》和《保护生物多样性的意义》的教学，引导学生认识到地球上每一种生物，甚至肉眼看不到的微生物都在为维持生态系统的稳定发挥着自己的一分光与热。同时在实验教学中，不解剖活的生物体，并把作为观察的动物放生，不乱采摘要观察的植物，等等。在课外科技活动，比如采集动植物标本时，教育学生不要践踏一草一木，不要对动物乱捕滥杀，在潜移默化中教育学生关爱生命，关心其他物种。

　　（二）要加强生命教育

　　生命既是教育的原点，又是教育的最高目的。叶澜教授在《教育理论与学校实践》一书中，也把"生命作为教育的基础"。可近年来，青少年学生自杀、他杀以及虐待生命的事件屡见于各种媒体。一个个如花的生命凋落了，这不能不让我们反思我们的教育。尽管生命科学是一门研究生命的科学，但传统的生命科学却忽视了对学生进行生命教育，过于重视传授生命科学知识和技能。生命科学教学应当重视生命教学，这是时代的呼唤。如在学习《遗传和变异》一章时，我们可以让学生去做一次社会调查：调查能找到的双胞胎，他们是不是长得完全相同？调查人类一些常见的传染病在本社区的发病率。通过调查和分析，让学生认识到：没有完全一样的双胞胎，说明了每一个人都是独一无二的个体，"天生我材必有用"，我们应该珍惜个体的存在；某些传染病的发病率较高这一现象不由得使学生产生一种很幸运的心理，自己是健康的，而这健康来之不易，由此引导学生以正确的态度对待自己的生命，珍惜自己的生命。

　　（三）要激发学生对科学的兴趣

　　现在有的老师讲课，不但枯燥地罗列知识事实，还把课讲"满"，把学生可能提出的疑问一一解答，把科学原理讲得天衣无缝、无懈可击，"万物皆备于我"，似乎这样才显出自己的高明。殊不知这样做压抑了学生对科学的兴趣，堵塞了学生的创造性思维："既然你已做了一切，还要我干什么？"相反，科技教育应当让学生相信，在科学上前人虽已取得了辉煌的成就，但世界上已知的仅仅是很少的一部分，还有无数未知之谜留待后人去钻研；前人所得的结论，也绝非金科玉律，不能变动。如在生物绪论课教学中我们可以穿插讲述近年来生命科学的重大发现及著名科学家的预测，向同学昭示生命科学的世纪已经来临，生命科学具有广阔的发展前景；平常教学中，尽量采用讨论法、发现法等教学方法，尽可能变验证性实验为探究性实验，启发学生思维，引导学生自己得出结论，并鼓励他们找出前人的破绽，从而自己完善它们。

（四）要进行科学史教育

我们在科学知识的讲授中，应经常穿插讲述科学发现和发明的历史以及科学家奋斗的故事，如李时珍整整花了三十年时间才完成巨著《本草纲目》的编写；法布尔几十年如一日观察昆虫的特性，终成为出色的昆虫学家；哈维勇于挑战权威建立血液循环学说；孟德尔应用豌豆做杂交实验，巧妙运用统计法揭示遗传规律；沃森、克里克创建 DNA 分子的双螺旋结构；等等。"榜样的力量是无穷的"，青少年学生以伟大科学家为楷模，会激励他们努力为科学而献身，为真理而奋斗。同时让学生认知到，任何一项科学成就的取得都是在前人研究的基础上科学家刻苦探索的结果，科学的进步也依赖于技术和方法的改进。

（五）要渗透美学教育

生物学教材中有关美的知识许多许多，如形形色色、千姿百态的生物多样性的美，"鹰击长空，鱼翔浅底"的运动美，生物外形结构与功能的美，生物体适应与协调美等等。另外，人体健康体魄的美，校园、公园的自然美也都是生物学教学中的美育内容。生物教师应善于运用美学观点对这些内容进行系统加工，对学生进行美学教育。如老师可尽量多带学生走入大自然，欣赏美丽壮观的景色，那顶开石缝长出的嫩芽和扎根于悬崖裸石上的松柏，令人不得不感慨生命的坚强与伟大；那精美绝伦的蜂巢与蛛网令人不得不惊讶于生物界的巧夺天工……学生也只有感受到生命科学之美，才能迈入生命科学美的殿堂。以感受生命科学美为动力，引导学生勤奋求知、刻苦学习，从而达到在科学美的天堂中自由翱翔的境界，这是从事生命科学教育的教师的最高的职责和最大的安慰。

（六）要让学生学会辩证地看待科学的重大成果

如在讲基因工程给人类带来巨大收益的同时，也谈到有些丧失人性的组织利用基因技术制造基因武器；谈到"克隆"绵羊的成功将促进生命科学的进程，也提及个别战争狂人威胁说"要利用这一技术复制希特勒"等等。通过讲述科学应用的正、反面社会影响，严肃地提醒学生注意科学的社会后果，使学生认识到科学是一把双刃剑，帮助学生树立社会责任感，为国家和民族的繁荣履行自己神圣的义务。

三、渗透教育中应注意的问题

（一）教学中不要过于突出科学与人文的区别，而应该看到两者在追求真善美的最高境界上是相近的，并不存在不可逾越的鸿沟。如生命科学活动中的理性、批判、自由、公平、竞争等精神特质都有独特的人文内涵，对于形成人的求真意识、创新观念、独立人格、宽容态度、进取心态是不可或缺的精神资源。

（二）教学中渗透人文教育并不等于仅仅挖掘教材，向学生传授某些人文知识，使其掌握某方面的技能。要使人文教育真正起到提高人的素质的作用，更为重要的是，还必须将人文知识转化为自身内在的人文精神，正如潘懋元先生所言："人文知识……必须内化为人文精神，并外表为行为习惯，才能构成相对稳定的品质结构。"

（三）生物教师甚至其他理科老师不要轻视教学中渗透人文教育的重要性，而应清醒地认识到这种教学对学生人文精神的培养所起的作用，自觉研究科学教育独特的人文价值，使人文精神体现科学理性的特质。

提高校长素质　办好中师教育

梁孝忠[*]

素质，广义讲，包括一个人的思想素养、知识结构、工作能力、身心条件等内容。人的素质是先天因素和后天努力的结合，是可以通过后天努力完善的。

中等师范校长要具备哪些基本素质呢？

一、一股傻劲——无限热爱师范教育事业，有强烈的职业责任感，工作非常刻苦，甚至达到如痴如醉的忘我程度。

职业信念是人们献身事业的重要基础。无论从事哪一种职业，热爱本职工作，具有坚定的职业信念，是干好它的最基本条件。中等师范教育是一种责任十分重大而又极为复杂、艰巨的工作，需要投入全部热情、全副身心。有一位中师校长说得好："愿无私奉献者，请进；欲贪图安逸者，莫来。"他把师范学校看成是"圣地"，与那种贪图安逸、求官求名求利的人无缘。在我们福建凡是办得比较好的中师，校长都具有为事业献身的精神。因此，有为师范教育而献身的精神，是中师校长应具备的最基本的素质，也是起主导作用的素质。

二、一身正气——有很强的政治头脑，有良好的道德品质。

"师范无小节，处处为楷模。"师范校长的言行举止，时时处处都应成为师生的表率。面对敌对势力的"和平演变"阴谋，更应该成为反"和平演变"的坚强战士。只有这样，才能真正把德育，特别是政治方向教育，放在学校工作的首位，牢牢地把握社会主义的办学方向。

三、"小"字当头——头脑里千思百虑的中心，是一个"小"字，就是使学校的一切工作都为培养合格的小学教师服务。

中等师范教育是专门以培养小学合格教师为目标的定向性的职业教育。培

---

* 梁孝忠，福建省教委特约督学。本文发表于 1992 年 3 期《师范教育》。

养小学教师是中师的天职。绝大多数中师要面向农村为农村培养小学教师，这是我国国情决定的。按理说，这是不成问题的。但是，实践表明，这个问题还没有完全解决好。我们的中师还存在着"三个脱离"、"两个不适应"。我们讲要解决"适应性"问题，有的同志头脑里就打出一个问号，难道去适应农村的落后吗？再以中师校园环境建设来说，这几年下了很大功夫，起了很大变化。但如何体现"育师"就显得不够，在农村师范如何体现育农村小学教师更显得不够。所有这些，实质上反映中师的培养目标在我们头脑里还没有真正扎下根来。因此，一定几要牢固树立面向小学的观念，学校的各项工作都体现以小学为中心。

四、眼睛向下——眼睛要向着小学，主动下小学调查研究。

我们一直强调中师要了解小学、熟悉小学、研究小学、指导小学、服务小学。中师要与小学同呼吸、共命运。中师校长不但要组织教师下小学调查研究，自己更要与小学取得经常的联系。这不是权宜之计，而是长远大计，不能只搞一阵子，要建立制度，坚持不懈，形成传统。要吃透小学实际，办好师范，关键在于一定要有眼睛向下的决心。

五、博专相济——既是"专才"，又是"通才"，既专且博。

中师校长的"专"，首先指的是要精通教育科学，其次是学科专业，所谓"博"，指的是与教育教学有关的横向专业知识。

现代教育科学发展的一个趋势，是朝着融合其他科学成果方向发展。控制论、管理科学促进了教育工程的研究；心理学、社会学推进了教材内容的改革；人才学的脱颖而出，开辟了智力开发的新途径。有关人的创造才能的研究表明，如果只抱住一个专业不放，就不会有什么创造。中师的校长应当勤于涉猎，善于借鉴。

六、出人头地——总想把自己的工作做得比别人出色，有强烈的上进心、好胜心。

"出人头地"似有贬义之嫌，但我以为，有作为的领导者，从不甘心落后，总是千方百计地走在别人前面，总想把自己工作做得比人家出色，有很强的竞争意识。这种竞争不是个人竞争，而是以事业发展为目标的集体竞争。

发展这种竞争，就会促进社会的进步。这几年全国中师出现一个生机勃勃的你追我赶的竞争局面，形势喜人，从而大大推动了中师教育事业的发展。

七、自讨苦吃——有意给自己出难题、压任务，并以此为乐。

一个有作为的校长还应有一种很特殊的品质，就是他不会等待上级布置任务，他总是不满足自己工作的成绩，常常有意给自己出难题、压任务，自讨苦吃，且乐此不疲。这样一来，不仅使自己处于拼搏状态，同时也把群众的积极性充分调动起来，使人的潜力得到最大限度的发挥。当然，一个领导者如何看准问题、提出问题，又如何善于组织群众一道去研究问题、解决问题，还涉及领导者的理论知识、经验感受、思维方式以及驾驭工作的能力等问题。

　　八、棋高一猫——有主见，善用人，有自己独到的办学思路。

　　从某种意义上说，学校之间的差距，实质上反映校长之间水平的差距。在湖南、江苏、东北会议期间，我们看到许多办得很有特色的学校，他们搞得很精细，而且富有新意，可以说棋高一着。我深深感到，这些地区的学校之所以办出特色，关键在于他们有一批水平高，又有自己一套独到办学思路的校长。我们福建中师校长在学习兄弟省先进学校经验中，应该有决心、有信心赶上兄弟省先进学校的领导水平，开辟福建中师教育的新局面。

　　以上八点只是个人的看法，敬请大家批评指正。

协同多元主体　以共治求善治

——以"教师在线实践社区"项目为例

叶瑞碧*

进入信息化 2.0 时代，广大中小学要乘着大数据的"东风"，达成教育共识，推进教育治理，追求教育善治。为此，福建省厦门市湖滨中学组织教师参与了"教师在线实践社区"项目，并借此协同多元主体参与学校治理，以共治求善治。

一、搭建平台，为教师的专业提升"补充气血"

教师群体是教育治理主体的重要组成部分。教师个体千差万别，学校要将不同个性的教师凝聚成一个有序整体，进而在教师层面达成教育共识。学校可组织教师加入成长共同体，如"教师在线实践社区"。

教师在线实践社区是由中小学一线教师、专家及助学者所组成的一种正式学习与非正式学习相结合的学习型组织。学校参加"教师在线实践社区"的20 多位教师来自各个学科，教龄 5 年以下、5－10 年以及 10－15 年的教师各占三分之一。组建这一团队是为了唤醒教师在专业发展问题上的主人翁意识，为实现学校的"共治善治"定好基点、选准方向。

"教师在线实践社区"团队开展的研修活动分为线下和线上两类。3 年来，这批教师参与线下课堂诊断与分析活动数十次，从活动初期的"被要求"参与到后来的自觉参与，从凭感觉听课到记录数据并基于数据进行分析，教师们每一次的线下面授和听评课活动、每一篇论文的撰写、每一次反思活动都是在项目任务驱动下，在指导教师和助学者的帮助下进行的专业反思和提升。从绩效

---

　　* 叶瑞碧，厦门市湖滨中学校长。本文发表于 2019 年 20 期《基础教育参考》。

数据上看，通过研修，三类教师的策略知识水平、情境知识水平、反思性知识水平都得到了明显提高，其中还涌现出了一批快速成长、成绩斐然的"明星"教师。此外，参加"教师在线实践社区"的教师们还利用自己的专业与经验为学校发展贡献智慧，将个人愿景与学校愿景紧密结合，以强烈的主体意识参与学校的教育共治，使自身成长与学校发展达成了高度一致。

线下主题面授和听评课观察，课堂教学的定性与定量综合分析，都依托分工明确的小组活动和团队合作，从而打破了教师专业发展的个体壁垒，弥补了研修培训与教学实践间的沟堑，在反复实践、反思、提升中，形成了学校教师群体专业化成长的生态系统。学校要长足发展，必然要"补充气血"，而这"气血"就来自于每一位教师个体专业能力的不断提高。

二、加强融通，为校本研修的革新"疏通经络"

在实现学校"共治善治"的过程中，学科教研组和备课组发挥着重要作用。善治与否，很大程度上取决于学科教研组与备课组的校本研修是否有强大的凝聚力，能否不断革新，从而使教学实践真正服务于教学目标。校本研修水平体现着学校发展与教育质量提升的真实状态。因此，学校利用"教师在线实践社区"项目，推动学科教研组与备课组的校本研修水平不断提升，让项目研究与实践的成果惠及全体教师。以下以一个实例加以说明。

小吴老师是一位刚走上工作岗位不久的历史教师，在她开设"沟通中外文明的'丝绸之路'"研讨课时，学校"教师在线实践社区"项目研修团队参加了研讨课初建、重建的全程，并将课堂教学中师生行为的各项数据记录下来，为她提供了课堂观察与数据统计分析方面的依据。同时历史教研组全体教师全程参加她的磨课过程，站在学科角度听评课。在这一过程中，两个团队针对同一节课，从不同角度进行了观察、分析与交流，并就课中相吻合、较突出、有矛盾的地方进行了交流与探讨。历史教研组的教师们对"教师在线实践社区"项目团队运用内容分析法、统计分析方法对教师实践性知识和教学实践行为进行的实证分析产生了浓厚的兴趣，并在这样的实证分析下，对传统校本研修定性分析中许多相关的教学实践结论和观点有了更清晰、更深刻的认识。

随着定性分析和定量分析被越来越多的教师所熟悉，更多教研组和备课组也开始在教研活动中采用以上的模式，借助大数据服务优化教学，并借此敦促教师跟紧时代潮流，主动学习和运用新技术。

在研修过程中，传统的评课依据和方式与"教师在线实践社区"项目的评课依据与方式同时并行、相互融通，充分调动了教研组和备课组的共治力量，为校本研修活动的革新疏通了"经络"。

三、明晰方向，为学校治理现代化"注入活力"

在"治理"范畴中，社会也是学校治理的主体之一。引入适当的社会力量参与学校治理，是学校从传统管理走向现代治理的必然选择。借助高校等研究机构的研究成果，能够使学校更好地审视自己并获得提升。在实践中，学校通过组织教师参加"教师在线实践社区"这一类的研修活动，不仅提升了教师团队的素质，提升了校本研修的水平，也提升了学校的治理水平。

一是提升了学校治理的精准度。学校借助"教师在线实践社区"项目，对教育信息和数据进行了广泛采集和精准分析，使学校教育教学中出现的缺位和越位问题集中凸显出来，使学校管理层的判断、诊断或决策不再只凭经验，而是更多地依靠科学数据来完成，从整体上为学校的教学改进提供了依据。例如，项目组观察分析发现，教龄15年以上教师的课堂教学行为改进不如教龄5年以下和教龄5-10年的教师。因此在学校治理中，就要重点考虑如何帮助教龄较长的教师克服职业倦怠。

二是形成了教育共识。通过各种形式的研修活动，学校教师与国内其他地区教师开展了跨学科研讨、跨地域交流，并取得了良好成效。这些活动突破了学科壁垒，跨越了地域限制，实现了线上线下、校内校外不同主体之间的经验分享和交流探讨。例如，"教育现代化，不仅是设施设备要现代化，更是教育思想观念、教育内容、方法手段的现代化""教育发展的关键是教师，要激发教师的主体意识"等，这些教育共识使学校进一步明确了发展方向，为办学质量的提升注入了活力。

著名的环保主义者约翰·缪尔在《夏日走过山间》中说过这样一句话："群山在呼唤，我必须攀登。群山在呼唤，我必须出发。"今天，互联网、大数据等新一代信息技术日新月异，教育改革的大潮汹涌澎湃，学校只有顺应新形势，迎接新挑战，积极完善治理体系，集聚多元主体力量，方能在"共治"中实现"善治"。

以"爱"提升园长的人格魅力

陈少丽*

摘要： 以"爱"提升园长的人格魅力，提高幼儿园管理的有效性，促进幼儿园发展。以"爱"打造幼儿园文化内涵，构建幼儿园园本课程，激发教职工一起专业成长，打开创新工作新局面。

关键词： 园长；文化内涵；园本课程；专业成长；创新

2015 年 1 月，教育部正式颁布了《幼儿园园长专业标准》，提出了"以德为先、幼儿为本、引领发展、能力为重、终身学习"五个基本理念，明确了园长六项专业职责，即"规划幼儿园发展、营造育人文化、领导保育教育、引领教师成长、优化内部管理、调适外部环境"，这标志着我国幼儿园园长队伍建设向专业化发展迈出了坚实的一步，给园长们自身建设和工作指明了努力的方向。作为从事幼教三十余年、担任园长二十余年、一直在幼教征程上寻寻觅觅的笔者，更是倍感沐浴春风，真是"踏破铁鞋无觅处，得来全不费工夫"。蓦然回首，细细反思，由于园长天天面对的管理群体较特殊，要贯彻好这五个理念，执行好这六个职责，园长的人格魅力的修炼显得特别重要。

人格魅力是领导者以自己高尚的道德品质和情操在领导活动中形成和发展的独特的感染力、影响力、吸引力、号召力的总和，没有人格魅力也就没有领导力。对幼儿园园长来说，爱是情感；爱是能力；爱是升华；爱是力量；爱是境界。多年来，笔者一直在探索如何以"爱"提升园长的人格魅力，提高幼儿园管理的有效性，促进幼儿园发展。

---

* 陈少丽，女，漳浦县实验幼儿园特级教师。本文发表于 2016 年 11 期《福建教育学院学报》。

一、以"爱"打造幼儿园文化内涵

园所文化是幼儿园中全体成员认同并自愿遵循的价值观、信念系统、思想作风与规范、思维方式与行为准则。它是园所生存的基础,是园所发展的动力和取得成效的关键。多年来,笔者一直以身作则,爱幼教事业、爱幼儿、爱幼儿园、爱教职工,克服重重困难,兴建新园舍,创建省、市示范性幼儿园,带领全体教职工,通过教代会构建了《漳浦县实验幼儿园文化内涵》。如教育理念:一切为了孩子,为了孩子一生幸福奠定基础;办园理念:以人为本,在快乐中共同成长;课程理念:挖掘本土资源,以爱滋润生命,促进全面发展;培养目标:爱生活、爱学习、爱做人、爱交往、爱创新;教风:以爱育爱,关注幼儿,共同成长;园风:开放与互动、合作与分享、关爱与支持;等等。这些使全体教职工有了共同努力的方向。通过"道德讲坛""智慧人生大讲坛""讲讲我身边感人的故事"和家长评选"爱心老师"等活动,酝酿和传递"爱"的正能量,感动和激励全体教职工。

同时,笔者还让全体教职工明确,每一个人要热爱幼儿,热爱幼儿园,同样要热爱我们自己,我们努力地工作,不是要让我们自己成为流泪的蜡烛,而是让我们的生命之光与被点燃的火种交相辉映,从而获得生命的意义和辉煌。教职工之间营造"开放与互动、合作与分享、关爱与支持"轻松愉快的工作氛围,园长理解、信任、包容、关爱每一位教职工,努力将幸福、愉悦、和谐、共进的精神传递到幼儿园每一个角落,使每个教职工在"以爱育爱、关注幼儿、共同成长"的快乐工作中萌发职业生涯幸福感,增加凝聚力。

二、以"爱"构建幼儿园园本课程

《幼儿园园长专业标准》专业职责三,要求园长要"领导保育教育",园长驾驭课程的能力,特别是带领教师构建幼儿园课程的能力,是教师心中衡量园长专业水平的重要项目。著名教育家陈鹤琴指出:"幼儿园课程是现实的,要向社会生活、社会风俗和自然物学习,引导儿童在实际生活中学习和体会。"

多年来,园长与老师们一起尝试以"爱家乡""爱优秀传统文化""爱解放军"构建园本课程,将漳浦幼儿熟悉、喜爱的名胜古迹、名优特产以主题活动、游戏活动的方式引入课程中,如:大班主题活动"赵家堡""南浦竹子",

中班主题活动"漳浦水果甜""漳浦海鲜鲜"等等；大班打破五个班界的融角色游戏、结构游戏、表演游戏为一体的创造性游戏"美丽的天福茶庄"、中班的"金浦美食城"；吸取《弟子规》中优秀的传统文化，化作浅显易懂的做人道理，寓幼儿一日活动之中学习，如：孝敬父母、尊重老师、感恩一切为我们付出的人、乐于与人分享，做个懂礼貌守信用的人等；充分挖掘与驻军共建二十六年的资源，开展"我是小小兵"主题活动，从小培养幼儿做个坚强、勇敢、有责任心的人。在专家的引领下，多次与教师们一起研讨梳理、修改活动方案，在省示范性幼儿园评估中得到专家们的好评。在园本课程不断完善的同时，笔者在和老师们共同辛勤耕耘中，也不断共同分享着成功的喜悦。

三、以"爱"激发教职工一起专业成长

在幼儿园教师电脑备课室墙上挂着一幅书法作品，做个魅力女人共勉的四句话："目光沉稳、内涵无限、品格优雅、气质动人"。如果园长不喜欢看书、不爱参加培训学习、专业水平低，是永远达不到以上四点的。"书香气是女人最好的饰品"，因此，笔者在幼儿园倡导"爱阅读""爱学习""爱探索"，构建新型学习型集体，即探索学习、合作学习、创新学习。通过开展省级研究课题"构建新型学习集体，促进教师专业成长"，我们探索出：以"魂"定学、以"爱"诱学，以"疑"引学、以"难"激学、以"思"推学、以"论"促学，以"研"深学、以"演"享学的策略，激发教师主动学习、不断自我提高的愿望，促进专业成长。中国学习型组织理论专家田文兴说："知识决定命运，不断汲取、才能不断晋升人生层次；学习成就人生，终生学习，方可连续突破成功阶梯。"倡导学习型人生，并将学习型人生分为学习知识、学习技能、学习创新思维、学习改善心智模式、学习自我超越五个层次。幼儿园从关爱教师人生幸福的角度，倡导教师树立终身学习理念，养成爱学习的习惯，可向书本、向网络学习、向周围人学，乐于参加培训学习。在人生的工作阶段，学会与人友好相处，学习游刃有余、胸有成竹的工作能力，就能天天轻松愉快地完成工作任务，回家享受家庭之乐，大大提高一生的幸福指数。

多年来，幼儿园里一直唱响"快乐与发展"主旋律。笔者率先垂范，一直不断地带领教师以幼儿园急需解决的问题为课题进行研究，研究成果多次获国家、省、市级奖励。如：《实现幼儿教育管理现代化初探》获省教育厅第七届基础教育科学研究优秀论文评选一等奖；《开放区幼儿父母职业不同对幼儿性格的影响如何调整报告》获首届全国幼儿家庭教育研究成果评选二等奖；研究报告《构建幼儿安全网络初探——建立二维四位一体安全网络，保证幼儿健康成长》获省第八届基础教育论文评选二等奖；课题研究论文《幼儿园教师发展性评价实践与研究》获省幼教研究优秀成果二等奖；教学活动设计方案——大班语言活动《落叶》获全国第四届幼儿园优秀教学活动方案设计比赛设计奖，同时获得全国第七届宋庆龄幼儿教育奖。多年来，在学习与课题研究中，幼儿园很多教师获各种奖励。如：李丽萍老师数学课题研究案例分析获漳州市一等奖；林毅莹老师获漳州市首届幼儿教师技能大赛一等奖；林丽娟老师获漳州市十佳幼儿教师等。幼儿园现在有 3 个国培教师，10 个网络国培教师，3 个省学科带头人，4 个省骨干教师，12 个市级学科带头人、骨干教师。

四、以"爱"打开创新工作新局面

爱幼儿园、爱幼儿、爱教职工，是园长努力工作的驱动力，是一切"爱"的基础。只有爱幼儿园，才能想方设法试图促进幼儿园发展；只有爱幼儿，才能以幼儿为本，认真探索适合幼儿身心发展和学习规律的保教途径；只有爱教职工，才能带领教职工突破幼儿园发展的一个又一个的瓶颈，有效地促进幼儿园发展。为了促进教师专业成长，加快幼儿园发展步伐，笔者在幼儿园创设"爱反思、爱分享、爱创新"的氛围。如幼儿园根据教师兴趣爱好，自愿申报，成立 7 个学习组，由学术组组长组织开展丰富多彩的学习、研讨、交流活动。例如语言组，利用周节假日开展"郊外朗诵会"。著名心理学家马斯洛说过，人最高层次的需要是自我实现。为此，每学期末幼儿园都有一天的分享会，让教师将本学期感触最深的、最好的收获与大家分享，困惑与大家研讨，使教师与园长一起在反思、分享、研讨中，在智慧的碰撞中共同成长。

多年来，为了拓新思路，谋求发展，加快幼儿园发展步伐，笔者鼓励教职工创造性开展工作，还设了创意奖。幼儿园为了创市示范性幼儿园，筹措资金铺设水磨操场、兴建大门、围墙，利用寒暑假自愿集资开办露天舞池和儿童游乐场。最后，以优异的成绩通过了市示范性幼儿园验收，教职工们还得到股份分红和加班费，也丰富了社区人们的业余文化生活和儿童的游戏内容；曾利用幼儿园地理优势，以提前六年缴纳五年店面租金的大胆举措，向社会公开招标，在政府和本单位没有资金投入的情况下，由店面租金、教师集资、施工队代垫资金，兴建了幼儿园住宅综合楼，解决了 18 户教师住房困难问题，一层朝闹市 12 间店面为改善办园条件打下良好的基础。现在的新园，就是因为有了这 12 间店面，在政府关心支持下，向社会公开拍卖，获得 815 万元为主要资金筹建的。现在，幼儿园已成为一所社会认可、家长放心、幼儿喜爱的学园式、乐园式、花园式省级示范性幼儿园，这与几代的漳浦实验幼儿园教职工的不懈努力是分不开的。

总之，教职员工的执行力取决于对幼儿园和园长的信任、理解度、安全感、认同度、喜爱度、忠诚度。当一个有专业能力、"满腹经纶"的园长天天面带微笑，怀着一颗真诚关爱幼儿、关爱教职工、关爱家长的心，充满激情地工作着，带领全体教职工打造园所文化，构建园本课程，构建学习型集体，通过教研、科研解决幼儿园一个又一个需要解决的问题，有效促进幼儿园不断发展，在快乐中与幼儿、教职工共同成长，这样的园长，教职工怎会不喜欢、不拥护呢？是的，园长的专业能力、园长的汗水泪水、园长的无私奉献、园长为幼儿园做出的成效，教职工心如明镜，看在眼里、记在心里。园长的人格魅力也将在园长与教职工相处的日常工作、学习、生活中，在爱与智慧相融中得到提升。

参考文献：

［1］刘霖芳. 教育变革背景下幼儿园园长领导力研究［D］. 长春：东北师范大学，2015.

［2］秦金亮. 教育领导专业化背景下的《幼儿园园长专业标准》［J］. 幼儿教育，2015（11）.

［3］刘振民，叶平枝. 优秀园长的个性特征［J］. 幼儿教育研究，1999（5）.

学习共同体在区域教师队伍建设中的实践及思考

段艳霞*

摘要: "学习共同体"广泛地指具有相同的学习目的与价值追求,以完成某些共同的学习任务,并在这一过程中共享资源、分享经历、互动交流,并且相互促进的参与者所组成的集体。培育教师之间形成"学习共同体"是学校改革中最为核心和关键的因素。本文以"厦门青年教师成长共同体"及其各个分支作为主要案例,阐述其在长期实践中形成的"自主、群体、平衡、利他"的核心价值追求以及在促进教师自主发展意识和能力、创新学校教研方式等方面取得的实践成效,并在此基础上探讨学习共同体在区域教师队伍建设得以凝聚和传播的若干因素。

关键词: 学习共同体;区域;教师队伍建设;实践;思考

一、"学习共同体"的界定

纵观今天教育改革的各种文献,在教育政策发展、学校重建、课堂学习文化变革、学习理论研究以及基于信息技术的教育教学改革等领域内,建立各种各样的学习共同体,已经成为许多研究者和实践者的共同追求。

"共同体"是指社会中存在的、基于主观上或客观上的共同特征(这些共同体特征包括种族、观念、地位、遭遇、任务、身份等等)(或相似性)而组成的各种层次的团体、组织,既包括小规模的社区自发组织,也可指更高层次

---

* 段艳霞(1978—),女,厦门市教育科学研究院中学。本文系全国教育科学"十二五"规划2012年度教育部重点课题"闽台中小学教师继续教育合作战略研究"(批号:DKA120306)和福建省教育科学"十二五"规划2013年度课题"闽台中小学教师学习共同体的比较研究"(批号:FJJKXB13-136)阶段性成果。本文发表于2015年12期《理论界》。

上的政治组织，而且还可指国家和民族这一最高层次的总体，即民族共同体或国家共同体。[1]

学习共同体则主要是指人们因"学习"而凝聚在一起的"社区"，这个社区可以是有形的团队、组织或学校，也可以是指一种无形的"精神"。作为一种学校改革模式的"学习共同体"，这个词源自于杜威在1896年创立的芝加哥附属实验学校。在当代，日本的佐藤学教授针对日本教育中孩子失去学习动机、不知为何而学以及"从学习中逃走"等问题，提出以"学习共同体"作为21世纪学校改革的愿景，在日本掀起一场宁静的革命，并已逐渐由日本扩展至包括韩国、越南、新加坡、中国等在内的亚洲多个国家。与此同时，"学习共同体"也被用来描述任何松散的教育工作者团体。大陆学者孟繁华教授认为："'学习共同体'广泛地指具有相同的学习目的与价值追求，以完成某些共同的学习任务，并在这一过程中共享资源、分享经历、互动交流，并且相互促进的参与者所组成的集体。"[2]美国的许多校长、学者如丽贝卡·杜福尔、理查德·杜福尔和罗伯特·埃克等也一直在推动专业学习共同体的建设，以此来有效提升学生的学业成就；他们认为，"专业学习共同体是教育工作者为了帮助他们所服务的学生取得更好的学业成就，在持续进行的探索和行动研究过程中开展的合作活动。"[3]在台湾，"专业学习共同体"这个术语则被称为"教师专业学习社群"，志同道合的教师组成"专业学习社群"，为提升学生的高水平学习而相互联络情感，相互支持，成为台湾创建"学习共同体"学校改革的重要组成部分。

本文中的"学习共同体"主要是指一群志同道合的教育工作者"为实现儿童高水平的学习"而组织在一起的学习团队，他们在基于一定支撑的环境中分享学习资源，对话沟通，彼此交流情感、体验和观念，协作完成一定的学习任务，通过共同参与活动，建立彼此相互影响和促进的人际联系，形成对教师职业的较强认同感和归属感，提升教师教育教学的动机和能力。

二、学习共同体在区域教师队伍建设中的实践
——以"厦门青年教师成长共同体"为例

"拥有强大专业学习共同体的学校是学生希望和成就的发动机。在未来数十年来，培育和支持教育领导者，使他们具有发展这类学校所必须的义务感、理解力和技能，没有什么能比这更重要的了。"[4]"学习共同体的本质是聚焦于

每一位学生的学习并对之负责……如果所有学生要进行高水平的学习，那么组织中的成人也必须进行持续的学习。"[5]笔者认为，在学习共同体的学校改革实践中，如何培育教师之间形成"相互交流与分享"的"学习共同体"，是最为核心和关键的因素。

令人欣喜的是，当前我国许多地方都涌现出了以"实现教师合作发展与教育改革互动"为宗旨的草根性、自发性的教师专业学习共同体，如四川的"知行社"、福建福州的"1＋1读书俱乐部"、福建仙游的"萤火虫读书会"、山东的"心语团队"、河南的"橄榄枝"等；厦门也先后出现了"青年教师成长共同体"、"小水滴成长俱乐部"、"凤凰树教研沙龙"、"小杜叔叔讲故事"、"墨缘行"等"学习共同体"。这种教师间自发组成的学习共同体脱离了管理主义与工具主义思维的羁绊，更多地关注身处其中的"人"的感受与发展，真正让教师能透过学习，实现心灵成长和自主发展，为学校改革与发展提供最核心的人力资本支持和最根本的发展动力。

笔者将以"厦门青年教师成长共同体"及其各个分支作为主要案例，分析其核心价值追求及实践成效，并在此基础上探讨教师学习共同体在区域教师队伍建设得以凝聚和传播的因素。

1. 成立缘由

由于笔者一直在地方教科院从事一线教师的教育科研和教师专业发展工作，在长期和一线教师交往的过程中，发现当前的许多教师专业发展活动中普遍存在着"三重三轻"问题："重视"教师发展活动的外在的统一要求，"忽视"激发教师内在的个体需求和动力；"重视"教师专业知识与技能的培训，忽视教师人文素养的提升和心灵的发展；"重视"以甄选与竞争为导向的少数"骨干或名师"的培养，"忽视"以共生与合作为导向的大多数普通教师的发展。这些问题的存在极大地影响教师参与专业发展活动的积极性和实效性，促使我们去寻找一条旨在激发教师自主发展意识、提升教师的人文素养、促进教师心灵成长，适合大多数普通教师参加的教师专业发展道路。基于此，2008月6月，笔者和一群志同道合的教师组成"厦门青年教师成长共同体"，开始了"基于学习共同体的教师自主发展"的行动研究之路。

"厦门青年教师成长共同体"，是由一群热爱教育、怀有教育理想的教师自发组成的一个"民间的、草根性"成长团队。这个团队以创建"学习共同体"的学校改革为宗旨，以保障儿童高水平的学习权力为目标，以"教师自主发展"为前提，倡导教师过幸福而完整的教师生活，以"共读经典、沙龙分享、追寻明师、行动研究"为共同的活动方式，他们以多种形式充分地交流信息，自由争论、相互切磋，并从中汲取极为丰富的智慧营养，走教学研同期互动的教师自主发展之路。"厦门青年教师成长共同体"成员既有专业的教育科研人员和学校一线教师，也有学校教育管理人员（校长），还有经验丰富、德高望重的大学教授、教育老专家，老中青结合在一起，激情与智慧同在，理论与实践互补，共同探索"个人反思、同伴互助、专家引领"的教师专业发展之路，以此实现教师与学生同步成长。

2. 核心价值

佐藤学教授认为，"学习共同体"不是地缘性、血缘性的共同体，而是意味着由叙事、言词与祈愿的情结构成的富于想象力的共同体，是"包容差异和尊重多元"的"和而不同"的共同体，是"通过每一个人亲历亲为的探究，形成与自我共生的众多异质的他者的关系，从而构成了自我参与其中的共同体"。[6] "共同体是一种流动的能量"，七年来参与共同体活动的人来来去去，很难统计出到底有多少教师在其中受益，但就是在这流动的能量中，共同体形成了成员们所共同遵循的"自主、群体、平衡、利他"的核心价值观，并共同拥有了一套与之相对应的"共同体"的流行"言词"。

自主："为自己的专业发展负责"、"为自己的学习买单"即是对我们倡导的"教师自主发展"观的最佳诠释。教师要自信、自立、自强，要激发自己的内在的发展动力和潜能，实现自主发展。为了实现自己的专业发展，仅仅参加政府或学校组织的免费学习是不够的，我们倡导共同体成员要争取尽可能的学习机会去发展，有时候也要为一些有价值的培训活动"付费"学习。为了帮助教师实现自我成长，共同体定期组织一些自助性的教师沙龙活动，每位成员在共同体中各展所长、各尽其能，活动所需要的费用也由共同体成员以"AA制"方式分担，每个人在为共同体"付出"的同时，也从共同体中"获得"许多。

群体："一个人走得快，一群人才能走得远"、"人只有在群体中才能更好地认识自己"等即是对共同体"群体"发展观的最好写照。教师的自主发展不是孤立发展，而应该是在群体中、与教师同行，在良好的教师生态文化中构建起来。

平衡：我们倡导教师要"在工作与生活中平衡行走"。教师的发展不应该只有专业的发展，而应该将专业发展与心灵发展结合起来，将生活与工作平衡起来。因而，厦门青年教师成长共同体所组织的活动类型中，除了读书活动或专业发展培训外，我们还常组织一些"亲子游学"、"亲子绘本制作"、"创作性教育戏剧体验"等活动，让家庭成员也积极参与其中。有了心灵的丰富与强大，有了家庭成员的强力支持，我们也才能无"后顾之忧"，在工作上、专业上"用心付出"。

利他："我们的心向着孩子"，教师的发展主要指向学生学习质量的改善和生命的成长，因此，共同体活动的设计应该朝着最大程度"利他"而努力。我们倡导"大家好才是真的好"，在共同体内形成和发展的好的学习形式应该让更多的人一起分享，共同体人尽己所能，在学校、社区开展各类读书会，应邀到厦门市及其周边地区的近五十所学校分享厦门青年教师成长共同体的理念及"世界咖啡式"沙龙活动模式。

3. 实践成效

厦门青年教师成长共同体在区域教师队伍建设方面的作用也渐见成效：

（1）在"共同体"内促进教师的心灵发展成为"现实"

学习共同体能够引领教师超越庸常生活，唤起心灵觉醒的力量。七年来，厦门青年教师成长共同体以促进"教师自主成长"为目的，开展了近百次的读书交流研讨活动。通过"共同阅读及分享"活动，促进了"共同体"教师的阅读面，提升教师的人文素养。不断的阅读与学习，让教师与世界接轨，与自己的内心对话，不断地追问自己的职业价值与生命的意义，不断地寻找自我认同和自我完善。

厦门青年教师成长共同体的活动虽然没有直接给予教师教学技能和方法方面的指导和帮助，但是超越了教学知识和技能，直接指向教师价值观/信念、身份认同和心灵的发展，而这些正是一个优秀教师成长最为需要的。这正如帕克·帕尔默在《教学勇气—漫步教师心灵》书中所说："优秀教学不能被降格为技术，优秀教学源自于教师的自我认同和自我完善。"

（2）在"共同体"内分化出多个学习共同体分体

在厦门青年教师成长共同体的影响和引领下，"共同体"的多位核心成员都根据自己的研究旨趣和工作岗位，确立了自己的行动研究方向，成立了新的"共同体"。这些共同体以"阅读"为主线，关注教师、儿童、父母三种人员的成长，目前已形成了教师成长共同体、父母成长共同体、儿童成长共同体等三类成长共同体（共同体分体信息见下表）。湖明小学的杜文斌老师将"亲子阅读"作为自己的方向，在外图开设"小杜叔叔讲故事"，每周五、六日晚上为孩子们讲故事；实验小学潘品瑛老师创新家校合作的形式，成立了"小水滴成长俱乐部"，组织妈妈读书会，提升妈妈们的育儿素养，开展亲子实践活动。实验小学李玲玲老师成立了"凤凰树教研沙龙"，针对一线教师经常遇到的教育教学问题进行网络沙龙研讨……还有很多教师受此影响，新的共同体正在"酝酿"成立之中。这些或早或晚成立起来的"共同体"都秉承着"厦门青年教师成长共同体"的核心精神，既相对独立，又相互联系，在工作与家庭中幸福行走，在育己、育人、育子中快乐成长，"读书、合作、研究、行动"的教师文化在厦门教育的这块热土上在慢慢地生根、发芽、开花。

厦门青年教师成长共同体及其分体信息表

类别	名称	召集人	成立时间
教师成长共同体	厦门青年教师成长共同体	段艳霞	2008.6
	吕珈臻名师工作室	吕珈臻	2010.9
	凤凰树教研沙龙	李玲玲	2012.3
	"墨缘行"共同体	戴慧萍等	2013.4
	海沧区小学语文教师共同体	席霍斌	2013.7
儿童成长共同体	小杜叔叔讲故事	杜文斌	2009.6
	甜橙树创意美术工作室	王艳霞　王艳珍	2011.5
	"心连心"读书沙龙	李玉影	2013.1
	半月人文阅读	游清　刘云昌	2013.7
	心馨美育家园	朱巍巍	2014.5
父母成长共同体	小水滴成长俱乐部	潘品瑛	2010.10
	小蜗牛互动空间	许小妮	2012.10

（3）用"共同体"形式创新学校、区级的教研活动

"共同体"的组织方式以及成员们在其中的学习体验可以有效地运用到区级或学校中的教研活动中。目前，我们在共同体中所采用的"世界咖啡"式学习方式已在厦门的几十所幼儿园、中小学、教师进修学校和高校培训中被采用。厦门市海沧区教师进修学校直接将共同体的模式运用到区级教师培训活动中来，于2014年4月23日启动了"书香海沧　教师领航"的经典阅读传递活动，遴选一百名"阅读种子教师"组成一级共同体，用一年的时间共读三本教育经典著作，并鼓励"阅读种子教师"发展成员组成二级共同体，将经典书籍阅读传递下去；厦门市湖里区教师进修学校培训部王维老师也分别在新教师群

体、学校科研室主任群体中进行"世界咖啡式"阅读沙龙活动，以此激发全区教师的学习意识；集美区教师进修学校孙丽圈老师采用"走进一所学校，带动一批教师"的方式开展"教育经典"阅读沙龙活动。福建工学院王艳霞老师也受此影响，在青年大学生中开展旨在"激发自我成长意识"的大学生阅读沙龙活动。另外，厦门青年教师成长共同体还主动走出厦门，到福建教育学院为省级的教师培训活动做"学习共同体"专题培训，连续三年到台湾、长春、杭州参加"海峡两岸学校改进与伙伴协作学术研讨会"，并为与会者做"学习共同体"分享，厦门青年教师成长共同体的学习形式正在一定的区域范围内传播。

三、对学习共同体的若干思考

厦门青年教师成长共同体的动研究证明，以民间的、非正式的方式形成的教师学习共同体，是以政府或学校组织的教师专业发展形式的有益的补充，它在促进一线教师的自主发展意识和能力、对传统学校教研方式的改造、打造良好的教育生态文化等方面都有着一定的借鉴和示范意义，对促进地区教师队伍建设具有非常重要的应用价值。

作为一个自发的教师学习共同体，"厦门青年教师成长共同体"对成员没有任何的强制约束力，没有传统的职称评审，没有任何的考核限制，没有奖金发放，甚至参与的人员还要为此缴纳一定的学习费用，可成立七年来，为什么却吸引了众多志同道合的老师的参与？它靠什么得以凝聚？为什么还有更多的老师愿意奉献和付出，成立新的共同体，将共同体的精神传播出去？所有这一切都需要我们去思考、去讨论。

1. 学习共同体因何而凝聚？

"凝聚力"是使团体成员停留在团体内的合力，也就是一种人际吸引力。这种凝聚力表现在团队对成员的吸引力，成员对团队的向心力，以及团队成员之间的相互吸引。团队凝聚力不仅是维持团队存在的必要条件，而且对团队潜能的发挥有很重要的作用。七年来，厦门青年教师成长共同体的凝聚力在一步步增强，通过对参与者的对话访谈，概括起来，主要有几个因素：

（1）共同的愿景和价值观

这体现在团队本身的价值取向对成员的吸引力。团队的目标方向、组织形态、团队精神、社会位置等适合成员，吸引力就大，反之吸引力就会降低，甚至会让成员厌倦、反感，从而脱离团队。厦门青年教师成长共同体是由志同道合者组成的，大家都有许多共同的价值追求，这是共同体得以凝聚的重要基础。与此同时，它所倡导的"教师要首先成为学习的专家"、"共读经典、沙龙分享、追寻明师、行动研究"的共同活动方式，"自主、群体、平衡、利他"的核心价值观也得到了参与成员的共同认可。

（2）核心人物的引领

共同体是一个自发的学习组织，它虽然突破了传统的科层体制，人员来自四面八方，但共同体的发展随时需要"领导"，需要核心人物的召集和引领。在访谈中，有很多人都提及参加共同体是受到"核心人物"的人格魅力的吸引。而在全国的各类自发的学习共同体的发展历程中，我们也确实发现，每一个团队都有一个核心人物。简单说来，这些自发的学习团队的核心人物要具备以下的一些特质：有热忱、无私的投入精神；使人信服的专业素养；勇于尝试与创新的使命感；适当的成员工作分配；善用校内外资源与人力；具有良好的人际沟通能力，善于成员情感的联结；乐于肯定、鼓励伙伴教师；能凝聚共识、整合分歧意见；能营造开放、正向、尊重共识的讨论环境。

（3）成员间的相互鼓励和支持

在厦门青年教师成长共同体内，参与者大都是一群充满着正向能量的人，他们生活态度积极、乐观，看待问题客观公正，大家追求一致，彼此欣赏，彼此鼓励，彼此激发，而且成员来自不同的学校，彼此之间没有传统的利益相争，都在为"更好的教和学"而努力改变着。

（4）共同体开展的特色活动

共同体的核心价值如何彰显？靠"特色"活动来体现。共同体开展的活动满足成员个人的各种物质和心理需要，是增强共同体吸引力的最重要条件。厦门青年教师成长共同体开展"共读经典"的读书活动，并率先采用"世界咖啡"式、DFC等交流模式，并积极探索"亲子研学旅行"、课程美学、有感教学等新的教育热点话题，让参与其中的老师不仅开阔视野，获得新知识和信息，而且心灵得到舒展，精神得到滋养。

2. 学习共同体因何而传播

共同体犹如一粒"种子"，播种下去，细心照顾，培土施肥，发芽开花。我们不禁要问，到底是什么力量促使这类自发的学习共同体得以传播？

（1）学习共同体倡导的核心价值观与社会的发展方向相一致；

教师发展的高度不是取决于教师教学技能有多高，而取决于教师对教育教学的情感、态度和价值观。因此，"厦门青年教师成长共同体"及其分体最可贵的在于共同体成员们的昂扬向上、活力奔放的"生命状态"以及共同体所传递的正向的、积极的价值观和文化。

当前，我国社会正在呼唤传统的主流价值的回归和现代公民价值的确立，"传播正能量"逐渐成为社会广大民众的呼声。"学习共同体"的活动所传播的核心价值理念是正向的积极的，共同体的成员生活态度积极乐观向上，每次活动的主题也是精心设计的，极力在成员中传播正向的能量，因而也得到了越来越多的有识之士的认同和支持。在共同体中，成员间通过有趣而新颖的读书和实践形式，实现持续不断的对话、倾听、反思、行动，进而培养了成员们在现代社会中所需要的公民素养和能力。

（2）学习共同体倡导的理念与个人需要层次的满足相一致

共同体的活动之所以能得以传播，不仅因为它符合了社会的主流价值的需要，更为重要的是，它还符合了个人的自我实现的需要，并将二者有机地结合起来。

我们组建"学习共同体"的一个原则是："希望共同体的老师能过一种完整、幸福的教师生活，这种生活将教师个人的幸福生活与工作紧密结合起来"。我们认为，家庭是我们幸福生活的源泉，工作是我们自我价值实现的平台，也是我们幸福生活的保障，我们要在工作与家庭中取得平衡。按照学习与生活、工作与家庭有机地结合起来的理念组织起来的各类学习共同体，其实也符合了马斯洛的"需要层次理论"。每一个人行动的最大的或最原始的动力在于"需要"，而需要从低到高依次是安全的需要、生存的需要、社会的需要（爱和归属的需要）、尊重的需要、自我实现的需要，自我实现是最高层次的需要，也是最难达到的。

总的来看，加入青年教师成长共同体中的教师大多数的生存需要和安全需要已经得到满足，他们要追求的是更高一级的需要，如归属的需要、尊重的需要、自我实现的需要等。而在共同体中，由于成员间相互的鼓励和启发以及"明师"们引领，一部分思想观念比较开阔的教师对自身、对教师的角色有了更高的认识，开始寻求更高层次的自我实现的需要，而成立新的共同体就成为一种共同的选择。由于这类学习共同体是老师们自发搭建的志同道合者的平台，在这里，大家都有认同感和归属感；活动的目的是利他的（是为了更多新教师或新父母的成长），因而能得到更多的尊重；这类活动是大家利用业余时间去组织的，因此活动时可以不受太多的条条框框的束缚，教师个人的潜能能在最大程度得到发挥；而且参与者在活动之中的收获及其对活动良好的反馈，团队组织者自己在组织活动中获得的实实在在的成长，也都进一步促使着这类学习共同体的持续开展。

（3）与教师对教育所具有的公益性、普惠性价值的深刻认识有密切关联

教师对职业本质和教育所具有的公益性、普惠性价值的深刻认识也是促使厦门学习共同体得以传播的另外一个重要原因。教师是文化的传承者，教师群体也是最具公益心的一群人。厦门青年教师成长共同体所组织的对话交流活动都在力求回归教育的原点，充分发挥教师本身所具有的优势去推动老师、家长和孩子的阅读活动，并尽力将受益人群扩大到身边更多人，这一点无疑也促进了学习共同体的传播。正如小水滴成长俱乐部的潘品瑛老师所说："共同体让我找到了教育的方向，我明确了自己的角色定位——要做一个什么样的教育工作者。我正确认识了自己后，我觉得，教育要让更多的孩子受益和感受幸福，所以，就有了自己的共同体，并愿意推广开去。"

（4）现代信息技术为共同体的快速传播提供了便利的条件

以互联网为代表的现代信息技术的飞速发展改变了人们的交往方式，大大缩短了人与人之间的空间距离和心理距离，这为共同体成员们的沟通与交流提供了极大的便利。在厦门青年教师成长共同体的发展过程中，我们借助现代信息技术如博客、QQ、微信等多种媒体进行教育随笔和信息的交流，并使得共同体的影响不仅吸引本地教师，而且吸引了相当多的外地教师的参与。与此同时，我们也克服网络媒体沟通的不足，加强现实生活与虚拟世界的整合及人与人在现实生活中的沟通，坚持开展面对面的沙龙活动，线上与线下"双管齐下"的对话与沟通交流方式使得共同体的活动不仅有"参与的广度"，而且也有"教育的温度"。

结　语

"共同体是一个温暖而舒适的场所，一个温馨的家，在这个家中，我们彼此信任，相互依赖……然而，'共同体'不是一个已经获得和享受的世界，而是一种我们热切希望栖息、希望重新拥有的世界。这是一个失去了的天堂，或者说是一个人们还希望能找到的天堂。"[7]"厦门青年教师成长共同体"只是一个独特实践案例，将来更多的学校或教师群体中能培育这种学习共同体文化，形成一个个特征鲜明、风格迥异的教师团体，这种文化力量一旦作用于教师身上，就会对教师的心灵成长产生潜移默化的影响，进而不断推动个体与群体的

共同发展。如此，区域教育的发展将焕发出新的生机与活力。

参考文献：

[1][英]齐格蒙特·鲍曼著，欧阳景根，译. 共同体[M]. 南京：江苏人民出版社，2007：1.

[2]孟繁华. 让"学习共同体"成为知识获得新路径[J]. 人民教育，2014（16）.

[3][加]迈克尔·富兰主编，叶颖，高耀明，周小晓，译. 变革的挑战[M]. 北京：北京大学出版社，2013：74.

[4][加]迈克尔·富兰主编，叶颖，高耀明，周小晓，译. 变革的挑战[M]. 北京：北京大学出版社，2013：73—74.

[5][加]迈克尔·富兰主编，叶颖，高耀明，周小晓，译. 变革的挑战[M]. 北京：北京大学出版社，2013：77.

[6][日]佐藤学，钟启泉译. 学习的快乐：走向对话[M]. 北京：教育科学出版社，2006.

[7][英]齐格蒙特·鲍曼著，欧阳景根，译. 共同体[M]. 南京：江苏人民出版社，2007.

发现中国教育的根

——刍议完善中华优秀传统文化教育

陈利灯*

摘要： 对中华传统文化的全盘否定使中国教育失去了根，完善中华优秀传统文化教育，意在让找回的中国教育之根能扎得更深、更广。这需要全社会的共同努力，更需要教育部门的坚强引领和有效落实。

关键词： 传统文化；教育；传承

《完善中华传统文化教育指导纲要》指出："必须正视面临的一系列困难和挑战。面对新形势、新要求，中华优秀传统文化教育还存在不少突出问题，对中华优秀传统文化教育重要性的认识有待进一步提高，教育内容的系统性、整体性还明显不足，重知识讲授、轻精神内涵阐释的现象还比较普遍，课程和教材体系有待完善，教师队伍整体素质有待提升，全社会共同参与的教育合力有待加强等，有效解决这些问题，迫切需要进一步完善中华优秀传统文化教育。"国家层面的这种迫切性表达，表明完善中华优秀传统文化教育的重要性和迫切性。从上到下的各个层面都在强调完善中华优秀传统文化教育，也出台了许多的相应措施，但让中国人成为名副其实的中国人的意义和做法的表达似乎都还不够明确。在现实中，"洒扫应对""网上祭祀"等一些活动要求，让人感觉传承优秀传统文化还是做给人看的，还是用来检查的。以名利为导向的办学轨迹还相当明显，具体表现为重升学轻职业，重毕业班轻起始年级，重中学轻幼儿、小学，凡是能出名得利的都重视，甚至不惜弄虚作假应对，完全违背教育规律。

因此，完善中华优秀传统文化教育，首先要旗帜鲜明地确认：中华优秀传

---

* 陈利灯，尤溪县第七中学。此文 2014 年发表于 2014 年第 10 期《福建基础教育研究》。

统文化是中国教育的根。中国人若没有中华优秀传统文化的滋养，就难以成为真正的中国人。

一、传承意识要旗帜鲜明

文化没有传承，就犹如我们的民族没有了根，没有了根就会让人感觉是漂浮的、没有着落的；没有了根，也就没有了成长的原动力。英国近代生物化学家和科学技术史专家李约瑟甚至说："中国如果没有道家思想，就像一棵烂掉了根的大树。"中国人缺乏传承意识，特别是缺乏对中华优秀文化的传承意识（一些低俗文化却四处泛滥）。在中国工作了60年的美国传教士马丁博士就认为"中国人在中华文明未成熟时期所具有的很强的创造力，在现代中国人身上几乎看不到。"

近一个多世纪更是如此，特别是上世纪初五四运动之后，中国一度彻底否定了中华传统文化，片面地接受了当时西方、日本等国流行的科学、民主思想。当我们只要科学、民主的时候，就是把怎么做人抛到了九霄云外，我们甚至一度连做人的根本"孝"字都不敢提。新中国成立后的"三好"教育也没有超越孔子提出的"好学近乎知，力行近乎仁，知耻近乎勇"的"三达德"教育。即使当前还在使用的已经多次修改的《中小学生守则》也未必很合乎人的认识规律与成长规律。现在的中国人，已经变成如南京师大附中王栋生教师所说的连正常说话都困难，"中国人往往把一点可怜的智慧用于防范别人，这也是经济文化全面落后的原因之一"。

新世纪以来，国家提出要全面弘扬中华文化，但在实践中仍有许多杂音，有学者甚至把孔夫子教化思想说得一无是处，还有的甚至把中国人的思维缺陷归结于汉字结构，认为只有与中华文化彻底割裂才有希望。这些不同的声音在一定程度上影响了中华文化传承的推进，这也大大影响了社会传承的力度。

正是这种传承态度和力度使得中国人在近百年的教育中忽略了做人的教育，具体而言则是忽略了应该做一个怎样的中国人的教育，这也直接导致了当前我国青少年教育面临的困难越来越大。当全社会都将教育的眼光投注到高考状元、"985"和"211"上线率的时候，无异于只关注"果实"而忽视了"绿叶、树干"，看不到的"根"更是无人关注，更谈不上中华优秀传统文化的滋养了。因此，名副其实的中国人也就立不起来，整个社会出现功利、浮躁的氛围，急功近利、自私自利的思想高度膨胀，各种社会乱象丛生，各种极端社会问题不断出现。对此，唯有从做人教育的"根"上解决问题，才能真正构建起社会主义的核心价值体系——国家富强、民主、文明、和谐；社会自由、平等、公正、法治；人民爱国、敬业、诚信、友善。

当然，正如朱永新教授所说的，传承绝不是为了复古，继往是为了更好地开来。在完善中华优秀传统文化教育的同时，认真学习和吸收外来文化之长，从而再创文化的辉煌，再度奉献令世界起敬、令人类受益的新成果，我们就一定能够实现中华民族伟大复兴的"中国梦"！

二、确认必须传承的文化

中华优秀传统文化博大精深，哪些东西是永远不过时的呢？这就是我们必须要传承的，也是我们要寻找的做人教育的"根"。我们一直强调"道德"二字。什么是"道"？什么是"德"？道，就是大自然运行的法则，万事万物都有运行规律与规则，大自然运行的规则就是道，道是能超越时空的，是永不过时的；德，就是按照大自然运行的规律，不违越地去做人。那么人在受教育的过程中，首先必须遵循的"道"到底是什么呢？

一是为人的基本伦理。 在这一文化传承中，《弟子规》是最好的教材，即使其中有一些内容看似过时了，但也不免会令当今学习它的学生对圣贤多一分敬畏，更何况《弟子规》是用来力行而不是用来背诵的，只有在力行中，才能让自己作为中国人的根扎更深更广。孔子说："可与共学，未可与适道，可与适道，未可与立，可与立，未可与权。"这是学习力行《弟子规》的三重境界。有些学者未学习、力行到一定境界，就简单地对"圣人训"进行随意曲解，求全责备，甚至完全否定。这不仅是对圣人的不恭，也是对中华优秀传统文化的极大不敬。

有人说中国出不了诺贝尔奖获得者，是"孝、悌、忠、信、礼、义、廉、耻"教化的结果，是"己所不欲，勿施于人"局限的结果。这令人费解，难道那些诺贝尔奖获得者都是不孝不悌不忠不信之无耻者？西方强调科学，首先也是强调科学做人，讲奉献、讲合作、讲勤俭，目标明确，全心投入，最终取得巨大成就。1957年，杨振宁在诺贝尔颁奖大会上发言致词时说道："我深深察觉到一桩事实，在广义上说，我是中华文化和西方文化的产物，既是双方和谐的产物，又是双方冲突的产物，我愿意说我既以我的中国传统为骄傲，同样地，我又专心致志于现代科学。"他在一篇《父亲和我》的文章中写道，父亲不仅教他学数学，还通过言传身教，将忠、厚、信、义循环到儿子的血液里。

因此，如果说目前中国思想不活跃、科技不发达、人才不突出的话，从根本上还是每个个体得到中华文化的滋养还不够，正文化还无法战胜负文化。勤劳是中华传统美德，但不知从什么时候起，劳动变成了惩罚的手段——劳动教养，在等级文化相当浓厚的氛围中，劳动者虽然不是最低级的职业，但起码也是底层职业之一。

二是为学的基本学道。《礼记·中庸》所述："博学之，审问之，慎思之，明辨之，笃行之。"就是为学的"道"，其中博学之，审问之，慎思之，明辨之，都是在穷理，是"解"，笃行是"行"，要解行并进，才能真正求得真学问。笃行最重要，也是做人的根本。《弟子规》曰："不力行，但学文，长浮华，成何人？"做人最基本的准则就是要学习，更要将所学付诸实践。我国教育家陶行知先生原名陶知行，通过大量的实践后发现"行是知之始，知是行之成"，因此果断将名字改成了陶行知。

笃行要"行"修身、处事、接物。修身之要为"言忠信，行笃敬，惩忿，窒欲，迁善，改过"，这与释迦牟尼佛家的"诚实，礼敬，不贪，不瞋，不痴"完全相应。前者离我们四千五百年以上，后者离我们三千年左右，所以中华文化要早佛陀一千五百多年。这一事实也说明了真理是可以超越时空的，也说明真正有智慧、有品德的人对宇宙人生的道理看法是一致的。

处事之要为"正其谊，不谋其得。明其理，不计其功"。如果每个人做事都能以道义为原则、以明理为取向，心中始终有社会、有大众，而不只有自己，那我们每个人不就都被社会、大众关爱着了吗？这样的社会才是和谐的、幸福的。

接物之要为"己所不欲，勿施于人。行有不得，反求诸己"。这是和一切人、事、物交往的基本伦理准则。"己所不欲，勿施于人"，就是仁爱之心。这八个字被镶嵌在联合国大厦三楼大厅的彩色大型壁画上，壁画主题叫"黄金法则"。

三、落实必须传承的文化

中华优秀传统文化中强调做人的根本就是"笃行"，即付诸行动。我们的优秀传统文化并不是毁在不读经典的人手上，相反，在民国初年时，就毁在读经典的人手上。当时这批人自认为熟读经典，早已学会了中国的东西，去西方留学后，又觉得西方很多东西比中国好。因为西方学的是记问之学，比较实用，而我们的文化则需要真正身体力行的人才能实现立身行道，所以这一批只背诵不行动的人就否定了中国文化。因此，笃行必须传承的文化本身就是我们的优秀文化。

1. **要在全社会全民中普及必须传承的文化。**在中国，这种普及最易实现的途径就是从上到下，个人从领导做起、从家长做起、从教师做起、从大人做起；团体从机关做起、从企事业单位、从社区等组织做起；媒体从中央电视台、中央报刊做起。因为中国人的等级观念依然根深蒂固，原本新中国成立后提倡的社会只有分工不同，没有高低贵贱之分，但随着改革开放，对"文革"的批判，对新中国成立后一系列错误的反思也一并抛弃了，结果等级观念死灰复燃。"宁做鸡头，不做凤尾""成者为王，败者为寇"等文化依然十分流行，所以也才有了"上梁不正下梁歪"的说法。以习近平为核心的新一届领导人高瞻远瞩，他们正在用自己的行动为传承中华优秀传统文化做示范，而且大有必须一传到底的信心与决心，这也正是我们各级做好这项工作的坚强力量。中央如此大力度的反腐，也是向全民警示，种什么"因"就会有什么"果"；同时更是向当权者警示，要充分尊重手中的权力，那是人民给的，人是平等的，不"正其谊、明其理"，就要为此承担后果。

2. **要充分利用学校教育强化必须传承的文化。**要将必须传承的文化分解到学校各年级的课程中，尤其在幼儿、小学和初中阶段要以《弟子规》为核心，不同年级确定重点落实的项目，包括为人、处事、为学，选好为学的内容。在这个阶段为学最重要的内容就是生活教育，生活当中有的都要学，扫地要学，搬桌子要学，烧饭、烧水、洗衣等都要学，凡是生活的点点滴滴不能不会，这就是博学之意。在德国，什么年龄该做什么家务事被写进了法律：孩子在6岁之前可以玩耍，不必做家务；6～10岁，偶尔要帮助父母洗碗、扫地、买东西；10～14岁，要剪草坪、洗碗、扫地及给全家人擦鞋；14～16岁，要洗汽车、整理花园；16～18岁，如果父母上班，要每周给家里大扫除一次。对于不愿意做家务的孩子，父母有权向法院申诉，以求法院督促孩子履行义务。我们的生活教育内容不写到法律中，但应该作为明确要求写到课本中，并配有相应的跟进措施。

3. **家校充分合作共同传承必须传承的文化。**显然，学校落实生活教育的内容必须得到家长的积极配合，《弟子规》中几乎所有力行项目都要得到父母的指导和强化。因此，家校的充分合作，首先要形成共识，不仅理念上要形成共识，行动上更要形成共识，因为"身教胜于言教"永远是最好的教育方法。其次，要编写相对应的家长教材或者家长须知，定期举办家长培训班，开展家长、教师、学生共读一本书及好人好事评选等活动。第三，请家长参与学校管理，为学校义务做一些管理事务，如图书馆的管理、开发本地优秀传统文化课程指导等。总之，要让家长明确自己不仅是孩子的第一任教师，更是一生的教师；家庭不仅仅是孩子的第一所学校，更是一生的学校，从而让教育形成最大合力，为孩子的健康成长提供最强助力。

泉州市中小学生命教育课程化的研究实践

洪慧芳[*]

洪慧芳[*]

摘要： 近年来，中小学生因学习压力、情感失调或生活事件的遭遇而出现伤害自己或他人的行为总时不时见诸媒体，让我们重新思考学校教育在面对中小学生的生命意识淡薄方面是否有更好的解决之道。泉州市直面现行学科课程体系和学校专项教育在生命教育这部分的弱势，探索构建了适合本市中小学（含幼儿园、中职）学生的生命教育模式和策略。

关键词： 生命教育　课程化

一、生命教育课程化实施的必要性

近年来，中小学生因学习压力、情感失调或生活事件的遭遇而出现伤害自己或他人的行为总时不时见诸媒体，由此引起大家对于现今中小学教育的悲叹、担忧，也引起学校对于安全教育、心理健康教育、青春期教育等专项教育的适时关注和推行，但不得不说，收效甚微。时过境迁，总会有类似事件卷土重来，一次又一次挑战人们可以承受的心理底线。这不禁让我们重新思考：学校教育在面对中小学生的生命意识淡薄方面是否有更好的解决之道？是否仅凭开设讲座、开放心理咨询室进行个案咨询，或定期的安全知识竞赛就可促进学生生命意识的提高？放眼周边，我们发现，生命教育、死亡教育、三生教育等教育形态正慢慢形成一股风潮，在国外、周边地区逐渐流行并常态化。生命教育作为一门课程，已在我国台湾地区开设多年，并取得了很好的成效。而泉州

---
* 洪慧芳，泉州市教育科学研究所。本文为泉州市"十一五"规划教科研立项课题。本文发表于2016 年第 20 期《中小学心理健康教育》。

市在这方面还未进行深入探索。我市教育局在推行生命教育方面非常重视，有《关于进一步加强中小学生生命教育工作的通知》等文件的推行，也定期开展相关的大型活动。只是因起步较晚，还没有可操作性的课程体系、操作原则供学校借鉴。各学校如孤军奋战，在生命教育领域自我摸索、自我成长，学校间差异显著。而这在一定程度上不利于生命教育的实践和推行。因此，我们以《泉州市中小学生命教育课程化研究》课题为契机，探索生命教育课程化在泉州市的实践可能。

二、泉州市中小学生命教育课程化的界定

课程是一种活动、交往、沟通与合作，是人的各种自主活动的总和。新课程赋予课程资源的概念以新的含义，包括校内各种资源，也包括校外资源。课程化是指依托课程落实生命教育，包括学校内外的各种活动。我们努力克服现行学科课程体系和学校专项教育在生命教育弱势的问题，探索构建适合我市中小学（含幼儿园、中职）学生的生命教育模式和策略。我们以课题为依托，通过设立子课题学校进行试点研究，探索生命教育在学校的课程化实施，力求在生命教育的实效性、可操作性方面加以突破。我们主要通过实践构建中小学（含幼儿园、中职）生命教育课程体系、探索课程化的原则、模式、策略、途径等方面以及如何在不同学段有区分有重点有规划地实施生命教育，在此过程中培养学生逐步认识、理解、感悟、接纳、欣赏、尊重、敬畏、热爱、珍惜、完善及升华生命，掌握生存技能、提高生命质量、促进身心健康发展。生命教育是有关生命的教育，是有关生存、生活、生命以及人生问题的教育。生命包括个人生命、他人生命、自然生命。通过对学生进行生命孕育、生命发展、生命价值引导等方面的教育，培养他们认识自我，尊重他人，珍惜生命，对社会及他人有爱心，使学生成为身心发展、人格和谐的人。

三、泉州市中小学生命教育课程化的实践研究介绍

（一）生命教育课程化应遵循的原则

（1）理念性原则：生命教育不是一种具体的独立于其他教育、可单列的教育，而首先是一种需要每位老师、每个学校认可的教育观念、教育文化，而后才是一种广泛与各项专题教育、课堂教学、课外实践紧密融合的教育。

（2）全员性原则：生命教育不是个别实验教师的责任，而需要学校动员全体教师用心参与、用心体验。

（3）全方位原则：生命教育不仅仅在于课堂教学或是课外活动，而在于各方面的协调统一，既有校园文化氛围的营造，又有课堂教学的有效开展，且有课外活动的有力支持，并与各项相关的专项教育有机融合。

（4）统领性原则：因为生命教育关注生命，是各种专项教育，比如安全教育、心理健康教育、性教育、青春期教育、法制教育、预防艾滋病教育、毒品预防教育、环保教育等的基础。因此，可以以生命教育为统领来梳理、整合中小学各专项教育资源，有利于减少重复和浪费。

（5）主体性原则：生命教育要以学生为主体，以学生需要为主要开展目标。

（6）预防性原则：开展生命教育，目的不是在发生事件后再进行临时干预，而是作为日常工作的一部分定期开展，将发生事件抑制在萌芽状态，减少其发生的可能性。

（7）常态性原则：生命教育的开展，应落实到课程计划中，常态性开展，以达到润物细无声的积累效果。

（8）适合性原则：开展生命教育需适合学生身心发展规律，选择学生可以接受的方式，选择贴近学生生活实际，与之成长、发展密切联系的内容，进行科学组织与整合。

（9）递进性原则：生命教育旨在帮助学生认识、理解生命，进而感悟、接纳、欣赏、尊重、敬畏、热爱、珍惜以及完善、升华生命。而课程化活动的整体设计也在于遵循这样的递进性，让学生在逐渐深入的课堂教学和主题活动中体悟越来越深。

（10）渗透性原则：不一定要专门辟出课程板块和课程时段来开展生命教育课，而是任何时候任何地点任何学科都可以渗透生命教育，使课堂、活动、学校到处充满生命气息。

（11）体验性原则：生命教育不是一门学科，重点不是教授知识，更重在让学生体验、感受、领悟，并借此达到生命素养的提高。

（12）合作性原则：学校需联合家长、社区以形成生命教育的合力。学校需积极开发、利用家庭和社区的教育资源，积极引导家庭和社区培养学生健康的生活习惯、积极的生活态度。

（13）生成性原则：生命教育是面向生命群体的教育，师生互动的、现场生成的东西无法一一预设,如果为了单纯的课堂或活动效果,而忽视生命本体的自然而真实反应,则违背了生命教育的初衷。所以,在开展生命教育时要注意放弃坚决按照预设的想法,需注意学生的现场流露并使其有所释放,从而达到尊重生命、升华生命情感的效果。

(14)差异性原则:生命之间是有差异的,学生之间的接受能力、需要、观念也是大不相同。生命教育需关注学生间的差异,尊重他们的不同观念、根据他们的不同需要来设计方案。

(15)长期性原则:生命教育是一个长期的过程,不可能一蹴而就。要抱着长期积累、潜移默化、润物无声的心态来开展生命教育。

(二)地区生命教育课程化的模式

梳理生命教育课程化资料——自上而下建构生命教育课程化模式——选取生命教育课程化实验学校——自下而上的行动研究来探索生命教育课程化体系——自上而下推动研讨活动、主题竞赛——自上而下整合生命教育课程化体系——自上而下在其他实验学校推广生命教育课程化体系——循环反复的自下而上的行动研究来探索、完善课程化体系——经过不断行动研究、经验总结——形成可在全地区推广的生命教育课程化体系——经过多番论证、行动研究、不断完善、改进生命教育课程化体系——形成可在更上一级地区推广的生命教育课程化体系

(三)生命教育校本课程体系的模式、内容

不同子课题从不同角度切入探索校本课程体系的开发,而这些角度恰好与其所在学段、所擅长领域、学校实际情况、学校资源等密切相关,我们没有统合这几个课程体系,是因为不管从哪一个角度,这些生命教育课程都落到了实处,而且因校制宜、因生制宜。在没有具体验证哪一种角度更适合更广泛的学校之前,我们保留了这几种课程体系作为研究成果。

(1)融合各专项教育为一体,编制让学生掌握生存技能的校本课程体系,可应用于小学学段。

将心理健康教育、安全教育、法制教育、毒品预防教育与生命教育有机融合创编教材。达埔中心小学把综合实践活动课程当做实施生命教育的重要阵地,每学期每年级确定一个大主题,确保每个学生在小学阶段能至少经历12次生命教育活动。

A 各学段课程内容:

1~3年级内容:①初步认识自然界的生命现象,初步了解自己。②喜欢

自己，乐于与同学交往；懂得关心家人、尊敬老人。③亲近大自然，爱护人类赖以生存的自然环境。④初步掌握交通安全、防溺水的基本技能；了解家庭用气用电安全、饮食安全等自我保护知识。

4～6年级内容：①了解身体的生长情形，进一步理解性别认同。②了解友谊的意义；懂得同情、关心和力所能及地帮助弱者；学习与他人的合作。③初步认识与体验人的生命是可贵的，珍惜生命；远离烟酒和毒品。④养成良好的生活习惯和学习习惯，树立时间观念，正确使用网络。⑤学习必要的自我保护技能，学会识别可疑的陌生人，初步掌握突发灾害时的生存能力和自救能力。

B校本课程模式：

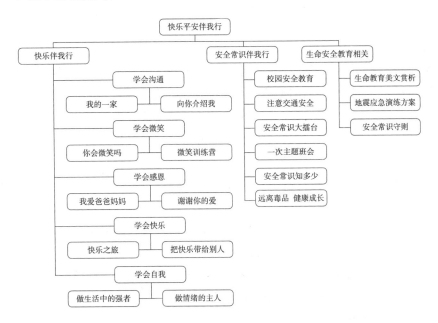

（2）融合积极心理学理念，创编提高学生生命质量的幸福课程体系，可应用于初高中（中职）学段。

针对学生发展实际和身心特点，华侨职校通过长期探索，整合与设计校本教材《我们的幸福课程》。该课程从四大模块十二个主题出发，以学生心灵声音为灵魂，以生命发展为主线，以积极心理学为理念，以幸福感为目标，层层深入，引导学生认识珍爱生命——发展生命——完善生命——提升生命的质量，最终实现幸福生活。每一课的设计生动活泼，形式多样，有生命箴言、故事感悟、知识宝库、游戏体验、生命拓展和建议分享等，让学生在感知、融入、参与、体验、感悟、分享和改变中，达到提升生命质量的终极目的。

A 幸福课程六大理念：

生活中，我们总觉得幸福是抽象的、是不同的，但是我们完全可以通过自己的认知与行为来感知和获得幸福。

①积极悦纳，珍爱自己：拥有幸福的前提是能正确认识自己，不自卑也不自负，喜欢自己珍爱自己，在内心深处完全接受自己的长处和拥有，也欣然接受自己的短处和缺少。因为每个人都喜欢那些喜欢自己的人，为自己的现实而积极充实地生活。

②换位思考，感知生活：幸福的人拥有更好的共情能力，常善解人意为他人着想，对亲情、友情和爱情的感知角度是多元的，因此能保持心态平衡，泰然处事，用好情绪获取高质量的生活。

③感恩之心，善待他人：抱怨的人把精力全集中在对生活的不满之处，而幸福的人把注意力集中在能令他们开心的事情上。所以他们更多地感受到生命中美好的一面，因为心怀感念，他会感谢并回报让他快乐的人和事，让更多的人有更多的机会感受人间的温暖、关爱和美好，让爱和幸福永久地传递。

④欣赏万物，感受美好：怀着欣赏的心情感受看待生活中的一切，发现和体验幸福。当看到身边的人和事物都很美好，我们感觉自己像天使一样；同时能以体验生活的态度面对挫折，减轻痛苦感。

⑤珍惜时间，规律生活：当我们充分利用时间获得有规律的、充实生活，这样既能保持轻松上进的生活态度，因整齐有序的生活而自信和满足，更能使我们对于过去无怨无悔，应对当下踏实积极，而让我们的未来充满希望。

⑥确立目标做好自己：根据自己的综合条件，给自己一个恰当的人生定位和目标。无论他人及环境如何，首先做好自己，尽心尽力去实现目标，不急于渴求结果，相信幸福就在于享受过程本身。

B 幸福课程模式：

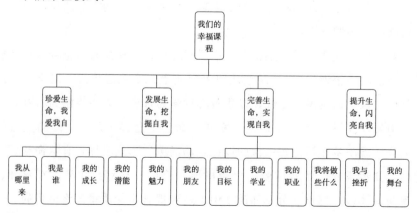

（3）融合团体辅导心理学理念，选择其中与生命教育各个层次紧密相关的部分，编制促进学生身心健康发展的校本课程体系，可应用于小学、初中、高中、中职各学段。

泉州实验中学以团体辅导活动为依托，在高一、二年级每周两课时开设生命教育课程。课程模式为：

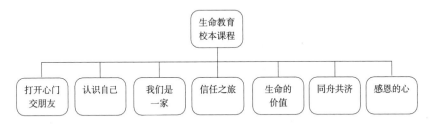

（4）融合幼儿阶段的健康教育理念，选择从人与自己、人与他人、人与环境、人与宇宙四个方向来确定幼儿园生命教育内涵，从而使幼儿逐步达到生命教育的各个层次：认识、理解、感悟、接纳、欣赏、尊重、敬畏、热爱、珍惜、完善及升华生命，可应用于幼儿园或小学一年级等学段。

市机关幼儿园依托主题活动和绘本教学两种教学方法分别探索出对应的课程模式。

主题活动法：提供一个良好的学习情境，让幼儿在这种高度动机的环境中，接触、感知、体验生命教育内容，教材更有极其广泛的空间而且可直接打破学科之间的限制，在教学中灵活自然地融合不同领域的内容，给幼儿一个主动学习的环境来进行生命教育。

绘本教学法：是一种融入式教学方法，即在幼儿语言教育中渗透生命启蒙教育。绘本在幼儿生命教育中有其独特的教育价值，是启迪幼儿生命意识的好教材。以绘本学习为载体，开启幼儿生命意识。

A 融合生命教育的健康教育课程内涵：

3—6 岁幼儿，在"人与自己"和"人与他人"两个方面已有混沌的萌芽状态，对自己身体的构造与功能很感兴趣，有的幼儿已经建立了模糊的自我概念，但对周遭友伴的关心、包容与照顾还十分欠缺；在"人与环境"方面，幼儿表现得十分茫然，但有十足的好奇心和探索的欲望；在"人与宇宙"方面，幼儿对死亡的情绪是恐惧、担忧、难以理解、不知怎样面对。所以，可在以下这些方面开展健康教育与生命教育的融合。

人与自己：认识自己、欣赏自己、接纳自己、建造自己

人与他人：尊重他人、爱与关怀、接纳异己、群体生活

人与环境：爱护环境、尊重自然、社会关怀

人与宇宙：生命之美、了解死亡、人生信仰

B 融合生命教育的健康教育课程模式

主题活动教学：小班主题《独一无二的我》，从我—我关系和人—我关系这两个方面开展活动，形成二个大分支，48 个小分支。模式如下：

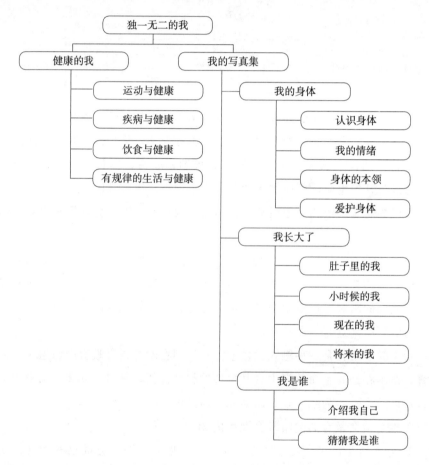

《我的写真集》包括 38 项内容：《妈妈，我从哪里来》《我来当怀孕准妈妈》《在妈妈肚子里》《呱呱坠地》《小时候的东西》《成长小趣事》《照顾蛋宝宝》《我又长高了》《别说我小》《魔镜啊魔镜》《猜猜我是谁》《我的小脸》《五官歌》《我爱小脸》《多变的表情》《笑比哭好》《表情歌》《多变的脸》《我的自画像》《宝宝的小手》《秋天的落叶》《小手的本领大》《我有一双小小手》《我的小手变变变》《我的左手也能干》《可爱的小脚丫》《能干的小脚丫》《人体

秀》《男孩和女孩》《我的身体》《碰一碰》《我会摆 Pose》《当你发生了危险，怎么办》《我会滑滑梯》《我会拿椅子》《小公鸡爱打架》《我会守秩序》等。健康的我包括 10 项内容：《感冒了怎么办》《检查身体》《小毛病我不怕》《吃药打针我不怕》《快乐早餐》《我喜欢吃的东西》《不要吃太多的甜食》《干净食物人人爱》《娇娇不挑食了》《香香的菜》等，且仍在拓展中。

中班四个大主题活动，第一，《生命在于运动》，三个大分支，生成小分支 21 个；第二，《我运动 我健康》，三个大分支，生成小分支 29 个，两个主题分别从人与自己、人与他人和人与环境这三个方面开展活动。第三，感恩主题活动《让爱住我家》，从人与他人这方面开展活动，让幼儿从中学习爱与关怀——学会感恩；第四，《生命树——我是谁》有四个大分支，生成小分支 33 个。从人与自己这方面开展活动，让幼儿从中学习认识自己，欣赏自己，接纳自己。模式如下：

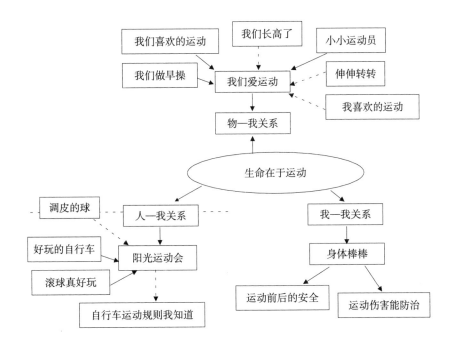

包括 21 项内容：物—我关系——《我们喜欢的运动》《我喜欢的运动》《我们长高了》《小小运动员》《我们做早操》《伸伸转转》；我—我关系——《饭前饭后不做剧烈运动》《运动伤害能防治》；人—我关系——《调皮的球》《滚球真好玩》《抛接球》《我会投篮》《送球方法多》《足球小人》《说说我的自

行车》《好玩的自行车》《自行车》《自行车运动规则我知道》《自行车比赛》
《小小运动会》《小小运动会》等。

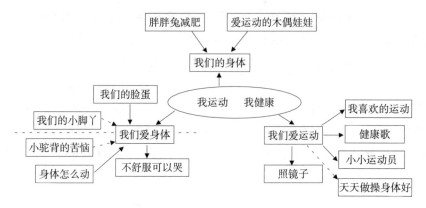

包括 29 项内容：我们的身体——《胖胖兔减肥操》《爱运动的木偶娃娃》；
我们爱运动—《我喜欢的运动》《我知道的运动》《健康歌》《小小运动员》《天
天做操身体好》《我们都是机器人》《比赛》《照镜子》《新邻居》《向手挑战》
《我们的小脚丫》《滑稽的脚先生》《五兄弟》《小驼背的苦恼》《身体怎么动》
《身体在说话》《不舒服可以哭》《表情歌》《运动前后》《治治小伤痛》《有趣的
指纹》《会说话的手》；我们爱身体——《我们的脸蛋》《淤斑和肿包》《流血
了》《流鼻涕啦》《牙疼》等。

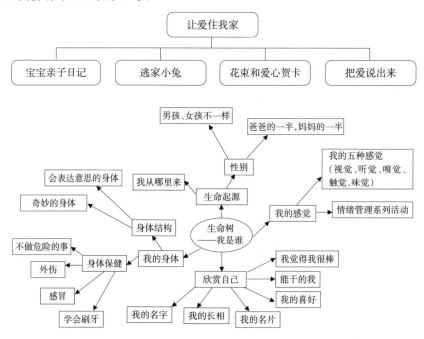

　　包括33项内容：生命起源——《我从哪里来》《我从哪里来》《爸爸的一半和妈妈的一半》《男孩女孩不一样》《为什么我是男孩?》《为什么我是女孩?》；欣赏自己——《不一样的我》《我的名字》《我的名片》《我觉得我很棒》《能干的我》；我的身体——《我们的身体》《我的身体会移动》《拷贝不走样》《头发肩膀膝盖脚》《My body》《和感冒病菌拜拜》《不做危险的事》《我的长相》《我的自画像》；我的感觉——视觉、听觉、嗅觉、味觉、触摸觉、操作表现——身体的五种感觉健康活动：《小毛病我不怕》《牙疼》《笑娃娃与哭娃娃》《我好害怕》《我好难过》《表情歌》《欢喜就好》）。

　　绘本教学：大班教学从"欣赏自己，认识生命""自我接纳，欣赏生命""情绪管理，珍爱生命""生存关怀，敬畏生命"四个方面，择取了二十多种绘本，形成有价值的教学详案。具体如下：

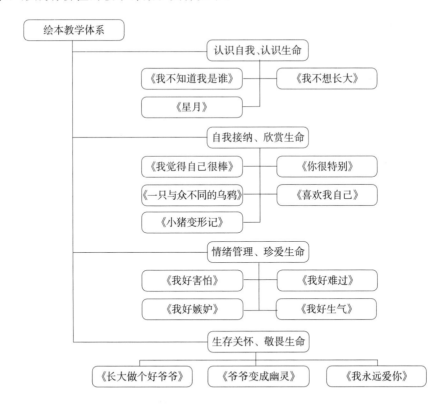

四、泉州市生命教育课程化研究总结

　　我们的研究遵循从上而下的体系轮廓把握和从下而上的行动研究范式，但未完全做到从上而下的边总结边实践，边探索边修正，没有在研究过程中及时调整，而只在最后做总体把握，是个缺憾。我们还未形成地方推广性的课程体系，只形成了可供借鉴的多样体系，并局限于各个开展的学校和学段。所有这些，值得我们继续深入研究。

描绘乡风　记录时代

——翔安农民画人文特性、艺术特色及教育价值探析

林提升*

摘要： 农民画作为翔安最具代表性的地方文化艺术亮点，融入了丰富多彩的地方文化元素，形成了具有地方特色的艺术风格。研究以其独特的艺术魅力彰显出浓郁的人文特性、艺术特色、教育价值为论述对象，揭秘农民画独特的图像密码，以期提升学生对农民画艺术的认同和热爱，让学生拥有特定的素养，激发学生的审美情趣，为实现学生在德育、智育、美育等领域的多元发展提供一定的参考。

关键词： 翔安农民画；人文特性；艺术特色；教育价值

翔安农民画肇始于20世纪60年代，是翔安农民在庙宇、宗祠、壁砖、墙体等处的传统民间绘画基础之上，以丰富常见的色彩和淳朴直接的表达方式所形成的一种闽南民间绘画艺术。翔安农民画作为一种以闽台民间民俗文化为根基，以乡土人情、日常生活、生产场景为创作题材的民间绘画艺术形式，其作品以夸张而又真实的表现手法、稚拙生动的造型、简约朴素的构图、清新艳丽的色彩，以及地方元素的融入，直述所见、直抒所感、直写所想地描绘翔安地方独特的风土人情和淳朴的民俗民风，记录时代发展的轨迹。翔安农民画的图像符号，既有生动诙谐的生活小景，又有气势恢宏的建设场面，也有温馨和谐的农家小院，有着独特的艺术魅力，其中承载的人文、艺术和教育价值，潜移

---

* 林提升，厦门市翔安第一中学。①本文系全国教育科学"十二五"规划2015年度单位资助教育部规划课题"基于核心素养的闽台民间美术课程建构与教学实践推进策略研究"研究阶段成果（课题批准号：FLB150513）；②本文系厦门市第四批基础教育课程改革重点课题《基于美术核心素养的翔安农民画校本课程建构与教学实践策略研究》研究阶段成果（【课题编号：ZH402】）。③本论文发表于2016年第6期《中国美术教育》。

默化地影响着人们的思想，陶冶着人们的情操。因此，借助特有的人文风貌，将其融入美术校本教学实践研究，是传承传统地方文化艺术的新支点，也是打动学生情感的好方法。

一、翔安农民画的人文特性

在美术教学注重"立德树人"、发展"核心素养"大背景下，"追求人文性，培养学生的鉴赏精神，学会欣赏和尊重不同时代和文化的美术作品，关注生活中的美术现象，培养人文精神"是地方文化艺术教育的重要命题。

地方文化艺术创作与创作者所处的生活环境分不开的。翔安农民画具有鲜明的地域特色。大凡现实生活中诸如节日庆典、庙会时车鼓弄、唱南音的人声鼎沸、农事劳作休闲时红砖古厝前阿公阿嬷的讲古谈今、圩日赶集贸易的繁华喧闹、田间劳作时的欢歌笑语、踩车戽水的繁忙、出海讨生活的艰辛……这般乡间生活百态，这等浓郁的闽南乡土风情，皆能入画。农民画表现这些生活中极其平常的场景，反映了人民群众的社会生活，表达了人们的美好愿望，民间风情强烈，乡土气息浓郁，蕴含着丰富的历史、地理、文化等人文教育的素材。

（一）民俗民风彰显闽南风情韵味美

翔安传统民俗文化艺术异彩纷呈，浑然天成，已经成为翔安人与生活最直接的触点。宋江阵、拍胸舞、高甲戏等极富闽南特色的非物质文化艺术，各有各的精彩，凝聚着人们对美好事物的追求与向往，激励着人们对生活的热爱，这些都对翔安农民画产生了极为重要的影响，构成了翔安农民画的艺术风貌。如，梁金城的《翔安的节日》（图1）以壮观的场面描绘翔安人民喜气洋洋欢庆民俗庆典的场景，再现了富有情趣、带有浓郁乡土气息的翔安庙会民俗；陈珠庭的《宋江阵》（图2）以饱和的蓝、橙对比色彩，简洁概括的形象，给人以视觉冲击的同时，抒发了作者对美好生活的向往；许其裕的《元宵迎灯》（图3），注重人物动态的表现，再现了生动诙谐的节日民俗娱乐小景，真实地反映了当地民间习俗的韵味。

图2 《宋江阵》陈珠庭

图1 《翔安的节日》梁金城　　　图3 《元宵迎灯》许其裕

（二）红砖建筑展示闽台地域风貌美

具有闽台地域特色的传统红砖建筑，是闽台地域文化最直接的载体。翔安的红砖大厝反映着地域性的建筑风格特性，斑驳厚重的红砖墙，花样典雅的彩绘、鬼斧神工的木雕、石刻……或飞扬跋扈，或优雅柔畅。这样的建筑艺术绚丽而多彩，璀璨而耀目，精美而端庄，从一个侧面反映着翔安人的文化意识。魏渊树创作的《翔安民居》（图4）捕捉了传统建筑的细节情景，呈现了红砖建筑强烈的装饰美；陈清锋创作的《家园小筑》（图5）以火红的色彩显示出和谐的美；梁金城所创作的《丰收时节》（图6）以闽台传统建筑为场景，生动地描绘了生活中的乐趣。翔安农民画对这些典型闽南元素的描绘与刻画，不仅让学生看到了砖和瓦的色彩、墙面和屋顶的造型，而且唤起他们对自己生活与美好家园的热爱。

图4 《翔安民居》魏渊树　　图5 《家园小筑》陈清锋　　图6 《丰收时节》梁金城

（三）田园风光呈现人与自然生态美

优美的田园风光构成一幕幕如诗如画，恬美怡静的乡村生活场景，为农民画提供了丰富的创作素材。翔安农民画有着真实生活的影子，反映的是乡村生活中最朴素的情感，大多以表现田园风光和农家生活为主题，描绘劳动的场景、丰收的喜悦。画家们经过想象、提炼与加工，从不同角度把翔安农村美好生活的精神真实生动的描绘出来，表现一种积极向上的精神，具有非常突出的形式特点，其中倾注着人们对劳动的美好憧憬，体现着一种特殊的感情色彩，带着浓郁的生活气息与乡土味，有利于增强学生热爱生活的情感，激发他们发现美、欣赏美和创造美的热情。优美的田园与自然风光在翔安农民画里多有体现。如，陈珠庭的《春回大地》（图7），天空中，燕儿正在欢畅地飞舞，农田里两个农民正在协力犁田，一旁是播种希望的农田，一派既古朴又兴旺的田园风光；唐庆的《五色土的喜悦》（图8），以淳朴的瓜农劳动场景为创作题材，把现实美与理想美巧妙地结合起来，画面绚丽多彩，生动地表现了翔安农民瓜田喜丰收的田园风光；夜光下碧蓝色的网毡里在网里撒欢的鱼儿为辛勤劳作的渔民作衬托，梁金城用一幅《渔光曲》（图9）生动地描绘了海边渔家满载而归的生活片断，给人无限遐想，生动再现了"米缸埋在海中央"的生活状态。

图7 《春回大地》陈珠庭　　图8 《五色土的喜悦》唐庆　　图9 《渔光曲》梁金城

（四）民生民情呈现新型农村生活美

随着人们生活水平的提高和农村城镇化进程的推进，传统的农耕、渔业文化正随着时代的变化而逐渐变化，人们的生活环境与生活方式正悄然生息地发生着变化，茶余饭后众多纯朴健康、积极向上的时尚生活方式，成为农民画的创作亮点，折射出地方文化艺术之光。翔安农民画有机地把当地的新型生活方式、生活特色"心随意想"地融入画中，充分体现出作者对真善美的热诚歌颂和对美好生活的向往。许多赞美新农村、新生活的农民画作品，展现了新时代农民的精神风貌和价值取向，反映农民纯朴、乐观的生活态度，追求健康、丰富的现代美好生活的美好愿望。陈其园创作的《青春舞曲》（图10）和《乡音乡情》（图11），根据自己的体验，运用准确的人物造型，表现了当下农村农民劳作之余多彩的娱乐生活，喻示着人们生活的变化及喜悦的心情，反映农民对自己生活情趣的理想追求和翔安现代新农村的新风新貌，具有鲜明的时代气息。

图 10 《青春舞曲》陈其园　　　　　　图 11 《乡音乡情》陈其园

作为省、市非物质文化遗产名录项目，同时也是翔安民俗文化亮点之一的翔安农民画，受乡土文化的影响，融入了地方乡俗乡韵等文化元素。品味这些农民画作品，可以增进对翔安现代乡村生活与风土人情的了解，加深对农民画艺术的认识，帮助学生从美术文化的角度，营造一种充满乡土特色的文化氛围，给学生带来愉悦的审美体验，具有突出的人文价值。学习农民画，能让学生感悟到：农民画创造了生活和美，反过来，生活和美促进了农民画的发展。

二、翔安农民画的艺术特色

作为翔安对外文化交流的一张"烫金"名片，农民画是水粉水彩画的变体，其主要艺术特色在于：在自发性创作的基础上，它继承和发展了民间绘画的优秀传统，从民间剪纸、绣花、彩扎、泥塑、漆线、木雕等艺术形式中撷取稚拙的造型技巧，借鉴民间美术的表现手法，通过"咱厝的生活"、"咱厝的风俗"、"咱厝的文化"等形式多样、特色鲜明的创作题材，在创作中融入作者的思想观念，以简洁明快的风格，自由地造"形"设"色"、"笔随心走"，按自己心中美的蓝图自由发挥，生动地表现了不同历史时期的翔安风貌和生活情趣，表达了对生活的热爱和对美好生活的追求，既让人倍感乡土亲情的温馨，又使得作品既绚丽多彩且稚拙朴实，给人以鲜明强烈的视觉效果，具有强烈的时代感。

"农民画运用较为简洁的绘画语言就能够创作出内容丰富、翔实、生动的作品，运用强烈的色彩对比，就可以直率地表达出作者对美好生活的向往。"[1]翔安农民画的表现手法不拘一格，内容形式和谐统一，有着强烈的艺术性，既有油画的厚重与写实，又有国画的写意与传神，还有装饰画的热烈与明朗，它更多的是在传统民间美术的基础上，采用具象、意象等不同艺术语言进行主观表现，勾勒出绚丽多彩的田园风光、栩栩如生的农家生活、气氛热闹的生活场景、欢天喜地的节日庆典等生活内容。由于农民画创作者对点、线、面、色彩、明暗、空间等造型元素的主观运用方式不同，这些作品具有生活化、自然化、装饰化等明显的地域特征，形成了具有浓郁闽南乡土气息的民间风情和传统文化特色。"风调雨顺"、"五谷丰登"……这些农民的理想和愿望，是翔安农民画发展历程里抹不掉的底色，成为农民画最吸引人之处。

"绘画者常得于心，会于意，取于势，用平整的颜色，多变的线条，构成绘画的律动美、随意美以及自由与想象的美。其不拘时空的平面构成，对物象进行大胆取舍和夸张的概念化处理，用平面的构成方式组成自由灵美的画面。"[2]农民画家以独特的视角审识身边的世界，用质朴的情感表达纯真的心灵。优秀的农民画作品借助独特的艺术语言来塑造它的视觉艺术形象，运用不同风格、不同艺术语言表现的翔安农民画，具有独特的闽南民间绘画艺术风格。

（一）灵动感性、不拘时空的造型设计

淳朴而又夸张的造型是农民画作品成功的关键。翔安农民画在造型设计上并不是一味机械地摹仿自然，而是将自我的视觉想象和习惯的审美意识相结合。有注重客观细节、比例准确、描绘细腻的写实造型，如刘丽萍的《锄山采菊》（图 12）；也有为体现某种精神和意念，并不太拘泥于自然的真实，如陈瑞琦的《蓝色的希望》（图 13）；更有根据表达需要，融入自己的思想观念，运用主观意愿的造型模式，打破时空限制，不受眼睛所见的客观事物局限，以夸张随意的风格、简洁概括的形式、外简内繁的手法，对生活中的人、事、物进行概括、提炼、变形，创造出丰富多样的新形象使造型突出，凸显质朴、鲜活、灵动的画面，能动地反映生活，展现人们对生活热情洋溢、积极乐观、健康向上的主题，如颜朝阳的《憩》（图 14）。

图 12 《锄山采菊》刘丽萍　　　图 13 《蓝色的希望》陈瑞琦　　　图 14 《憩》颜朝阳

（二）随类赋彩、不拘定法的色彩选择

翔安农民画在色彩运用方面有自己的选择。作者在用心观察大自然与生活所得到的色彩感受的基础上，为引起观者的感触，融入自己的感觉、揉进主观想象的色彩来构筑画面，并且常常运用大红大紫等，形成强烈的色彩对比，如颜朝阳的《翔安娃儿上春晚》（图15）；运用高饱和度的颜色，如陈其园的《飞天梦》（图16）；以及运用单纯明快的装饰性色彩，如刘丽萍的《金狮献瑞》（图17），使画面产生视觉冲击力。色彩表现技法基本上以平涂法为主，辅以点绘、勾线等方法，在强烈对比中求得和谐统一的效果。

图15　《翔安娃儿上春晚》颜朝阳　　图16　《飞天梦》陈其园　　图17　《金狮献瑞》刘丽萍

（三）视角独特、不拘透视的构图手法

翔安农民画在构图手法上不落俗套，突破焦点透视、比例、结构等基本绘画造型方法与规律束缚，多采用散点透视或俯视、仰视、反视等呈现方式，以独特的视角和饱满平和的平面构图形式，表达农民画家的记忆和情感。构图手法主要有全景大观式，如梁金城的《小三通》（图18）；中心展开式，如颜朝阳的《和美生活》（图19）；对称变化式，如陈珠庭的《鱼跃人欢》（图20）；以及上下阁楼式等等，整体讲求较强的装饰效果。

 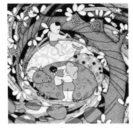 

图18　《小三通》梁金城　　图19　《和美生活》颜朝阳　　图20　《鱼跃人欢》陈珠庭

随着观念的转变，教师及一批高等美术院校毕业生等新生力量的倾情加盟，翔安农民画的创作队伍不再只是农民，创作主题也不再局限于传统民间艺术的传承。新时期的"翔安农民画"，既蕴涵着扎实的传统功底，又呈现出审美的创新趋势，更加注重探索新的表现形式，内容更加丰富、更加多样。（图

21至图23）翔安农民画作品更多地融入了现代绘画、设计元素，构想奇特，夸张大胆，形态生动，在表现形式上更具艺术张力，作品更具个性特点，既显示了深厚的文化积淀，也被赋予了丰厚的文化底蕴和艺术气息，而它那不拘透视的构图美、不拘定法的色彩美、不拘时空的造型美，都形成了相对完整的体系，具有较高的学术价值。

  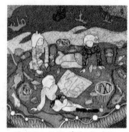

图21 《元宵花灯》苏欣怡　　　图22 《梦中的故乡》颜枫　　　图23 《收获》颜朝阳

三、翔安农民画的教育价值

积极地"引导学生参与文化的传播和交流"是课标的要求。"民俗艺术就其现实教育功能而言，是理解民族审美理想和民众情趣喜好的具象引导，是把握地方艺术特色的重要依据。"[3]作为一种乡土文化形态，翔安农民画以憨直的形式描绘了民间风土人情、世间百态，突出地表现了人们对真、善、美的追求，无不体现天真率直的本性，寄托着农民对美好生活的憧憬和追求，培养了农民生活情趣、丰富生活内容的精神食粮，不仅集知识性、思想性于一体，且符合现代审美情趣，具有丰富的理想情感。就教育价值而言，翔安农民画对于学生的思想品德和审美情趣的培养有很高的教育价值，可以激发学生对社会生活的积极态度，培养学生的乡土情感与爱乡情怀，使热爱家乡这些抽象的概念转化为具体、和谐的实物，有助于学生确立正确的人生观、价值观。

（一）充分拓展德育内涵，激发学生兴趣与潜能

农民画是翔安典型的地方艺术文化，是当地社会生活的真实反映，它来源于生活，又很好地表现了生活。它蕴含着丰富的德育内涵，如，地方秀美的自然人文景观、淳朴的风俗习惯等。传统美德本身就蕴藏着勤劳朴实等思想和规范，是构建和谐社会不可或缺的组成部分，不仅可以让学生在潜移默化中提升文化素养，感受优秀地方文化的独特魅力，拓展视野，逐步了解、接触、鉴赏、学习地方优秀的民间艺术文化，还能形成健康的审美情趣，成为具有一定审美与创造美的能力的人。如梁金城创作的《堵坝口》（图24）、陈瑞琦创作

的《灾后重建》（图25）、陈其园创作的《责任与担当》（图26）等，都以巧妙的构思，生动真切地表现了在遭遇台风等自然灾害时，男女齐上阵，众志成城的情景，讴歌了"人定胜天"的坚定信念。这些作品都是作者在有了深切的生活感受之后的艺术概括，给人以积极向上的鼓舞和力量，学生通过学习，有助于形成正确的人生观、价值观。

图24　《堵坝口》梁金城　　图25　《灾后重建》陈瑞琦　　图26　《责任与担当》陈其园

（二）深入挖掘地域特色，培养学生乡土的情感与爱乡情怀

源于对理想生活的美好期盼，翔安农民画以翔安人喜闻乐见的形式存在，表现题材中包含着许多规范人们行为的乡规民约、价值观念、行为准则、道德观念、审美情趣等，它集审美与创造于一身，充分体现了作者对美好生活的向往，丰富了劳动人民的精神文化生活。在构思方面，农民画表达的是对理想生活的一种向往，具有积极乐观、淳朴活泼的生活态度，对生活充满美好的憧憬，是心中理想化的形象；在构图方面，以构图丰富象征着生活的充实与饱满，如梁金城的《人民公社》（图27）；造型方面，往往也是选择最能表达心中所想的形象特征，如刘丽萍的《我爱我家》（图28），寓意吉祥，注重情感表达，地域特征鲜明。将农民画融入学校课程，不仅能丰富美术教学内容，有助于学生把校内生活和校外生活联系起来，加强与周围生活的联系，提升创新意识，唤起学生对民间美术文化价值的认识，而且能促进学生艺术能力与人文素养的整合发展，培养他们对乡土民间文化艺术的热爱之情。

图27　　《人民公社》梁金城　　　　图28　　《我爱我家》刘丽萍

（三）抓住思想教育契机，培养学生良好的传统文化品质和审美修养

作为翔安文化艺术的代表之作，翔安的文化品牌，新时期的翔安农民画，它不仅是一种美术课程资源，更多地被赋予了时代感。它们既保留了农民画的质朴与浓墨重彩，又体现了社会主义核心价值观，把我们的传统文化思想融入所表达的艺术形象中，综合了德育、智育和美育的要素，符合时代发展的价值趋向。如刘丽萍创作《温馨家园》（图29），通过儿辈尽孝的情境表达，汲取现代文明有益元素，表现天伦之乐；陈瑞琦创作的《心地洁净》（图30）表现的是少年儿童给环卫工人送水的场景，宋宗呈创作的《举手之劳》（图31），表现的是少年儿童参与环保的情景，两者传递的都是共同的传统美德。让农民画走进课堂，既是现代社会对传统文化和建构道德教育体系的要求，也是寻求与拓展优质教育资源的需要。

图 29 《温馨家园》刘丽萍

图 30 《心地洁净》陈瑞琦

图 31 《举手之劳》宋宗呈

四、结语

纯真稚拙的翔安农民画蕴含着独特的审美价值，给人以强烈的视觉享受。透过农民画作品丰富的内容和独特的形式来审视身边的文化与社会现象，既能培养学生对地方文化艺术的兴趣，也能提高他们对多元文化的认知与尊重的意识，有利于促进学生的全面发展，同时，也提醒着我们，美就在身边，因此，我们在吸收外来优秀文化的同时，不能忽略对我们身边地方文化艺术的发掘和利用。

参考文献：

[1] 郎家丽. 农民画艺术特色分析 [J]. 芒种，2014（5）.

[2] 杨洪文. 大方现代民间绘画（农民画）探析 [J]. 美术大观，2011（8）.

[3] 江汉英. 地方民俗艺术资源的教育价值与实现 [J]. 学理论，2013（21）.

以"诗笛"教育提升学生人文素养的实践研究

苏伟毅[*]

摘要:"诗笛"教育是对中华传统文化艺术的传承与创新,有利于提升学生人文素养,融智育、德育、美育等为一体。它是对儒家诗乐文化教育思想的继承与创新,是弘扬优秀传统文化的一项活动,也是提升学生人文素养的一种途径。"诗笛"教育以"诗笛"课程项目为依托,对学生开展技能培养,进行文化熏陶,全面构建传统文化教育特色学校,提升学生的人文素养。

关键词:"诗笛"教育;人文素养;办学特色;校园文化;校本课程

"诗笛"课程即诗词与陶笛结合在一起的课程。"诗笛"教育主要探索通过诗词、陶笛的学习,开展"吟诵诗词三百首,吹奏陶笛一小把"的特色活动,以体察和感悟为起点,挖掘学生的潜能,张扬学生的个性,立德树人。"诗笛"教育课程是一门对传统文化艺术进行传承与创新,并以此提升学生人文素养,融智育、德育、美育等为一体的综合性课程。

一、"诗""笛"文化的历史续承

"诗笛"教育传承历史,汲取了中华民族传统文化精髓,同时具有时代意义,具有了传统文化的育人价值。

(一)"诗""笛"的文化价值

古诗词是中华民族传统文化的瑰宝,字字珠玑,堪称中华民族最优秀的"国粹"之一。三千多年前,我们的先人已经开始了诗歌的创作。优秀诗词展

_____

* 苏伟毅,泉州市丰泽区崇德实验小学校长(原泉州市丰泽区第三实验小学校长),正高级教师。本文系全国教育科学"十二五"规划 2013 年度教育部规划课题"'诗笛'办学特色与提升学生人文素养研究"(编号 FHB130445)的阶段性成果。本文发表于 2015 年第 5 期《教育评论》。

示了中华民族热爱自由、追求幸福的心灵史和斗争史，其文化价值丰富，为当代学生人文教育提供了宝贵内容。陶笛源于古埙，从一种叫做"石流星"的狩猎工具发展为可发出声音的埙，用作打猎的集合号。陶笛在管乐器中为全世界最早的，在中国66700多年以前就出现的古乐器，蕴含着丰富的人文内涵。联合国教科文组织采集发向太空的声音中，来中国唯一采集的是非物质文化遗产传承人、中国古埙第一人赵良山吹奏的古埙之声。经过发展和改造后的陶笛是一种便携式的吹管乐器，小巧古朴，已成为风靡韩国、日本、我国台湾等东南亚地区的普及性乐器。"诗""笛"具有鲜明的中华优秀传统文化的符号特征，也蕴含着深厚的人文底蕴。

（二）"诗""乐"的教育传统

自古以来，中国就有诗乐教育的优良传统。诗教兴于周，大盛于汉。早在2500年以前，孔子就奠定了诗教、乐教的思想，提出"诗可以兴，可以观，可以群，可以怨"以及"不学诗，无以言"的诗乐教育观点[1]，重视"诗乐"的教化功能，"兴于诗，立于礼，成于乐"的思想贯穿孔子教学的始终。在早期，诗歌与音乐、舞蹈是合为一体的，表演中诗总配以音乐、舞蹈而歌唱。正如孔子修编"诗三百"，皆可"弦而歌之"。尔后，虽诗、乐、舞各自发展，但诗歌与音乐仍有着紧密的联系。现代"诗笛"教育乃是在传统诗乐教育思想基础上进行创新，诗词为主，笛乐相辅，诗笛结合，创造性地开展教育活动。

二、"诗""笛"相融的教育考量

（一）"诗笛"对当代教育的意义

立德树人及文化传承之需。2014年3月，教育部印发的《完善中华优秀传统文化教育指导纲要》提出"加强中华优秀传统文化教育，是培育和践行社会主义核心价值观，落实立德树人根本任务的重要基础"[2]，把中华优秀传统文化教育纳入当代教育的根本任务中。历史与实践证明，古诗词是传统优秀文化之一，陶笛的鼻祖古埙也是传统优秀艺术之一，二者犹如中华优秀传统文化沃土上的两枝芽，文化底蕴深厚，人文精神丰厚，是滋养中华民族发展的精神源泉，是传统文化教育的重要内容。"诗笛"教育是弘扬优秀传统文化的一项活动，"是构建中华优秀传统文化传承体系，推动文化传承创新的重要途径"[3]，这是历史赋予当代教育的重任。

诗乐续承及教学创新之虑。诗是心声的传递，古诗的创作多是先有其声，后有其文。吟是古诗创作的主要方式，古人在吟中创作，在吟中修改，在吟中口口相传，最终才形成文字记载。诗歌也是声音的艺术，从现代汉字学来看，读音是不表义的，字形才有表义的功能。但事实上，在古代，声音也表义，不同的声调、韵调也在表达着不同的意蕴。现代教师对古诗词教学多用朗诵，这虽有利于把字音和字形对照得很清楚，但无法将古诗文的韵律、平仄、思想内涵全部表达出来。因此，吟能还原诗词的本旨、诗人之心迹；吟也是理解诗意的捷径，能恢复诗文原本的音乐美。古诗词的吟诵或吟唱通常有相应的曲调和旋律，要辅以乐器演奏。陶笛音韵古朴，契合古诗；音域宽广，适合不同声区；小巧便携，易于入门学习、普及推广。因此，诗词与陶笛的完美结合，是对诗乐教育的续承与创新之举。

（二）"诗笛"对学生教育的作用

"诗笛"内容对培养学生高尚的道德情操、积极的人生态度、正确的价值观有着重要的意义。

培植"爱"的情愫。不少诗词中洋溢着对祖国民族的忠贞之情，热爱自然山河的豪迈之情，追求真理的执着之情；陶笛散发着泥土的气息与芬芳，凝聚着古人薪火相传之情，以及当代人创新之举。二者合璧，能拨动学生的心弦，使爱的教育注入灵魂、融入生命，让学生在诗"情"笛"意"交合中增长"爱"的情愫。

树立"和"的态度。《易经·系辞》云："与天地相似，故不违；知周乎万物而道济天下，故不过；旁行不流，乐天知命，故不忧。"[4]这正是中华民族天人合一、物我共存、世道谐和的文化观念的体现。"和"是诗者的处世态度，诗人多积极向上，诗作大多讴歌生活，这种积极的人生态度来源于诗人在识己待人、处事待物中相合共生的思想态度。"和"也是"笛"乐演奏追求的境界，"和"更是"诗""笛"文化交融的目标。不管是诗词中那种物我天人的融合内容，还是诗词与陶笛那和谐乐章的表现形式，无不教育着学生在生活中要多一份平和并学会珍惜。

负起"责"的担当。"责"是古诗词的价值核心，古诗词中蕴含的悲天悯人的情怀，以天下为己任的责任意识也是民族文化价值观之所在，因此诗人自身或是诗中人物无不流露出对家国的厚重责任感。"责"也是从古埙到陶笛发展路上，中华儿女负起保护、传习、创新责任的一大体现。埙作为全世界最早的闭管类乐器，发展历程一路飘摇，几度失传。赵良山教授面对恩师"这是我们老祖宗留下的宝贝，可惜现在已经失传，没人演奏。你好好地琢磨，一定要把埙吹出去"的嘱托，花费无数心血，不断摸索，让"千年绝响"重见天日。"诗笛"学习能鞭策学生在面临生存困境时，努力突破困境，体验人的责任与价值。

三、"诗笛"教育的实践探索

新课程改革从"知识与技能、过程与方法、情感态度与价值观"三个维度确立课程目标体系[5]。根据课程自身的特殊性，"诗笛"教育经历了从"做技能"到"做文化"再到"做人文"的实践探索之路。

（一）知识技能教育——"诗笛"教育之始

"诗笛"教育是一项融知识性、技能性于一体的教育。在三维目标中，"知识与技能"是作为第一维的要求，这是基础与前提。同样，"诗笛"作为一门校本课程，诗词、陶笛知识传授与吟诵、吹奏技能训练也应当是其第一要义。

在"诗笛"融合中培养技能。"诗笛"的教学可采用陶笛配乐下的诗词吟诵或诗词吟唱方式。教师要指导学生掌握古诗"平长仄短，韵长入短，依字行腔"的吟诵规律。如，七言绝句吟诵节奏通常可根据平起、仄起的不同，分为"二四四二"或"四二二四"格式，其中的数字代表的是七言绝句每句的第几个字需要停顿或延长，"二四四二"指第一、四句的第二字与第三、四句的第四字在吟诵[6]节奏点上作适当的停顿或延长。在吟诵中指导学生用陶笛伴奏进行相应的节奏练习，并以陶笛之乐给吟诵、吟唱配上曲调，进行吟诵音准、音长的把握与体会，掌握行声中的节奏点，在吹、唱、吟、诵、演中快乐学习。为突破难点，教师也可创新方式，引导学生尝试用现代汉语语音或一些方言语音学习吟诵。如闽南方言吟诵就是一种很好的方法，因为这方言中还保存着入声，以及一些古声韵母内容，用闽南方言吟诵能表现出一些特殊的韵味。"诗""笛"结合，既利于学生掌握古诗词的吟诵技巧，又能提高学生陶笛"气、指、舌"运用的吹奏技能。

在课程整合中提升技能。新课程改革推动课程综合化，打破学科的人为壁垒，确立开放的课程体系。"诗笛"作为校本课程，也应与学科课程有机整合，在课程资源的综合化中开展教学，进行拓展运用和提升。如，语文课常采用理解诗句、品析诗意、读背诗文的"由义到读"的方式教学；而"诗笛"校本课程教学是在反复吟诵中体味诗意的"由吟及义"的方式。因此，语文课诗词教学可以适当引入"诗笛"内容和学习方法。又如，将"笛"与音乐课结合，借助陶笛进行节奏练习、音准听辨、旋律演奏等，提高音乐的表现力。当然，教师还可结合舞蹈编排"诗笛"舞，结合体育编排"诗笛"韵律操，结合书法开展诗词书法艺术课，结合美术开展"诗笛"绘画、手工课等。

（二）文化素质培养——"诗笛"教育之的

一切教育的起点和终点都应落到"人"身上，知识技能的习得、文化修养的渗透是历经之道，终极目标在于提升学生人文素养。"诗笛"教育要以浓厚的文化味，化教育于无痕，让学生耳濡目染，熏陶受教。"诗笛"教育不只是一种纯技能的训练，应指向文化，它应该是一趟文化的学习之旅、一种文化的濡染教育。

"诗笛"校本课程有助于提升课程文化。学校可以通过"诗笛"校本课程的开发，给教育活动提供适切的主题与内容，并力求系列化，体现系统性。第一种是诗词课程开发。古诗词浩如烟海，内容涵盖春、夏、秋、冬、乡情、亲情、友情、爱情，咏物、咏史，乡野、纪游、军旅，社会、人生、艺术等类别。学校在《诗韵》校本课程编写中，可以以内容题材为经，遴选出适合小学生吟诵的 300 首作品；以年龄年级为纬，根据不同年级小学生的心理特点、认知能力进行分年级编排。第二种是陶笛课程的开发。学校可挖掘多元的文化题材，开发不同篇章的《笛声》校本课程，如融入传统文化，谱写古诗陶笛音乐篇，将部分朗朗上口的古诗谱上曲子，用于陶笛吹奏和学生吟唱；融入儿童文化，谱写儿童陶笛音乐篇，结合小学音乐课本，选取部分儿童歌曲，编成各个学期陶笛吹奏练习曲；融入地方文化，谱写闽南童谣陶笛篇，选取一些地方童谣、歌谣，谱成陶笛吹奏曲。第三种是"诗笛"综合课程的开发。学校以社会主义核心价值观对公民个人层面"爱国""敬业""诚信""友善"的四点要求为主题，编写"'诗笛'与人文素养"系列校本课程 4 册，每册都分若干个小单元，每单元都给主体诗文配上陶笛曲子，配上"诗笛"故事记述、"诗笛"知识介绍、"诗笛"拓展运用等内容。

"诗笛"教育教学有助于构建活动文化。活动是文化的阵地。学校根据省颁课程计划，在自主安排的"地方课程"中每周开设一节陶笛艺术和一节诗词吟诵课程，在每个年段设立普及班、提高班，普及班由正副班主任下班教习，提高班由比较精通诗笛的教师指导。同时，学校启动"诗笛三动"："一动"——诗笛欣赏三分钟，在课间开辟"空中诗笛"，引领学生吟诵"每周一诗"，欣赏陶笛曲目；"二动"——课外吟奏三十分，要求学生在家每天确保半小时以上的诗词吟诵、陶笛习奏；"三动"——吟奏诗词三百首，在小学阶段诵记诗词三百首，达到"能吟会奏"的要求。学校还创建了"诗笛角"，让学生在每天入校等时间尽情演绎，营造浓厚氛围；成立"诗笛"少年宫，利用课余、周末、假期时间，组织学生开展丰富多彩的文化艺术项目，供学生自主选择参与；设立"诗笛"文化艺术节，每年开展一次"诗笛"主题活动，展示学生的学习成果；开通"诗笛园"电视台，开设"漫步诗廊""亲近陶笛"等栏目，介绍诗词、陶笛常识，报道有关动态；主办《诗笛园》校刊，及时编报校园动态、特色情况等，成为学校、家庭、社会的沟通纽带。

　　"诗笛"办学特色有助于形成环境文化。环境是文化的外显。"诗笛"文化内涵要通过物化的形式展现出来，化为师生摸得着、看得见的东西，在潜移默化中走进师生的思想、引领师生的行为。因此，学校启动 VI 形象识别系统设计以及环境文化布置规划。一方面，明确标识文化的定位。学校以"诗笛"进行 VI 标志设计及应用，规范校园文化系统。校标、校徽、辅助图形，用"诗笛"特色文化元素建模，体现识别性、权威性；确定学校使用的标准字体、标准色、辅助色，对文字系统和色彩系统也进行规范。富含"诗笛"元素的图标、文字、色彩等形成独特的校园文化识别系统，并广泛应用到各种办公学习用品、器具以及文化布置等领域中。另一方面，注重楼体文化建设。学校以"诗笛"为主题进行文化建设、布置"诗楼""笛楼""诗笛台"。如，学校主楼命名为"诗楼"，各楼层以不同篇章的主题诗词构建诗廊文化；副楼命名为"笛楼"，布置陶笛文化，展示活动成果；"诗笛台"建筑造型设计融进"诗笛"元素，平时供师生休闲、吟诗、奏笛、会演使用。

　　"诗笛"作为一项传统文化教育，忌简单复古。如何遴选和挖掘与时代精神相吻合的内容和教育方式，需要进一步去探索；如何将"诗笛"教育作为学校的一门课程，在制度、行动、文化、环境、评价等方面进行多维建设，形成学校特色，也需要进一步去实践。

参考文献：

　　[1] 邵庆祥. 人文素养与中华诗教 [M]. 杭州：浙江大学出版社，2011：1.

　　[2] [3] 教育部. 完善中华优秀传统文化教育指导纲要（教社科〔2014〕3 号）[A]. 2014－3－26.

[4] 小易. 中华经典研读之《易经·系辞》十八 [J]. 科技智囊，2007 (6)：73.

[5] 赵小雅. 义务教育各学科课标解读简明读本 [M]. 长春：东北师范大学出版社，2012：3.

[6] 王恩保. 中华吟诵读本 [M]. 北京：中华书局，2014：3.

校长在学校文化建设中的角色

王志勤*

学校文化建设在学校教育发展上意义日显重要，校长在学校文化建设中的作用举足轻重。在塑造学校文化中校长应扮演好自己的角色。

一、校长应是学校精神文化的传承者

学校精神文化是一所学校得以持续发展的关键，是学校发展的灵魂。校长要传承好学校精神文化，把握住学校发展之"魂"。学校精神文化是学校全体成员共同追求的价值观念及行为规范，是学校基于历史传统和文化底蕴所形成的具有独特凝聚力和个性特色的学校精神。其核心就是师生共同追求的价值取向。

校长要扮好精神文化的传承者，首先要"聆听"。校长必须认真聆听学校历史的声音，过去永远都不会真正过去，它会隐藏在现在的每一个角落里。聆听是为了寻根，所以，校长要能听得懂历史说话，看得清历史的真面目，这需要校长具有巨大的智慧。其次是扬弃，校长要透过表面现象敏锐地把握深层次潜在问题。校长要解码复杂的传统文化，找出其言外之意，敢于向积淀下来的不良的"约定俗成"挑战，取其精华，弃其糟粕，敢于实现历史的超越。这需要校长远见卓识的洞察力和放眼未来的开阔胸怀。最后是整合。通过共同价值观的整合，建立共同的愿景。共同愿景是人们心中的一股令人深受感召的力量，这种力量来自于共同价值观的整合，来源于学校主流价值观的形成。学校价值观是学校生存与发展的精神支柱。学校要以"向前看"为取向，以我们究竟"要什么、追求什么、最终造就和得到了什么"为根据，以"有利于学生发

* 王志勤，厦门市演武小学。本文发表于 2009 年 12 月《民主》。

展、教师发展、学校发展"为标准，积极主动地实现自我发展，自我超越，从而形成共同的价值追求，凝神聚力，共育精神文化。

校长要站在学校传统文化的基础上，用长远的战略眼光和敏锐的洞察力，把时代精神和学校的客观实际及校长的办学理想紧密结合起来，挖掘提炼出与时俱进的文化亮点，形成学校所特有的精神文化，从而确立学校发展的灵魂。这是一个不断继承、不断创造的过程，校长要当好学校精神文化的传承者。

二、校长应是学校制度文化的经营者

学校的制度文化是国家政策法规及社会道德在学校日常工作和生活中体现的学校管理风格，是全体成员认可并自觉遵守的行为准则。校长应是学校制度文化的经营者。学校的制度文化是学校制度和学校文化高度融合之后形成的。这种制度文化能把学校的价值理念外化为师生员工的自觉行动，从而形成一种独特的、其他学校难以模仿的学校核心价值。而校长的主要工作是通过经营，如何把写在纸上、挂在墙上的制度落实到学校工作的方方面面，内化为全体师生的思想，渗透到全体师生的言谈举止中，使学校的规定成为与师生精神浑然一体的自觉行动。

首先，要以科学管理为前提。没有规矩不成方圆，科学制度保障学校各项工作有章可循，而科学管理，既能保证师生员工个人活动的合理开展，同时又会维护师生员工共同的利益。它虽具有强制性，但同时又具有公平性。它能使学校有序、高效地形成向心力和凝聚力，使团队具有权威性和有效性。如果没有科学管理为基础，在师生员工还没能形成健康向上的氛围时，一味追求宽松和人本，这就如同不打地基直接建了高楼，其结果不言而喻。科学管理是校长经营制度文化必经的初级阶段，也是重要的必不可少的基础。

其次，刚柔相济，促成"人"的发展。人是管理的对象，管理的最高目的应是实现人的发展。科学管理可以规范师生员工的作为，保证学校工作的有序和有效，但这毕竟是约束人，具有强制性，也存在忽视人的感受的弊端。因此，校长在第二阶段经营学校的制度文化时，应强调以人为本的思想和科学管理手段的结合，使刚性制度闪耀出人文的光辉，建立以发展人的主体性、促进人的全面和谐发展，提升人的生命价值为根本目的，以科学管理手段为途径的制度文化体系。校长要充分尊重、信赖、依靠、激励，让师生员工在学校中切实感觉到学校制度文化的良好氛围和浓浓的人情味儿，愿意并主动发挥自己的才干，从而形成强而有力的向心力和凝聚力，推动学校健康快速发展。这种制度文化就有血有肉，而不是只写在纸上，挂在墙上的制度，它已经升华为师生学习与生活的哲学，并外化为师生、员工的自觉行为和生活方式，从而促进人的发展。

第三、发扬光大，坚持创新。校长经营学校的制度文化，不能只满足于目前的良好状态，陶醉于辛苦培育的优良文化之中，而是经常应有"危机感"，因为客观现实是不断在变化的，学校制度文化的建设也应该与时俱进，不断创新。地产界的大亨——万科的一名高层管理有句名言："当企业进入顺利阶段时，就应该开始变革，等出现了问题再改革就来不及了。"成熟优质的学校制度文化既有刚性又有弹性。作为校长一方面要坚定不移、毫不含糊地坚持那些通过实践证明是正确而符合校情的思想原则、精神追求，保持刚性制度的持恒性和不可更改性；另一方面须发挥弹性制度的作用，使学校具有足够的应变力，可以根据各种新观念、新潮流、新情况，及时有效地调整关系，更新制度，以保持弹性制度的敏感性和灵活性。

三、校长应是学校行为文化的引领者

学校的行为文化是学校教职工在教育实践过程中产生的活动文化。它是学校人际关系、精神面貌、学校作风的动态体现，也是学校价值观和学校精神的折射。校长只有在日常工作中扎扎实实地抓好行为文化建设，才能推进学校精神文化的不断深入。在学校行为文化的建设中，校长应是引领者。

首先，校长在学校行为文化建设中应起榜样的作用。以校长为代表的校领导集体带有倾向性的行为示范，将会极大地影响学校文化的发展的方向。古人云："其身正，不令而行；其身不正，虽令不从。"校长身上散布着学校文化的涓涓细流，校长行为是学校行为文化的方向标，是师生们看齐的标杆，寓力量于无形，施教化于无声。校长要做好示范和榜样，需要自身具备优秀的素质和能力，这包括先进的办学理想、正确的价值取向、科学的思维方式，出色的管理能力、有效的工作策略、高效的决策水平、崇高的思想境界、与时俱进的创新能力等等。

其次，校长在学校行为文化建设中要善于发挥激励作用。校长要尊重师生、关心师生，对师生倾注真挚情感，密切干群关系、师生关系，充分调动师生工作和学习的积极性。可以采取价值激励、目标激励、民主激励、奖惩激励等手段，把准学校行为文化的发展方向，避免偏差、少走弯路，引领学校的行为文化朝健康向上的道路前行。

第三，校长要真正发挥管理的作用。所谓"管"，应该不是一般意义的规章制定和结果的考核，而是校长要通过敏锐的感官发现学校动作中存在和可能发生的问题，及时解决或预警，犹如中医看病一样，通过"望、闻、问、切"发现病症与病源。这个过程需要体现校长的经验和视野，同时要体现校长的人文关怀，所谓的"望、闻、问、切"不是出于评价与控制的目的，而是出于善意的帮助、服务与引领的目的。所谓的"理"，应该是针对病症和病源，及时出方下药，理清各种工作思路，理顺各种校内外关系，这个过程要求校长要有相当的智慧和能力，并在和谐的反思与引领中自我疗愈。

健康向上的行为文化需要校长来引领，校长的言行举止，要传递健康的学校文化；校长的激励要洋溢着办学的激情和深刻的思索；学校的管理要刚柔相济、科学高效。在这个层面上，校长要担负起引领者的作用。

四、校长应是学校物质文化的设计者

学校的物质文化主要指学校的特定环境文化，它一般包括校舍建筑、场地设备、室内外布置、花草树木等等，学校的物质文化对进入其中的师生具有导向、约束、凝聚、同化等方面的功能，校长必须当好学校物质文化的设计者，科学规划、精心设计，通过校园建筑、园林小品、标志、雕塑、图书、广播、网络等营造一个良好的生态环境和教育环境，激励教师，教导学生，从而折射出学校的精神风貌和文化内涵。

物质文化的目的是环境育人，力争达到"桃李不言，下自成蹊"的境界。这就要求校长在学校环境的设计和建设中，植入浓郁的文化元素，突出科学精神、艺术品位和人文关怀，从而营造愉悦向上的育人环境。良好的物质文化一般通过学校环境、学校文化设施和学校标志等物质形式来体现。

学校环境的优劣直接影响师生员工的工作效率和情绪。校长要优化学校环境，使学校的一草一木、一墙一壁都能传情达意，为师生员工提供良好的教育教学氛围。校园内自然环境最好是有山有水，中西结合。"仁者乐山，智者乐水"，水让人清丽聪慧，山让人博大宽厚，美丽的学校塑造美丽的心灵。

花园式的校园，自然环境设计要中西结合。西式花园的设计是超自然的，花坛、草坪、大路、树行等，呈现强烈的线条感；中式花园的设计是仿自然的，曲径、假山、小桥、亭台、水榭等，反映天人合一的心态。学校如能二者兼有，则有利于培养认识自然、改造自然的人才。学校建筑内部也有不少好的空间可以精心设计，走廊文化、班级文化、橱窗文化，甚至是厕所文化都须一一构建。

学校文化设施是学校物质文化的重要结构层面，是学校教育、科研和生活的载体，校长应该认真设计、精心规划。文化设施一般有图书馆、校园网络、人文景观等。图书馆应成为学校师生的信息中心，满足师生的精神需求。图书资料的使用率是图书馆建设的关键，一定要物尽其用。校园网络建设是数字化校园的核心工作之一，网络文化的建设和网络的有效使用，将大大提升虚拟的教育空间和现实的教育质量。人文景观能对师生起着潜移默化的滋养作用，校长要适当挖掘体现学校精神的人文景观。寓意深刻的雕塑、内涵独特的壁画、童趣盎然的校园景观无不彰显学校的文化内涵和个性特征。

学校标志不仅要突出教育的特点，而且要突显本校的特色。校训、校徽、校歌如何确定，这是校长必须思考的。

校长是学校物质文化的设计者，也是物质文化的践行者。校长必须把美好的蓝图设计转化成科学的规划，然后再细化为具体的措施和步骤，并使之成为全校师生的共识，成为全体师生共同奋斗的目标，让师生既看到明天的美好蓝图，又意识到现实的差距，产生共同的危机感，从而形成共同的责任感。

实践证明，优秀的学校文化是一面旗帜，它引领着师生意气风发地前进；优秀的学校文化是一种氛围，它熏陶感染、润物无声；优秀的学校文化是一种引力场，它凝聚人心、形成合力；优秀的学校文化是宝贵的资源，是学生成长、教师发展的沃土。校长要充分认识到校园文化的重要性，充分认识到自己在校园文化建设中的地位和作用，扮演好自己的角色。

为校长提供最适合的培训　助推学校发展

郑其强[*]

中学校长培训对校长的自身发展、教育教学管理等有着积极的促进作用。但目前的校长培训，还存在着目标不明、层次不清等问题。所以，校长们在参加完一系列的培训后，仍感到很迷茫，收获不大。那么校长到底需要什么样的培训呢？各级各类学校的校长，如初中校长、高中校长和中职校长等，所需要的培训内容和方式都有所不同。这可以参照教育部出台的《普通高中校长专业标准》等有关校长专业的要求，对校长的专业理解、专业知识、专业能力方面进行有意识、有针对性的培训。笔者认为，在当前情况下，应对中学校长就以下几个重要方面进行培训。

一、基本知识

校长作为学校发展的引领者，必备的基本知识很多，但有两种知识必须先行掌握。

一是政策法规。教育政策、法律法规、财政规定等与学校关系密切，但校长容易忽视它们，或对其一知半解，这就需要通过培训来强化校长对它们的认识和理解。而且通过培训的方式，有利于校长在短时间内集中获取有关教育政策与法规的信息与知识，促进校长依法治校、规范管理。

二是教育学理论。校长多是学科教学出身，对教育学理论了解不多。而教育学理论对校长管理思想的指导，进而对一所学校的发展所起的作用是长久、深远的，是校长必须认真学习且需努力领悟的必备知识。这就需要对校长进行这方面的培训，可针对参培校长的实际情况，有选择性地讲授教育学理论，并

---

*　郑其强，长乐第一中学校长。本文发表于 2019 年第 14 期《基础教育参考》。

与学校管理相结合，如中外教育比较与学业负担评估、课程论与校本课程建设等，将理论与实践结合起来，让校长们学有所获。

二、操作实务

校长的很多日常工作都是具体的事务性操作，操作的艺术与方法直接体现了校长的管理水平。如何让校长们掌握更好的操作方法，应是培训的重点。而培训内容可以由参培校长自行选择，如怎么制订学校的发展规划，怎么做教职工的思想工作，怎么开好教代会，怎么实施一项管理改革措施，怎么通过课程来体现校长的办学理念……然后，以相关校长讲授、讨论交流、深入学校进行现场观摩学习、挂职跟岗学习等方式，对校长进行培训，以提高校长的专业能力。

需要特别指出的是，如何提高学校的教育教学质量，是每个校长面临的最现实的问题。在对校长做这方面的培训时，应收集一些优质学校好的经验做法，以更好地丰富校长们的实践操作经验。如有的学校德育工作出色，有的学校毕业班教学管理措施很有成效等，这些学校的经验做法如果可以直接借用，会起到立竿见影的效果。由于校长们外出考察学习的点少线长，花费的时间与精力也较多，而利用培训就可以进行集中分享，所以更有利于校长积累经验，提高实操能力。

三、思想提升

在治校方面具有较高思想觉悟的校长，能够更好地带领教师推动学校不断向前发展。而教育家思想和名校长治校思想对校长治校思想的提升作用最大。

教育家办学是一个美好的愿景，而要实现这个愿景，首先要了解教育家的成长之路，理解他们的教育思想。由于大部分校长非教育学专业出身，他们对教育家的了解有限，故培训中应系统地介绍教育家及其教育思想，向校长荐读教育家的代表作，让教育家的思想精华渗入校长的思想中，形成校长的教育思维，促进校长教育思想的形成与升华。

培训的终极目标，是提高校长治校的能力，让他们用教育家的思想去践行党的教育方针，不断提高自己的管理水平，进而使学校办出水平、办出特色。这需要校长经过不断的实践，逐渐形成适合学校发展的治校思想。在这一过程中，如果有名校长的思想可以借鉴，将对校长的成长起到良好的促进作用。因为名校长的思想就是教育家思想与学校实际相结合的结晶，是能够指导学校办学的宝贵经验。因此，培训中应邀请名校长分享他们的治校理念，让参培校长进行学习借鉴。也可让某些参培校长介绍自己的治校经验，给其他校长以启示。

做好班子成员间的调配工作，也是促进校长提升治校思想的重要一环。从中层到高层，位置变了，心态也会变。这时，如果认识没跟上，就会出现问题。许多学校在发展中遇到的管理困难之一，是由校级班子成员间的配合不畅导致的，因为班子成员的配合力在很大程度上决定了学校的管理效能。而利用校长培训的机会，就此进行探究，往往能收到非常好的效果。同时，也会让参培校长明白，随着自己职位的改变，思维方式和行为方式也应改变，更要提高思想认识，以便更好地服务于学校发展，承担起一个校长所应承担的职责。这也是校长培训的重要目的。

以上必备知识呈现出不同的层次与深度，但基本的框架结构是校长必须掌握的。从校长的长远发展来看，校长培训应根据教育部出台的《义务教育学校校长专业标准》和《普通高中校长专业标准》等校长专业标准的要求，在国家层面上继续组织研究编写"校长培训大纲"，深入研究"校长标准"的内涵与外延，以系统论的方法来确定校长核心素养的专业指标与分级标准，研究校长专业发展目标、任务的实施路径和措施，尽快出台"校长培训大纲"，并在此基础上编写"大纲说明"，再由各培训单位据此分工编写培训配套教材和参考资料。培训单位要不断补充和丰富配套教材和参考资料，也要不断修改和完善培训大纲；同时，应认真制订培训计划，在较大范围内调研校长需求，组织调配培训师资，组建培训师资库，逐渐完善培训内容；然后根据不同校长的实际情况，分阶段、分级别制订培训内容，逐级丰富培训内容，并尝试渗入文化、哲学、企业管理学等跨界知识，以不断充实校长们的管理思想。

总之，校长培训只要做到培训者与参培校长双方沟通交流顺畅，多从参培校长的角度去看待问题，多了解参培校长的实际情况和学校发展状况，就能收到良好的效果。同时，在培训前还可由参培校长提出培训需求，而培训单位要适时回应这些需求，精心策划，长远设计，不断完善培训方案，不断丰富培训内容，从而保证培训效率不断提高，并受到校长们的欢迎。然后，逐渐形成与标准相对应的系列培训，从入职到高级，为校长培训大纲的出台积累经验，乃至形成校长管理学理论体系，形成校长的"MBA"，使校长培训专业化、规范化、系统化。

基于互联网背景促进教育科研课题管理信息化

郑新发*

摘要：教育科研课题管理是科研管理工作的重要内容与支撑。随着科学技术发展及信息化的推进，搭建教育科研课题管理平台显得尤为重要。教育科研课题管理平台以课题管理、申报为主线，构建区域（学校）网络课题管理以及为教师的课题申报、教学研究、教学交流、成果展示等提供强有力的信息化支撑手段，促进教育科研课题管理的信息化、系统化、规范化，从而实现了教育科研管理与教育科研活动共振，进而产生协同效应，共同服务于教育科研实践。

关键词：网络平台；教育科研；课题管理；信息化

一、教育科研课题管理现状

（一）课题研究的实际需要

教育科研课题管理是科研管理工作的重要内容与支撑，随着科学技术发展及信息化的推进，人们对教育科研课题管理提出了更高的要求。省教育厅关于教师职称评定对中小学教师参加教育教学科研课题研究文件出台，其中一项重要规定即参加高级职称申报必须是课题组前三名的成员，这使得福州市基础教育教学课题研究呈现出前所未有的热烈和繁荣景象。基础教育教师参加教育教学课题的研究，对培养教师的科学研讨意识及提高教育教学质量，乃至提升教师自身的整体素养，均有不可替代的作用。但基础教育教学课题的研究也显示

　＊ 郑新发，闽江师范高等专科学校福州教育研究院。本文系全国教育科学"十二五"规划办 2015 年度教育部重点课题"互联网＋促进城乡基础教育均衡发展的实证研究"（DHA150278）的阶段性研究成果。本文发表于 2018 年第 10 期《中国科技成果》。

出重复浪费性和为评职称而研究的功利性等特点。因此，搭建教育科研课题管理平台，适应时代发展与课题研究的需要。

（二）课题研究过程缺乏交流与指导

从课题管理角度来说，传统课题申报模式难以动态掌握课题信息，课题的申报大部分通过纸质材料呈报，对课题缺乏及时有效性指导，尤其是无法对研究过程进行实时监控，导致课题研究中存在的难点不易及时发现和指导；课题的申报来自福州市不同的区域，受空间限制，难以展开广泛性的交流；缺乏过程性的评价，甚至是出现"重申报，轻过程"的现象，难以多角度对研究过程进行论证与评价。

（三）课题研究的成果缺乏应用性与创新性

从课题申报主体来说，当前课题研究过程中存在如下问题：首先，重视申报立项，轻研究过程。教师很重视申报课题，但立项后就没有进行研究，使课题只有"两头"没"中间"，没有研究过程，两三年的课题，结题时只花一两个月整理一下、发表一篇论文。有的课题则是"有头无尾"，立项后几年结不了题，最后便不了了之。其次，有些教师研究素养不高，选题不当，选了无法做的大课题，导致研究过程空泛；有的选了实际教学中不存在的伪课题，导致研究无从下手；有的选了前人已经研究成熟的课题，进行低水平的重复研究甚至是抄袭的嫌疑；有的选题注重课题名称的形式性忽略了课题研究的现实操作性，具体操作时因已缺乏教科研能力而无法实施，导致课题研究质量低下。最后，课题研究的创新性和时效性低。研究的课题与教师自己的工作实际联系不紧密，缺乏对自身教育教学的研究；许多课题是上级分配的，而不是自己教学产生的"问题"和急需解决的问题；课题研究的"成果"，不能实时、有效地解决教育教学实践中需要解决的具体问题。

二、教育科研课题管理平台的应用及功能

（一）教育科研课题管理平台的开发与操作

根据实际情况，为进一步提高课题管理的科学性与规范性，福州教育学院与福州烽火电子科技有限公司共同开发教育科研课题管理软件，公司提供教育科研管理平台的技术支持。

教科研课题管理平台，通过平台实现网上申报课题的规范性、过程评价、过程管理、适时指导，实时监控与专家远程评审，及时发现、分析和解决问

题，有利于促进课题的过程管理，有效地解决传统课题管理模式存在的问题。教育科研课题管理平台操作流程如图。

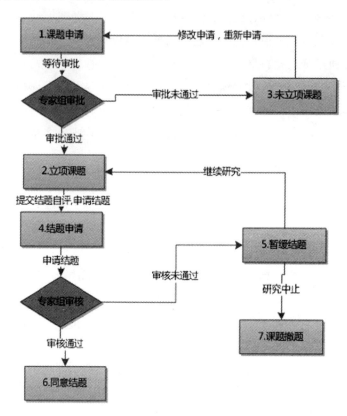

图 1　教育科研课题管理平台操作流程图

（二）教育科研课题管理平台的主要功能

教育科研是提高学校教学质量的重要保证，教学质量是学校教学工作的生命线，对学校战略性发展具有重要价值。基于互联网的教育科研课题管理平台，最大限度发挥其功能，包括平台管理、课题管理、用户管理，有效地把校级与省级和区级对接等。

在课题管理平台模块，管理者可以进行课题立项审核（这部分可实现，多位评委专家通过查看申请内容进行评分），课题过程管理（中期检查），通过查看过程活动和上传的内容（开题报告、研究计划、实施情况、总结分析）了解课题开展情况，实现对研究过程的实时监控，对课题组提出的课题变更申请（人员、时间等）进行管理；还可以进行结题审核验收（请专家通过查阅课题研究的过程材料，进行评分统计）；管理者可以根据不同需要进行管理统计，及时了解结题情况等信息，若教师把自己参与的课题材料都上传，也可统计所有的课题量和课题的类别等信息。

　　基于互联网的教育科研课题管理的平台，实现对教师的课题信息化管理，课题研究的过程和围绕课题开展的活动实现网络化及可视化，有效地杜绝了课题研究造假作伪和重复研究。

（三）教育科研课题管理平台让过程可视化、规范化

　　课题平台采取档案式管理，根据课题研究的不同阶段可分为前期档案管理、中期档案管理、后期档案管理。把分散的课题材料集中化，按程序和规则进行管理，既避免了烦琐、复杂的审核过程，又节约了大量的人力、物力资源，提高工作效率。更重要的是，档案式管理使网络化信息服务模式运用到课题管理方面，为使用者提供方便，更有效地服务教师、服务学校、服务教育的科研管理。

　　1. 课题管理平台栏目设置

　　首页由新闻动态，各级课题索引构成。

　　课题索引内容：①课题简介：课题批准号、课题名称、课题来源及级别、课题负责人、起讫时间，让人们一目了然，知道课题研究的内容和意义；②在课题研究过程中设有申报材料、研究计划、研究活动、阶段小结、阶段成果、结题材料栏目，主要包括上传课题申报表、立项批准书、开题报告、实施方案、研究计划和课题实施过程中的原始材料，包括阶段性研究计划、问卷、实验记录、组织培训、召开会议记录等一切有关科研活动的文字和影音记录等，还有中期研究成果（包括阶段总结、论文、获奖证书等）和课题研究总结、申请验收报告、最终科研成果、课题验收鉴定书、成果推广应用材料等。

　　2. 平台记录教师课题研究过程

　　教师通过登录之后，可以进入课题申报流程，获取课题编号、填写相关表格和课题简介，通过立项的课题就可以将过程性的内容上传，如：立项会议和研究计划、研究过程和活动内容，中期检查，结题申请（自填课题研究评分表、填结题申请表、写结题报告），结题后的成果分享（将有价值的内容进行上传分享）。

　　3. 平台给管理部门开通随时监控、管理

　　在管理平台模块，管理者可以进行课题立项审核（这部分可实现多位评委专家通过查看申请内容进行评分），课题过程管理（中期检查），通过查看过程活动和上传的内容（开题报告、研究计划、实施情况、总结分析）了解课题开展情况，对课题组提出的课题变更申请（人员、时间等）进行管理；还可以进行结题审核验收（请专家通过查阅课题研究的过程材料，进行评分统计）；在负责人同意的情况下对研究成员进行成果分享。

4. 可以根据不同需求进行各类项目统计分析

管理者可以根据不同需要进行管理统计，及时了解结题数量、在研数量、通过数量和不通过数量等，以及为什么这个课题没通过等信息，若教师把自己参与的课题材料都上传，也可统计所有的课题量和课题的类别等信息。

5. 后台管理的灵活性，解放管理人员的劳动力

可以进行课题经费管理、打印证书管理等，还可以进行资讯管理、友情链接管理、系统图片管理等。通过软件规范课题管理，提高课题管理效率，避免教师临时拼凑课题材料，落实课题研究过程性材料的管理；避免课题管理部门在课题研究各环节材料审核中的压力和负担；避免课题研究教师和管理部门在各个环节因各种失误造成的材料丢失。同时，有利于全程了解课题研究进展情况，进行针对性的指导；有利于掌握本市教育科研动态，全面了解科研水平；有利于推广科研成果。

三、教育科研管理平台资源的推广与辐射

（一）通过平台方便科研成果的提炼、推广和应用

充分发挥教育科研课题管理平台的资料收集优势，对教育科研课题成果按类别形成一系列专项科研成果集，研究成果以案例或论文的形式呈现汇编成册，探索学校教学创新之路。每年都开展福州市教育科研优秀课题成果评选活动，通过评选活动发现、总结典型的教科研案例及开展经验总结和交流，近几年通过平台的积累出版了专题课题论文或案例集，《幸福教育教学微设计》（上卷、下卷）、《福州市优秀课题研究案例集》《课堂教学模式研究》《信息技术应用研究》《教学评价和教师培训研究》等专题成果集。

为总结交流教育科研所取得的成果和典型经验，我们利用平台的分享功能，将课题研究成果进行推广和应用，整理平台对已结题的课题按内容与方法、结论与对策、成果与影响、改进与完善等要求将教育科研成果汇编成册，整理出版了《福州市 2014 年度教育科研课题成果公报》（2014，上下册）、《福州市 2015 年度教育科研课题成果公报》（2015，上下册）、《福州市 2016 年度教育科研课题成果公报》（2016 上下册），供课题研究者学习交流。

（二）建立市、县、区各级教育科研管理平台实现统一管理

立足于教育科研课题管理平台的应用，不断扩大教育科研管理平台的辐射范围，应用平台在区、县进行推广，并建立相应的区级教育科研管理平台。作为基础教育科学研究的管理部门，根据《福州市教育科学研究课题管理办法》和《福州市教育科学课题研究指南》，规范了基础教育科研的程序和格式。在科研项目的立项上，建立了网络评审制度，通过资格的第一次审查和聘请专家基于专业背景进行第二次审查，最后确定教育科研项目的立项，对立项的同志培训网络使用方法，培训课题研究过程和科研成果的上传方法。对科研的成果进行筛选，评选奖项并编辑成书，交流推广。在这个互联网的时代，建立科研网络平台，分享交流科研项目，向全市教师开放，共享交流成果。

（三）先进的课题管理平台，提供学习与交流的契机

基于网络平台的教育科研课题管理，不仅有助于教育科研课题管理的系统化、规范化、信息化，而且其成果也吸引全国各地教育科研部门前来学习和交流，如厦门教科院、宁德教师进修学校和大连教育学院等教科研部门。这提高了教育科研课题管理平台的辐射范围，实现更大范围共享教育科研课题管理平台的应用成果乃至提升课题申报质量及教师科研水平，这有助于教育科研管理功能不断完善，使其向纵深方向发展。

四、教育科研课题管理平台的意义

（一）促进教育科研课题的信息化管理

加强教育科研的过程管理，一方面，实现了对教师课题研究活动的全程跟踪与指导，包括立项申请、课题的中期检查、课题的结题等环节。另一方面，实现课题管理部门管理的科学化与规划化。课题的立项，实现了多位评委专家审核给分及管理部门确定立项，课题的过程管理，课题变更申请管理及课题统计查询等方面的管理，这有助于提高课题管理的效能，减轻课题管理人员的工作量，提高课题管理质量，为课题管理人员和申请人之间架起了高效的沟通桥梁，使教科研管理更加人性化与系统化，为科研管理提供了有利的信息支持。总之，该平台提高了课题管理的效率，过程性评价是这个课题管理平台的突出优势，它对引导研究、诊断问题、加强过程管理有重要价值。及时跟踪课题进展的情况，便于针对性地指导，从而调动广大教师的教科研的主动性与积极性。更重要的是，有利于统计本市的科研情况，及时全面了解本市科研水平，

进一步推广科研成果。

（二）最大化科研成果的共享，有助于科研管理转化

通过教育科研课题管理平台，利用现代化的网络手段，以信息化的模式实现对课题科学、有效、规范化、制度化的管理，有助于课题研究成果更好地服务学校的教学、管理及提高教师科研能力，实现教育科研成果的最大化共享，便于课题管理的公开、公平，及时了解掌握学院课题（项目）的总体情况、进展状况、经费使用情况、成果，做到高效、有序地管理。基于网络化的教育科研课题管理平台，便于课题研究教师相互学习，提供针对教师个体研修的内容；立足于同伴互助，提供针对团队的协作式学习服务，获得多层次的专家梯队支持。

（三）实现学校教育科研和教育教学的双丰收

教育科学研究其本质是要为学校的教育教学改革和提高教育教学质量提供理论支撑和实践依据[1]。基于网络化的教育科研课题管理平台，有效契合教育科学研究的要义。学校根据平台的要求，加强过程监督，配合开展了行之有效的活动，要求课题组开展课题研究活动并且及时上传活动内容，以此来提升课题研究的质量和效果。要求教师带着课题参加学校的公开周活动，加大教育科研投入，许许多多学校每年还通过教学研讨会开展课题研究、课题交流活动，营造良好的科研氛围。这有助于加大学校教育教学改革力度及提高学校教学质量，乃至实现学校的战略性发展。

（四）有利于科研管理沿纵深方向发展，为科研实践助力

随着教育科研课题管理系统的逐步应用及推广，此系统将成为一个课题信息发布、管理、资料、成果展示的多位一体资源库。教育科课题管理信息化，便于统一管理，丰富课题管理的内涵，有利于教育科研课题管理专业化、规范化、科学化，有效地把后台管理与前台管理统一起来，提高教育科研课题管理的效能，为科研实践助力。

参考文献：

[1] 刘金虎. 学校教育科学研究的认识与思考 [J]. 上海教育科研，2005，(6)：77－78.

中 学

ZHONGXUE

BIAN

编

改革传统教学的一些尝试

杨玛罗[*]

几年来，我们以邓小平同志提出的"教育要面向现代化，面向世界，面向未来"的指示精神为指针，不断提高办学的思想境界，坚持扎扎实实地开展教学改革，取得了一定成绩，我们的做法是：

首先针对传统教育思想把教育仅仅看做是智育的弊端，在教改中特别注意加强对学生的思想政治教育，以促进学生在德育、智育和体育几方面得到全面发展。首先要培养良好的学风，因为良好的校风和良好的学风是提高教学质量的根本保证，也是顺利地开展各项教学改革的前提条件。从 1984 年开始，我们总结了过去几年在教学过程中行之有效的教学常规，制定了《关于加强教学常规的若干规定》，在全校贯彻执行。把严格教学常规作为教学改革的一项重要内容。特别对刚进校的初一同学，为了做好中小学在教育管理上的衔接和学习管理上的有接，我们提出了要着重培养的十项良好习惯，在初一年段作为管理的目标狠抓落实，这样使初一新生进校后能够在短时间内树立起良好的学风。

其次，针对传统教育方法中只注重教师的灌输，学生完全处于被动地位的弊病，我们提出大力改革教学方法，以提高课堂教学质量。我们认为这是当前教改的一个很重要的方向，我们提出了两个目标：第一，教师要把充分调动学生学习的积极性和主动性摆在首要地拉，把课堂教学满堂灌传统模式转变为学生生动活泼地主动地进行学习。

第二，把课堂教学从偏重传授知识转变为注重培养能力。各个学科要通过各自的教学活动加强培养学生的观察能力、思维能力、动手能力、口头和文字表达等各种能力。而作为共性的要求，各科都应该把培养自学能力摆在首要地

* 杨玛罗，福建师大附中。本文发表于 1986 年第 1 期《教育评论》。

位，把培养自学能力作为教学工作应该要达到的一个重要目的。为了达到上述的目标，应该首先转变老师的教育思想。明确好的课堂教学不光是老师一个人作精彩表演，而应该注重启发，循循善诱，互相讨论，教学相长，通过独立思考，达到学生自己探求规律的目的。在对待教学方法改革上，我们觉得要解决以下三个认识问题：①为了达到同一个教学目的，往往可以采用不同的教学方法，而各种教学方法又都有各自的局限性。因此，不能以某一科教学方法或模式作为改与不改的分界线，教学方法应该是多种多样的，这正是"教无定法"的含义；②既然教无定法，那么还要不要改革呢？允许教学方法多样化和提出必须改革教学方法是不是互相矛盾呢？实践告诉我们：不同教学方法所取得的教学效果是不相同的，所以教学方法不是任意的，需要教师认真优选最佳教学方法以达到最佳的教学效果；③怎样优选最佳教学方法呢？评价一堂课所用的教学方法好不好的依据是什么呢？通过不断地实践、学习和总结，我们得出优选教学方法的原则必须是：以教材和学生为出发点，以既传授知识又培养能力为目标，以发挥学生的主体作用为手段，以教师的主导作用贯穿始终。这就是"教学有法"的含义。

改革教学方法是一项艰苦而细致的工作。我们除了加强学习，不断提高对改革教学方法的重要性和紧迫感的认识以外，还注意从两方面来推进这一项工作。第一，把开展教学观摩研究的活动经常化、制度化（我们规定：校一级领导每周听课 3 节以上；教研组长、年段长每周听课 2 节以上；一般教师每周听课 1 节以上）。每学期举行两次比较集中的教学观摩研究周。上学期，我们举行的一次教学观摩周，在 10 天的时间里，共有 25 人开设研究课 28 节，各科教师打破了学科的界线和年级的界线互相观摩学习，10 天内互相听课达一百多人次，大大推动了全校教学研究工作的开展。第二，注意配备好各年段教师队伍，力争做到每个学科各年段都有骨干教师，既能起到年段的把关作用，又能形成开展教研活动的核心。

最后针对传统教学同步、划一的弊病，注意采取因材施教、分类推进的各项措施。由于当前课堂教学仍然是教学活动的主要形式，所以第二课堂就成为因材施教的主要途径。在第二课堂里，除了开展各种学科兴趣小组的活动外，我们要求每个教师对学习上的"差生"要采取分析原因、关心爱护、鼓励信心、补缺补漏的方法使他们逐步得到提高。例如：85 年高三 2 班陈仰生同学，他的外语成绩原来是处于不及格的水平，由于科任老师对他关心爱护、鼓励和帮助，今年高考英语考出了 95 分的好成绩，名列全班第一。这说明不能把

"差生"看低，"差生"仍然存在着转化的巨大潜力。对于学习好的学生，我们要通过打好基础、严格要求、发现特长、个别指导的方法使他们的聪明才智得到充分发展。几年来，通过大力开辟第二课堂活动，使不少同学既巩固、丰富了课堂教学内容，又锻炼、提高了各方面的实际能力，而且一些学有特长的学生开始涌现。例如：初二1班学生池志红参加了1985年国际少年书信写作比赛，她写的一篇《给残疾小朋友的一封信》经联合国教科文组织的评选委员会评选为世界第二名，获得银质奖章，为国家争了光，为全国的少年儿童争得了荣誉。我们觉得，作为省的重点中学，为国家培养更多更好的，具有一定特长的中学毕业生是我们责无旁贷的任务。今后，应该把因材施教的工作做为教学改革的一项重要任务。

刚刚迈开的步子

陈日亮 *

我开始认真思考语文教学改革问题，始于一九八〇年的暑期。那时我出席了全国中学语文教学研究会在北戴河召开的座谈会。会上，从教书育人这样宏观的长远的考虑，到课堂教学模式的具体设计，从思维和语言规律的深入探讨，到体系改革的执着追求，有的已经总结出成果，有的正在边改边摸索，自然也有稳健派，他们非常珍视优良传统，注重教学实绩。所有这些，都使我顿开眼界，深受启发和鼓舞。白天来不及消化，到晚上一睡下便又翻出来一遍又一遍地"反刍"。当宵半的海风把轻柔的涛声送到了枕边，我还分明听见自己兴奋搏动的心音……

这年秋季，学校分配我到初中一年级任教。因为人手有限，六个班三个教师，当然不可能作为教学改革的试点，但我深知自己正面临着一个根本的转折——从自己所习惯的"老师滔滔讲说，学生默默聆听"的传统教法，改变为学生"自奋其力，自致其知"，教师"答问释疑，相机指点"。这转变的契机是什么呢？我回忆起自己对语文课产生兴趣，是从诵读《故乡》读出了兴味开始的。学习任何知识都需要有兴趣，但学语文，兴趣似乎特别必要，因为它对学习效果的影响，是其他学科所无法比拟的。我们常常看到，一个学生对数学不怎么感兴趣，也不影响他正确地完成一道练习题，而对语文学得乏味的学生，大有可能整学期学完了，却近乎无所得。当然，还应该看到，兴趣是必须由学生自己去学出来，并让他们在经常享受自己智力劳动的成果中不断得到巩固和发展，教师精彩的讲演也许只能是暂时的诱因。因此，我在制定第一学期的教学计划时，就把"培养兴趣"列为第一条目的。同时，我又对自己语文能力的提高，是怎样得力于长期养成的较良好的学语文习惯做了回顾与总结。叶圣陶

---

* 陈日亮，福州第一中学。本文发表于 1982 年第 9 期《语文教学通讯》。

先生曾经说过："什么是教育，简单一句话，就是要养成良好的习惯。在智育方面，要养成寻求知识和熟悉技能的良好习惯。"任何能力（"巧"）的形成，都必须通过特定的反复训练（熟习）。"熟能生巧"这个成语就是对这一条规律的概括。在小学和中学的起始阶段，应当把培养能力的要求，首先落实在特定的严格训练上，以便养成学生的良好习惯。于是，我又将"培训习惯"同"培养兴趣"并列为主要目的，而暂时不提其他要求了。我认为这样可使自己教改的思路比较专一，成效也将比较容易检查。

不用说，首先要培养的是自学的兴趣与习惯。在开学的第一节课上，我板书了一个三角函数公式：$\mathrm{tg}\alpha = \dfrac{\sin\alpha}{\cos\alpha}$，问学生这是什么意思。有的猜是英语单词，有的当做拼音来读，接着我又读了鲁迅《狂人日记》中一个著名的段落："我翻开历史一查，这历史没有年代，歪歪斜斜的每页上都写着'仁义道德'几个字。我横竖睡不着，仔细看了半夜，才从字缝里看出来，满本都写着两个字是'吃人'！"读完后，让学生说说这段话的含义，很快就有三个同学举手发言，尽管表达不尽准确，也都说个八九不离十。我就用这两个例子，比较着告诉学生：语文比数学具有更多的自学的可能，学起来也更饶有趣味。他们果然会心地笑了。在阅读教学中，我第一步训练的内容是养成预习的习惯。学生从最初只能粗浅地提问"是什么"和"为什么"，到了逐步能主动地发现和设计有较高质量的综合思考题，并能谈出初步的见解和体会。我主要是通过"评问"来进行指导的。这是从钱梦龙老师那儿学来的有效方法，就是对学生的书面预习作业进行认真评阅并从中总结出寻疑和提问的规律。这种作业既是训练学生自学习惯的必要步骤，也是我进行教学设计的一个主要依据。指导学生善于发现和提出问题，就把一般意义的预习，提高到学生运用思想——其中主要是观察思维能力的训练上来，从而更大限度地调动学习的主观能动性。为此，我专门设计了一种课型叫"预读课"，以便教师能够在课上密切注视学生预习的全过程，全面掌握学生的自学情况，及时给予指点引导。经过了解，我发现学生预习质量不高的原因，主要是诵读遍数不足和阅读习惯不良。我想，与其直接就授之以"巧"，不如先示之以"规矩"，因而有了"自学规程"的设想。从诵读课文到辨识字词，揣摩句段篇章，各种问题的发现与提出，都得有一套规格要求与训练示例。好比"画蛋"一样，要有相当长的时间，耐住性子反复地练习。当然，在实际教学中，不可能也没有必要对每一篇课文都安排整节的预读课，有时可以布置在课外或压缩在半节课内有重点地进行，做到"因课制宜"。这种课，实际上是对学生一般预习起着举隅的作用。例如，在教《多收了三五斗》时，我就以"匠心的发现"为课题，用整一节课指导"提问"，帮助学生总结出发现问题的几种常用的方法。

预读之后，师生彼此献疑答问，讨论求解，这便是"议读课"，这一种课，目前大多数语文教师都在实践，早有许多经验创造，而我是刚开始摸索。1963年，叶老来福建视察工作，在一次报告会上，讲了课堂教学的"一个很舒服的境地"："一个教师，四五十个学生，心好像融化在一起，忘记了旁的东西，大家来读，来讲，老师和学生一起来研究。"这种教学境界，我心仪已久。"虽不能至，心向往之"，总在追求着它。例如，我一般不用预先设计好的问题提问学生，更不用"先入法"或"暗示法"来支配学生的思维，也力避用牵引手段让学生"入我彀中"。教师对教学的内容无疑要烂熟于心，但却要谨慎于口。我常注意使用随机设问的方法，只要学生有好的意见，也总是尽量择善而从。本来同样一篇教材在不同年级就应该有不同的阅读要求，若把学生明天才可能理解掌握的东西过早给了他，就会造成"强聒反滋其惑"。由于语文教材结构的特殊性，一篇课文应理解到怎样完善的程度似乎不是最主要的，最主要的是应该让学生从自己的学和教师的导中逐步悟出读书的"法"来。这便是我设计"议读课"的指导思想和恪守的教学原则。

议读课最忌提什么议什么，松弛散漫，像开记者招待会似的。怎样在一堂课上体现学生为主体，教师为主导，把课上得既活跃而又严谨，这是经常盘旋在我脑际的一个教改课题，也是我一辈子都要努力以赴的目标。以往曾经有过"吃透两头"的提法，但实际上语文教学多半还是按照课文本身的面貌和特点，进行教学设计，教法之"严谨"与否，主要取决于教师是否吃透课本，但若以训练"阅读法"为教学设计的依据，"严谨"就应该首先反映学的规律。教师不但要消化教材内容，还要掌握学生学的思路。在教学中，究竟是教为材（教料）而施，还是材为教所用，是为读得懂而教，还是为懂得读而教，是搞"书本序"还是搞"探索序"；我以为这是语文教法上须要进一步辨明的一个是非问题。翻开自己过去写的教案，"教学目的"之下无非是理解思想内容的写一条，认识写作特点的写一条，再列出若干词语的学习要求，如此而已。教一篇仅止于理解这一篇，而这一篇为什么非教不可，总说不出个足够的道理来，叶老说过："语文教材无非是例子"。他认为最重要的是确定"语文训练的项目及其先后顺序"。我尝试着将培养阅读的正确方法与良好习惯作为训练的主项，并辅以最必要的语文知识，再以课文为训练的凭借，因而在备课中，总要集中考虑"阅读法"的教学要求，而读懂一篇课文，吸收文章精华成为完成这个任务的自然的产物。只有这样，阅读教学才能从实际已成为作文教学的附庸（因为只讲"写作特点"，即类同"写作例话"）的地位摆脱出来，而拥有自己独立的训练任务。这任务就是"得法"。大而言之，就包括理解、速度、技巧等项目。我所主张的"得法于课内，收益于课外"，决不意味着贬抑课堂教学的地位，"得法"本身，就是一个了不起的"收益"；然而独将"收益"赐给课外，乃是强调课外自学之必不可少。那种企图毕其功于课内教学和薄薄的几册课本的作法，必不能练就学生真正的能力。更何况"得法"与"收益"本来就存在一种依存和促进的互相关系。

在教学实践中，我还逐步体会到，由教师用启发式主讲一篇或一部分课文，能够始终紧紧抓住学生的思维，即便四十五分钟"顶天立地"讲到底，也未尝不是一堂好课。它好就好在你讲得精（精要、精彩），他听得受用，这就有效地训练了学生"听"的能力，岂不佳妙？一般地说，这样的课是必须在一定的预读或议读的基础上进行的。苏联教育家苏霍姆林斯基曾经说过："一旦引起学生疑问之后，我就自己来讲解教材，而不喊学生起来回答一些个别的、零碎的小问题。"叶老也说过："思之而不得，则为明讲之"，"学之而不能答，指点不开窍，然后畅讲，印入更深"。都是讲的这个道理。我教《苏州园林》时，就曾采用了逐段逐句的串讲法，亦穿插提问，更多的是设问自答，教师随讲随结，学生边听边记。我们看到有不少技能课常是这么示范着上的。因此不能一概地反对"串讲"，也不能把传统教法简单地解释为就是"串讲法"。有启发的讲与注入的讲，应严加区别。这便是我设计"范读课"（这里"读"不作朗读解）的一个缘由。同时我还从于漪老师的一堂课的录像中得到启发，认识到学生在理解了课文之后来整理自己的体会，再较为完整地对教学内容进行讲述和总结，是一种更好的"自我示范"的形式。有了师生共同参加的范读，就更容易使教学达到严谨，做到形散神全，活而不乱。

预读——议读——范读，这是我对于阅读课一般教学程序的初步总结。当然不是每一篇课文都得具备这三种课型，也不是每一课型都要严格规定用多少课时，哪一篇该用哪一种课型，用多少时间，当视情况而定，用起来也还有穿插变化。至于三种课型都镶上个"读"字，是意在强调"读书"切不可忽视，也就是课堂上的思维和语言的训练都不应离开"课文"。

有人称语文学科的特点是"家庭成员多，社会关系复杂"。"关系即规律"（列宁）。只有深切地了解语文教学中各种知识，能力的主从和统筹关系，才能做到本振而末从，元固而标治。客观世界，万物纷纭，但是极大的题目，却可以得到极小的答案，例如牛顿的万有引力定律，爱因斯坦的质能公式。语文教学是否也客观地存在着达到目标的最短途径和完成任务的最有效的行动顺序呢？我们是否能找到一种以少胜多，执简驭繁教学方法，从而避免目前这样的备多力分，广种薄收呢？这想法也许太朦胧，太理想化了，可是当我们面对着眼前的落后教学现状，难道不应该以自己不懈的探求来证明它原非虚妄的么？

在语文教改的道路上，我不过刚刚迈出了几步，殊不值得来谈什么经验。倒是应该十分谨慎自己的步子，走歪了不可怕，跌倒了也不可怕，真正可怕的，是在路上不能看到自己每一步坚实的脚印！

"明天一定要此今天工作得更好。"我怀着这个心情，写下了以上这些话。

"问题串"在物理探究教学中的应用

陈　峰[*]

摘要： 物理课堂探究中应用"问题串"进行教学，能有效促进科学探究活动的顺利开展。通过理论研究和案例实践，阐述了应用"问题串"进行探究教学时，教师如何设定探究目标，设置一系列有针对性的问题引导学生反应，在识别学生反应的基础上，进行有效指导，促进学生不断达成探究目标，获得探究活动的精髓。

关键词： "问题串"；探究教学；物理

注重培养学生的科学探究能力，强调探究教学是当前我国基础教育课程改革的一个核心问题。2003 年教育部颁布了我国普通高中物理课程标准，对学生的科学探究及物理实验能力提出要求，强调通过多样化的教学方式，帮助学生学习物理知识与技能，培养其科学探究能力，使其逐步形成科学态度与科学精神。近年来，我国许多教育工作者在探究教学的理论与实践上已做了一些研究。但是，在新课程的教学实践中，我们发现探究教学存在着许多问题。例如，在探究教学中，学生会产生许多问题，教师也会提出一些问题引导学生进行探究。这种相对开放、自由的课堂教学环境，一方面有利于调动学生自主学习的主动性和积极性，激发学生探究和创新的欲望，给学生较大的自主发挥空间。但另一方面，面对学生提出的问题，有的教师不知所措，采用置之不理的态度，回到已设置好的教案设计上；有的教师疲于回答学生一个又一个问题，被学生"牵着走"，不知如何将学生的讨论引向探究活动的核心；有的教师想通过问题引导学生积极思考，但不知该如何引导才是有效的；还有的教师对于

　　* 陈峰（1962—），福建师范大学物理与光电信息科技学院副教授、硕士生导师，福建省普通教育教学研究室副主任，国家高中物理课程标准组核心成员，主要从事物理课程与教学论研究。本文发表于 2006 年第 11 期《课程·教材·教法》。

在学生探究活动中生成的问题，急于告知问题的结论，不懂得通过对这些问题的深入讨论来逐步发展学生的探究能力。因此，研究科学探究活动中教师如何设置问题、如何通过一系列问题实施有效引导，就成为新课程课堂教学实施中重要的问题。

基于问题的学习是一种有效的教学方法，其主要特征表现为使学生成为问题情境中的角色；教师围绕一个完整的问题设计安排课程，鼓励学生解决问题；教师创造一种学习环境，激发学生思考，不断引导学生深入地理解问题。研究表明，"结构优化的教学能够发展学生的探究能力，并帮助学生学会如何判断问题的价值"。[1]在探究教学中利用"问题串"进行教学，就是围绕着探究目标，通过设置一系列有针对性的问题引导学生反应，教师在识别学生反应的基础上，采取有效指导，促进学生不断达成探究目标的一种有效方法。教师通过一系列的"问题串"能使学生的思维清晰，更深刻地理解其正在探究的问题，领悟探究活动的精髓。[2]在利用"问题串"进行探究教学时，教师首先通过设置一些引导性问题，引导学生主动思考问题、表达对问题的看法；其次，教师利用向学生反馈或者继续提问的方式来确认学生对问题的不同理解状态；第三步，采取一系列措施，引导学生反思自己的解释，关注并参考他人的观点，努力形成自己对问题新的解释，最终达成探究活动的目标。[3]这个过程可以看作是一个循环，在每一个问题解决的进程中，教师都可以利用"问题串"来引导、帮助学生获得对问题的深刻理解，获得探究能力的发展以及对探究本身的理解。下面结合实例，就探究教学中如何应用"问题串"进行一些探讨。

一、设定探究学习目标

在进行教学活动前，通常都会设置一定的学习目标，学生的科学探究活动也一样。探究目标是探究活动的出发点和归宿，也是整个探究活动的灵魂和核心，是教学设计首先要解决的问题。探究目标是确定探究内容、选择学习材料、安排教学条件、调控教学环境、评价教学效果、学生自我评价的依据。探究目标还为学生提供了一个明确的活动方向，当具体目标不断被达成，总目标不断被接近时，学生产生一种成就感和不满足感，这将转化为学生的内部兴趣和动力，激励学生不断向前探索。

在探究活动设计中，通常把探究活动分解成一系列的活动单元，如观察、猜想、实验、交流讨论等，探究活动的每一个活动单元都应有一个明确的子目标，而且每一项活动单元的子目标又都必须有助于最终目标的实现。在探究开始之前，教师应认真思考每一项探究活动单元的作用，如果某一项活动对探究目标不起作用，那么这项活动就没有存在的意义。在实施的过程中，教师还应该根据活动进行的具体情况，适当调整探究活动目标。

确定探究目标，可以依据以下两个原则进行：[4]

1. 探究目标的设定必须立足于对教学内容的系统分析，要考虑所选取的特定内容在整个知识体系中所起的作用、所处的位置。探究目标不仅要服务于内容本身，还要服务于整个内容体系。同时，教师还要思考这部分内容可以培养学生的哪些探究能力，这些能力对学生发展的意义何在。

2. 探究目标的确定还应考虑学生的学习准备和学习特点。对学生学习准备情况要从知识、能力和态度三个方面来考虑，对学生学习特点则要从知识基础、个性和个人社会特性以及学习类型等来把握。

二、利用"问题串"引导学生主动思考

引导性提问能够帮助教师了解学生知道什么或者能够做什么，并帮助学生学会共享探究活动中的信息。教师在设置和应用"问题串"进行提问时，要能激发学生积极参与，推动学生进行集体或独立的探究活动。所提出的问题需要学生通过信息的处理和加工，改变信息的形式或组织结构，应用比较、分析、综合、抽象、概括等思维形式来回答问题。不能简单要求学生叙述所获得的信息，而要尽可能把目标转向培养学生加工信息的潜能。

在探究活动中，教师可引导学生在已有经验的基础上进行猜想、预测，为他们的解释提供证据，对实验得到的数据进行分析归纳，反思探究的过程和探究的结论等。表1列出了探究活动不同阶段引导学生思考的一些问题类型，教师应根据具体的探究活动和学生的实际情况来灵活设置具有针对性的问题。

表1　探究活动不同阶段的问题举例

探究活动	举例
提出问题与猜想假设	在日常生活中有没有遇到相似的现象？这个现象说明了什么问题？这个现象与什么有关？你猜想的依据是什么？如果改变某个条件，你认为会出现什么现象？你的观点与某同学的观点有什么不同？
设计方案	怎样检验你的预测？还有什么因素会影响到你观察的现象？如何控制这些因素？使用什么器材，怎样使用这些器材？还需要使用什么器材？
分析论证	在探究过程中你们观察到了什么？采用什么方法处理收集的证据？怎样解释你所收集到的数据中的规律？请解释实验数据或图象。
评估	根据使用的实验方法，如何评价收集的数据？假设与实验结果有什么差异，差异是由什么原因导致的？探究活动中有什么未解决的问题？如何改进探究方案？
交流合作	你这句话具体的意思是什么？有多少人同意这个观点？你的陈述中包含什么证据？你认为这个概念的物理意义是什么？

引导性问题可以在课堂的任何时刻运用。例如，在开始一项新的活动中，教师可以运用引导性问题了解学生已有的知识，或者围绕调查结论对重要概念展开讨论。或者，教师可以在课前将引导性问题编制成"探究活动卡"，这样可以帮助一些在探究活动中遇到困难的学生，为他们提供清晰的问题线索。

三、通过"问题串"识别学生的反应

在探究活动中，由于学生经验背景的差异，他们对问题的理解常常也有差异，这些都折射出每个学生不同的知识水平、心理状态和思维能力，教师要认识到这种差异本身就是宝贵的学习资源。教师可以根据学生的回答，识别他们的想法，洞察这些想法的由来，同时通过恰当的引导，引发学生互相交流和质疑，引导学生丰富、调整自己的理解，使各自的想法、思路明晰化和外显化。

教师如果成功地引导了学生的回答，那么，就在一定程度上识别了学生的反应。识别学生的反应不是逐字逐句地重复学生的话，教师应该把学生的评论引入到课堂讨论，让学生了解、共享他人的观点，实现学生对自己元认知策略中漏洞的弥补。需要注意的是，在这一环节中不仅仅是要提出问题，还要对学生的回答进行恰当的点评。

为了更好地理解"问题串"在教学中的应用，下面以教师引导学生探究"自感断电现象"为例，阐述识别阶段几种主要问题的类型。（表2列出了几种用于识别学生反映情况的问题类型）

"自感断电现象"案例

[引入]

师:前面,我们学习了自感现象,也研究了通电瞬间的自感现象;现在,让我们一起来体验一个有趣的实验。请我们班最壮实的小伙子来帮忙一下。(注意实验保证学生的安全)

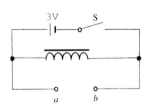

学生双手各抓在 a 和 b,
断开 S,学生被电击

图1

生(全体):张华同学是我们班最壮的。

师:张华同学请上来,两只手分别握住这两根导线。

(演示课件)组成的实验电路如图1所示:

师:接下来,老师闭合电键 S,然后再断开.实验完后请你给大家谈谈自己的感受?

张华:在合电键 S 时.我没有感觉,当断开电键时,感觉很麻,像被电击了一下,好痛呀!老师,为什么会出现这样的现象呢?

师:大家能不能针对张华同学所提出的问题作出自己的猜想,这个现象可能与什么有关呢?

……

师:为了实验安全,下面用小灯泡代替人接入电路中。由于瞬间电流,电流表很难测量。因此,我们将两个电流传感器串联到电路中(如图2),电流传感器能把流过的电流信号通过一个数据采集器传输到计算机中,并由计算机画出电流随时间变化的 $i-t$ 图象),由于电流传感器本身电阻很小,对原电路的影响可以忽略不计,利用电流传感器能够比较准确地反映电路中电流随时间的变化关系。

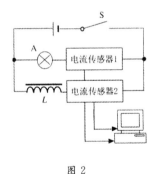

图2

[设计并进行实验]

师:先闭合电键,计算机开始采集数据,断开电键,停止采集。找到断电前后的电流情况,如图3。

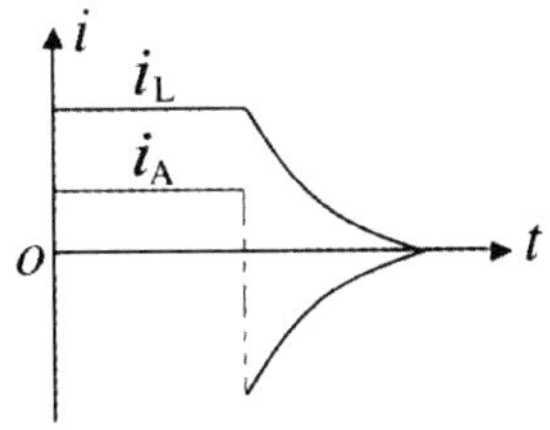

[分析讨论实验图象]

师:接下来,请同学们一起分析 $i-t$,图象,解释前面引入时的实验现象。

图3

学生分组讨论……

表 2　识别性问题的类型及实例

识别性问题的类型	举　　例
将学生的观点引入到课堂讨论中	根据实验得到的 $i-t$ 图象,你看到了什么,又想到了什么?提出一些问题供大家讨论?(以下是学生提出的问题)林强:为什么 i_A、i_L 断电后瞬间电流逐渐减小?李勇:为什么断电瞬间 i_A 电流一下跳到负值?王励:为什么断电前 i_A 电流比 i_L 的值小?张峰:为什么断电后 i_A、i_L 会对称呢?
让学生的回答作更详尽的阐述	林强,你看到断电后,i_A、i_L 的电流在逐渐减少,认真对比,还会有新的发现.(由于教师的提示,张峰才有了如上的问题。)
展示学生的回答	请同学们应用已学的知识,对以上几位同学提出的问题进行解释,大胆发表自己的观点,(接下来.教师针对同学们的观点进行比较分析。)
进一步探索学生的观点	张峰,你从 $i-t$ 图象中看到断电后 i_A 与 i_L 值任何时刻都相同.且方向相反,请联系电路图进一步解释这一现象的原因。
表决学生的观点	有多少人同意张峰的观点?

在有些情况下,学生的回答可能不清楚或者不完整,在了解学生的反应后,教师应根据这一类学生的认知水平,设置一些水平相当的问题进一步启发学生,使他们获得解决问题的信息,帮助学生达到最终的学习目标。

四、利用"问题串"有效指导学生理解探究活动的精髓

问题教学的目的在于使学生不断达成最终的学习目标,因此,应用问题串进行探究教学的第三步就是要在前两步的基础上,通过教师的有效指导,学生逐渐发现事物或事件之间的规律性关系,挑战并扩展对概念的理解,形成更深刻、更广泛的理解,逐步构筑自己的认知和元认知策略,提升探究技能。在这一阶段,教师给学生提供合作的机会,让他们讨论当前的观点,陈述自己的解释并为它辩护,使学生真正从探究中有所收获。就学生在探究活动中的表现来看,这是最后的,也是至关重要的一步,因为,这一步可以引导学生学到活动的精髓,这也是达到最终学习目标所需要的。

在实践研究中我们发现,对学生的指导可以采用一些策略。如,学生中出现相互矛盾的回答时,教师可以鼓励学生运用举相反事例或者进行解释的方式与他人展开讨论,允许学生为自己的观点进行辩护,但必须要有证据。教师也

可以通过提供有意义的反馈更直接地指导学生。表3提供了在探究教学中指导性问题的类型及实例。

表3　指导性问题的类型及实例

指导性问题的类型	举　例
帮助学生将证据与结论相联系	王磊认真分析了$i-t$图，发现在断电前$i_A<i_L$，断电后i_A仍然不为零，i_A、i_L的电流在逐渐减少，i_A与i_L是关于X轴对称的。"大家能否从王磊的发现中找到为什么断电瞬间灯泡发生闪亮的原因呢？"
促进理解	在断电瞬间，i_A从正值变为负值，联系已学的自感现象知识，找出这一问题的根本原因。
促进学生讨论	电路在断电后，i_A为什么一定会减小，而不是增加呢？
提供描述性的、有帮助的反馈	经过同学们的热烈讨论，现在大家可以利用所得到的$i-t$图，对前面引入时的实验现象进行完整的解释。

五、重视对学生学习的评价

在探究过程中，教师应避免陷入这样的提问误区：提问、听取学生回答、对答案进行点评，然后迅速进入下一个问题。在探究教学中，教师应该不断地对学生的学习状况进行评价，并针对学生的情况进行教学。

例如，在设计实验方案阶段，学生要根据问题选择变量，确定实验原理、选择实验器材、制订实验探究方案。课堂上，教师可通过"怎样检验你的猜想"引导教学。在学生设计探究方案时，教师要注意对学生进行仔细观察，看他们在做些什么，听他们在谈些什么，并不断地对其学习状况进行评价。教师要重点关注学生是如何识别并选择变量的，依据什么原理、如何控制变量，使用什么器材等，找准学生需要学习哪些东西，他们处于哪个认知水平。教师可根据学生的实际情况提出"还有什么因素会影响到你观察的现象？如何控制这些因素？使用什么器材？怎样使用这些器材？还需要使用什么器材？"等一系列问题串，有针对性地对学生的学习情况进行评价。

在探究教学中，问题串不仅可以引导学生积极思考，帮助教师识别学生的反应，同时也为教师评价学生所达成的探究目标的程度提供机会，帮助教师应用正式和非正式的程序来评价学生的观念、态度和技巧。

综上所述，在应用"问题串"进行探究教学时，教师所设置的问题要扣准探究目标，突出探究内容的重点；要问在学生有疑问的地方，促进学生对问题的理解，帮助学生将证据与结论联系起来；要能引起学生的积极思考，将学生的观点引入到课堂，促进学生的参与和讨论；还要为学生的进一步学习留有空间。只有这样，探究才能有效地开展。

教育的本质是促进人的全面的发展，教与学应达成知识与技能、过程与方法和情感态度与价值观三个维度上的目标。应用"问题串"进行探究教学，不仅能够帮助教师更清楚地了解学生的思维状况并为教学活动提供依据，还能有效地促进学生不断地反思，逐步构筑自己的认知和元认知策略。当探究目标不断被达成，学生就会产生一种成就感和进取感，这将转化为学生的内部兴趣和动力，激励学生不断探索，使学生在探究活动中不仅学到了知识，同时获得了探究活动的精髓。

参考文献：

[1]〔美〕国家研究理事会科学、数学及技术教育中心. 科学探究与国家科学教育标准——教与学的指南 [M]. 罗星凯，等，译. 北京：科学普及出版社，2004. 30.

[2] Van Zee E，J Minst rell. Using Questioning to Quide Student Thinking [J]. The Journal of earning Sciences ，1997，6 (2)：227 — 269.

[3] Erin Marie Fu rtak，Maria Araceli Ruiz—Primo. Questioning Cycle：Making Students' Thinking Explicit during Scientific Inquiry [J]. Science Scope，2005，(1)：22 —25.

[4] 靳玉乐. 探究教学论 [M]. 重庆：西南师范大学出版社，2001：201.

谈谈中学地理学科的教育价值

中学地理教育应留给学生终身难忘的学科魅力，即学科的教育价值所在。地理学科的学科魅力在于能使学生丰富思想、整合思维、涵养习惯、激发情感。

一、丰富思想

地理学科思想特色集中体现在以下三个方面。

1. 人地关系协调共谐思想

地理学是研究人地和谐的学科，将地理环境及其与人类关系作为研究的核心内容。我们既不是"地理环境决定论"的臣服者，也不是"人定胜天"的狂妄者，我们是人地关系协调论者，应将生态道德与环境伦理铸成地理教学之魂，以正确的地理意识（空间意识、环境意识、全球意识等）和科学的地理价值观（人口观、资源观、环境观和发展观等）让学生形成追求可持续的和谐世界的心向与愿景。

2. 空间关系解析共存思想

地理学研究的首要对象是人类赖以生存和发展的地理环境，无论自然还是人文的地理事物及现象，其本质规律总是离不开空间关系的解析与调节，如中学自然地理知识可归纳为"一个地球，两种规律（地球运动规律、地域分异规律），三大力源（太阳能、地球内能、人类活动），四个过程（大气循环、水循环、地质循环、大洋循环），五大要素（地形、气候、水文、生物、土壤）"；中学人文地理知识可归纳为"一个区域，两种理论（区位理论、人地关系理论），三个效益（经济效益、社会效益、生态效益），四个阶段（原始文明阶

---

* 郑云清，福建省普通教育教学研究室。本文发表于 2013 年第 10 期《中学地理教学参考》。

段、农业文明阶段、工业文明阶段、信息文明阶段），五大问题（人口问题、资源与能源问题、粮食问题、环境问题、发展问题）"。

3. 科学人文相生共融思想

地理是中学各学科中唯一兼跨文理的学科，是涵盖自然科学、技术科学、社会科学、人文科学的综合学科。不同的学科角度，会有不同的世界观和方法论，与其他学科相比较，地理以全景式的地球概貌的把握、全科式的思维跨度的建构，促使学生从更广阔的视角去理解科学、技术与社会的辩证关系，从更深入的层面去把握自然地理、经济地理与人文地理的融合内涵，有效避免科学工具性异化与社会人文性无常，从而达到科学精神与人文关怀的统一。

二、整合思维

地理学科思维特色集中体现在以下三种思维方式。

1. 基于图像的空间思维

空间思维是着眼于区位分布，强调空间关系与联系的思维方式，其主要思维过程是从地理事物及现象的空间位置出发，描述、比较空间分布与结构，分析、综合空间差异与联系，归纳、演绎空间运动与变化规律。

2. 基于系统的整体思维

整体思维是着眼于所有要素，强调总体功能特征的思维方式，其主要思维过程是从所有关联的地理要素（因素）出发，局部服从于整体，综合分析出地理事物及现象的总体功能或特征。

3. 基于变化的辩证思维

辩证思维是着眼于对立变化，强调主导、权衡利弊的思维方式，其主要思维过程是从对立统一和发展变化的观点出发，进行特定时间的地域综合分析和特定空间的时空综合分析，进而定性出地理事物及现象的矛盾两面性及主导方面，并权衡利弊、扬长补短。

三、涵养习惯

地理学科实践特色常常形成以下四种行为习惯。

1. 图行天下的读图用图习惯

地理图表是经过抽象概括化的表示地理事物及现象的分布、特点、过程、空间关系的图像或表格，通常包括地图、地理景观图、地理示意图、地理等值线图、地理统计图表等类型，是地理学科的第二语言，也是帮助学生建立地理空间概念最直观的工具。因此，善用地理图表技能是地理学科获取信息和表达交流观点的行为习惯，即在解决日常学习或生活中的问题时，擅长运用地理图表语言和心理地图，以三维空间的形式来思考，使人知觉到外在和内在的影像，把平面上的内容归属到球面上的空间，把静止的现象变成动态的、运动着的现象，懂得选择相应的地图图表来获取所需要的地理信息，懂得用恰当简明的图表来表达所要交流的观点和意见。

2．**考察风水的实地观察习惯**

地理是一门生活性、实践性很强的学科，应让学生习得科学的实地环境观察方法，对所到之处的天、地、风、水、土、木等地理华物及现象下意识、有条理地进行认真观察，能观天、辨方、正位，能察形、辨质、正意，对自然环境要素特点特别是位置方向、地势走向、气象风向、水情流向等拥有本能的敏锐觉察力，对所到之处的人文环境要素特点，特别是规划格局、建筑特色、风味小吃、土特产品、民俗风情等拥有本能的深刻感悟力，从而获取丰富的地理环境表象，为地理空间信息收集、加工处理、储存和提取奠定观察基础。

3．**因地制宜的问题求解习惯**

因地制宜，即在全面考虑地理环境整体性的同时，综合分析不同地域环境的差异性，统筹兼顾，采取适宜有效的问题解决方法。可以说，任何地理问题的解决都必须是在整体思维框架下，从空间思维的具体性出发，在辩证思维参与下的因地制宜的结果。其注重理论与实际的相互联系及结合，强调掌握知识和运用知识来分析、解决具体的现实问题，即将所获得的地理原理与规律指导实际生产与生活实践，经过文献检索、观测观察、实地验证、调查访谈、发现问题、提出假设、实践创新、综合论证、成果反思等过程，让学生在行动中体验，在体验中学习，在学习中内化，在内化中习惯，在习惯中成功。

4．**兼济天下的文明行为习惯**

让学生认同、内化环保意识与可持续发展观念，关键在于养成良好的日常行为习惯，文明消费，以节俭为荣，以适用为佳，节约用电用水，选购绿色产品，将旧衣物、玩具、书籍捐赠给需要的人，垃圾分类投放，少喝易拉罐饮料，少用一次性餐具；珍爱生命，不摧残花草，不虐待动物，不歧视弱势群体；愿意参与力所能及的公益活动，绿化美化环境，清除白色垃圾，回收旧电池，认养动植物，监督举报社区环保问题等。

四、激发情感

地理学科品质特色可以体现在以下四种人生情感。

1. 激趣自得的学习情智

知之不如好之，好之不如乐之。积极的学习体验的关键，与其说是物质环境，不如说是情感氛围，人的成长就是情感与智能相辅相成、良性互动、纵深结合的产物。地理 3S 技术和互联网络赋予地理时空前所未有的可视化与亲近感，使地理问题情境情智更协调、情理更交融，更能拨动学生心弦，更能掀起师生情感波澜，展开一个真正开放的学习情智展示过程，学生能根据自己的情境体验建构自己的知识意义，享受教学相长所带来的乐趣与温馨，能让愉悦、遐思、感悟等美好的学习体验融入自己的生命成长历程，让学习自然而然地成为自己终身的生活方式，从而让自己的潜能得到最大的发挥。

2. 应时随遇的生活情调

高品质的生活是充满情调的生活，而生活情调则是一种氛围，一种用心情和文化营造出来的氛围，它不仅是视觉的感受，更是触及于眼、感受于心而形成的一种别样的情感和文化意识。地理学科让学生成为上知天文、下知地理的博学之人，让学生的生活情调有了更丰富的色彩，天象让学生有仰望星空的乐趣，气象让学生有呼风唤雨的睿智，地质让学生有鬼斧神工的创意，水文让学生有浅吟高歌的灵动……同时，在生活中让学生懂得出门看天气看气候，购物看商标看产地，旅游看石头看木头等。总之，地理学科让学生懂得顺应环境、包容差异、理解欣赏、享受生活。

3. 多元融合的审美情趣

地理事物总是蕴含着至美之意境，它有时展现的是"青山绿水、晓风残月"的自然之美；有时涌动的是"异域风情、多元互动"的人文之美；有时演示的是"生态韵律、亦冲亦合"的科学之美；有时透射的是"鬼斧神工、丽景天成"的艺术之美。造物主给了学生一双明亮的眼睛，我们就让学生用这双眼睛去发现美、感受美、创造美，成为具有审美情趣的脱离低级趣味的文化人。

4. 超越自我的博爱情怀

人之初，兼善恶，人类至善的境界是超越时空无功利性地善待昨天、今天与明天，善待人类、生命与环境，甚至用生命的代价来捍卫博爱的精神价值与

尊严。地理学科特性潜移默化于学生至警的博爱情怀，即人与自然和谐共存的
生态文明，人与人平等共处、国与国和平协商的政治文明，人类社会可持续发
展的制度文明，激发学生的民族自信心、自豪感，培养学生爱祖国、爱家乡的
情感，促进学生跟自然交友，与国际合作，善待环境，珍爱生命，清洁生产、
文明消费。

实施新课程教师应增强四种意识

罗养贤*

基础教育课程改革，对教师提出了新的要求。教师应成为新课程理念的直接应用者，成为学生发展的引导者和促进者，成为课程实施最主要的参与者和受益者。甚至可以这样说，实施新课程的成功与否，教师将起着关键的作用，教师的素质和行为将直接影响着新课程的实施效果。因此，面对实施新课程的要求，教师应积极应对，并切实增强四种意识。

一、学习、提高意识

在传统教育中，对教师角色常用这样一句话比喻："教师要给学生一杯水，自己要有一桶水。"这就是对教师曾经有着巨大影响的"桶杯论"，是描述教师职业特点的一种重要观点。它要求教师通过专业教育储备比学生多得多的知识，从而在施教的过程中，能不断地"倒给"学生。笔者认为，这种观点已落后于时代发展的要求。其原因在于：第一，在当今知识更新发展迅猛、媒体网络极为发达的信息时代，教师通过专业教育所掌握的大多为固定的书本知识，远远不能满足教学发展的需求。新课程十分注重联系学生生活实际，联系科技、社会发展实际，更加注重体现时代特点。这样，教师原来所拥有的知识不仅会显得数量不足，而且有不少会过时，需要不断地更新、不断地补充、不断地发展，变固定的"一桶水"为能不断注入清新健康水源，使之不断地成为涌动的活水；第二，基础教育课程改革要求教师的教学应能"满足不同学生的学习需要"，"使每个学生都得到充分的发展"。在当今的社会环境下，学生有很多机会和途径接触书本以外的信息，学得教师尚未掌握的知识，提出教师并非

* 罗养贤，龙岩市普教室。本文发表于 2005 年第 3 期《福建教育学院学报》。

胸有成竹地能够回答的问题。如何有效地引导、促进学生的主动发展？需要教师更多地充实自己的知识，拓展自己的视野，这对教师的学习、提高也就提出了迫切的要求；第三，实施新课程本身就需要教师更多地学习、应用科学的教育教学理论，掌握、运用先进的教育教学技术。因此，教师必须增强"学习、提高"意识，把"学习、提高"作为职业生活的一个重要内容，在实践中学习，在学习中提高，从而促进自身的专业发展，提高教育教学能力，提高实施新课程的能力。

二、开发、创新意识

在传统教育中，教师的教学主要是传授书本知识，备课大多是依据大纲、参考教参，大多考虑怎样把国家规定的、几乎统一的教材内容不走样地教给学生，"依纲据本"的观念很强，教师实际上成了课程实施的"工具"，这是不符合新课程教学要求的。新的课程观认为，教材并不是唯一的课程资源，教师、学生、教学环境等都是重要的课程资源。课程开发绝不再是课程专家、教材编写者的专利，广大教师也应积极参与其中。因此，在实施新课程的实践中，教师必须转变传统的课程观念，切实增强课程的开发、创新意识，要以促进学生发展为目标，积极主动地开发课程资源，创新教学内容。尤其要注重两个方面：一是要认真领会"课标"，用好、用活教材。要正确认识和使用教材，并根据学生的实际，对教材内容进行相宜的"裁剪""组合"，并融入教师对教学内容的深度理解和个性化处理。要改变照本宣科、教法单一的现象，加强课内学生探究、实践活动的设计，变"教书"为"教人"，引导学生在"做中学"、"做中悟"。要联系实际、回归生活、注重应用，通过对教材内容的应用性挖掘，去创新教学内容，使"僵硬的知识"、"知识形态的知识"、"死的知识"变成"活的知识"、"生活化的知识"、"有生命力的知识"，提高教学的内在价值。二是要运用多种课程资源，丰富、发展教材。科技进步、社会发展为基础教育提供了极为丰富的课程资源。在教学中，要充分利用来自于网络媒体、图书资料、活动场馆和社会实践等教材之外的课程资源，并根据课程内容的目标要求及学生身心发展的特点，去筛选和运用有价值的课程资源，从而丰富、发展教材内容，激发学生的学习兴趣，拓展学生的学科学习范围，促进学生的全面发展。总之，作为一个好教师，不仅要考虑教材以内的东西，进行"深挖洞"，还要考虑与教材相关或与教材暂时无关但与学生的发展有关的东西，进行"广积粮"，在开发、创新上多下功夫。

三、交往、互动意识

在传统教育中，"师道尊严"的思想根深蒂固，教师的权威作用对教学产生了巨大的影响。有的老师甚至认为教师就是知识的占有者、传授者，当然也应就是课堂的主宰者。因而，课堂教学以教为中心的现象极为普遍，课堂教学变成主要是教师的"单边活动"，教学关系变成我讲你听，我问你答，我写你抄，我给你收。学生的学习缺乏应有的思考、理解和体验、感悟，较多处于被动的状态。这样做的结果，导致了学生过于依赖教师、亦步亦趋、囫囵吞枣，严重抑制了学生学习的主动性、自主性和创造性。这是必须彻底改变的！在实施新课程的实践中，教师必须树立新的教学观，增强课堂教学的交往、互动意识。应该充分认识到：教学不只是教师教、学生学的过程，更是师生有效交往、积极互动、共同发展的过程。要努力构建民主平等、互教互学、交往互动的新型师生关系。教师不能再以课程知识的唯一拥有者和权威自居，不能独占课堂教学；而应自觉控制讲的时间和范围，积极创设平等对话、生成发展的教学氛围，把学习的主动权交还给学生，变"教堂"为"学堂"。同时，要注意减少课堂教学的预定性和任务性，为学生提供更多的独立思考、表现自我以及合作交流、共同探究的机会。对学生在课内表现的"奇思妙想"或"意外错误"，不能一味回避，而应因势利导，并视为教学资源加以利用。即使对学生提出的难以当场解答的问题，教师也应正确对待，并引起全体学生的积极的思考，或通过课后深入研讨后再作回答，这样才能使师生成为真正的"学习共同体"，才能在交往互动中达到共识、共享和共进。此外，在教学中还应十分注重与学生的情感交流，这是师生平等交往的基础。要真诚地关爱学生，公平地对待学生，尤其是对学业成绩不好的学生，要给予更多的关怀和鼓励，帮助他们树立学习信心、改进学习方法、提高学习效果。只有这样，才能实现真正意义上的交往互动，才能促进每一位学生的发展。

四、内省、反思意识

在传统教育中，教师的教学比较注重经验的积累及其影响，大多凭借教学经验去修正教学行为、处理教学问题、完善教学设计。有的教师甚至把教学视为重复性的一般工作，不去做任何的回顾、总结。现在，我们应该充分认识教学活动、教师工作的特殊性，注重对教学行为的总结、分析，切实增强内省、反思意识，努力提高对教学实践的反思、调控能力，从而促进教学的理性化、专业化发展。

内省、反思是教师职业活动的重要内容，是促进教师专业发展的核心要素。教师的成长过程就是不断反思、重构自己对教学理论与教学实践再认识的过程。在新课程的教学中，我们将面临许多新情况、新问题，需要我们在新课程理念和先进理论的指导下，对原有的教学经验、教学行为进行内省、反思。首先，要反思自己的教学指导思想。要深刻认识并注意克服传统教学"以知识为本位"、"以教师为本位"、"以教案为本位"以及"重理论、轻实践，重理性、轻感性，重结论、轻过程"等弊端。要根据新课程的基本目标要求，以促进学生发展为着眼点，正确处理教与学的关系，构建注重激发学生学习积极性、主动性，注重师生交往互动、生成发展，注重改善学生学习方式的课堂教学结构与模式，更好地体现课堂教学的"生活性、发展性、生命性"。其二，要坚持进行教学实践过程中经常性的内省、反思，其内容包括教学的成功之举，如学生活动的典型案例对教学内容的丰富、发展，对教法改革的尝试、体会等；教学的"败笔"之处，如生硬的课堂不吸引人，追求形式化的简单问、答，或直接呈现结论、给出方法，就题论题、面面俱到等；还有学生的典型想法、思维的创新火花等等。这些，都可以通过写反思日记，或进行课后备课、补记等形式，认真分析、思考，从而不断完善自己的教学行为，总结、提升有效的教学经验。其三，还应通过学生反馈的渠道，了解并利用学生对教学的评价信息，从"教"如何更好地服务"学"、促进"学"的角度进行内省、反思，从而使自己的教学能更好地适应学生的学习需求，增强教学的针对性、有效性。

校园五人足球赛的创新与普及

柳惠斌[*]

摘要： 因学生年龄、生理及校园特点，中小学校以国际赛制开展足球运动有困难。依据室内五人足球赛制开发的校园五人足球赛制，适合中小学校开展足球运动。创新校园五人足球赛的场地与规则，形成小场地、少规则、易进球及练技能特点，学生参与面广，可有效推广足球运动。开展校园 5 人足球赛还需注意加强师资培训、努力与国际赛制接轨、创新规则等。

关键词： 校园 5 人足球赛；创新；赛制

《中国足球改革发展总体方案》对校园足球提出新的要求，一要增加足球人口，二要发挥足球的育人功能，并要求在 2025 年前全国确认 5 万所中小学足球特色学校，平均每所学校的足球人口要达到 1000 人。近 4 年来，泉州市创新校园 5 人足球赛，足球运动开展得如火如荼，大部分学校每学年均常规性举行全校 5 人足球比赛，男生女生均积极上场，为足球运动的普及做出了创新性尝试，《中国教育报》《中国体育报》、新华网等媒体对这项足球赛制改革进行了专项报道。本文对 5 人足球赛制的起源、特点、意义和实施策略进行分析和研究。

一、创新校园 5 人足球赛赛制

1. 校园足球与足球运动的普及性

校园足球，是校园里组织学生参与足球运动，形成足球兴趣与风气，普及

　＊ 柳惠斌（1966—），男，福建泉州人，泉州市教育科学研究所教科室，特级教师。本文发表于 2019 年第 24 期《教学与管理》。

并提升足球技能水平的体育活动。

校园足球区别于足球教学。足球教学是体育教学内容之一，是体育课程、课堂与体育教师的工作范畴。校园足球旨在足球运动的全校普及，面向各种类型、层次的学生，主动吸纳各个层次学生参与，通过比赛提高学生足球技能水平。这是学校层面主导的活动，班级、班主任、学校部门及体育教师都是活动的组织者，共同倡导并支持、组织校园足球活动。

校园足球不是专业足球，但足球普及又应当从校园做起。如何激发学生对足球的兴趣？为学生提供参与足球运动的机会，让更多学生愉快地参与足球运动，是推广和普及足球运动的关键。创新5人足球赛制就成为推动校园足球运动的重要探索。

2. 校园足球5人新赛制

校园足球5人赛是在室内5人足球赛制基础上发展起来的校园里班级之间的足球赛，是适合中小学生校园足球运动的创新性赛制。

校园足球是学生足球运动的起始阶段或启蒙阶段，开发的足球场应适合中小学生特点，设计不易出界，且简单易进球的小型足球场，让学生在充分的玩耍中参与足球运动，体验足球运动的乐趣，在比赛中学习，熟悉足球进而掌握足球基本功，最终爱上足球。

泉州市的校园足球5人新赛制的规则如下：

（1）围栏小球场。（2）五上五下。（3）四节次。每节次10分钟。（4）计分。第一二三节不设守门员每进一球得1分，第四节有守门员，进一球得2分。

二、校园5人足球赛的普及意义

1. 提升学生的足球运动兴趣

校园5人足球赛的比赛规则，因校园特点，因适合学生年龄与生理特征而建构与改进，更接地气，引发学生强烈参与兴趣。

场地小，适合学生的体力特点。国际赛制的足球场及完成足球技能性竞赛活动，不适合中小学生他们体能严重不足，技能性竞赛是挑战，还可能是伤害。球场过大，跑不动，无潜能潜力挖掘，学生体验到的可能是运动的负面意义。而校园五人足球赛小足球场，他们能跑动，能充分参与竞技活动，正面鼓励，发挥其体能潜力，培养意志。

不设守门员，进球容易。10分钟里踢进两三个球，四节里进了十多个球，与国际赛制的经常零进球相比，进球机会多。无论是个体或是团队，有更多的进球得分喜悦与成功体验。

创新校园5人足球赛制，改进场地、比赛规则，激发学生的足球兴趣。校园五人足球赛里，学生不论足球技术水平高低，都能在比赛里体会到带球、攻防进球的快感，找到快乐、兴趣与自信，爱上足球运动。

2. 提升学生足球运动的技能水平

校园5人足球赛因场地小，人数少，机会更为集中。每队5人，队员少，在小场地里踢球，每个球员都重要，踢球、进球的机会都很多，"使得比赛攻守转换更频繁"，"得分较多且争夺更加激烈"，足球运动技能运用也更为密集。足球运动的基本技能，在校园五人足球赛活动里得以最充分的锻炼与发挥。

人数少，球场变化复杂，对每一位球员的技能要求全面，需会协作、能传球，能有效拦阻，能发挥各种足球技能。每个队员都很重要，都是主力，比赛中都得到充分锻炼，每个队员的足球运动技能水平都能有效提高。

3. 提供参与的广泛性

校园5人足球赛，因依循4节次不重复的5±5下换人制度，若再加上点球大赛一节，每个班级上场人数比例超50%。足球运动不再属于少数学生，班级的每个成员都需主动参与，大部分学生有上场的机会。如果再加上组织、后勤与啦啦队，就是全员参与。

第三节为女足，为女生足球普及提供机会。第四节不设男女生限制，女生也可下场，与男生配合，与平行班级队一比高低。

校园5人足球赛活动紧凑，"射门多、进球多、观赏性趣味性强"，赢得中小学生的喜爱，"场地简单，符合目前我国各级各类学校场地设施现状，易于推广和普及"。

4. 构建社区足球文化

校园5人足球赛在周末举行，就有家长广泛参与，是一场隆重的社区性活动。因是子女上场比赛，班级微信群里议论纷纷，如何赢球，如何组织与支持，如何针对性地指导，大家出谋献策，共同组织校园盛宴。

赛后积极交流，社区成员间交流气氛融洽，交流如何培训指导，如何提升、有的家长出面组织培训，聘请校外足球教练；有的家长拉来企业赞助，更新班队服装及设备。

三、辩证认识校园 5 人足球新赛制

校园 5 人足球赛，脱胎于室内 5 人足球赛，根据不同学校及学生特点改进比赛规则形成新赛制。因强调适合与创新，这项运动在得到师生、学校、家长与社区欢迎的同时，也因比赛规则的笼统与模糊，出现了某些问题，值得思考与改进。

1. 新赛制规则与学生体能提升

每节 10 分钟，高年级跑完全场不会有太大压力。中学生如发育正常，其体能已接近成年人，压力太小。小学低年级的，还没发育，每节的后面都有跑不动的现象。在赛制规定上，低年级可适当缩短至 7、8 分钟；中学生可延长到 12－15 分钟。需有弹性时间，在不同年级设置不同时长，以促进不同年级学生在运动中发掘其运动潜力，提升体能，锻炼其意志力。

2. 新赛制规则与足球运动水平

校园 5 人足球赛规则上还存在不足，需改进，以提高比赛规则的科学性进而使学生在球场上的运动更为有效，运动技能与水平得以提升，实现足球运动普及。

校园 5 人足球赛上，因球场小，学生控制技术较弱，不设守门员，给学生射门提供更多机会，有利于射门技术水平的提升。规定不能回传，球门位置的队员就少了一条传球路线，可增强队员传球技能的锻炼。但相应的球门防守技术就少了，存在某些技术锻炼的缺漏。

进球得分比例，如何设置更为合理？没守门员节次给 1 分，有守门员给 2 分，其他有难度的进球，能否给出一些加分细则？有的学校的校园 5 人足球赛，另加一节"点球大赛"，每班队选五人点球得分。专门为点球得分设规则，甚至还设"点球王""进球大王"奖。但没有努力过程就走向点球的终点成果，其合理性就可值得推敲。

3. 新赛制与德育

校园足球是校园里的活动，具有教育属性。就足球运动本身而言，这是一种竞技运动，学生在运动中提升竞技水平，锻炼坚强意志，提升团队协作意识。

校园 5 人足球赛紧凑而有效，以传球与进球为主线，其他要素简化，同时意味着被弱化，如其中的德育要素。比赛意识是规则意识，是意志、竞争、协作等具体思想的发展。校园5人足球赛的开展，同时应是有效的运动德育，是学生具体思想品德的发展。如团队协作意识，相对于成人的专业比赛，校园5人足球赛因班级同学参与比例大，选拔性弱，主要是个人自愿报名参赛，因而队员个体间体质体能及运动技能差异大，个人进球更容易，给个人技术发挥与个人进球提供丰富的机会。相对而言，协作要求、素养培育下降。如此，应改进比赛规则以强化比赛中的协作意识与责任意识，既让每个队员都有机会进球，同时更应让每个队员都须帮助或协助他人传球进球，感受自己在团队中的不可或缺，感受到与他人协作的不可或缺，从而增强团队意识与责任意识。

四、推行校园5人足球赛的几个注意点

1. 加强足球师资力量，提升训练水平

从福建省泉州市多届市级校园5人足球赛联赛情况看，足球教师或教练的专业指导水平决定了学生足球运动水平。泉州市区部分学校有专业足球教师，经济发达区域甚至能聘请足球外教，这些学校的学生足球运动水平高，在联赛中取得好成绩。

有的偏僻县区的学校，没有足球专业教师。即便教师是踢过足球的，但没有经过相关培训，没有相关教练资质，学生得到指导与训练就很有限，足球运动水平相对较低。

需加强师资培训，需"积极引进足球专项的毕业生"。有条件的学校与社区，"在足球教练员缺乏的情况下，还可以采取购买服务的方式"聘请校外教练，进一步提升足球运动的普及水平。

2. 积极改进，努力与国际赛制接轨

校园5人足球赛制跟国际赛制有一定的脱轨。没有一开始就给学生树立正规的比赛规则，对有足球专业发展可能的学生会产生不良影响。如围栏挡板的使用，有的学生形成"挡板反弹""挡板守球"等技术，对于以后的国际赛制足球运动水平提升就没有意义。

校园5人足球赛中出现素质好的苗子，如何促进其专业成长，是个须认真对待的课题。普及的同时，发现优秀足球苗子，应提供机会，提供培养与发展可能，努力与青训赛接轨，是足球运动可持续发展的基本路径。

3. 抓常态，促进学生素养提升

条件较好的县区、学校，校园5人足球赛是常态，每学年都会举行，学生

踢球也成为常态；而区域氛围较差的，可能是市级联赛布置时才匆匆组织比赛，其足球运动的普及意义有限。抓好校园5人足球赛的常态性，应是促进足球普及的基本要求。可提前半年发布市级联赛通知，促使县区提前竞赛，从而促使基层学校常态性举行校园五人足球赛。

常态性的足球运动训练，既涉及学生的运动素养提升，同时关系到学生平时的锻炼习惯及生活习惯。遵守足球比赛规则、训练规范，可养成学生认真遵守规则的习惯、良好的学习习惯，让学生终身受益。

4. 细化赛制，促进足球运动普及

进一步细化校园5人足球赛制。赛制可因区域、学校类型而有针对性细化。如农村学校可因条件、学生足球技能水平而适当调整比赛规则。

中小学生同一年级里身体素养差异较大，同一年级的班级学生参赛队员可分级，以"保证竞赛的公平性"，激发各班队的"参赛积极性"。也可以以学生身高或是学生体质健康测试数据为标准划分等级。

在更广阔的范畴上审视，校园5人足球赛是一种学生欢迎并乐意参与的足球运动技能竞技活动，更是促进足球推广普及的重要形式。须以这种认识高度组织校园五人足球赛，积极创新性地开展，提升学生身体素质与运动素养，让学生在参与中产生兴趣，产生终身热爱足球、热爱体育的情感，使学生终身受益。

参考文献：

[1] 郭李亮. 我国室外五人制足球的现状及发展前景分析 [J]. 体育科技，2002.

[2] 夏青，秦小平，王春明. 五人制足球在中小学校园推广与普及研究 [J]. 运动，2013（10）.

[3] 秦小平，夏青. 校园五人制足球推广资源开发研究 [J]. 中国学校体育，2015（02）.

[4] 刘川，卢睿，田静. 我国青少年五人制足球培养体系问题与反思——基于国外经验分析 [J]. 湖北体育科技，2018（02）.

对思想品德课学习激励机制的探索

李 猛[*]

作为一名思想品德学科教研员，在下校听课过程中，时有看到学生对思想品德课缺乏学习热情，甚至厌学的现象。造成这一问题的原因是多方面的，例如，教材滞后，教师教学方法单一、陈旧；地方招生考试形式导向影响等。但其中一个重要因素是思想品德教师未能结合学科特点建立灵活有效的学习激励机制。关于"激励"，《辞源》释义为"激发鼓励"，指的是激发人的动机，诱导人的行为，使其发挥内在潜力，为实现所追求目标而努力的过程。心理学研究表明，缺乏激励，一个人的潜能只能发挥20%至30%，正确而充分的激励，则能使人发挥其潜能的80%至90%。因此，探索建立思想品德课学习激励机制对于破解学科教学困局具有重要的实践意义。思想品德教师应深入分析学情，坚持正面激励原则，努力追求目标、过程和成果激励的统一，在指导学习规划、做好课堂评价、创新荣誉制度、适度负面激励等方面构建学习激励体系，为最终达成教育教学目标而努力。

一、制订立德计划，目标引导激励

《义务教育思想品德课程标准（2011年版）》指出，思想品德课程是一门以初中学生生活为基础、以引导和促进初中学生思想品德发展为根本目的的综合性课程。教师应在日常教学中切实将这一要求落地，指导学生立足自身实际，制订个人成长计划，以目标引导、激励学生健康发展。

1. 引导学生制订个人道德成长计划

＊李猛，漳州市普通教育教学研究室。本文为全国教育科学"十二五"规划2014年度教育部重点课题"初中生学习激励机制的构建与动态监测研究"（课题批准号：DHAl40340）阶段性研究成果。本文发表于2016年第23期《中学政治教学参考》。

教育的根本在于育人，思想品德课作为德育课程，更加强调育人功能。教师应准确把握课程的德育性，避免概念化、孤立化地传授和灌输知识，努力使学生对知识的学习服务于自身思想道德发展的需要。教师应当将学生思想道德发展作为首要教学目标，设计学科教学活动。例如，一位教师结合七年级"成长中的我"教学模块，设计了"学生个人修身计划书"，内容涵盖践行公德、服务意识、诚信往来等方面，要求学生每月对照这些内容进行自我评价，并就评价结果与家长、教师互动，以达到"省身"的自我教育目的，很好地体现了思想品德课的德育功能。

2. 引导学生制订个人学业进步计划

评价制度改革反对简单地按照考试分数给学生排名，而是要引导学生明确自己学习的阶段性效果。在当前教育评价体制下，一些地方的思想品德课实行了考试成绩等级制，对教学发挥了正确的导向作用。然而，对于学生日常学习来说，仅靠终结性成绩等级并不能有效发挥其激励作用。教师应当帮助学生建立个性化"学业考试成绩水平动态变化曲线图"，让学生知道自己的阶段性学习效果，从而反思自己付出努力的成效，进而调整学习行为，明确下一阶段的学习任务。这种曲线图是非公开的，只面对学生，但对于学生而言，它又是认识自我的一面镜子，对学生具有激励作用。

二、运用评价策略，强化过程激励

教学从本质上说是一种对话活动，对学生的评价贯穿教学过程始终。那种只顾埋头推进课堂预设任务而造成评价缺位，"走马观花"式批改作业而出现评语缺失的功利做法，有悖于教育教学规律，不利于激发学生学习热情。教师对学生的评价是教师对学生的学习思维活动给予价值判断的过程，对学生学习具有监督和强化作用，对学生的学习动机具有激发作用。思想品德教师应当全面关注学生学习，课堂辩证评价，勤于撰写评语，针对性点评试卷，通过全方位的评价策略，提高教学过程的激励作用，提升学生的学习素养。

1. 课堂辩证评价

在听课教研过程中，我们发现时常有教师在课堂疏于评价学生的现象。有的教师对学生的课堂生成视而不见，机械推进预设环节，使课堂教学显得肤浅，从而错失宝贵的育人时机；有的教师对学生的评价方式单一、生硬、呆板，未作内涵性评价，从而使课堂变得枯燥乏味……种种"伪评价"现象，探究根源皆因教师的专业素养欠缺，我们必须正视并努力改进。课堂评价是推进思想品德课堂教学的重要策略，是师生思维交互活动的重要呈现形式，是课堂思想生成的重要平台，也是激励学生的有效方式。教师应充分关注学生的课堂生成并作辩证评价，对学生的思维亮点及时给予肯定，让学生体验学习成长的"获得感"；对学生回答的内容，应作合理的联系、引领、拓展、延伸，引导学生深入探究，从而融会贯通所学知识点；对学生认识的模糊点，教师应给予启发、点拨、澄清，让学生的认知更加清晰；对学生认识的错误点，教师应及时予以纠正，确保学生正确理解并能运用到实践中。例如，教学七年级下册"特殊的保护，特殊的爱"，有学生提出"对未成年人的司法保护，会不会带来纵容未成年人违法犯罪的负面效应？"教师在课堂上及时肯定了学生的问题意识，并补充介绍了国际法律惯例对未成年人的特殊保护措施，同时说明我国司法实践中确实存在"有些未成年人违法犯罪，我国目前的法律不能进行有效惩罚"的尴尬局面，从中分析并指出法制建设进程中的矛盾和困难，适时对学生作出"你的思维很严谨，思考很全面！"的正面评价。这种激励评价会给学生带来学习的快乐。

2. 勤于撰写作业评语

在教学实践中，有些教师批改作业往往局限于打钩或叉的对错符号，这种批阅方式机械而生硬，缺乏应有的教育人文关怀，无法激发学生自主学习的热情。事实上，作业既是检验学生课堂学习效果的一种手段，也是教师和学生开展双向思想对话的重要媒介，教师可以充分利用这一媒介和学生进行思想对话。在参加一线学校教研实践过程中，我提出撰写作业评语的学科评价思路和构架，指导一线教师结合学科特点积极撰写作业评语。首先，对学生完成作业的态度进行评价，让学生认识到教师关注自己的学习态度，从而引导其认真对待思想品德课的学习。例如，教师可以写"从做作业的细致严谨态度，可以看出你生活的用心程度和做人的态度"；当然也可以写"最近政治小论文写得好像不如从前啦，老师想欣赏你真实的水平，加油"。其次，对回答问题的内容和思路进行点评。帮助学生了解自己对知识的掌握程度，发现优势，明确不足。教师应着眼学生答题是否内容规范和全面的情况，重点关注答案背后的思维品质，并作出恰当点评。评语应当具有针对性，富有概括性，体现启发性，有助于学生学习的提升。教师可以用"你的时政分析得很到位""你的问题视角独特""你对教材知识理解较为透彻""你的思路很全面，不一般啊"。再次，对师生课堂内外交往中的问题进行提示。在正常工作量下，一名思想品德课教师通常任教五六个班级，所教学生人数约两三百人，受教学时间所限，教师难以和学生逐个进行经常性的教育会话，对课堂教学和师生交往中发现的学生进步状态或不良倾向，可以通过作业评语的微小空间呈现出来，针对性地和学生进行思想交流、言语激励，使学生产生持续发展的动力，帮助学生积极主动地学习并获得发展。这种做法充分体现了思想品德学科的德育性，教师也真正将学科知识教学和育人统一起来。

3. 认真书写试卷点评

试卷点评是指针对学生答题过程中存在的问题，教师针对性地在试卷上作批注，进行点拨和引导。对于大规模学业考试而言，逐个批注点评显然无法做到，可以在阅卷完成分发到任课教师手上后，由任课教师选择那些通过卷面反映学生学习方法上存在欠缺的试卷，作简要点评。教师应关注学生答题是否达到规范性要求，对哪些知识理解未到位，对哪些答题方法尚未掌握。在点评语中教师应注意用语智慧，对于有进步的学生，不忘加上一句"你进步了！"这样既能帮助学生找准弱点，也能让学生感受到教师的人文关怀，从而激励学生不断取得进步。

亲其师，信其道。当教师融入对学生和职业的热爱并外化为具体的教育教学行为时，学生能够从内心感受到强烈的成长期待，得到激励力量，从而更加喜欢思想品德课。当然，教师高度的责任心是教学取得成功的前提，离开它，再美好的顶层设计也终将成为一种虚化和泛化的形式。

三、建立荣誉制度，探索成果激励

荣誉，原指特定人从特定组织获得的专门性和定性化的积极评价。学科教学评价过程中的荣誉，是指对学生学习的表现和成果给予肯定并授予特定的鼓励性称号。思想品德课教学引入荣誉制度，能够激发学生知识学习和道德成长的欲望。新课标指出，评价要客观、公正，准确记录和描述学生的学习状况和思想品德发展状况，调动学生道德学习的积极性。评价不仅要重视结果，更要注重发展、变化和过程。要将形成性评价与终结性评价结合起来，突出形成性评价。要注意给予学生足够的机会展示他们的学习成果。例如，在课改实践中，有的学校建立了"思想品德学习荣誉卡"制度，针对学科知识学习和道德实践分设"学业荣誉卡"和"修身荣誉卡"，通过荣誉制度激励学生成长。

1. 学业荣誉卡

教师结合学生的课堂表现、作业质量、学习阶段性检测、学科社会实践活动能力表现等综合情况，分别授予学生"学业优秀荣誉卡""学业进步荣誉卡"

和"学科实践优秀荣誉卡"，荣誉卡由思想品德教师自行设计，融入学校环境等个性元素，统一印制，教师填入获奖学生信息后颁发，帮助学生形成好学、乐学的学习态度。

2. 修身荣誉卡

思想品德教师要注意评价的导向性，不能用单一的知识性考试作为对学生学习质量评价的唯一方式，警惕应试倾向的评价方式，避免评价方式偏离课程目标和理念。思想品德学习评价既要关注学生的学业质量，也要关注学生的现实道德表现。思想品德课教学和学校德育工作相互配合，实施"修身荣誉卡"制度，着眼校园德育评价手段的多样化，以人文关怀与赞美式激励性管理为主，引导学生从积极关注身边小事做起，注重在生活细节中观照道德品质培养，激发学生的荣誉感和责任心，培养学生自觉自律的道德习惯与态度。

四、开展提示谈话，适度负面激励

管理学中有三种激励方式，一是正向激励，比如表扬、鼓励、颁发奖状等肯定引导方式；二是负向激励，如批评、惩罚、减少娱乐和零花钱等否定引导方式；三是消极激励，不表态、不支持、不反对，随其发展，任其自生自灭。在教育教学实践中，正向激励是我们秉持的教育理念，但往往忽视了负向激励应有的功能。事实上，激励方式的教育效果是相对的。思想品德教师的特殊角色决定了其在育人过程中应当结合具体教育情境，采用恰当的激励方式。例如，针对学生学习态度不认真、自律意识薄弱甚至品行滑坡等情况，教师应当及时密切关注，找准时机和学生谈心，引导学生认识自身存在的问题，向学生明确提出学习和行为要求，进而帮助、督促学生成长。当然，思想品德教师要把握好负向激励的"度"，在教育谈心过程中融入爱心，注重保护学生的自尊心和自信心，努力追求"负向激励，正向效应"的教育效果。

综上所述，思想品德教师应当具备危机意识，正视学生对思想品德课学习兴趣不浓、不够重视本学科知识学习等现实问题，在探索建立科学、有效的学科学习激励机制上寻求突破口，致力于建设师生互动有序、生动活泼的思想品德课教学生态。

核心素养视角下物理课程人文性的阐释

苏育仁[*]

摘要：中学物理教育要培养学生核心素养、实施素质教育，应以"人本"为核心，以"核心素养"为统领，在传授物理知识的同时培养学生人文精神，丰富物理课程的人文内涵，提升学生的人文素养。发掘物理课程中的人文教育因素，结合相应的内容组织教学，遵循"寓教育于传授知识之中"的原则，对人文教育起潜移默化的作用。

关键词：核心素养；物理课程；人文内涵；人文功能

物理学是一门基础自然科学，其发展史代表一种先进文化，对人类走向现代文明进程起到至关重要的推进作用。尤其是近现代物理学的发展深刻地改变着世界的面貌和人类的思维方式，也从根本上改善了人类生活，物理学也因而成为世界文化中非常重要的财富。

然而，长期以来，物理学发展取得的惊人成就，很大程度上遮蔽了物理课程对人的精神世界的影响，以致于人们常常片面地将工具价值或技术价值作为物理教学的唯一目标，而忽视了物理教育的人文价值，这种观点对中学物理教育产生了极大的负面影响。由于片面强调物理学的基础性、工具性和应用性，尤其是当物理课程沦为应试教育的一种工具时，过强的功利主义和教育短视使物理教学异化为一种高度工具化、技术化的应试训练程序操作，其人文内涵几乎丧失殆尽。

在"核心素养"的理论体系下，人们逐渐认识到物理教育的工具性与人文性是统一、不可分割的。[1]从素质教育视角看，物理学既是"器"又是"道"，

———————————

* 苏育仁，漳州市普通教育教学研究室主任、高级教师、特级教师。本文发表于 2018 年第 7 期《教育评论》。

既是工具又是世界观和方法论。因此，物理课程的一项重要功能，或者教育目标之一就是对学生的人文素养进行培养，为学生高尚思想情操的形成以及终身发展奠定基础，这是物理课程人文功能的核心所在。

一、在物理教学中培养学生的优秀品格

（一）培养科学态度与科学精神

物理教学中培养学生的科学态度与科学精神主要有以下途径。

一要在实验课中培养学生遵守规则、爱护仪器、勤俭节约、合作交流、严谨认真的良好习惯和实事求是的科学态度。物理实验讲究操作的规范性、数据的准确性，要求学生认真踏实地完成实验的每一个环节，培养学生一丝不苟的做事态度。在实验课中，常有学生因自己实验失败或误差较大，为了迎合物理定律而进行数据修改、弄虚作假或抄袭别人的数据，违背实事求是的科学精神。对此，教师应耐心地进行正面引导，指出研究科学规律应采取科学态度，忠实于实验数据，实验失败或误差较大都是正常现象，要经得起失败的考验，并善于从失败中总结经验教训，从而使学生领悟到失败与成功的辩证关系。同时，教师要引导学生在误差较大时尝试分析原因并改进操作手段，从而提高学生的实验能力，并培养他们实事求是的科学态度。

二要通过介绍历史上物理学家从事科学研究的艰苦历程和感人事迹，让学生受到科学精神的熏陶。物理学的发展史是一部可歌可泣的"革命斗争史"，许多优秀科学家（如布鲁诺、哥白尼、伽利略等）为了追求和捍卫科学真理而遭受残酷迫害，他们用热血和生命捍卫物理规律和原理就是很好的教育素材。在这些内容的教学中，揭示并再现这些规律与原理的产生与建立过程，能发挥深刻的教育作用。

三要开展科学实践、社会调查和研究性学习，在活动过程中培养学生一切从实际出发、杜绝主观臆断、注重调查研究等实事求是的学习和生活态度。

四要开展新课程所倡导的科学探究活动，努力创设情境，让学生在科学探究过程中体会科学探究的意义，深刻领会物理学是一门精确科学，哪怕相差一个符号也不允许，以此培养学生的科学态度和科学精神。

（二）培养学生的意志品质

物理学是一门以观察、实验为基础的自然科学，其一切知识都来源于实践。物理学的理论一旦被实践证明是真理，就不容置疑，否则就要被摈弃。如关于自由落体运动，伽利略的观点得到了实践的证实因而被人们承认，而亚里士多德的观点经不起实践的检验因而必然被否定。物理学不仅是一门自然科学，更能教会人们尊重事实、捍卫真理。

物理学还具有逻辑的严谨性，反对虚伪，教人正直、诚实。作为教学科目的物理是一门体系严谨、结构紧凑、科学性极强且较为抽象的学科。要学好这门课程，必须脚踏实地、持之以恒、坚韧不拔、不怕困难。

（三）培养审美情趣

审美情趣是核心素养的一项目标追求，它不仅影响学生个人的成长，也关系到社会文明与进步。

被许多人认为枯燥无味的物理学实际上有独特之美，充满无穷魅力。物理美是一种典型的科学美，是美的一种高级形式，包括理论美、形式美、实验美等，其主要特征是简洁、对称、奇异。如，单摆的振动过程就是一种典型的对称美，爱因斯坦的质能方程 $E = mc^2$ 仅三个字母就以巨大的概括力，将整个自然界的质量和能量的转化关系科学地揭示出来。实际上，每个物理公式本质上就是一首精美的诗。如，牛顿第二定律的表达式 $F = ma$ 在审美意义上，与爱因斯坦的质能方程有异曲同工之妙。

物理学中美的图象、理论、公式比比皆是，这些都是物理教学中的美育素材。教师在这些内容的教学时可以用简洁而富有艺术性的语言，把物理美展示给学生，引导学生发现和体验物理的美，让学生在美的熏陶中获得美感体验，把审美情趣与道德情感因素有机地结合起来，正确地分辨生活中的美与丑，形成追求真善美的信念。人的道德情感和审美感受是相互联系的，物理教学中的美育还能促进德育的发展和完善，苏霍姆林斯基说："美是一种心灵的体操——它使我们精神正直，心地纯洁，感情和信念端正。"[2]

二、在物理教学中培养辩证唯物观

物理学包含丰富的辩证唯物主义教育的内容，教师要自觉地将物理教学与辩证唯物主义教育有机地结合起来，有意识地培养学生辩证唯物主义观点。

（一）世界是物质的，物质是运动的

物理学是研究物质基本结构和物质运动一般规律的科学。从微观粒子到宇宙天体，整个自然界都统一于物质。教师要通过具体内容的分析，让学生懂得无论物质以何种形态存在，无论是能被人们直接感知和观察到，还是需要借助

仪器才能观察到，物质都是不以人的意志为转移的客观存在。物质在永不停息地运动着，小到微观粒子，大到宇宙星系概莫能外。在中学物理课程中，从力学中的机械运动、天体运动，到热学中的分子运动等，这些内容的学习能让学生建立起"运动是绝对的，静止是相对的"观念。这种观点与"万事万物是相互联系、不断发展变化的"辩证唯物主义观点相互映衬。

（二）量变到质变规律

物理课程中，有大量鲜活的素材可以作为"量变到质变"这一辩证法则生动的例证。如，物质的三态变化中，沸点、熔点、凝固点就是质变点；凸透镜成像过程中，焦点和两倍焦距处分别是虚像与实像、放大的像与缩小的像的质变点；竖直上抛的物体在运动过程中，所达到的最高点是转变为自由落体运动的质变点。在相关内容的教学中，教师要通过对具体事例的分析，指出不同事物量变引起质变的质变点，即蕴涵着"发展是量变引起质变的过程"这一普遍原理。

（三）对立统一规律

在物理教学中有许多具体事例。如，构成物体的分子之间总是同时存在着斥力和引力，两者互为依存，使万物和谐；物体间作用力与反作用力总是同时存在，又同时消失；裂变和聚变，波粒二象性等，既对立又统一。对这些具体事例的分析，能让学生从物理知识的学习过程中逐步形成"发展是对立面的统一和斗争"这一辩证法的核心观点。

（四）否定之否定规律

从某种意义上说，物理学的发展过程就是一个否定之否定的过程，人们对物理现象及其本质的认识过程，就是不断否定错误的假设或理论而逐步深入的过程。如，对光的本性的认识过程，从"微粒说"到"波动说"，再到最终形成了光的"波粒二象性"理论，经过否定、否定之否定后，产生了认识上的飞跃。这一事例的教学过程，实际上就是培养学生否定之否定的辩证唯物主义观点的良好契机。

此外，教师可以在"增大和减少摩擦的方法"的教学中渗透"一分为二"的观点，在"电压是使自由电荷发生定向移动形成电流的原因"的辨析中阐明内因和外因的辩证关系。诸如此类，不胜枚举。这些内容的教学和学习活动，为学生形成辩证唯物主义认识论打下良好基础。

三、在物理教学中培养家国情怀

责任与担当是家国情怀的精髓所在，而爱国是家国情怀的前提。在物理教学中，教师要充分发掘爱国主义因素，结合相应内容的教学，对学生进行潜移默化的教育。[3]

（一）以我国古代领先于世界的物理学成就，激发学生的民族自豪感

我国是世界上四大文明古国之一，在科学技术方面曾为人类文明和科学发展做出极大贡献。较具代表性的有春秋末年的著作《考工记》、战国时期的《墨经》《吕氏春秋》、西汉时期的《淮南万毕术》、东汉时期的《论衡》、北宋的《梦溪笔谈》和明朝的《天工开物》等，记载了十分丰富的包括力学、热学、光学、电磁学在内的物理现象、知识、原理和规律，还包含了许多工程技术知识和现代物理学的基本要素。英国科学史专家李约瑟博士在《中国科学技术史》一书中列举了26项中国向西方传播的科学技术，并称："中国的这些发明和发现远远超过了同时代的欧洲，特别是在十五世纪之前更是如此，关于这一点可以毫不费力地加以证明。"[4]

目前，多数版本的中学物理教材在引用物理学史料时，忽视了我国古代物理学成就。如，"牛顿第一定律"一节中，有教科书写道，亚里士多德认为"力是维持物体运动的原因。在他以后大约两千多年的时间里，人们都认为这个结论是正确的""但是，到了17世纪，伽利略发现亚里士多德的观点是错误的"。[5]其实，我国2400年前的古书《墨经》就已指出"力，形之所以奋也"[6]，已然阐释力是改变物体运动状态的原因。又如，在"机械运动"一节中，涉及物理学史时基本上都认为是伽利略在其论著《两种新科学的对话》中"第一个探讨了运动和静止的相对性"。[7]实际上，我国东汉时期的《尚书纬》在记载地球运动时就指出："地恒动不止而人不知，譬如人在大舟，闭牖而坐，舟行不觉也。"[8]这与一千多年后伽利略的论述非常相似。

此外，教师在教学中可以适当补充一些我国古代物理学史料。如，在共振和共鸣的教学时，可以介绍我国北宋科学家沈括设计的纸人共振实验，该实验堪称世界上最早的共振共鸣实验。又如，在凸透镜的教学中，教师可以用多媒体展示古人的"凿冰取火"实验。17世纪著名的科学家胡克在英国皇家学会演示这个实验时，赢得在场科学家们的赞叹，但他们无法想象中国早在一千多年前的西汉时期就成功地做过类似的实验。[9]

（二）以我国现阶段物理学领域的成就，增强学生民族自信心

中华人民共和国成立以来，在科学技术方面取得了空前发展，物理学领域的成就也举世瞩目。国家主席习近平在 2017 年新年贺词中总结我国 2016 年重大科技成就时提到的就有 4 项重大成果[10]：一是暗物质卫星"悟空"号在轨运行一年，这是迄今世界上观测能段范围最宽、能量分辨率最优的空间探测器，有望推动人类探索宇宙奥秘取得重大突破；二是世界首颗量子科学实验卫星成功发射，巩固和扩大了我国在量子通信领域的国际领先地位；三是"中国天眼"FAST 落成启用，这是世界上最大单口径、最灵敏的射电望远镜，将在未来二三十年保持世界领先地位；四是"神舟十一号"与"天宫二号"对接并展开科学实验，主要科学实验项目的研究水平位于国际前沿，技术发展处于国际先进行列。

我国在核技术、弹道导弹技术、量子通信技术等许多重大科技领域已跻身世界强国之列，在纳米科技、超导、新材料的研究与应用等领域都达到国际先进水平，我国从原子弹研制成功到氢弹研制成功只花了不到三年时间，我国磁悬浮列车的最高时速是全世界最快的……这些内容都可以在教材中找到相应载体，并渗透在教学过程中，从而激发学生的爱国热情。

（三）通过"STS"教育唤起学生责任与担当意识

物理教学要落实三维课程目标，除了要让学生掌握物理学的知识与技能、获取物理知识的过程与方法，还要让学生懂得所习得的这些知识与能力在社会生活中的价值以及科学技术对社会发展的推动作用和可能产生的负面影响，培养学生"STS"（科学、技术、社会）意识，使他们能够形成关于科学技术、社会发展和人类福祉正相关的价值观。开展研究性学习和社会调查等活动，能让学生了解和接触一些与物理知识相关的社会热点问题。如，热岛效应、环境保护、能源危机、水资源问题等，使学生意识到科学技术是一把"双刃剑"，其成果使用不当也会带来一些严重的社会问题，同时唤起学生守护家园、热爱自然、保护环境的意识。

物理教学还要让学生有适当的危机意识。在科学技术方面，我国已经取得了惊人成就，但与科技发达国家还有明显差距。正视差距，砥砺前行，可以唤起学生责任与担当意识以及振兴中华的使命感。

综上所述，物理课程具有重要的人文价值，为物理教育落实"中国学生发展核心素养"的"人本"理念提供了极大可能性。

参考文献：

　　[1] 林钦，陈峰，宋静. 关于核心素养导向的中学物理教学的思考 [J]. 课程·教材·教法，2015 (12)：90—95.

　　[2] [苏联] 苏霍姆林斯基·给教师的建议（上）[M]. 北京：教育科学出版社，1980：49.

　　[3] [9] 苏育仁. 知行并重相得益彰 [J]. 中学教师培训，1992 (1)：22、24.

　　[4] 翟奎凤. 从李约瑟难题看中西科学及哲学之精神 [J]. 哲学基础理论研究，2010 (00)：229—237.

　　[5] [7] 上海教育出版社. 物理（八年级第一学期）[M]. 上海：上海教育出版社，2015：82、91.

　　[6] 于光胜，刘长明. 墨子的科技思想及其当代价值 [J]. 自然辩证法研究，2015 (4)：78—82.

　　[8] 邬国义.《申报》初创：《地球说》的作者究竟是谁 [J]. 华东师范大学学报（哲学社会科学版），2012 (1)：53—60.

　　[10] 佚名. 建设世界科技强国中国科学院率先行动——国家主席习近平在 2017 年新年贺词中总结我国 2016 年重大科技成就时提到的 4 项重大成果 [J]. 中国科学院院刊，2017 (5)：543.

借力课堂 回归学科本质

——关于历史学科核心素养落地的思考

谢志芳[*]

摘要：历史学科核心素养的培养上承落实立德树人的根本任务，下启中学历史课堂教学的目标导向，意义重大。但近年来的教学实践表明，历史学科核心素养落地课堂的进程中，人们有一些理解上的误区和实践中的偏颇，有必要及时反思、归正理念、完善行动策略，以促进历史学科核心素养真正扎根课堂，彰显学科育人本质，发挥学科独特贡献。

关键词：中学历史教学；历史学科核心素养；历史教学与学科本质

进入 21 世纪以来，随着中国对人才的需求日益聚焦国际治理、价值观培育、创新需求，核心素养的培育已成为教育改革的一个焦点。作为学生发展核心素养的主阵地，中学历史课堂正在悄然迎来一场变革。核心素养开始在课堂落地，教学开始围绕提升学生终生受益的、综合性的、跨学科的素养展开。

但是热闹和喧嚣过后，一些敏锐冷静的教师开始重新审视：历史学科的特质在哪里？如何借助历史课堂教学的连续性和阶段性，体现素养可教、可学、可评的特点？如何超越具体的学科知识与技能，彰显课程的育人价值？

中学一线历史教师与教育教学理论研究者需要反思和直面这些话题，需要在总结历史经验的同时，找出中学历史课堂存在的误区；需要在厘清核心理念的基础上重新整理、完善实施策略；更需要直面课程改革进入"深水区"后可

* 谢志芳，1971 年生，厦门市教育科学研究院基教室主任，历史教研员，主要从事基础教育研究、高中历史教育教学、教育质量监测研究。本文系全国教育信息技术研究 2017 年度专项课题"基于学习通的高中历史课程多元目标策略优化的应用研究"（课题立项号：173530019）和福建省"十三五"中小学学科教学带头人培养人选课题"以提升核心素养为目标的高中课堂材料教学实践研究"的研究成果。本文发表于 2019 年第 8 期《课程·教材·教法》。

能面对的挑战。

一、目前中学历史课堂学科核心素养落地的误区

在应试教育的背景下，教学的关注点在于将一个个知识点讲全、讲透而不是向学生呈现整体的、真实的历史。即便有许多教师已开始关注历史事件的时空特点、因果解释、价值情怀等，但现今的多数课堂还是像许多零散知识点的集合和一些孤立技能的习得。

这种旧瓶装新酒的课堂，主要是因为在理念上、在实践操作层面上走入了某些误区。

（一）教学目标理解的误区

其一，混淆了学生发展核心素养与学科核心素养。

在目前的教学实践过程中，有的教师把学生发展核心素养与学科核心素养混为一谈，没有能够辨析清楚上位的学生发展核心素养目标和具体的学科核心素养目标之间的区别与联系。部分教师对素养的理解浅层、空泛，动辄自主探究、合作交流，泛泛而谈综合素质和能力提升，却未能教会学生正确对待史料，充分养成历史意识，进而忽视历史课堂独有的批判性思维的训练，也就消解了历史学科本身的学科特质。

须知历史学科核心素养和发展学生核心素养虽有内在联系，却是不同层面的概念。

学生发展核心素养是总目标，是党的教育方针的细化和具体化。历史学科核心素养是学生发展核心素养在历史课程学习中的具体体现。它聚焦受过历史教育的人所应具有的能力、习惯、气质、品格……所以，历史学科学科核心素养上承学生发展核心素养的共同之道，下启历史学科教学，起着极其重要的中间桥梁作用。它既是实现立德树人总目标的学科载体，又是课堂教学的出发点和落脚点，是学生发展核心素养的基础。

其二，机械地分论历史学科五大核心素养。

高中历史学科核心素养的五个方面各有侧重。其中，唯物史观培养学生的历史观和方法论，它是核心和最上位的目标。时空观念是培养学生具体问题具体分析的能力。史料实证是培养学生调查研究的科学态度和工作原则。历史解释是培养学生的表达能力与方法。家国情怀则是培养学生对国家的高度认同感、归属感、责任感和使命感。

一些历史教师不是五位一体地综合培养学生的素养，而是割裂地、单项地培养历史学科的五项学科核心素养，人为地割裂了五大核心素养的有机联系，生硬地将某些知识点与某个素养挂钩，或者机械地为提升某种素养而进行所谓的专项训练。

（二）教学策略实施的误区

其一，真实情境和知识结构的缺失。

历史课堂上真实情境的缺失主要表现为：没有情境，生硬切入；抽象情境，难以感受；错误情境，误导学生；主观情境，脱离真实。

而历史课堂恰恰需要尽最大可能为学生提供贴近历史真实的、符合历史逻辑的并且与学生认知水平相称的真实情境。唯有如此，学生才能在此基础上了解、感受、体会历史的真实境况和当时人们所面临的实际情况。

其二，真实问题和问题意识的缺失。

真实问题的缺失主要表现为：从课本找答案的问题、预设答案的固定问题、少疑难性的简单问题、缺思维度的表面问题。以上伪问题的存在，导致广大师生无法对所学内容进行上位思考，也无法展开深度阅读与探究，更无法生成问题、解决问题。

而在历史课堂上，真实的有教学价值的问题、能够激活学生思维的问题、能够引发学习探究的问题、能够打破惯性思维的问题、促使学生产生问题的问题却被不少教师忽视。

其三，认识深度的不足。

中学历史课堂认识深度不足的主要表现为：过于关注历史知识的表层，未把握知识的本质；过于关注知识本身，未分析其蕴含的思想方法；过于依赖教材、权威以及固有的结论，未重视辩证和立体的批判性思维；过于关注阅读量和阅读面，未能深入地思考和联想等。

综上，一线历史课堂"教学无中心，史学无神韵，观念无灵魂"的现象[1]依然广泛存在，值得深层次的反思。

二、反思历史学科核心素养课堂落地的研究意义

笔者在中国知网上进行了统计，从 2014 年初至 2018 年 10 月 30 日，核心素养的相关研究文献总计 24284 篇，其中关于历史学科素养达到 1001 篇左右。这几年对核心素养的研究，方向内容多元多样，尤其注重核心素养的内涵阐释

及培养途径。

相较而言，课堂与学科核心素养的衔接研究在当下更显重要，它至少有以下四方面的现实意义。

其一，明确育人的目标性。树立"以人为本"的教育理念，明确培养历史学科核心素养的育人目标。教师须进一步树立新的认知观、教学观和评价观，从"知识本位""学科本位"向"学生本位""素养本位"[2]转变，努力将学生学习历史知识的过程转化为发展历史学科核心素养的过程。在教学过程中，教师既要注重对历史学科核心素养的培养，也要注重学生核心素养的综合培养。

其二，促进学生的发展性。学生发展核心素养强调的是跨学科和整体性，是学生的综合性品质，素养的定位是人的发展。以历史学科为例，教育部考试中心刘芃在国家级示范培训时就提出：历史学科的必备品格包含批判性思维、以史为鉴、人文素养、家国情怀。历史学科的关键能力揽括理论能力、方法能力、时序能力、释读能力、评价能力、论证能力、叙述能力、解释能力。这些必备品格和关键能力都是学科应该赋予学生未来成长的重要学科元素，也是学科的独特贡献。

其三，因应高考考试改革。2016年年底，教育部重修"历史考试大纲"，指出学科素养的考查"要求学生能够在不同情境下综合利用所学知识和技能处理复杂任务，具有扎实的学科观念和宽阔的学科视野，并体现自身的实践能力、创新精神等内化的综合学科素养"。近几年高考历史国家卷对历史学科素养考查的比重逐年上升，日益彰显历史学科育人功能和正向价值引领。

2018年年底，教育部考试中心姜钢明确"充分发挥高考在素质教育中的正向指挥棒作用"[3]。2019年年初，于涵指出关键能力不仅包括学生已经获得的能力，还应该包括能够在未来获取新知识、新能力的学习能力[4]。对此的研究，能让教师深刻领会素质教育中高考"立德树人、服务选才、引导教学"的核心功能及对教学的正向引领作用。

其四，推动课堂教学变革。历史学科核心素养作为新概念、新目标，对一线历史教师来说需要有一个学习内化的过程。当教师有意识地将课堂的每一层面紧紧围绕历史学科核心素养的培养与提升时，课堂的改革就真正上了一个新台阶。

三、课堂助力历史学科核心素养提升的原则与策略

深入反思后，我们需要及时调整、重新出发，这是一个从理念层面的回归正途到实施层面进一步完善策略的过程。

（一）把握原则，矫正方向

历史学科核心素养是学科课程的目标，它处在"教育方针—学生发展核心素养—学科育人价值"目标体系的中间地带，是保持课程标准与教学目标一致性的关键核心。

以学科核心素养目标统领教学，应紧紧把握三原则——整体性原则、学科性原则、检测性原则。

1. 整体性原则

五大核心素养缺一不可，要综合完整地看待。课标组专家一再重申，对待高中历史学科核心素养要以"五位一体"的综合视角。以必修课程"三国两晋南北朝的民族交融与隋唐大一统的发展""辽宋夏金多民族政权并立与元朝的统一"两个专题的学习为例[5]，确立教学主题"从唐长安和北宋东京认识唐宋社会及变化"，从城市布局认识城市生活变化——时空观念，从商业发展和对外交流认识唐宋社会变化——中华文明成就的认同感，引导学生阐述自己眼中的唐宋社会——民族自豪感、社会责任感。教师可要求学生运用示意图、唐诗、绘画、文物等多种史料，对唐宋都城的时空定位、长安东京的社会风貌、唐宋社会的发展变迁进行论述。

2. 学科性原则

从学生的实际情况出发，基于学生现有学习、认识历史的水平，帮助学生建构正确的历史认识。基于学科大概念、大观念，明晰学科性原则，准确定位学科核心素养的教学目标，表现出学科应有的担当与作为、责任与使命。

3. 检测性原则

检测性意味着教学目标是明确具体的、可操作的并可检测的，目标的指向针对学生通过学习表现出来的进步程度，教师要坚持课堂"教—学—评"的一致性，树立每位执教者都是监测员的理念。

仍以上述专题为例，具体检测时，教师可主要关注：在此基础上，学生是否能够利用示意图和材料描述都城的繁荣，是否能够从时空定位中认识都城是唐宋社会繁荣的重要标志，是否能够认识示意图和文献资料所具有的不同价

值，是否能够通过史料分析，结合唐宋特点设身处地理解城市生活变化，是否能够选择相关材料、使用相关历史术语，解释都城繁荣的原因、城市布局的特点、唐宋社会的变化等。

（二）借力课堂，三"化"策略

学科核心素养提升的实施过程应遵循"教育目的层—学科目标层—教学目标层"的结构路径，灵活采用学科项目化策略、问题化策略、开放化策略，围绕"情境创设—问题引领—史料研习—开展论证—深度拓展"的教学过程，促进历史课堂深度学习发生，深刻领会"学习是个体与情境持续互动中不断解决问题和创生意义的过程"[6]。鉴于近年一线课堂实施过程出现的偏差，提出以下策略：

1. 项目化策略

项目化策略是指通过主题整理，在知识结构化、学习情境化中形成学科大概念、学科大观念。

历史教学中教师要立足学科知识体系，分析课程知识体系，建构教学知识体系；同时创设学习情境、生活情境、社会情境、学术情境等多维情境，通过情境中的师生持续互动，不断引导学生在一次又一次探究中解决问题、创生意义。可以设计知识链、问题矩阵，引导学生在问题与问题的联系中、在综合地带和边缘地带的知识碰撞中，实现从低结构到高结构的飞跃，并形成学科大概念、学科大观念。

例如，李宏图教授将18世纪的法国启蒙运动放置在一个动态的、有内在关联的时空关系中展开思考和分析。首先是溯源至17世纪的思想传统；其次采用共时性视角，关注同时期的苏格兰启蒙运动、荷兰启蒙运动、德意志启蒙运动以及明清之际的启蒙运动；再次指出它们之间的内在逻辑，也就是说，旧制度下社会结构的基础与原则是王权、特权和神权，确立现代社会的基本原则，即王权—自由，特权—平等，宗教迫害—宽容，蒙昧—知识等，后来发展成为自由、平等、博爱、科学的近现代资产阶级核心思想。这样一来，放置在动态时空观念体系中的启蒙运动就不只是思想观念层面的运动，它与现代世界的关联就自然地凸显出来了。至此，18世纪法国启蒙运动才显现出它相对完整的轮廓，我们对它的认识才有深入乃至深刻的可能。

在启蒙思想知识结构化、学习情境化中，学生形成了启蒙运动大概念、大观念，彰显了历史学科的科学性、人文性。这样的处理，对学生学科核心素养的培养极有助益，值得我们用心去研究实践。

2. 问题化策略

问题化策略要求在养成学生问题意识的基础上，在特定的历史环境下进行分析、比较并发现真实的、有意义的问题。

问题意识指在获取图文信息的基础上，通过调动和运用所学知识，在发现问题、论证问题、独立提出观点三个层面发展历史学科的关键能力。2016年年底教育部重修的"历史考试大纲"，专门提出了"发现问题"的能力要求。

开放性试题是近年历史高考的风向标，有两点值得关注。第一，问题具有"开发"的价值。学生发现答问题就是一个鉴别、探寻和解决问题的过程，而不仅仅是回忆知识。第二，问题极具"开阔"的视野。问题的解决主要依靠学科的思维能力，而不仅仅是学科知识。很显然，"问题意识"非一朝一夕就能养成，发现和解决真实的问题，更需要师生长期的用心学习和努力。

（1）适时引导发现历史问题

发现问题是问题意识的起点，学生的思维力、思辨性、逻辑关系等都是在问题的探究和解决过程中不断发展起来的。

以必修三专题一"明清清初的思想活跃局面"为例，教师在讲到王夫之的哲学观点时，有意识地引导学生将王夫之的唯物主义与政治主张对照学习，学生自然而然地就会思考：王夫之的哲学思想与他的政治主张有何关联？这样，教师引导学生成功进行了解决问题的训练，不仅有利于单元主线的学习，还搭建了解决问题的台阶：王夫之的哲学思想实际上是对其政治理念的一种提升概括。在此基础上，教师引导学生重温先秦以来儒家思想的核心内容，于是学生自主提出下一个问题：为何王夫之的思想仍属于儒学的范畴？解决这个问题的台阶便是：明清之际的思想家与先秦儒学的批判继承关系。

可见，教师要善于把握关键性问题、内化分析性问题，在问题的梯度建构中逐步落实对学生核心素养的培养。

（2）求真求实论证历史问题

求真求实是历史教育的起点，也是价值观教育的底线。论证问题的过程，不仅要运用真实的史料，分辨各种解说，更要通过分析、综合、比较、概括等思维操作，史论结合地说明、解释历史。有的教师围绕"秦文化与秦的兴盛""秦文化与秦的衰亡"展开探究活动——教师先提供相关文字、图表和漫画，再引导学生依托史料，对"秦文化的开放与秦的崛起""秦文化的专制与秦的灭亡"等历史结论进行合理解释。这种训练，有助于学生在真实情景下自主完成历史问题的论证，同时对历史问题进行深入思考，为进一步提出自己的观点打下基础。

（3）鼓励学生独立提出观点

鼓励学生独立提出观点，很大程度上是指培养学生敢于质疑、善于批判、勇于创新的思维品质。教师在课堂教学中应尽量留给学生更多的探索空间，充分发挥学生的想象力，培养学生独立思考和创新精神。

以探究《圣迹图》为例，教师引导学生：发现问题——孔子生活的时代纸张和线装书是否已出现，论证问题——《圣迹图》为何出现"穿越"信息，独立提出观点——《圣迹图》的史料价值是否会因此降低？你怎么看？这样的牵引驱动既能利用创设情境激活课堂，又能透过问题的提出与解决，培养学生搜集处理史料、探究解释问题的能力，提升学生"史料实证"的核心素养。学生问题意识的培养是一项长期的、系统的工程，需要引起一线教师的高度重视。

3. 开放化策略

开放化策略指向课堂教学的深度挖掘和拓展，在宽阔的知识视野中彰显历史学科的育人本质。历史事实浩如烟海，所有历史问题的解决都不是终极性的，在解决问题的过程中也会出现新的问题，需要进一步展开深度学习和延伸探究。

（1）重视"知识视野"的宽度深度，凸显知识体系的完整性

新材料的选择和新情境的营造，有助于从内涵和外延上，拓展知识的宽度与深度，形成更加完整的知识体系。

例如，对于人教版必修二关于工业革命发生的背景，如果教师仅从经济根源和社会条件阐释，视野显然不够宽广、相对表象。事实上，制度创新与思想文化的影响、前工业革命时期逐渐形成的乡绅力量、企业家精神及经济地理等因素都对英国工业革命的发生产生了影响。例如，"乡绅"在历史演进中的务实性、开放性和适应性，使之在生产力革命和土地关系革命中扮演"先锋"角色；又如"制度创新"，可从代议制、重商体制、专利制、手工工场制、科学的簿记制度、健全的财政金融体制、资本主义大土地所有制和旧殖民体制等方面进行解释。挖掘这些因素，能引导学生看到更本真的东西，这才是历史学习的本质意义所在。

（2）重视"知识视野"的多元视角，凸显历史教育的价值引领

历史教学中要注意变换视角，突破思维定势，借助史料研习，深度把握历史，多角度认识史料和价值观教育之间的逻辑关系。

如在讲授"宋代理学"时，教师可以围绕"内省与超越"主题，提供以下

几个视角：继承的视角即理学发扬孔孟之道，发展视角即强调内省修身，超越视角即实现了体系化、思辨化、哲学化、普及化的伟大超越……在此基础上，再帮助学生真正理解：在唐宋大变革的时代格局下，理学对传统文化的转型、民族性格的塑造作出了巨大贡献，同时对世界产生了深远的影响。最后，以朱熹《春日》"胜日寻芳泗水滨，无边光景一时新。等闲识得东风面，万紫千红总是春"这首寓哲理于形象之中的古诗收尾，与主题遥相呼应，价值引领生动自然，落地无痕。

四、指向历史学科核心素养扎实落地的努力方向

核心素养的提出，其本义是让教师超越学科理解基础教育的本质，教师在以课堂为阵地，回归历史学科本质特征的同时还要注意实现培养"全面发展的人"的目的。为此，同侪尚需在以下两方面不懈努力。

（一）超越历史学科的逻辑体系，提升学生的跨学科素养

无论是 2016 年中国学生发展核心素养的内涵阐述，还是《普通高中历史课程标准（2017 年版）》，都明确了跨学科素养培育的要求。复杂多变的世界需要学生具有整合不同学科知识、运用不同学科思维解决问题的素养即跨学科素养，以适应社会经济与科技信息的发展。

新时期的跨学科素养表现为以下几个方面：

一是能吸纳多学科知识，形成立体、完善的知识体系，视野开阔、知识多元。

二是能以多学科的方法研究共同的、相关的问题，在问题解决中形成多元、独特的视角，具有创新思维。

三是由单科思维向跨学科思维拓展，打通思维通道，思维具有立体性和灵活性，以应对复杂现实问题。

具体到历史学科，需要找到一些多学科交叉的立足点，以一些主题为突破点，结合其他学科内容进行逻辑整合与提升：构建融合历史、地理、政治、语文乃至音乐、美术等多学科领域的知识体系；提升历史学科五大素养目标的同时兼顾各学科素养目标；运用史料实证、历史解释等学科素养，综合各科的研究方法；利用其他学科的视角解决历史问题；强化历史意识的同时体现多学科思维；在提升学生历史素养的同时，关注学生综合素质、人文情怀、自主发展等素养。

这样，就能将历史学科的五大核心素养要求与跨学科核心素养要求合理地联系起来，就能推动核心素养具体化、可操作化，实践世界经合组织（OECD）所提倡的素养培养，使"个体在特定的情境下，能成功地满足情境中的复杂要求与挑战"[7]。

（二）科学评价历史学科学业水平，聚焦学生的终身发展

历史教学评价的目的应聚焦于培养和发展学生的历史学科核心素养；要体现学生学习历史的发展程度、行为变化、量和质。

既要评价学生学习历史的现有水平，又要用发展的眼光关注学生历史学科素养的提升过程和潜力；既要评价学生历史学科的素养，又要以综合的眼光关注学生整体知识结构和思维特征；既要评价学生作为个体运用历史知识解决问题的能力，又要关注学生合作和创新的素养……

历史学科培养的人才，不仅要有敏锐的历史触觉和历史思维，还应是全面发展的人、适应现代社会的人。"向下扎根，向上结果"，期望学科核心素养目标下的历史课堂日益趋向"思维盛宴，生命引领"的理想境地！

参考文献：

［1］於以传. 中学历史课堂教学把握内容主旨的基本途径与方法［J］. 历史教学问题，2012（4）.

［2］王卫华. 普通高中学科核心素养与学生发展核心素养的对接探析［J］. 课程·教材·教法，2018（6）.

［3］姜纲. 落实立德树人根本任务，进一步深化高考内容改革［N］. 中国教育报，2018－12－25.

［4］于涵. 新时代的高考定位与内容改革实施路径［J］. 中国考试，2019（1）.

［5］中华人民共和国教育部. 普通高中历史课程标准（2017年版）［S］. 北京：人民教育出版社，2018：73－83.

［6］杨向东. 如何开展基于核心素养的日常评价［N］. 中国教育报，2018－06－07.

［7］蔡文艺，周坤亮. 以"核心素养"为中心的课程设计：苏格兰的经验和启示［J］. 辽宁教育，2014（7）：87－90.

论如何挖掘语文教材中的传统文化内涵

阮平章*

摘要： 语言是文化的载体，在新课改的背景下，高中语文教师更应该发挥语文教学的育人功能，提高学生的语文综合能力，挖掘教材中的传统文化，促进学生对传统文化的理解，培养学生优秀的文化品格。挖掘教材中的传统文化有利于学生深入掌握文本内容，突出中华文化的博大精深，体现语言的思维方式，感受作者的情感和状态。本文将结合语文教学立德树人的功能，对教材中的传统文化进行挖掘，以便更好地促进学生核心素养的发展。

关键词： 高中语文；传统文化；核心素养

高中语文教学一直承载着文化的延续和传承任务，从来都是基础教育的活性元素。高中语文课程与生活、时代、社会、文化、历史息息相关，具有很强的人文性。因此，在高中语文教材中，蕴含着大量的传统文化知识。在素质教育的背景下，高中语文教师不仅要培养学生的语言能力，更要关注语文的人文性，挖掘教材中的传统文化，陶冶学生的情操，提升学生的文化品格，促进学生综合素质的发展。

一、挖掘教材中传统文化的意义

（一）促进学生文化品格发展

中华上下五千年，历史悠久，文化底蕴深厚，具有丰富的传统文化，在高中语文教学中挖掘教材中的传统文化，既有利于学生更好地理解文本内涵，学习优秀的传统文化，又能感染学生的情感，促进学生文化品格的形成。挖掘教

---

* 阮平章，福安市第二中学。本文发表于 2019 年第 33 期《中学语文》。

材中的传统文化，可以丰富教学内容，增加学生的学识，激发学生对传统文化的兴趣，增强学生的审美和鉴赏能力，提高学生的文化意识。

（二）增进学生的民族文化意识

挖掘教材中的中华优秀传统文化，不但能够还原文本的背景，让学生在文本中体会中华传统文化的魅力，感受古人的仁义之心，而且能够健全学生的人格，帮助学生形成良好的道德标准，提升学生的道德水平。传统文化是古人智慧和经验的浓缩，凝结了中华文化的精髓，通过对教材中传统文化的挖掘，可以向学生全面、具体地展现传统文化的发展过程，让学生体会中华文化的魅力，充分认识到古人的智慧，增强自信心，增进民族自豪感。

二、挖掘教材中传统文化的策略

高中语文教材中的篇目都是经过专家精心研究和编排的，几乎每一篇文本中都蕴含着中华优秀传统文化内容，体现出汉语言文学的魅力，历经岁月的洗礼经久不衰。在高中语文教学中，教师既要引导学生学习语文学科的基本知识，还要挖掘文本中的传统文化，注重学生传统文化观念的形成，不断提高学生的文学底蕴，将语文的文学教育与文化教育统一起来。

（一）立足主题，挖掘优秀文化思想

高中语文教材中的文本主题鲜明，作者将自己的思想情感有机地融入文本中，体现出中华优秀的传统文化思想。因此，高中语文教师要立足主题，挖掘教材中的优秀传统文化思想，感染学生的情感，陶冶学生的情操，帮助学生形成良好的文化品格。比如苏轼的《定风波·莫听穿林打叶声》，描写了作者在沙湖道遇雨的情景，作者并没有感到失落，而是体现出一种"竹杖芒鞋轻胜马，谁怕？"的态度，在大雨中竹杖芒鞋行走本来就比较艰辛，而作者却悠闲、潇洒地走在雨中，并用"谁怕？"来激励自己，表达出作者的生活态度，不畏磨难和艰辛，这也是苏轼人生的真实写照，因此，作者用"一蓑烟雨任平生"来概括这种生活态度。其中体现了苏轼虽然遭受政治上的不如意，一贬再贬，但是仍然保持着乐观、豁达的态度，从容、镇定地面对人生。即使晚年苏轼被贬海南岛，仍然体现出"云散月明谁点缀，天容海色本澄清"的心境。通过对苏轼诗词中文化思想的挖掘，可以让学生更深刻地体会到词中"一蓑烟雨任平生"蕴含的情感，感受苏轼旷达的胸怀，体验他的抱负，在帮助学生理解诗词中思想的同时，促进学生文化品格的形成。

（二）解析文本，挖掘中华传统文化

高中语文教材中那些具有浓浓传统文化气息的文本，是古人思想的体现、智慧的结晶。高中语文教师应该从文本中的文本信息入手，引导学生从思维方式上探究文本中的传统文化，以便挖掘文本中的传统文化，将文本中所蕴含的文化特质向学生完整的展现。以韩愈的《师说》为例，这是一篇议论文，全文开篇以"师者，所以传道授业解惑也"点明主旨，教师在教学中，可以结合文本中的疑问，如"人非生而知之者，孰能无惑？"、"吾师道也，夫庸知其年之先后生于吾乎？"等语句，引导学生从文本中提炼古代拜师求学的基本原则，理解其中蕴含的传统文化，让学生在理解文言文内容，掌握实词、虚词用法的前提下，形成谦虚好学、尊敬教师的优秀传统品质，帮助学生更加主动地参与到语文知识学习中，养成优良的学风。随后，教师引导学生继续挖掘文本中尊师重道的优秀传统文化，并让学生思考，现在随着经济的发展，人们对于从师求学的传统文化也淡漠了，其主要原因很多是"耻学于师"，那么，大家仔细地阅读文本，看看韩愈是从哪些方面来反驳和论证的？学生进行阅读、思考，互相之间进行交流与互动，很快得出结论："小学而大遗"、"圣益圣，愚益愚"、"师道之不复"等，这样，学生既能够深入了解文本内容，体会作者的情感，同时又能感受韩愈所推崇的求学精神，深深理解不耻下问、尊师重教的优秀传统文化。

（三）拓展联想，挖掘传统文化情怀

在高中语文教材中的许多文本中，一些经典的作品通过描写自然景色，寄托作者的情感，表达出作者的情怀，蕴含着一定的道理，作者匠心独运，巧妙的构思，将传统文化巧妙地融入文本中。因此，高中语文教师在教学中要注重传统文化氛围的营造，激发学生对传统文化的喜爱，主动积极地探究文本中的古人情怀，挖掘其中的传统文化知识。同时，教师也要引导学生围绕文本内容进行拓展，延伸到相关的传统文化知识，丰富教学内容，增强学生对传统文化的理解。比如朱自清的《荷塘月色》，在让学生熟读课文的同时，教师可以给学生拓展《文心雕龙》的知识，让学生理解"人秉七情，应物而动"。在一些经典的文本中，一些语句看似在对景物描写，却常常融入了作者的情感，蕴含着浓浓的传统文化知识。随后，教师引导学生欣赏《荷塘月色》中作者描绘的美景，诸如月色、荷塘等，让学生联想传统文化中的有关月色、荷塘的作品，拓展学生的知识面。学生纷纷发表观点"床前明月光，疑是地上霜"、"春风又绿江南岸，明月何时照我还"、"出淤泥而不染，濯清涟而不妖"、"荷叶罗裙一色裁"、"露从今夜白，月是故乡明"、"绿塘摇滟接星津，轧轧兰桡入白蘋"等，既丰富了学生的文化知识，也提升了学生对传统文化的认识。

（四）了解作者，掌握传统文化知识

孟子曾说："读其书，不知其人可乎？"在对高中语文教材中作品阅读和鉴赏的过程中，教师也要引导学生对作者及其经历等相关资料进行收集，了解作者所处的时代背景，这样更有利于挖掘教材中的传统文化知识，感悟作者的真情实感和其流露出的思想。文学作品具有历史的局限性，并与作者的实际生活紧密相连，并不能孤立地存在，而是植根于深深的传统文化中。比如，李清照的诗词《醉花阴·薄雾浓云愁永昼》和《声声慢·寻寻觅觅》，就是作者人生经历的真实写照。教师可以让学生对李清照的人生阶段进行梳理，对比作者不同时期的作品。一般来说，李清照前期生活比较安逸，感情细腻丰富，诗词主要体现作者闺中生活、游玩心得、自然风光、相思离别等内容，如"莫道不销魂，帘卷西风，人比黄花瘦"深深地寄托了作者对丈夫的思念之情；在经历了靖康之变之后，词人颠沛流离，在作品中渗透了对旧时光的怀念、亲人的思念以及自己的孤独、苦闷等，就如"这次第，怎一个愁字了得"。通过对作者经历的梳理，可以让学生从时代背景、传统文化的角度思考诗词中的情感，理解作品的内涵。同时，教师也给学生推荐一些经典名著，诸如《西厢记》、《红楼梦》、《周易》、《诗经》、《礼记》、《尚书》、《左传》等，提高学生的文化素养。

总而言之，在高中语文教学中，教师要采用多元的教学方法，挖掘和体会教材中的传统文化，让学生感悟传统文化的博大精深，受到民族文化精髓的熏陶，进一步提升学生的文化品格，促进学生的全面发展。这样既有利于传统文化的传承、延续，也能够提升学生素质。

参考文献：

[1] 刘雪梅. 浅谈国学经典在语文教学中的渗透 [J]. 现代语文（教学研究版）. 2016 (11).

[2] 由秋月. 高一语文教学中的国学教育研究——以高一语文教材为例 [J]. 课外语文. 2016 (18).

[3] 曹红红. 在高中语文教学中传承国学文化 [J]. 亚太教育. 2016 (25).

[4] 朱玉静. "国学热"背景下优化语文教学的思考 [J]. 甘肃教育. 2016 (17).

高中数学说题教研的价值与思考

池新回*

摘要：说题教研是一种展示和讨论活动。随着说题教研的不断深入，它不仅能够指导教师进行高效的课堂教学，同时对掌握试题命制技能技巧等方面也具有很好的指导作用。说题教研已越来越引起广大教育工作者的重视。

关键词：说题教研；价值；思考

近三年的教改实践中，我们在"说课"活动的影响下，开展了说题教研活动。对这一日臻成熟的教研形式，特作如下解说。

一、说题教研的含义

所谓说题教研，是教研活动方式的一种，由解说和评说两部分组成。首先是说题教师在理解问题、理解教学、理解学生的基础上，对所给定问题的知识内涵、能力要求、思想方法、拓展变式等作出详尽的解说，然后再由参与教研的专家或同行进行评说。这种活动，重在解说，它是以说题教师口头表达为主，以数学思想方法为依据，针对学生的能力要求，以问题本身的知识内涵为基础，以同行为主要对象的教学研究活动。

二、说题教研的形式

对于说题，不同的实施主体有不同的要求。我们在说题教研这一课题的实践中，侧重教师说题，将说题教研当作学校教研组或备课组教学研究的一种方

* 池新回，三明市教育科学研究所。本文发表于 2018 年 Z2 期《中国数学教育》。

式。通过说题教研的开展，提升教师的专业水平，促进教师更加深入地研究试题功能及教学策略，提高教学的质量与效果。

三年来，我们进行了一题一说和一题多说两种形式的说题探讨。

1. **一题一说**。这种说题教研形式是在教研活动中，指定一位教师对给定的某一习题（试题），在认真学习相关的教育理论，深刻研究学科知识结构的基础上，探索该习题（试题）的来源，研究该习题（试题）考查目的和知识要点等，进行一系列的充分准备，而后在活动中向专家或同行示说。

2. **一题多说**。这种说题教研形式是在教研活动中，组织者指定多位教师对给定的同一习题（试题），在同一次活动中展开示说。在活动中，说题者进行的是同题异说，因此对每一位说题老师的教学前瞻性理念探求、学科知识掌握程度、解题方法理解能力等，提出了较高的要求。这种教研活动，不论是说题者还是参与者，都得到了案例示范和理论滋养两方面的收益，营造了良好的教研氛围。

我们还进行了大题小说和小题大说两种形式的说题研究。

3. **大题小说**。对于有些典型的习题（试题），它所涵盖的知识内容较多，我们则选择其中最有代表性的部分展开研说。

4. **小题大说**。有些习题（试题）的知识内容虽然单一，但具有典型性、规律性和一般性，我们则将这样的"小问题"进行深入探讨和研究，总结出其一般性的结论。

三、说题教研的特点

1. 从说题的内涵看，具有鲜明的思想性

在说题教研活动中，说题者不仅要深化试题研究，把握命题的趋势与方向，掌握试题命制技能技巧等，同时还要关注学生应答思维，并对学生错误思维进行深入的剖析，从而研究、规划讲评教学策略，提高讲评教学的针对性和有效性。因此，说题教研是一种深层次的备课活动，是一种有效的校本教研方式。

2. 从说题的表达看，具有鲜明的阐发性

在说题教研活动中，说题者不但要说命题立意，还要说知识考点，说数学能力和数学思想；说题者不但要说如何分析求解，为什么这样求解，还要说试题的拓展价值；说题者不但要说该题与课程理念、课程标准的联系，还要说试

题对培养学生的数学素养所起的作用。因此，从说题的表达看，具有鲜明的阐发性。

3. 从说题的技能看，具有鲜明的演讲性

同样的说题稿，不同人说会有不同的效果。因为说题稿是静态的，而说题的"说"是动态生成的过程，是有听众的。在说题教研活动中，说题者能否调动同行或专家的情绪和思想，在很大程度上决定了说题者说题的成败。所以对于说题者在现场说题中，除了要准备好各种题型的框架，吃准课标、考纲，合理安排好说题的时间之外，还要讲究说题语言的表达，要有层次感，条理清晰，详略得当；语言要流畅，要自信，要富有激情和个性。

4. 从说题的水准看，具有鲜明的层次性

说题是教师以教育教学理论为指导，在精心备课的基础上，面对专家或同行，以语言为主要表述工具，配以有关的辅助手段，系统而概括地解说自己对给定试题（例题或练习题或考试题）的理解，阐述对该试题的教学观点，表述对该试题的教学设想、方法、策略等。说题教研是一种展示和讨论活动，是说课的延续和创新。

四、说题教研的价值

1. 教研价值

在说题教研中，说题者要努力寻求现代教育理论的指导，充分挖掘所说问题的个性与共性，展示说题者的才能；评价者也要努力寻求说题教师的特色与成功经验的理论依据，说评双方必须围绕着共同的问题展开充分的探讨，形成基本共识，从而达到取长补短、优势互补的教研效果。说题者在得到反馈信息后，可以不断修正说题内容，从而提高和完善自己的教学预案；参与者从中可以得到比较和借鉴，营造较好的教研交流氛围。

2. 培训价值

说题教研，其实质展现的是说题者自身的数学教育的理论功底、数学教学的前瞻性理念，以及对数学知识的掌握程度和数学方法的理解能力。长期坚持说题教研，必然促进说题者理论学习的广博和深刻，理论应用的熟练而有效，从而促进教师业务素质的不断提高。

3. 管理价值

只有好的说题内容，才能激发说题者的热情，让说题者"有话可说"。因

此，说题教研中，不仅说题者、评说者要有深厚的数学教育理论功底，娴熟的数学基本才能，组织者更要具有这种功底和能力。这对组织者提出了较高的管理要求。只有组织者的高瞻远瞩、说题者的精心准备，说题教研才能为课堂教学的改革提供良好的教育平台，说题教研才能活跃在各类的教研活动中，让说题这种教研方式发挥更加重要的作用。

4. 竞争价值

在说题教研活动中，不论是一题一说还是一题多说，不论是大题小说还是小题大说，说题者都是进行充分准备的，参与说题活动的评说者也是有备而来的。在活动中，每一位参与说题教研的老师，通过现场的说一说、比一比、评一评，都在充分展示自己完美的说与评。因此，说题教研活动营造了比、学、赶、帮、超的教研氛围，激发了竞争意识。

五、说题教研的思考与展望

说题教研是高中数学教研活动的重要组成部分。梳理这几年来说题教研的历程，可以看出我们高中数学教师，在说题教研理念的更新、说题教研价值的评价等方面做出了诸多努力，已渐渐地将说题教研渗透到高中数学教研活动之中，与高中数学教研活动融为一体。

1. 明确教研目标，精选说题内容

说题教研应着眼于从教师熟悉的说题教研入手，帮助其掌握多种说题方法，提升多角度分析问题和提出自己独立见解的能力。依据此目标，在开发说题教研资源的过程中，应从体现数学能力、数学思想方法等多个领域出发，培养教师说题的能力，让说题教研资源在连接教师的教学经验与说题内容之间建立良好的桥梁作用。

2. 更新教研理念，创新说题方法

目前，我们在说题教研活动中取得了可喜的进步。例如，在先进的教学理念指导下，各个学校教研组根据教师的实际，创建别具一格的说题教研氛围。随着微课、慕课、翻转课堂等新的教学改革理念的逐步推进，教研组或备课组应为教师提供足够多的说题教研资源来满足教师研究的需求。在当前如火如荼教学革新的大势下，唯有深入研究说题教研方法，立足校本和课本，理解教材、理解教学、理解学生，理念转变、制度革新、形式创新，才能从根本上推动说题教研在高中数学教研活动中落地生根。

3. 改进教研评价，关注说题环境

近些年来，教研评价日益走向多元化。说题教研作为教研活动的一部分，不仅要指导教师掌握说题的基本方法，还要探索更加多元而有效的评价方法。教研组或备课组要关注说题情境，不断更新说题教研资源，创新说题教研方法，增强教师参与说题教研的积极性和主动性，如，可通过示范、演练等方法带领教师开展说题活动，通过说题教研的不断深入，营造更加和谐的教研氛围。

参考文献：

[1] 钱月萍、黄加卫，议高中数学教学中"说题"活动的"源"与"流"[J]. 中学数学研究，2011（7）：46－82.

[2] 殷伟康，"数学说题"教学的原则与教育功能 [J]. 教育理论与实践，2011（14）：22－31.

[3] 方家鸿、胡国庆，在高中数学学习中开展"说题"活动的尝试 [J]. 中学教研，2005（2）：32－17.

基于学科核心素养的生物教学细节优化策略

——以人教版"流动的组织——血液"一节为例

苏燕卿[*]

摘要：以人教版"流动的组织—血液"一节为例，从课堂备课、问题探究、教学评价等教学细节进行阐述，研究并指出以生物学科核心素养为基础的课堂教学细节优化方式和意见，致力于在课堂教学过程中提高学科核心素养，从而起到培养学生核心素养的目的。

关键词：核心素养；教学细节；优化策略

生物学核心素养就是学生在汲取生物知识的阶段中逐渐养成的符合自身健康成长与社会发展所需求的重要品德与关键技能，就是学生利用学习生物学内化的有着学科特征的品质，是培养科学素养的重点所在[1]。在建设有中国特色社会主义的过程中，基础教育的改革也随着时代的变迁、社会的新环境以及公民新的需求不断地改变和深入。在基础教育改革过程中，学生的核心素养应怎样培养和实施是其中的重点，而教学细节，是在我们上课的特定情景中，能够被学生、他人直接感受到的部分。教学细节虽说是细节，但是正是由一个个教学细节，组成一堂完整的课，从而展现给学生。这就意味着，事实上教学细节是可以看得见、听得见、摸得着的，反映在课堂教学的各个环节。例如，在学生感到困惑时适当给予帮助；在学生对问题情境迷茫时引导回答；在学生回答错误时予以鼓励与包容，在学生成功时适时表扬与共享。反面的教学细节也有，如，只重视教学内容，完全不理会学生，充耳不闻，冷漠对待……虽然都是细节，但是好的教学细节能够体现出教育的大理念、大智慧[2]。"细节决定成败"，这一话语也适用于课堂活动。重视教学细节，即重视生物学科核心素

---

　　* 苏燕卿，厦门市第六中学。本文发表于 2020 年第 1 期《中学生物教学》。

养有无贯彻落实；就是关注教师在课堂上的表现是否对学生具有生成度，就是关注课堂教学的把控是否合理、智慧、精确。那么，怎样在教学细节中融入与培养学生的学科核心素养呢？这是基础教育改革以及新课改背景下，教师应该着重探索研究的一个关键问题。以下，笔者将结合"流动的组织——血液"这一节课的教学实践，浅谈基于学科核心素养的生物教学细节优化策略。

1. 关注教学内容的素养立意，在精心预设中把握细节

教师在教学时，必须时刻认知到，不只是将教材内容传输给学生，还应充分结合学科内容培养他们的核心素养。因为核心素养是课程的总目标。而要实现这种目标，就应该改变老师的教学思想，从原来仅关注学生的知识落实程度，到现在关注学生在学习知识的同时，还锻炼、养成了哪些核心素养。这对教师来说，课堂、教学的设计无疑是难度加大了。教师不仅仅是要将知识教给学生，而是要将知识与核心素养相结合，让学生在教师精心预设的课堂环节、课堂活动中潜移默化地充实生命观念，增强科学思维，提高科学探索水平和加强社会责任感。这就需要教师在进行课前准备时，熟悉课堂的每个环节，设想学生会做出的反应，联系相关知识点进行引导。充分的课前准备，才能将精心安排的教学细节在课堂实践中匠心独具地展现出来，获得较好的课堂效果。显而易见，这也要求教师有着丰富的教学知识和学科理论知识。除此之外，还要对教学对象以及教学环境充分把握，以及对各种教学资源、教学媒体的有效配合利用。教学细节，就是教师对于课本的深刻认知与理解后的灵活创设[3]。

关于《流动的组织—血液》这节课，笔者所使用的是探究性学习方法。在探究性学习方式的使用过程中，引导学生提高科学思维能力。希望促进学生在生活中主动发现问题、提出问题，并收集资料、图文来解决问题，从而自主构建、完善知识体系。课堂以全体学生作为主体，为他们提供更多展现自我的机会，使其强化自身的能力。在学习知识的阶段中致力于引导他们把抽象的知识形象化、生动化与具体化，掌握知识的迁移规律。

在教学预设中应该把握好以下细节：①运用丰富的教学资源，创设多样化的教学情境，采用多种教学方法，从解读血常规化验单、演示实验、家庭小医生及显微镜的观察等，激起学生积极探索与研究的热情。在家庭小医生这个环节，学生被各个生活中的问题带入到情境中，通过对这一个个问题的思考与探讨，提高学习热情，形成科学思维的习惯。②考虑本节课容量大，"用显微镜观察人血的永久涂片"最好在前一节做完，事实证明这种预设安排是非常合理的。③通过生活中的实际问题（如：贫血、血友病、白血病、血栓、人体血量等）为学生创设一个与实际生活、生命活动相关的问题情境，让学生融入问题场景后，再逐步启迪学生对其中的问题进行思考，比如：为什么当病人失血过多时需要对其进行输血？试管中的血液是单纯的一种液体吗？那它由哪几种成份组成？刚才所提到的这三种血细胞有什么区别？并让学生以个人或小组为单位进行讨论。学生在问题的探索过程中建立生命观念，提高科学思维能力，提高学科核心素养。

2. 重视教学过程的思维进阶，在问题探究中捕捉细节

生物科学素养的养成往往蕴涵在每一个教学细节中，而每一个细节都可以成为一堂课的亮点乃至代表。因此在课堂教学活动中，老师应仔细倾听全体学生的反馈，充分了解全体学生的表现，发现其中的细节，并利用细节让学生在自己的知识建构中发展与提升。同时更要思考每次课堂生成应对措施，帮助学生理性思考问题，实现学习过程的思维进阶。

《流动的组织——血液》这节课在教学过程设计时，主要采用了 PBL 教学策略，围绕着"血液的成分和主要作用"这个核心问题，层层拓展递进，设计了五个重要问题。通过一个个问题的情境创设，如观察实验、分析资料、提取信息、角色扮演等，引导学生学习、求知，解决问题。问题的提出注重以下三点细节：

（1）问题指向明确。不一样的知识点，课标要求学生掌握的程度有所差别。针对不同的知识点，问题设定的难度、问题的场景和提问的方法均应存在差别。例如，为了让学生了解血浆的相关知识点，采用直问式，对学生直接提问："血浆的主要成分及其相对应的主要功能是什么？"这样直接明了的问题导向，使得学生能够很容易领会到回答的要点，有利于学生对知识的掌握。另外，问题的指向还应有利于学生的知识梳理。例如，在同学们说出红细胞的作用后，基于他们做出的回答，开始提问"为什么红细胞能运输氧气？是红细胞中的什么在起作用？"这种构建在学生回答上的提问，能够引导他们深刻思考，完善自身的理论体系，加速知识的内化，同样也使得他们能够更好地了解红细胞中血红蛋白的特征。这样掌握时机的逐层提问，更加有助于提高学生的科学思维能力。

（2）问题循序渐进。在确定问题时，教师可以先提出一个主要问题，再结合问题延伸分析其他子问题，在问题层层递进、环环相扣、从易到难的基础，再将所有的问题以及答案串联起来，回归到一开始的核心问题，总结归纳其相对应的核心知识点。这样"总—分—总"的问题设计，使得问题之间过渡自然且更有逻辑。例如，本节课中，让学生从血液的成分到功能，从结构到功能进行过渡，问题设计由易到难，强化学生的物质与功能观，充分结合核心素养中的生命观念，提升学生的理论基础和能力。再比如，抛出问题"三种血细胞各有何特点？"作为总问题，接着，请学生根据上节课在显微镜下看到的三种细胞的情况提出思考讨论问题："你所看到的人血永久涂片中数目最多的是何种细胞？你是怎样区分红细胞和白细胞的？为何看不到血小板？"这样的问题设计具有渐进性和启发性，符合学生认知习惯和思维特点，有效实现思维进阶，也能够锻炼学生的科学思维。

（3）问题多元讲解。比如：讲解"血液有哪些成分"，采用分组探究实验法，并要求学生观察血液的外部特征（如，从视、嗅、味等感觉器官认识血液的特征），这样可以激发学生学习的兴趣，培养用多种感官认识事物的能力；讲解"血浆的成分和作用"，采用阅读观察法和理论联系实践法（如：无机盐——举例学生上完体育课想要补充水和无机盐，并拿出"盐点"饮料投影，让同学们观察成分表）；上文提到在讲解"三种血细胞的特点"时，与实验操作和观察辨别相结合。另外，在针对较难、内容范围较广的问题时，教师适当地可以把问题交给学生，让学生通过小组合作、集体讨论、头脑风暴等形式来解决问题，在锻炼学生科学思维的同时，还能引导他们形成团队合作认知，提高社会责任感。通过多种讲解方法过程中思维的交流和碰撞，生物学科科学思维素养得到了持续提升。

3. 强化教学多元评价意识，在巧妙评价中提升细节

在教学活动中，多元化评价是十分关键的，而恰恰这又是许多教师所不重视的。大部分教师仍然受到"唯分数论"的禁锢，只是以知识的汲取、考试得分来评估学生的学习效果。在新课标出台后，教师要改变这样的思想，要以生物学科核心素养的落实为首要指标，树立多元化评价的理念。将学生的自我评价、小组评价、教师评价进行整合，发展性评价和终结性评价相融合。新一轮课程改革的教学评价中最有价值的理论就是"发展性评价"，即注重学生自我参照的评价，把本节课学习结束和学生课前起点进行对比，重视针对学生平时表现的全方位考查，重视生物学科核心素养的培养状况的考查[4]。

教学评价在课堂教学活动中占据着十分关键的地位，教师应充分结合教学资源，了解整堂课的知识结构和教学目标，在同学们做出回答时迅速、灵活地做出评价。本文所说的评价，不只是对于同学们的回答的正确与否做出评判，而应尽可能进行积极的评价。对学生做出的回答，还应合理利用，引导他们深刻思考，激起他们的求知欲望，提高科学思维能力，从而一步一步引导学生自主得出结论。这样教学评价就起到承上启下、过渡承接、激活思维、开拓视野的作用。这样巧妙的评价也是教学细节的一种体现。

如：教学"血液的外部特征"，教师先让小组合作，观察两支试管里的血液状态，并让他们判断哪个是加了抗凝剂，哪个没有（1号试管加抗凝剂，2号没有）？同学们很快回答是1号试管，教师给予肯定评价："你们回答得很好！你们是怎么判断的呢？请你们从各种感觉器官来描述血液的外部特征。"学生马上议论开了。有的说可以闻到一股腥味——味觉，有的说可以看到血液是红色的——视觉，有的说可以摸一下感觉黏黏的——触觉，还有的说可以……教师进一步评价："你们真是太棒了，能够用这么多种的感觉器官描述血液的外部特征，而且语言形象生动，太了不起了!"利用这种鼓励性语言做出评价，能够激起他们学习知识的热情。再比如：教师再提问："是不是所有的动物的血都是红色的？"，有位同学回答："是。"有些教师可能会马上否定学生的回答，而聪明的教师不但不会批评学生反而会委婉地表扬。如："其实你的答案基本上是对的，自然界中大部分的动物的血是红色的，但是还有少数的动物血是其他的颜色。"（投影其他颜色的动物图片并让同学指出是什么颜色）那个学生虽然没能全面、正确地回答出教师提出的问题，但是他利用常识尝试进行解答，有自主学习并总结回答的勇气。获得教师的肯定和耐心指导，会激起他们对相关知识的学习热情与能动性，更好地融入到教学活动中。因此，在评价过程中应重视提升细节，尤其是推动学生健康成长的积极评价应大力提倡。

总之，课堂是师生共创共生的一部作品。在新课改的背景下，教师要把发展学生的核心素养放在第一位。对于学生的每一种形式的反馈，也要细细琢磨。把控好全部教学细节，在课堂活动中引导与促进学生建立生命观念，强化科学思维能力，掌握科学探索的能力，形成较强的社会责任感，使得生物学科核心素养在课堂活动中能够落实到位，确保课堂的丰富多彩。

参考文献：

[1] 吴成军. 基于生物学核心素养的高考命题研究 [J]. 中国考试，2016（10）：25-31.

[2] 刘然. 课堂教学细节解读 [M]. 北京：人民教育出版社，2005版.

[3] 江蕾. 新课程教学现场与教学细节 [M]. 北京：教育科学出版社，2004版.

[4] 曾夫. 教学细节看理念 [M]. 北京：中国教育出版社，2002版.

核心素养下的高中历史校本教材开发例谈

谢品雷*

摘要：核心素养是近年我国基础教育和教育界的新热词，成为深化教育改革、落实素质教育、加快教育现代化的总源头。高中历史校本教材新一轮开发应顺乎当前教育改革发展的潮流，体现时代性和层次性、科学性和创新性、灵活性和探究性，并围绕有效性和核心素养，积极探索，以适应学生素养培养的需求。

关键词：核心素养；校本教材开发；探索；反思

2016 年《中国学生发展核心素养》总体框架要求：深入推进课程改革，构建符合素质教育要求的学校课程体系。[1]由此，核心素养成为我国基础教育的新热词，成为深化教育课程改革、落实素质教育、加快教育现代化的总源头，成为培养新时代人才的新理念和目标体系。

伴随核心素养的提出，作为贯彻国家三级课程重要资源保障的高中历史校本教材由此再添新使命，即应成为落实历史新课标理念的催化剂，成为贯彻实现中学历史学科五大核心素养教育体系的辅助载体。在高中历史校本教材新一轮开发中，要尝试从时代性和层次性、科学性和创新性、灵活性和探究性，并围绕有效性和核心素养，积极探索，以顺应当前教育改革的潮流，适应学生素养培养的需求，实现"立德树人"的教育理想目标。下面就以《汉字演变与汉字文化圈》一课为例，谈谈探索与反思，以求同行指正。

---

* 谢品雷，福鼎市第一中学。本文系福建省教育科学"十三五"规划 2016 年度立项课题"基于核心素养的历史校本课程的开发与应用研究"（PJKXB16−085）阶段性研究成果。本文发表于 2018 年第 4 期《福建基础教育研究》，后被人大书报资料中心《中学历史、地理教与学》索引。

一、核心素养下的高中历史校本教材开发的探索

（一）校本教材开发应具时代性和层次性

一本高质量的校本教材，是由一个统一的、独具特色的办学最具时代特色新理念和多个不同内容的具体课题组成的。[2]这种时代特色新理念应表现在两个方面，即素养和校本的高度统一，反映的本质问题即以学生发展为根本的出发点。

校本教材开发还因不同的年级及课题内容表现出层次性、差异性和多样性。高一校本的取材范围应立足学校、社区、地方的特色教育资源，以培养学生历史兴趣为主。如《福鼎历史》的校本教材开发，培养学生热爱家乡，建设家乡的思想感情。高二校本的取材，应立足对国标教材主干知识的递进、拓展或引入史学研究最新成果，以培养学生能力为主。如《汉字演变与汉字文化圈》的校本教材开发，借助高二学生正处于高中阶段的上升期，具有一定的知识储备与能力素养基础，教师可对主干知识内容与要求适当延伸，通过学生自主探究等方式，充分发挥能动性，培养学生发现问题和解决问题等能力。高三学生校本教材开发，应立足于时政热点和长效热点，通过问题驱动以培养学生素养为主，如《时政热点·分权制衡》的校本教材开发。时政热点是高三二轮复习重要环节，本教材设计时要求学生结合相关阅读材料，带着问题思考：试述古代雅典国家组织机制与唐朝三省六部制的本质区别，并分析其原因。以近代英美为例，说明分权制衡原则是资产阶级民主政治的基石；综合以上材料和所学知识，谈谈你对分权制衡的认识。通过以上 3 个探究问题，培养学生辨析思维，反思西方分权制衡利弊，合理借鉴改造利用，理性看待当今中国政治改革，树立正确的社会主义价值观，提高学生综合素养。由此构建一个层层递进、螺旋上升的系统的素养培育过程。

（二）教材编写内容讲求科学性和创新性

校本教材的编写内容要求教师具有一定的课程建设的科学经验和课程开发意识，做到内容饱含品质，史料出自经典，编排富有条理，语言精准生动。校本教材编写的内容最好源于国标教材，高于国标教材，是对国标教材主干知识科学合理的递进和拓展，并适当引进史学研究新成果。校本教材编写应注重史料实证，取材经典，以提高学生的整理、辨析能力，提高恰当运用史料进行探究和论述，富有创新性的能力。校本教材编排的格式应以国标教材为范板，包

括整体结构、正文和副文的比例、知识链接、问题设置、课后思考、图文安排、栏目设置等方面，严谨而有条理。语言表达应多次加工、规范精准，并使之形成生动形象的叙述性文字，把复杂深奥的历史过程，叙述成通俗易懂的普及性历史知识，符合学生现有知识程度和学习水平，激发学生学习历史、探究历史兴趣。

如《汉字演变与汉字文化圈》的编写，以大纲和课标为依据，面向高二文科班，对高中历史现行人民版必修三专题二第二节《中国的古代艺术》中的"书法"一目所学知识内容进行进阶，并拓展了关于汉字国际影响的"汉字文化圈"，以及关于汉字前景的"汉字梦"两目，衔接了国标教材，扩大了学生视野，引发了对汉字未来发展的思考。编写中查阅了《中国书法概论》、《书法鉴赏》、《说文解字》、中央电视电《汉字五千年》解说词等经典史料，内容翔实、论证有力，并吸纳史学研究新成果。教材结构则包含了前言、正文、图表、问题设置、课后提示等栏目，严谨科学、紧凑凝练，言简意赅、精准生动地展示了汉字前世与今生，以及汉字在国内外发展、辐射的历史，可读性强、引人入胜。

（三）课堂教学活动体现灵活性和探究性

校本教材作为学校特色教材，其课堂教学应更显灵活性和探究性，以此充分展现学生为主体教师为主导的教学理念。实践中，课堂教学活动设计较多体现自主性、对话、合作、探究等多样化、开放化特征。充分利用导学案、翻转课堂、可汗学院、慕课、微课等多种先学后教的教学模式。积极创设问题情境，注意取材与设问的层次性、灵活性和时代性，注意鼓励学生通过独立思考，主动获得知识、解决问题的能力，培养学生抽象思维和批判思维，体现多向互动、动态生成的内在逻辑，以利于学生形成对所学历史史实的意义建构，即史料实证和历史解释，有利于学生综合素质的全面发展，形成实事求是的科学态度和树立正确的价值观。

本节《汉字演变与汉字文化圈》课堂教学设计中应用了导学案，通过教师精心设制导学目标和方法、内容要点、问题思考和课后检测等项目，帮助学生课前自主学习该文本，并自主完成导学案的预习要求。正文编排中，设置了三个代表性的层层递进的探究问题，如，①以"国"字为例，指出汉字演变的过程和特点。[3]结合校本教材，分析在演变过程中，哪些因素起了重要作用。[4]②汉字文化圈的传布与发展历程呈现出怎样的规律？③运用历史唯物主义史观，谈谈对实现汉字梦的理解。提出这些问题供学生课前阅读思考、课堂合作探究。这样，通过课前自主学习，课堂小组讨论、师生互动、生生互动、生成疑问等探究环节，极大程度地提升学生的思维能力、思辨能力，以及运用学科方法发现问题、分析问题、解决问题的能力。

（四）教材实践评价围绕有效性和素养性

课程目标与评价是相辅相成，互为促进的，教育发展势必影响着课程目标的实现和教育评价的转向与落实。高中历史校本教材实践有效性的评价，以是否体现特色学校和学生发展为核心。伴随着国家教育改革和课程目标的发展，学生发展的评价应转化、集中核心素养的重要评价指标上来，以培养新时代适应终身发展和社会需要的必备品格和关键能力的人才，落实"立德树人"的教育根本任务，全面实施素质教育，提高教育质量，提高我国教育的国际竞争力。

高中历史学科五大核心素养以唯物史观、时空观念、史料实证、历史解释和家国情怀为内容，形成相互联系，相辅相成的一个整体。首先，校本教材编写的指导思想应围绕、贯彻与渗透核心素养的五大指标。其次，课堂教学有效性评价也应对照五大核心指标在课堂教学活动中是否适时、充分体现，观察课堂教学是否有主题、有情节、有史料、有对话、有观点，是否能深入把握历史内容的纵横联系，以多元视角开拓学生视野，点燃学生智慧。

《汉字演变与汉字文化圈》观摩课后，听课者对本课进行热烈探讨和对话：有的认为课题富有时代感，本课富有示范性、创新性和探索性；有的对本教材编写突出体现的唯物史观、史料实证意识和家国情怀持充分肯定态度；还有的对课堂中板书体现汉字演进的时空意识，师生在问题驱动下进行的历史解释，及能力素养的培养和提升，进行鼓励性点评。更多的是对如何更好地落实贯彻核心素养提出了许多建设性的意见：认为核心素养之一是提高教师的阅读素养；核心素养未必一定要在一节课中全部体现；核心素养的课堂应以学生提出问题、发现问题、辨析问题为特征等。这让探索者们对核心素养有了更深刻的认识，对课堂有效性做深入的反思。

二、核心素养下的高中历史校本教材开发的反思

（一）学生的素养培养是出发点和归宿

"一切为了学生"是学校教育的永恒话题。教育终极目标是促进学生知识、能力、素养等方面的获得、成长与进步，促进个人的发展与社会的健全。当

今，国家教育发展目标从双基到三维目标再到核心素养，从重知识到重能力再到重素养，经历了由外而内，由表及里的发展过程。特别是"立德树人"的提出，强调个人修养、社会关爱、家国情怀，直指人的初心，成为当今时代聚焦的教育目标。校本教材更能体现校情、生本理念，校本教材开发的探索，从教材编撰到课堂教学，应努力减轻学业负担，确实有效地平衡学生营养，为学生所需要、所吸收，以利于学生健康成长。

（二）教师自身理论素养与专业技能的提升是关键

校本教材开发的实践，将编、导、演的功能集于教师一身，对教师自身理论素养与专业技能提出了更高的综合要求。首先，认真学习历史学科五大核心素养的内涵与关系。不失时机把握省地市不同层次的集中面授培训的机会，主动收集有关历史学科素养的最新理论知识和课堂实践案例，积极参加校际校素养探究活动，多方创造机会，努力提升自身理论素养。其次，加强史料阅读。要求教师在广泛阅读的基础上，做到精准阅读，实现精神上的越狱，提升自身学术性和专业性。第三，优化设计课堂教学，将校本教材与课堂实践和学生实际相结合，让理想变成现实。[5]

本节课的实践，确实花费了比常规备课更多的时间和精力。首先要研发教材，学习大量课程开发和历史核心素养的理论，然后翻阅大量书法名家著作，从中比对高于教材的内容，摘选精准的资源，按一定的教材编写模式组织文本，这对中学教师而言，极具考验和挑战。而后又要优化课堂设计、组织课堂教学，将理论与实践完美结合，婉转千回，化蛹成蝶。

（三）同行的协作与专家的引领是最佳捷径

校本教材开发的科学性和理论性较强，内容选择与主旨确定，要求较高的专业理论素养和综合素质，其间如能得到专家的指导甚至大学教授高屋建瓴的点拨，必将大大提升开发的效率与质量。尤其是史学研究新成果，由于近年发展迅速、更新变化大，中学老师接触不多，无法与新高考要求相适应。同时，校本教材的课堂实践，如能在同行的几番研讨中不断修改和完善，那也将对学生素养的提升，产生直接的效力。

校本教材的开发，是学校特色办学的重要体现，它服务于学生，服务于社会，服务于多元化人才的培养。当前，教育的改革与发展已赋予它新的内容、使命和目标。教育者只有勇于实践与探索，开发校本教材才能共同奏响时代的凯歌，让我们牢记初心、砥砺前行。

参考文献：

［1］教育部关于全面深化课程改革，落实立德树人根本任务的意见［Z］.教基二〔2014〕4号，2014－03－30.

［2］张红.高中历史教材内容选择的时代性原则［J］.绍兴文理学院学报，2005（12）.

［3］释广元.中国书法概述［M］.北京：北京联合出版公司，2013：5－13.

［4］钟明善.书法鉴赏［M］.北京：高等教育出版社，2009：35－36.

［5］边芸.历史校本教材开发的实践与思考［J］.青海教育，2011（11）.

如何创造生动形象轻松愉快的教学

杨曼玲[*]

心理学家研究表明，学生在烦恼、紧张、反感等不佳的心境下学习，思维受阻，智力被抑制，学习效果差。反之，在友爱融洽的人际环境中，轻松愉快地学习，感知清晰，思维活跃，记忆牢固，学习效果好。

新编义务教育英语教材，是根据学生的生理和心理特点及他们的兴趣和需要，在新的教学思想指导下编写而成的，为课堂的"愉快教学"提供了良好的基础。因此，教师在教学中要积极开拓"愉快教学"的新路，激发学生学习英语的兴趣，使传统的应试教育转化为素质教育，在提高学生的素质上多下功夫。笔者在教学实践中，主要从以下几个方面进行了探索。

一、如何利用新教材突出的日常交际用语

强烈的求知欲，可以产生持久的学习动机。新教材紧密结合学生的生活实际，尽量设置具有交际目的的语境，较真实自然的情景，使学生产生学习英语即可以运用的感觉，进而激发了他们的学习兴趣和强烈的求知欲。

例如，当教学数词 0 至 10 时，可立即让学生联系自己的年龄、班级、年级、座位号码等进行实际应用，继而引导学生读出门牌、房间号码、自行车牌号、电话号码、邮政编码等，并教唱数词歌，做简单的加法（What's … and …?），或做数字游戏等，这样学生学得有趣，在日常生活中一看见数字就情不自禁地要用英语试着说一说。这样，创造了愉快的学习环境，他们变被动接受知识为主动地探索知识，克服了学习语言的畏难情绪。

---

* 杨曼玲，龙岩市第四中学。本文发表于 1997 年第 6 期《龙岩师专学报》。

二、如何利用新教材语言交际功能结构

1. 创设情境

新教材的最大特点是听说领先，所以新教材中的课文多是以交际活动的对话形式出现的。教师要尽可能创造各种情境，提供学生学习和实践的机会，培养语言技能，并使之逐渐发展成为真实语言的交际活动。如初中英语新教材第三册 Unit One，Teachers' Day 讲的是学生在教师节那一天给老师赠送贺卡和鲜花等活动情况，教师可让学生扮演不同人物，如教师、母亲、同学或朋友等，节日可选择教师节、三八节、生日或元旦等。通过创设不同的情境，提供丰富的语言材料。例如：

Mother's birthday

A：Good morning，×××

B：Good morning，Mum. And happy birthday to you. Here are some flowers for you，with my best wishes.

A：What beautiful flowers! Oh，a nice skirt，too. Thank you.

课后，还可让学生学做教师节贺卡、生日卡、圣诞卡等。

2. 寓教于乐

游戏是学生最喜欢的活动之一，要让学生在做游戏的过程中，在轻松愉快的气氛里感到学习英语的乐趣，并掌握词汇，提高语言的交际使用能力，培养学生的思维力和想象力。如在教第三册第 63 课时，设计一些游戏让学生参与活动，事先画好一张空白的中国地图，用吹塑纸做好香蕉、棉花、茶叶、盐等作物的小图片，教师可边贴图片边用英语说：

Where's tea grown?

It's grown in the southeast of China.

Where's salt produced?

It's produced in east and south China.

Where's cotton grown?

It's grown in the north of China.

让学生进行看图回答，边问边贴图或答后再贴图片，看谁说得又好又准。图片带有彩色，非常直观，不但活跃了课堂气氛，而且学生很快就可以活用这些句型并区分方向了。

在学习多位数字用英语的读法时，可以做抢读数字的游戏，甲、乙两组要用英语读出两大组的多位数字，哪组错得最少，速度又快，哪一组就取胜。这样既可让学生练习数词，又训练了思维的敏捷性。

三、如何利用新教材提供的语境

有位科学家说过："想象比知识更重要，因为知识是有限的，而想象概括着世界的一切，推动着进步，并且想象是进化的源泉。"英语教学应结合学生实际的语言知识，经常地创设情境，给学生提供想象的机会，让他们想一想、说一说，想练结合比光练不想，鹦鹉学舌效果更好。

如，教学第一册第 29 课，图一出现的是茶杯的横截面图，学生一开始很难把它与小茶杯挂上钩，教师不点明，而让学生用 What's this? I think it's a …，Is this a…? 等句型进行操练、问答，学生可能有着各种不同的问答，从而加大学生的操练频度。又如，在介绍第一册第 79 课"There is…"表示"存在有"这一结构后，经过初步模仿，教师拿出一个包，进行猜物活动，让学生先想一想包内有什么东西，并操练这个句型，一人一句：

S1：There is a pear in the bag.

S2：There is an orange in the bag.

S3：There is a banana in the bag.

S4：There is an apple in the bag.

这样想象的猜物活动，大家都能参加，学生在情景交融的语言世界中，展开丰富的想象，进行积极的操练，提高了听说的能力。采用这种教学方式时，还可以将竞争机制引入课堂，开展竞赛式的教学，让学生进行个体或分组抢答，分组造句等，调动每一位学生的参与与竞争意识，满足初中生强烈的自我实现欲望，不断激发和提高他们的学习兴趣。

四、如何利用新教材丰富的图像

新教材根据初中生爱看图像的心理特点，大量增加教材的图象篇幅，且图象内容生动具体，主题鲜明，形式多样。特别是作为教学辅助手段的简笔画，以其快速简捷，带有几分童趣的画面增强了教材呈现的直观性和趣味性。教材的这些设置都包含了激发学生学习动机，培养兴趣、智能、技能和德育等多样教育的功能，教师要充分发挥新教材的图象优势，结合课文内容，精心做到以图启智、以图激趣。

1. 以图引词（文）

如，教学第二册第30课时，先画出洋娃娃的轮廓画，然后按人体器官依次画出，边画边用英语解说，学生在形象的画面和生动的语言感染下，轻松把各单词读出来；接着，可叫一学生用英语说出各部位名称，让全班同学指出该部位，以训练他们听说的能力；课后，再让学生画出一个最熟悉的人并点出人体器官的各部位。一些学生的简笔画非常幽默风趣，既表达出了丰富的语言信息，又达到了复习的效果，调动了他们学习英语的积极性。

2. 以图释文

新教材第三册每单元的第二课都安排了一篇较长的课文，教师在教课文时，可借助简笔画来帮助学生理解课文大意。如第三册第26课，教师在导入课文之前可以边画图边解说：①Mother gave Lucy a shopping list. ②Lucy forgot the money and ran home. ③Lucy got the money and took a basket. ④Lucy got all the things on her shopping list. 这样学生可以根据图画很快地理解课文的整篇大意。有时课堂上也可以叫学生画简笔画，既可活跃课堂气氛，又可以使学生保持高涨的学习积极性。

总之，新教材为教学改革提供了良好的条件，教师应努力创设愉快和谐的教学环境，让学生乐在其中，学在其中，提高教学效果。

磨课应满足教研活动中的多主体需求

林汇波[*]

摘要： 磨课，是公开课教研活动的基础性工作。但磨课容易产生偏差，授课教师吸纳磨课团队智慧，最终的公开课课堂塞进太多内容，教师快节奏"灌输"才能完成，挤占学生活动空间。磨课，有教研主体、磨课团队主体、授课教师主体及学习主体等多主体需求的存在，须考虑多主体需求的满足。磨课活动一般有四个走向，也是四个磨课层次。理想的磨课应主题前沿、形式创新、细节精致。磨课过程中应有碰撞、能重构、有生长、存个性与明理据。有效磨课，应达成满足教研活动中多主体元认知需求。

关键词： 磨课；公开课研讨；多主体需求；教师教研素养

前几天听了一节公开课，教师讲得很细。后来，听公开课的团队介绍磨课情况，他们反复磨课，才推出了这节"精细与完美"的公开课。公开课，一般都会磨课，背后是教研组团队的集体智慧，磨出的公开课有完整与合理的一面，同时也可能出现问题：追求完美与精细导致容量太大，需教师快节奏讲授或师生间快问快答才能完成。正确认识磨课，提升磨课的有效性，是开展好教研活动的基础，值得积极探索实践。

一、磨课是提升教研活动层次的关键

1. 教研活动中的磨课

公开课教研中，课的成功是衡量教研有效的关键指标。公开课要面对专家或参与研讨活动的本学科教师，执教教师会对所教之课细细推敲，反复试上，

---

* 林汇波，惠安县教师进修学校。本文发表于 2019 年 6 月《教学与管理》。

教研组教师组成研究团队反复听课，提建议，修改，再试上，打磨出一节高质量的课。此过程为磨课。

磨课，即公开课授课教师及教研团队为提升研讨活动层次而多次打磨公开课的合作性研究活动。磨课是教研团队合作备课阶段，重在研究、探索，注重团队经验智慧的碰撞、吸纳。

磨课不可或缺。其意义有：

①提升教研活动有效性。磨课最终的目标是创新课堂教学，突出某一主题研究点，课堂有特色，促进观课教师反思，从而提升教研活动有效性。

②提升授课者专业水平。磨课中授课教师接受磨课团队各种各样的建议，提出的方案受到多方位质疑，甚至被推翻。磨课于授课教师是一次磨难，更是一次涅槃，促进授课教师专业素养多方面突破，实现专业水平提升。

③促进磨课团队研究水平的提升。磨课过程，除了授课教师的积极投入外，还是一次磨课团队合作性研究活动。磨课团队反复听课，反复研讨，进行头脑风暴，集中形成改进建议。磨课激发团队成员思考，生成智慧，从而实现团队研究水平提升。

2. 磨课中的多主体间关系及其需求

开设公开课，显然是为观课教师服务的。磨课及最终的公开课，"考虑如何在课堂教学的展示过程中""尽可能展现"研究性要素，[1]为研讨活动提供一个平台，促进所有参与研究的观课教师共同提高。

但就现在的公开课研讨现实看，这个目标的实现并不理想。教室里听课的教师，总是远远地坐在后黑板下，刷微信、打盹或走神的不在少数。确认磨课中的多主体是必要的。

磨课涉及教研诸要素，触及诸主体的需求。多主体分别有：一是教研主体，即公开课中的观课教师，二是磨课主体，即磨课团队，三是教的主体，即授课教师；四是学习主体，即学生。

四个主体在磨课及公开课课堂上都不可或缺。研讨活动是为观课教师提供教研凭借，如果观课教师缺乏主动性积极性，教研需求没有获得满足，该场教研活动归于失败。如果授课教师有自我展示的需求，如果活动中主体性弱，发挥不出"教"的水平，公开课不具示范性与研讨性，显然也是不行的；磨课团队在磨课中积极建言献策，形成理想中的课，是一种自我实现需求的表现；学生如果没有学懂学好，基础性的课堂教学内容没有掌握，教研显然是虚的。

3. 常见磨课偏差

多主体需求在磨课中很难有合理的平衡。磨课，授课教师与磨课团队在磨课中常朝着精细上走，朝着文本内容或知识性内容性发展。磨课中授课教师会觉得团队的意见都有道理，都应积极吸纳；团队教师觉得自己的意见或经验很重要，不可或缺，积极建议，甚至坚持非在公开课中塞进自己的意见不可。最终是公开课塞进太多"正确建议"，而至一节公开课精细异常，面面俱到，无所不至。

这种磨课导致课堂臃肿，容量很大，需教师快速主讲来完成，学生很少有活动的空间。即便给学生回答的机会，教师也会担心学生偏离预设方向，收不回来，浪费时间，完不成磨课预定的"重要内容"，教师会截住学生的回答，快速给予正确答案。

这样的磨课而形成的公开课，显然有悖教学规律，失去示范引领的方向。

二、磨课的几个走向或层次分析

现实中的磨课，一般有四个走向或四个层次。从低到高分别为：

1. 太满而"精细"的课

如前面所举，授课教师"积极"采纳建议，最终是公开课里塞进太多内容，以至授课教师占用大量课堂时间方能讲完。课是教师完全按照设定路线细节讲授的课，学生很少有活动的空间。

这样磨出来的课，追求教材与知识解读的全面性，精细完美，以教师传授、传递为主，显然是教师"灌输"的课，不但教师讲授压力大，且挤压学生活动空间，是反知识能力建构，违背新课标精神的。

2. "设定学生活动"的课

磨课中能考虑学习主体的活动，设置许多问题要求学生回答。课堂上教师不断指定学生回答，是"你说""你说""你来说"，最终选定一个较合理答案，然后屏显答案校对。

表面看是学生活动，但其实质是活动还停留于教师单向的教：教师认定学生应能回答→提问设定内容的问题→学生按要求回答出指定的内容。学生的回答是：已思考的原有答案，念一遍；从课文、教辅或笔记中找到答案，念答案。与第一个层次相比，无非是从"教师讲"变为"教师问"，还是没有考虑学生的学习需求。学生的回答，是停留于已有水平的表达活动。

这样磨出的课，也会设定教师点拨学习方法与策略，但因非学生体验探索，学生无实际学习发生。教师"提炼"出的方法策略与学生有距离，有分裂感，是教师"贴标签"。

3. 止于授课师生间"默契"的课

课上设定学生发展的活动，注重学生的学习，能发挥学习主体性、自主性，较好完成教学任务。但学生"学懂学会"，属于授课教师与学生间的默契，"不向外人道也"，是非外人所能懂的。

这样的课，教的主体及学的主体明确而突出，可是把教研主体排除在外，所磨出的课与教研观课教师们无关。于是，观课教师注意力转移或分散，就不足为奇了。现实教研中有好课，但听不懂看不懂现象是存在的。

4. 满足多主体需求的课

磨课过程尊重授课教师的特点，充分考虑磨课团队的建议，做合理的取舍。最终的公开课，能满足学生的发展需求，同时课堂上突出展示怎么学的过程，充分兼顾教研主体的需求。

这是磨课的理想境界。处于此层次的磨课，充分考虑教研活动中多种主体间关系，既吸纳磨课团队的智慧，同时发挥授课主体的积极作用，授课教师主导作用发挥充分，学生学习有效，课堂实施时意义性细节表现充分，让听课教师看得清思得明，能极大满足观课教师的需求。

三、磨课的活动目标及衡量标准

磨课磨什么？横向上是磨目标、磨教材、磨环节、磨学生、磨细节，纵向上经过"授课教师独备→集备→比较质疑与吸纳→补充完善与超越"的过程。这只是基本和表面的磨课，要奔着教研中的吸引力，就有其更为特殊的目标，有其特殊的衡量标准。

1. 磨课活动的目标

所磨出的公开课，区别于常态中的有效教学，既要保证课堂教学有效，更要能吸引磨课团队、观课教师。

主题前沿。教研活动有前沿性主题，有重要的实践意义，才具备吸引力。

首先是观念新。所磨之课能表现当下课改的前沿观念。如新课标提出核心素养，教学指向学生关键能力的发展。所磨之课如果还停留于教师传授或传递知识，教学观念陈旧，显然就没有研讨意义。

其次是实践性强。"出发点是问题",或是"即将遇到的困难",是"教育教学中共性问题",[2]是一线教师共同面临的困境,需探索解决,在当前教育教学中具有普遍性实践意义。

三是学习主体性表现突出。一节课凝聚于某一前沿观念的设计,教学细节充分表现学的主动性积极性,表现学生发展过程,而不是停留于学生埋头刷题或苦苦思索上。

课堂创新。有内容创新与形式创新两个方面。内容上可选择学生感兴趣的,过程上强调任务驱动,调动学习自主性与积极性。形式上可组织小组合作,学生互助互动;媒介上可现代信息技术与学科整合,等等。形式创新,教学内容得以有效激活,自然会激发学习积极性,也会吸引观课教师的注意力。

细节精致。平时的课常是"赶着完成任务",有许多粗糙与笼统的部分,缺乏细节意义上的推敲、深究与完善,因而不具备教师专业素养提升的意义。磨课过程,关注有意义的细节,挖掘细节意义,促使细节细化与意义化。磨课时可教学环节微格化,可使用摄像机等现代教育技术手段,做"解剖麻雀"式的分解与剖析,探究细节与意义之间的关系,再根据需要提出设计,组合重构,把细节做好。

2. 磨课活动有效性的标准

衡量磨课有效性的几个要素或原则,要涵盖磨课的过程,也触及最终公开课。

有碰撞。磨课团队是一个合作共同体,关系平等,能围绕所要开设的公开课放开讨论,敢于质疑,积极奉献自己的经验智慧。讨论中有头脑风暴,有智慧碰撞,迸发创新火花,群策群力,共同谋划一堂好课。

能重构。停留于授课者原来的设计或经验水平,磨课就失去意义。有集体智慧,碰撞中形成新观念,创造新的教学艺术与形式,并最终落地课堂。磨课中重建课堂观念,重建表现新思想、能吸引观课教师参与的新课堂。

重生长。重生长包括三个方面:一是磨出表现学生成长的课堂。二是授课教师在磨课中得以促进,改变观念,提升课堂教学的设计与组织实施能力,实现成长。三是磨课团队提升研究能力,在磨课中共同成长。四是终点公开课为教研活动服务,能有效激发观课教师思考,催生新教学理念建构并提升实践素养。

存个性。磨课若最终泯灭授课教师个性,同样是失败的。公开课授课教师的课堂展示中,个人积累与智慧化为个性化课堂教学技能,是课堂吸引观课教师的魅力所在。磨课须尊重并围绕授课教师的积累与特点，磨出的是一堂能表现授课教师的积累、个性、智慧的公开课。

明理据。磨课及终点的公开课，还应上升到相应理据认识的层面上，不但能看到前沿观念的课堂演绎，还能明确为什么这样创新课堂的理由，且最终能说出来或写出来。研讨活动中教师有看得见、摸得着、说得出的提高，才是磨课的实实在在意义。

四、有效磨课满足多主体元认知需求

1. 学生的真实学习是磨课的出发点

如果磨课是一门心思营造吸引眼球的亮点，甚至成为牺牲学生真实学习的表演，那显然错的。吸引观课教师积极参与研讨是重要任务，但基点是学生的有效学习。"要尊重每一堂课的正常形态"，尊重每一学习内容的正常学习，因为"每一堂课都有自己的精彩"。[3]只有学生学懂学会，真实学习与发展，才能获得磨课团队及观课教师的认可。

磨课过程中的试上就应是不断地借班上课，杜绝预演与做假；磨课就应辩证对待活动中多种主体间关系，以学生学习为基础，围绕学生真实学习不断设计、创新与完善。

2. 满足观课教师需求是磨课的核心任务

无限的拔高主题，或是自以为是、不为人懂的创新，都不值得推崇。公开课不是为授课教师开设的，也不是为磨课团队开设的，须契合观课教师需求。满足观课教师发展需求是磨课的核心追求。公开课的设计或创新，磨课的努力方向，需有针对性，授课教师及磨课团队需研究观课教师的需求。

适合的才是最好的。研究观课教师的需求，让授课教师及磨课团队把教学研究放在更为广阔的范围内审视。磨课中考虑观课教师的水平、科研素养，考虑他们的实际教研需求，可有效拓宽研究视野，提高研究水平。

3. 突出授课教师的个性化教学智慧

有的磨课走向极端，授课教师成为磨课团队的代言人。磨课至最终，授课教师只是一个"表演者的身份"，按部就班地"带着镣铐跳舞"，[4]实际课堂上已经没有授课教师的存在，没有授课教师积累与个性存在。吸引观课教师的，应是有个性的创新，能表现授课教师个体特点的课。磨课中应尊重授课教师个性，发挥授课教师特有素养的积极作用。

磨课团队的需求需理性控制。特别是团队中的强势名师、组长或行政人员，更应理性节制。从具体课堂考虑，磨课应达成授课教师与其学生间的教与学默契。磨课以学为出发点，尊重授课教师已有的教学设计，尊重其合理性，在充分对话与交流的基础上，引领授课教师进一步优化和提升，是授课教师个人特点与磨课团队智慧的有机融合。

4. 走向磨课中多主体元认知的建构

"成功的课不可复制"，教学成果不可复制？这是悖论。科学研究成果如果不可复制，那就是假的。教科研成果也不能例外。既是成果，就应是可看可学。

于学生而言，不停留于具体的体验与知识，上升到学习方法、策略层面，形成习惯与思维模式，提升至元认知层面。于授课教师与磨课团队而言，通过磨课，知道了要上好一节应具备的技能，应做哪些准备工作，上升到理性层面，形成新认知。于观课教师而言，既看到公开课的成功点，获得启发，同时能推知理据，推溯成功的原因，获得有效教研的认知。

磨课的高境界，是磨出集前沿主题、形式创新细节精致于一身的课，课好学易懂，观课能得启发，能学到实实在在的东西，磨出的公开课能满足教研活动中多个主体元认知提升上的需求，达成"认知的认知"。

磨课，是教研活动中的基础性工作。正确认识磨课，做好磨课工作，可提升公开课开设水平，同时满足教研活动中多主体的发展需求，提高教研有效性。

参考文献：

[1] 石义堂，李馥郁. 中小学公开课特征与功能探微——兼论语文公开课实践的几个误区 [J]. 当代教育与文化. 2016 (6)：47—51.

[2] 周步兵. 公开课不能止于表演 [J]. 教学与管理. 2017 (11)：81—82.

[3] 张建国. 公开课不是作秀课 [J]. 教学与管理. 2016 年 (12)：60.

[4] 张辉. 磨课，"磨"去了什么——从一线教师的视角看"磨课"之失 [J]. 中小学教师培训. 2010 (11)：62—64.

光线反射是捷径，变式研究结论新

陈元章*

高考试题大多是命题专家集体智慧的结晶，是独具匠心的佳作，它们既格调清新，又意境幽深。如果我们在教学中，从这些典型的试题出发，引导学生多角度探索，不仅能得到不同的解决方法，还能通过变式研究获得意想不到结论。更为重要的是，探索过程对学生的理性思维和创新意识是大有益处的。通过有指导的再创造活动，学生可以体验探索的艰辛与快乐，体会数学结论的和谐与奇异，以及由此带来的惊喜与成就感。这是为学生终身发展应该坚持的一条原则。

因为直线与圆锥曲线构成的图形往往有非常丰富的几何性质，所以会有非常多的研究视角，为我们解决问题开辟了新的途径。2013 年高考山东卷理科第 22 题就是这样一道优秀试题，因其具有丰富的几何背景，不仅其解法丰富多彩，而且通过变式研究还可得到一些意想不到的结论。

一、试题再现

椭圆 C：$\dfrac{x^2}{a^2} + \dfrac{y^2}{b^2} = 1(a > b > 0)$ 的左、右焦点分别是 F_1，F_2，离心率为 $\dfrac{\sqrt{3}}{2}$，过 F_1 且垂直于 x 轴的直线被椭圆 C 截得的线段长为 l.

（Ⅰ）求椭圆 C 的方程；

（Ⅱ）点 P 是椭圆 C 上除长轴端点外的任一点，连接 PF_1，PF_2，设 $\angle F_1PF_2$ 的角平分线 PM 交 C 的长轴于点 M（m，0），求 m 的取值范围；

---

* 陈元章，福建省厦门海沧实验中学。本文发表于 2015 年第 2 期《数学通报》。

（Ⅲ）在（Ⅱ）的条件下，过点 P 作斜率为 k 的直线 l，使得 l 与椭圆 C 有且只有一个公共点，设直线 PF_1，PF_2 的斜率分别为 k_1，k_2，若 $k \neq 0$，试证明 $\dfrac{1}{kk_1} + \dfrac{1}{kk_2}$ 为定值，并求出这个定值.

二、试题解析

（Ⅰ）这是一个非常基本的问题，由已知条件容易建立关于 a, b 的方程，解出 a、b 的值，即得椭圆 C 的方程。

依题意，可得 $\dfrac{c}{a} = \dfrac{\sqrt{3}}{2}$ 和 $\dfrac{c^2}{a^2} + \dfrac{(\frac{1}{2})^2}{b^2} = 1$，又 $a^2 = b^2 + c^2$，解得 $a^2 = 4$，$b^2 = 1$。

所以椭圆 C 的方程为 $\dfrac{x^2}{4} + y^2 = 1$。

（Ⅱ）如图 1，由于 M（$m, 0$）是 $\angle F_1 PF_2$ 的角平分线与 x 轴的交点，所以点 M 随点 P 的运动而运动，因此，既可建立参数 m 关于点 P 的横坐标 x_0 的函数，也可以通过椭圆的几何性质，建立关于参数 m 的不等式，殊途同归，都可以求出 m 的取值范围。方

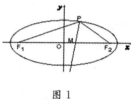

图 1

法的不同源于对角平分线性质的不同运用，如，可以考虑利用角平分线上的点 M 到角的两边 PF_1、PF_2 的距离相等；也可以利用与角的计算有关的两向量夹角公式；也可以利用三角形中的正弦定理来建立关于 m 的关系式；甚至可以利用光的反射定理来构建代数关系，进而对参数的取值范围进行控制.

解析 1——利用角平分线上的点到角的两边距离相等

如图 1，设 $P(x_0, y_0)(y_0 \neq 0)$，又 $F_1(-\sqrt{3}, 0)$，

则直线 PF_1 的方程为 $y_0 x - (x_0 + \sqrt{3})y + \sqrt{3}y_0 = 0$。

因为 F_2 与 F_1 关于原点对称，所以将上式中 $\sqrt{3}$ 的改为 $-\sqrt{3}$，即得直线的 PF_2 方程分别 $y_0 x - (x_0 - \sqrt{3})y - \sqrt{3}y_0 = 0$。

因为 $M(m, 0)$ 在 $\angle F_1 PF_2$ 的角平分线上，所以它到两直线 PF_1, PF_2 距离相等，

即 $\dfrac{|my_0 + \sqrt{3}y_0|}{\sqrt{y_0^2 + (x_0 + \sqrt{3})^2}} = \dfrac{|my_0 - \sqrt{3}y_0|}{\sqrt{y_0^2 + (x_0 - \sqrt{3})^2}}$，

因为点 P 是椭圆 C 上除长轴端点外的任一点，即 $y_0 \neq 0$，

所以 $\dfrac{|m+\sqrt{3}|}{\sqrt{y_0^2(x_0+\sqrt{3})^2}} = \dfrac{|m-\sqrt{3}|}{\sqrt{y_0^2+(x_0-\sqrt{3})^2}}$

注意到 $-\sqrt{3} < m < \sqrt{3}$ 及 $y^2 = 1 - \dfrac{x^2}{4}$，

所以 $\dfrac{m+\sqrt{3}}{\sqrt{(\frac{\sqrt{3}}{2}x_0+2)^2}} = \dfrac{\sqrt{3}-m}{\sqrt{(\frac{\sqrt{3}}{2}x_0-2)^2}}$，

又 $x_0 \in (-2,2)$，所以 $\dfrac{\sqrt{3}}{2}x_0 + 2 > 0, \dfrac{\sqrt{3}}{2}x_0 - 2 < 0$。

所以 $\dfrac{m+\sqrt{3}}{\frac{\sqrt{3}}{2}x_0+2} = \dfrac{\sqrt{3}-m}{2-\frac{\sqrt{3}}{2}x_0} = \dfrac{\sqrt{3}}{2}$，

由合比定理得 $\dfrac{m+\sqrt{3}}{\frac{\sqrt{3}}{2}x_0+2} = \dfrac{\sqrt{3}-m}{2-\frac{\sqrt{3}}{2}x_0} = \dfrac{\sqrt{3}}{2}$，

所以 $m = \dfrac{3}{4}x_0$，故 m 的取值范围为 $(-\dfrac{3}{2}, \dfrac{3}{2})$。

解析 2——利用向量的数量积

由题意可知，$\cos\angle MPF_1 = \cos\angle MPF_2$，

如图 1，根据向量的数量积的定义，得

$\dfrac{\overrightarrow{PF_1} \cdot \overrightarrow{PM}}{|\overrightarrow{PF_1}||\overrightarrow{PM}|} = \dfrac{\overrightarrow{PF_2} \cdot \overrightarrow{PM}}{|\overrightarrow{PF_2}||\overrightarrow{PM}|}$，

即 $\dfrac{\overrightarrow{PF_1} \cdot \overrightarrow{PM}}{|\overrightarrow{PF_1}|} = \dfrac{\overrightarrow{PF_2} \cdot \overrightarrow{PM}}{|\overrightarrow{PF_2}|}$　①

设 $P(x_0, y_0)$，由椭圆的几何性质及已知，知 $x_0 \in (-2,2)$.

将向量语言表示的①式，转化为坐标表示的形式，

化简，得 $m(4x_0^2 - 16) = 3x_0^3 = 12x_0$，

因为 $x_0^2 \neq 4$，所以 $m = \dfrac{3}{4}x_0$。

又因为 $-2 < x_0 < 2$，所以 m 的取值范围为 $(-\dfrac{3}{2}, \dfrac{3}{2})$。

解析 3——利用由正弦定理

如图 1，注意到 $\angle F_1MP + \angle F_2MP = \pi$，所以 $\sin = \angle F_1MP = \sin\angle F_2MP$。

在 $\triangle F_1PM$ 和 $\triangle F_2PM$ 中，分别应用正弦定理，得

$$\frac{MF_1}{\sin\angle F_1PM}=\frac{PF_1}{\sin\angle F_1MP},$$

$$\frac{MF_2}{\sin\angle F_2PM}=\frac{PF_2}{\sin\angle F_2MP}.$$

两式相除，得 $\dfrac{MF_1}{MF_2}=\dfrac{PF_1}{PF_2}$.

即 $\dfrac{m+c}{c-m}=\dfrac{2a-PF_2}{PF_2}=\dfrac{2a}{PF_2}-1$，

所以 $PF_2=\dfrac{a}{c}(c-m)$。

又 $a-c<PF_2<a+c$,

所以 $-\dfrac{c^2}{a}<m<\dfrac{c^2}{a}$。

因为 $a=2$, $c^2=3$，所以 m 的取值范围为 $\left(-\dfrac{3}{2},\ \dfrac{3}{2}\right)$。

解析 4——利用椭圆的光学性质

如图 2，由椭圆的光学性质知，直线 PM 与椭圆在点处的切线垂直，所以，如果知道了椭圆在 P 点处切线的斜率，就知道了直线 PM 的斜率，进而可写出直线 PM 的方程，令其中的 $y=0$ 即得点 M 的横坐标 m 的关系式。为了求椭圆的切线斜率，可先将其"函数化"，如不妨设点 P 在 x 轴的上方，则点 P 在函数 $y=\sqrt{1-\dfrac{x^2}{4}}$ 的图象上。

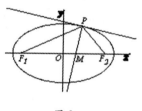

图 2

因为 $\dot{y}=\dfrac{1}{2}\times\dfrac{-\dfrac{1}{2}x}{\sqrt{1-\dfrac{x^2}{4}}}=-\dfrac{x}{4y}$，

P 点处的切线斜率为 $k=-\dfrac{x_0}{4y_0}$,

所以直线 PM 的方程为 $y-y_0=\dfrac{4y_0}{x_0}(x-x_0)$,

令 $y=0$ 得 $m=x=\dfrac{3}{4}x_0$,

又 $-2<x_0<2$，所以 m 的取值范围为 $\left(-\dfrac{3}{2},\ \dfrac{3}{2}\right)$。

（Ⅲ）在（Ⅱ）的条件下，分别用 x_0y_0 表示出 k, k_1, k_2，进而表示出目标函数 $\dfrac{1}{kk_1} + \dfrac{1}{kk_2} = f(x_0, y_0)$，通过化简，得出定值.

由题意可知，l 为椭圆的在 P 点处的切线，

由导数几何意义可知，P 点处的切线斜率为 $k = -\dfrac{x_0}{4y_0}$，

又 $k_1 = \dfrac{y_0}{x + \sqrt{3}}, k_2 = \dfrac{y_0}{x - \sqrt{3}}$，

所以 $\dfrac{1}{kk_1} + \dfrac{1}{kk_2} = -4\left(\dfrac{x_0 + \sqrt{3}}{x_0} + \dfrac{x_0 - \sqrt{3}}{x_0}\right)$ 为定值.

三、反思与拓展

试题平而不俗，和平时教学中曾经训练过的某些题目较为相似，于平淡中考查解析几何的核心思想方法——"坐标法"，注重通性通法，淡化特殊技巧，设问朴素中透灵气，解析平实中见真功。

本题主要考查椭圆的方程、椭圆的几何性质、直线与椭圆的位置关系等内容，考查数形结合思想与考查运算求解能力，将角平分线的性质、平面向量、正弦定理等有机地融入圆锥曲线问题之中。以圆锥曲线为载体，求参数的取值范围、定值等问题，历来都是高考的热点问题，也将是未来几年高考重点考查的题型之一。

第Ⅱ问表面看来是考查运算求解能力，其实寻求与设计合理、简捷的运算途径必须以理性思维作支撑。解析几何所研究的对象是"几何图形"，简化复杂的代数运算，不能忽视"几何要素的分析"这一重要环节。该问以角平分线为主要几何对象来命题，从"角平分线"不同的视角切入，得到了不同的解题方法，其中不乏简捷、优美的解题方法，体现出较高的理性思维水平。如解析1虽然思路简洁，但后面的化简处理充分体现了"多想少算"的原则；解析4发现了椭圆的光学性质，为借助函数导数求其切线斜率，及时将椭圆"函数化"，不仅解法灵活、简捷，还为第（Ⅲ）的解答创设了必要的基础。

与圆锥曲线有关的考题常以特例的形式出现，往往蕴涵着丰富、深刻的背景。由特殊到一般地思考，本题后两问中的结论在一般的圆锥曲线中是否也存在呢？

经过一番探索，得到：

性质 1：如图 3，P 是椭圆 $C: \dfrac{x^2}{a^2} + \dfrac{y^2}{b^2} = 1(a > b > 0)$ 上除长轴端点外的任

意一点，与椭圆 C 切于点 P 的直线 l 的斜率为 $k(k \neq$

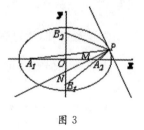

$0)$，l 的垂线 PM 交椭圆 C 的长轴所在直线交于点 M（

m，0），交短轴所在直线于点 N（n，0），A_1，A_2

是 x 轴上关于原点对称的两点，B_1，B_2 是 y 轴上关于

原点对称的两点，设直线 PA_1，PA_2，PB_1，PB_2 的斜

率分别为 k_1, k_2, k_3, k_4，则：

图 3

（1）m 的取值范围是 $(-\dfrac{c^2}{a}, \dfrac{c^2}{a})$，

n 的取值范围是 $(-\dfrac{c^2}{b}, 0) \bigcup (0, \dfrac{c^2}{a})$；

（2）$\dfrac{1}{kk_1} + \dfrac{1}{kk_2} = -\dfrac{2a^2}{b^2}$，$k(k_3 + k_4) = -\dfrac{2b^2}{a^2}$.

性质 2：如图 4，P 是双曲线圆 $C: \dfrac{x^2}{a^2} - \dfrac{y^2}{b^2} = 1(a$

$> 0, b > 0)$ 上除实轴端点外的任意一点，与双曲线 C

切于点 P 的直线 l 的斜率为 k，l 的垂线 PM 与椭圆 C 的

长轴所在直线交于点 M（m，0），A_1，A_2 是 x 轴上

关于原点对称的两点，B_1，B_2 是 y 轴上关于原点对称

的两点，设直线 PA_1，PA_2，PB_1，PB_2 的斜率分别为

k_1, k_2, k_3, k_4. 则：

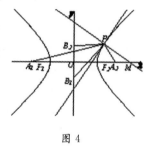

图 4

（1）m 的取值范围是 $(-\infty, -\dfrac{c^2}{a}) \bigcup (\dfrac{c^2}{a}, +\infty)$；

（2）$\dfrac{1}{kk_1} + \dfrac{1}{kk_2} = \dfrac{2a^2}{b^2}$，$k(k_3 + k_4) = \dfrac{2b^2}{a^2}$。

性质 3：如图 5，P 是抛物线 $C: y^2 = 2px$ 上除顶

点外的任意一点，抛物线在点 P 处的切线的垂线交抛

物线 C 的对称轴于点 M（m，0）. 则 m 的取值范围

是（$p, +\infty$）。

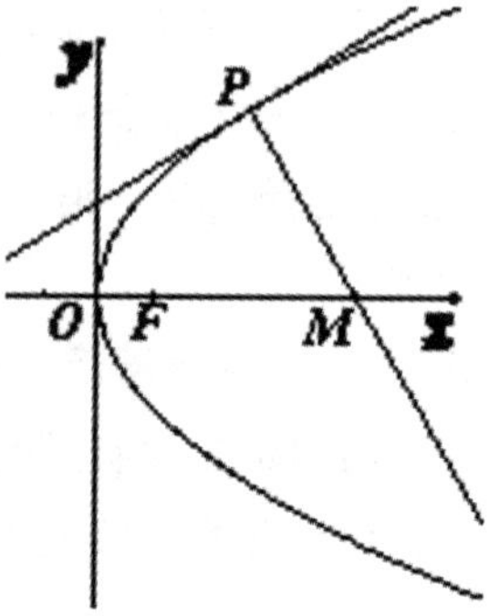

参考文献：

付巍. 一道解析几何试题的解法研究与变式思考

[J]. 数学通报，2011，11

图 5

基于地理核心素养的主题教学策略探析

陈良豪[*]

摘要：主题教学围绕学习主题和学习目标，通过深度学习，促进学生高阶思维发展，成为培育学科核心素养、推动学生全面发展的有效模式。在高中地理课堂教学中开展主题教学，能充分激发和调动学生的学习兴趣，提升课堂教学效率；学会用地理视角看世界，获得综合、系统的知识、能力和态度，从而实现地理核心素养的培养目标。

关键词：地理核心素养；主题教学；高中地理；策略

新版高中地理课程标准强调重视问题式教学，用"问题"整合相关学习内容。问题式教学在某种程度上可以看做一个较上位的概念，主题式、单元式、项目式教学都可用于问题式教学[1]。主题教学是以学习者为核心，以学生的知识背景为基础，引导学生对某一主题所涉及的重要概念、原理和讨论的问题进行深度探讨，将学科相关知识整合主题的脉络与情境下，使学生全身心融入；经历思维、探索过程，获得深度体验的教学方法。主题教学是一种多层次、全方位的学习设计，强调"立人"，为核心素养的形成提供一种教学范式[2]。相比常规教学，主题教学更注重研究过程，更体现教师对课程认知的深度和广度，更能促进学生学科核心素养的提升。

一、地理核心素养与主题教学

地理核心素养是中学地理教育的重要目标，主要包括人地协调观、综合思维、区域认知和地理实践力，它们是相互联系的有机整体。人地协调观是地理

---

* 陈良豪，三明市第九中学。本文发表在 2018 年第 4 期《大连教育学院学报》。

课程内容蕴含的最为核心的价值观，包含正确的人口观、资源观、环境观和发展观等。综合性和区域性是地理学的两大突出特点，由此形成的综合思维和区域认知，是学生应具备的分析和理解地理过程、地理规律、人地关系系统等重要的思维品质和能力。地理课程具有很强的实践性，在实践活动中运用综合思维和区域认知，是学生感悟、体验现实世界中人地关系的重要途径[1]。

主题教学把有关联的知识点串联起来，形成一个完整、系统的目标和内容体系，防止教学的碎片化，促进深度教学，提升地理核心素养。学生地理核心素养的发展是综合的过程，地理教学应将教学目标、内容、方法及学习活动整合在一个具有综合情境的主题之下，形成主题教学思路。通过围绕某一主题，让学生借助各种探究手段和活动参与到主题学习中，有利于学生系统理解学习内容和建构知识、技能体系；有利于学生综合运用地理学科核心内容和重要方法思考、解决实际问题，为全面提升地理核心素养创造条件[2]。每节课确定一个主题，围绕主题进行教学设计，以主题统摄教学内容，多角度挖掘与主题相关的信息知识，以解决问题为驱动，培养高阶思维能力，提高学生的地理核心素养。那么，如何基于地理核心素养开展主题教学呢？

二、主题教学的实施策略

主题教学能帮助学生有效梳理知识、理清脉络，增强知识的横纵向联系，有效整合教学内容，以问题的发现、探究和解决来激发学生求知欲和主体意识，从而培养学生的创新思维和思辨能力，提升学生的地理素养。基于此，笔者提出主题教学实施路径（见图 1）。

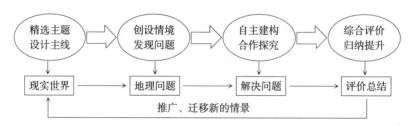

图 1　主题教学实施路径图

1. 精选主题，设计主线

主题来源于真实的生活和社会实际，来源于学生的亲身经历和体验，这样才能激发学生的兴趣与内驱力；所选的主题以地理核心概念为中心，凸显地理

学科特色。因此教师要科学地对教材进行重组，开发与学生生活、兴趣相关的
教学资源。高一、高二可根据模块内容综合确定主题，如认识地球、水循环、
天气系统、人口分布、农业区位、城市化等。区域地理教学的关键是提炼一个
特色鲜明又能耦合区域主干知识的主题，找出区域地理要素特别显著的征象和
标志，将区域地理琐碎分散的知识有效地整合。以主题＋区域的图文结合形
式，围绕主题探究不同层次的问题，如避寒之都、阳光花城攀枝花，绿色之国
新西兰等。高三采用主题（或专题）复习，围绕同一主题以问题链的形式设
置。这也符合近几年全国卷的风格，即围绕某一探究主题，设计主线纵深考查
学生的综合分析、逻辑推理、归纳演绎、比较判断等思维过程和思维品质，如
农业类主题涉及农业区位、农产品与自然环境的关系、农业发展存在的问题及
农业可持续发展等方面，要求考生深入探讨与之相关的地理要素及相互关系。
最终聚焦到人地协调观、区域认知、综合思维和地理实践力四大核心素养目标
达成上。

　　人地关系是高中地理教材的主线。因此课堂教学要以人地关系为主线，依
循学科思维路径，培养学生综合分析地理问题的能力，从而有效提升学生的地
理素养。在教学过程中以地理事象为明线，以地理事象背后的地理成因、地理
核心素养为暗线，结合具体案例，通过复杂的、多维的、动态的思维活动，让
学生参与问题解决的整个过程。如以鲁尔区的"兴""衰""变"为主线，探究
传统工业区兴衰变化的内在原因，理解该类地理事物变化的时空差异性、动态
变化，提升学生的区域认知、综合思维能力，树立良好的人地协调观和区域可
持续发展观。依循问题的逻辑顺序和学生认知规律，从有利于学生学习活动的
角度开展，如以"兴起之缘""衰退之因""演变之途"为问题结构，层层递
进，环环相扣，最终实现有序、有趣、有法的主题学习目标。

　　2. 创设情境，发现问题

　　创设情境是指创设与当前学习主题相关的、真实的学习情境。将学生置于
生动具体的情境中，有意义学习才可能发生。设置的情境既要贴近社会现实、
生活实际，也要贴近学生的知识水平。教师采用语言、图像、视频等多种方式
创设情境，增强学生情感体验，以吸引学生的注意力，让其主动参与学习。主
题教学强调问题的重要性，因此创设的情境要蕴含有价值的问题，一种情况是
教师预设探究问题，设计不同层次的问题链；另一种情况是学生面对情境生成
问题，提出有思考价值的问题，让学生在模糊的情境下辨识问题，带着问题去
学习、去探究。"交通运输业布局的区位因素"可重点选择一种交通运输方式

展开。如借助《超级中国》纪录片里的中国桥视频创设情境，聚焦湖南矮寨特大悬索桥，围绕"在哪修""如何修""为何修"等环节层层展开。在每个大问题下设计若干小问题进行深度教学，在"如何修"中提出：为什么采用悬索桥设计方案，修建过程中需要克服哪些困难，为何 2007 年才开始修建等一系列问题来细化知识，启发思考。

3. 自主建构，合作探究

主题探究活动大都以问题解决的方式展开，通过问题引导学生思考、分析，从而解决问题。在自主思考的基础上，做好小组分工，小组成员从不同的角度、不同的层面来思考同样的问题，通过分组讨论、概念探究与问题解决，获得完整的地理知识体系并提出解决地理问题的方案。再以演讲、辩论、报告等方式展示和分享小组成果。通过自主建构、合作探究，实现学科知识的融会贯通，提高分析和解决问题的能力，培养地理核心素养。上述"交通运输业布局的区位因素"从不同时空尺度和视角思考地理问题，自主建构交通区位的思维导图，"在哪修""如何修"体现了区域认知和综合思维的培养，"为何修"中渗透人地协调观的培养。根据所给信息、材料的判断、分析以及通过不同的途径收集资料，寻找解决问题的答案，增强地理实践力。通过层层递进的设问，逐步分析信息，由表及里、由浅入深，将"桥"主题下的交通影响因素及变化、交通建设的意义层层剖析，引导学生运用所学知识和方法，逐步完成探究。

4. 综合评价，归纳提升

新版课标强调用评价引导学生在地理学习中学会认知、学会思考、学会行动，将过程性评价与终结性评价相结合来强化学生在主题学习中的表现。检测学生的学习目标达成情况，对学生问题解决过程及结果给予正确的评价发挥评价的诊断和激励、导向作用。设计相应的等级评价量表、自我反思记录表、活动表现观察记录表，帮助学生更好地了解自己的优势和不足。同时让学生进行自评和互评，更有利于活动的有效开展，激发学生的活动热情，为后续教学策略的调整提供依据。教师要关注学生地理学习过程中表现出来的思维结构的差异，以便后续教学更有针对性地促进地理核心素养的形成。

用思维导图搭建问题思维架构，整理归纳知识体系。思维导图是从一个主题出发，引导思维向不同维度延伸和拓展，形成一个多层次、发散性的图示结构，让学生一目了然地把握主要内容和脉络，把杂乱无章的知识变得有条理，加强新旧知识的联系，促进知识的内化，提升学生的地理思维能力。在梳理主题的知识结构基础上，形成地理学习的思维方式方法，将新获得的知识技能在新的情境中进行应用，解决现实中的其他同类问题。具有拓展性的主题教学才是好的主题教学，一节课的结束并不意味着主题教学的结束，而是学生进一步自主学习的开始。如，在学习了鲁尔区发展的区位条件之后，明确分析利用能源、矿产资源发展起来的工业区的区位条件的方法、步骤，探究其他工业区的区位条件。同时培养区域认知、综合思维和人地协调观等地理核心素养。

三、结语

通过与主题相关的探究活动，整合各种地理要素，不仅让学生掌握了地理知识和规律，而且帮助学生以地理视角认识和欣赏自然和人文环境。让学生置身于真实的生活情境中，深度思考相关问题，培养了学生解决实际问题的能力，真正实现了知识的迁移运用，真正将地理核心素养的培养落到实处。当然，主题教学提供了一种范式，这种范式是开放的，不断创新的，需要教师在实践中进一步探索，制定合理有效的策略，发挥主题教学的效用。

参考文献：

[1] 韦志榕，朱翔. 普通高中地理课程标准（2017 版）解读［M］. 北京：高等教育出版社，2018.

[2] 程菊，徐志梅，舒建秋. 从主题教学走向地理核心素养培育研究［J］. 地理教育，2016（2）：4—6.

"三阶式题组"教学的实践研究

林再生*

摘要：分析高中数学教学质量现状，开展"三阶式题组"教学实验，躬耕"以做促学、顺学诱导"新型课堂，旨在提振学生学习精气神，内生正能量，践行自主探索、动手实践、自我发展的学习方式。教师要精准设计题组梯度，精准把控课堂形态，精准定位教学指向，确保实验目标有效达成。

关键词：高中数学；基础薄弱生；三阶式题组；精准施教

一、问题研究的主要起因

进入 21 世纪以来，农村高中教育在不断改革探索、政策扶持的过程中砥砺前行，取得有目共睹的巨大成就，但教学质量仍然是当前农村教育最突出的问题，社会各界关注与期望以及教育自身发展的需求把它推到风口浪尖，提升教学质量成为刻不容缓的热点、焦点问题。为此，笔者做了专题的调研：

一是追踪就近三届省内部分城乡学校高中学生数学的学业成绩，数据采集来源于高一至高三每个学期期末统考以及毕业班省市质检，以平均分、及格率、优秀、低分率作为参数，用图表形式进行比对。数据统计分析显示：每一届学业成绩趋势基本相似，单调性十分显著，即城乡学校之间的差距越来越大，农村学校的薄弱生面越来越大。

二是多层面与学校校长、教师漫谈，他们都有同样的伤感：努力程度不亚于城里学校，但精力付出与成效回报形成巨大反差，教师职业成就感、认同

＊ 林再生，大田县教师进修学校校长、高级教师、特级教师。本文系福建省教育科学"十二五"规划 2015 年度课题"农村高中数学基础学生的课堂教学方法研究"（编号 FJJK15－550）的研究成果。本文发表于 2017 年第 11 期《教育评论》。

感、美誉度严重缺失，挫伤教师积极性，出现许多消极的、负面的价值取向，每当质量分析时节，冰冷的数据让教师内心充满着难以言状、心灰意冷的苦衷，迷茫、纠结的长期积淀，"虽爱岗难敬业"成为学校文化向上发展的瓶颈、痛点。

三是多批次与学生促膝交谈，他们也发出共同的声音：刚入学还有期盼与梦想，存有新起点、新气象的拼劲，无奈基础知识不扎实，基本技能没固化，听课跟不上节奏，作业无法独立完成，学业成绩越来越差，又受上学读书的功利思想驱使，"寒门再难出贵子"的消极言论侵袭，感到跳出"农"门无望，久而久之，激情、信心、动力慢慢地消耗殆尽，呈现一种得过且过、灰心丧气的状态。

产生这种现状的主客观原因是复杂、多层面的，师生的难处不无道理，感同身受。茫然中之，笔者却从随堂听课当中产生了灵感与遐想，受益于"体验教育""建构主义""最近发展区"等理论多维度的理性启迪，笔者试图尝试解决问题的一个突破点：以"三阶式题组"教学为载体，以做促学，顺学诱导，在改变学习形态及提高效益上"踩"出一条路子，实现课程标准所提出的"使不同的学生在数学上得到不同的发展"[1]教育目标，使每一个学生都有自己获得感、满足感，成为最好的自己。

二、三阶式题组教学的内涵

苏霍姆林斯基认为：在人的心灵深处，都有一种根深蒂固的需要，这就是希望感到自己是一个发现者、研究者、探索者。[2]乔治·波利亚认为：学习任何知识的最佳途径是由自己发现，因为这种发现理解最深，也最容易掌握其中的规律、性质和联系。[3]国内学者薛保红也认为：运用体验教育的基本理论、技术和方法对受教育者实施引导和感化，是教育内化最有效的教育方法。[4]受之引领，笔者赋予"三阶式题组"教学以含义。

（一）什么是三阶式题组

特指教师根据高中基础薄弱生的心理特征、学习特点和学业水平，以"放低起点、自主体验，注重习惯、提振信心"为主旨，以"浅入浅出，阶次上升，题题递进，步步启迪"为主线，将教学目标、新知识点问题化，突出学生自主学习，灵活巧妙地参照"铺垫、迁移、内化"三个阶次精心设计而成的系列化递进式题组。一阶铺垫题组是为新知的形成、获得，需要展示新知发生和发展过程的温故旧知、知识衔接、情境引入的题组；二阶迁移题组是为新知的理解、应用，围绕对新知本质的深刻揭示、探究新旧内在联系、形成技能、优化思维、积淀突破难点的数学活动体验的题组；三阶内化题组是为新知固化、拓展，选择内容联系密切、试题形式相近、思维方法相似、解法策略大同小异的题组，或目标性强、适度性好、检测点准、孪生变式的题组。

（二）什么是三阶式题组教学

特指教师依照三阶式题组设计，以解决问题为导向，指导学生自主进行题组的解题、展示、探究全过程，一环扣一环地引导学生自己感知、感悟题组内的规律、生长点，发现、猜想、论证题组所蕴含的知识技能、思想方法，达成学生自我卷入式、体验式的学习状态，促进学生对知识的主动建构。

（三）三阶式题组教学的特征

准确理解三阶式题组教学核心内涵，改变传统讲授式教学方法，构建"做、导、学"教学新理念，充分、灵活地利用三阶式题组的功能优势。

一是递进性。对学生来说，题组像游戏打通关一样有吸引力，自己解决一串上得了手、下得了笔的递进式题组，精髓在于"以做促学"；通关式的学习，是一种从"学得"到"习得"的变革式飞跃，学生靠自己的努力实践体悟到成就感、愉悦感，内悟式地消除自卑自傲、冷眼旁观，消除对学习数学的恐惧感和破罐破摔的倾向，自省式地强化态度决定成败的意识，以不着急、不放弃的心态，提升学习的正能量。

二是选择性。难易相宜，没有谁想拒绝；自主选择，谁都有跃跃欲试的冲动。题组保障了跳一跳够得着的学生"吃得饱"，"吃不了"的就此细嚼消化，"吃不饱"的继续进阶探索，能跑则跑，能飞则飞，精华在于各得其所；差异性的学习，让学生天天能够学有所得、学有所乐，同时锻炼毅力、磨练恒心，精神面貌呈现出一种有梦想、有朝气、有冲劲，守持初衷，保持乐观、向上的心态，在原有基础上稳步地、自信地继续前进。

三是开放性。教师根据"新授课""习题课""复习课"等不同课型，立足学情，有针对性设计三阶式题组，如"温故·知新·固化"题组，"情景·尝试·提升"题组，"基础·变式·拓展"题组，"容易·中档·稍难"题组等，精彩在于自由组合；这是有模式又不拘泥于模式的教学，形式多样，灵活开放，任务驱动，按需设计，教师彰显教学智慧，有极大的发挥空间，学生有大量的机会，尝试发现问题、展示解决问题，各美其美。

三、三阶式题组教学实施路径

在听课、评课、探究、研讨的基础上，笔者认为，实施三阶式题组教学应当遵循三条路径。

（一）题组梯度要精准设计

三阶式题组是以问题为中心主线的设计的教学结构，教学效益的"命根子"在于设计的精准性。

第一，紧贴学情、需求的设计。

教师要贯彻"以生为本、以学定教"的题组设计理念，始终瞄准"学情"这个靶心，题组才会显示强大"威力"，起着"四两拨千斤"的功效。

一是建立在已有的认知基础之上。将知识、技能、方法有机地、精准地融入题组之中，在"导"的作用下，浅入浅出或深入浅出螺旋式递进，自然连贯，步步为营，水到渠成。

二是建立在思维"最近发展区"之上。要在思维起点上精准发力，从解决问题到问题解决，题组要立足学生看得懂、想得通、做得到，强化自觉积极参与活动，彰显自己的精彩。

三是建立在情感需求之上。要营造独立思考、互动交流、及时纠偏、适时激励、宽松民主的课堂氛围，唤醒内需，点燃潜能，展示价值，以浓厚情感驱动学习主观能动性的"井喷"。

第二，题组数量、难易的设计。

教师备课中要大胆抛弃贪多、不放心思想，避免课堂容量过大而产生预设的教学任务完不成或草草收场。题组设计要注重控制数量多寡，必做、选做都要遵循适度、适量、适用的原则，讲究突出重点、抓住关键各个突破；同时题组设计要严格把控难度高低，入口宽，上手易，突出通性通法，让学生掌握常见的解题思路和方法，简简单单、实实在在形成自己的解题经验。例如"分段函数的求值问题"这一节课，教师按"展示高考题、解读高考题、走进高考题"的题组设计，新颖独特，题量适度，难度适中，贴近学情，铺垫、迁移、内化的精准设计，撩开高考题的神秘面纱，增强学生学习信心。

第三，思考时间、空间的设计。

数学认知是在不断地推理、抽象、概括中变得更加深刻，教师要在新知的发现、论证、形成的过程中，给足学生充分思考、细嚼的空间，必须克服越俎代庖、请君入瓮的倾向；同时对重要知识点、思想方法的理解、梳理和记忆，要给足学生充分反思、内化的时间，及时遏制半生不熟、囫囵吞枣的错误。例如"函数图像复习"这节课，题组设计要强化"学函数用图像"的意识，引导学生"用图思考与反思"，形象直观地去理解函数概念、变换规律，以形助数，以数解形，数形联动，留有充足时间让学生用自己思维方式悟出方程与函数的裙带关联，用自己语言表述习惯体悟数学"文字、图像、符号"语言之间的互译转换，用自己经验积累反刍数形结合的思想方法内涵，实现自主迁移、内化。

（二）课堂形态要精准把控

教学效益高低，关键在于教师能否把乏味的课堂变得生机活现、激情四溢的课堂。在"几类不同增长的函数模型"这节课，教师采用"尝试练习、做好铺垫—探究例题、总结解法—当堂训练、强化记忆"的题组设计；在"方程的根与函数的零点"这节课，则采用"创设情景、感知概念—实例探究、归纳概念—辨析讨论、深化概念"的题组设计。具有代表性的课例，凸显了三阶式题组教学的课堂形态。

一是基于自主建构的学习。题组让学生置身于特定的探究情境之中，从未知到已知，思考做题，查阅文本，能够靠自己的思考去发现、领悟出新知或结论，顺利完成知识的衔接与理解，自主、全程地经历新知生成以及内化了的知识再建构、升华的循环过程，"知其然"到"知其所以然"，进而懂得"然何而来"，主动迁移，主体地位突出。

二是基于展示互动的学习。题组把学生引向积极主动猜疑、思疑、释疑的思维轨道，以启发、诱导、催生的方式，不间断展示学习成果，辨析思维的障碍点、知识盲点，引发共鸣，促进生成，孕育新知，并注重发挥"优秀生"的"鲢鱼"作用，双向的、多层次的循环展示互动，使课堂呈现动态的特征，师生激情融汇，教师主导功能显现。

三是基于解决问题的学习。题组体现数学生活化、趣味化特点，刺激、诱导学生去行动、去寻觅，在"思"中学，"做"中学，"导"中学，在"做"的过程中犯错、纠错，在解决问题过程中见新知、真知，自觉内化；其间教师则忙于巡视辅导，捕捉信息，既授之以"鱼"又授之以"渔"，更授之以"欲"，激发学生发现、分析、解决问题的昂扬斗志。

（三）教学指向要精准定位

笔者坚信：特别优秀的学生未必是教师教出来的，但对大多数学生的学业成长，教师起着不可或缺的关键性作用。为此，教师在三阶式题组教学中必须始终围绕以下二个指向不松劲。

第一，自主思考，主动反思。

有一种成长，是形成独立思考能力的自我奋斗。学会思考，独立思考、真正思考，达成迁移、内化，这是有效实施三阶式题组教学的重头戏。

一要培育思考的习惯。思考是无处不在的，教师要时刻关注学生是否真正地开动脑筋，要善于设计设问、追问、问题串的题组来启迪学生思维发展，把教学过程演变成学生的思考过程，用思考去感受感悟数学，生成智慧。有思考就会有收获、有兴趣，学习才会更加有激情，有思考才能带来学科思想、概念、定理、性质、公式本质认知的升级、升华。

二要教给思考的方法。学会用数学的思维方法去思考、理解数学问题，领悟数学知识之间所承载的思维方法、特征的联系，例如遇上方程相关问题，学生一般只停留在解方程，而不是用变量的数学思维方式来思考，教师要用函数观点、图像视角设计题组，让学生审视分析方程，思考图形元素之间的关系，思考数与形之间的联系，最后迁移到代数的运算。

三要强化学后反思。反思环节是思维品质进化的基本途径，教师要将学生所学肤浅表层的新知置于不同情境的题组之中加以应用，检验检查新知理解掌握情况的同时，多角度反思解题的遗憾之错、是非之错、无为之错，反思易错、易混、易忘的问题，及时纠正、及时迁移，经过自己思维再加工、再重组、再记忆，从而筑牢、内化新知。

第二，激发潜能，"爱"满课堂。

三阶式题组教学必然把学生带进苦思冥想、抓耳挠腮、百思不得其解的思维窘境，学生尤其迫切渴望"爱"的沐浴，可亲的微笑、肯定的眼神、温馨的鼓励、贴心的辅导，德智相融，不可偏废。

一要善用"大拇指"教育。不要吝啬赞赏的语言，教师需用愉悦人心的语气常常送自信、送鼓励，并多多创设表现、展示、出彩的平台与机会，让学生对数学产生"爱"，抱定"数学学习不是一蹴而就，而是善思勤练的日积月累，只要咬紧牙关地坚持，就有希望学好"的坚定信念。

二要让"爱"有的放矢。从学习动机、态度、努力程度入手，了解需求，对症下药，引导怎么学、怎么做，培育学生的责任感，督促制定可预期、可持续的阶段性成长目标，及时给足学生最急需的思想引领、心灵慰藉、生活关爱、学习帮扶，让学生感受到最真实、最纯朴、最接地气的"爱"。

三要具备超常的耐心。急于求成或急功近利是教育的大忌，教师必须保持真诚、乐观、平和的心态，无须对学生在短期内学业进步不明显而着急或烦恼，留有余地，守望成长，以静待花开的"爱心"陪伴学生迈小步、积跬步、一点一滴地悄然进步。

四、三阶式题组教学应当注意的问题

教师长期受到传统教学风格的惯性影响，也存在对三阶式题组教学独特性的理解、体悟不到位，因此，教学实践中应当侧重关注以下两个问题：

一是教学理念亟待更新。教师的任务必须是设计学、组织学、服务学，这是三阶式题组教学的根本理念。教师要有"革新"的勇气和决心，摒弃课堂居高临下的强势姿态，改变学生始终处在"讲什么就接受什么"的倾听状态，建立"学生绝非知识填充的容器，而是有待点燃的火把"的教学思想。

二是课堂主角地位必须改变。一言堂"主宰"课堂，以灌输手法"占领"课堂，教师的"讲"过多替代或挤占了学生思考时间、展示机会、辨析空间，把学生本来需要思考发现的过程当作一个优美的事实，平铺直叙地简单、直接传授的现象普遍存在。急需教师走出教师自我中心的桎梏，以探究、互动、辨析为抓手，唱响"以学为本"的主旋律。

参考文献：

[1] 中华人民共和国教育部. 普通高中数学课程标准 [S]. 北京：人民教育出版社，2006：2.

[2] B. A. 苏霍姆林斯基，著. 杜殿坤，译. 给教师的建议 [M]. 北京：教育科学出版社，1984：58.

[3] 乔治·波利亚，著. 数学的发现—对解题的理解、研究和讲授 [M]. 呼和浩特：内蒙古人民出版社，1979：283—285.

[4] 薛保红. 体验教育创新原理与方法 [M]. 北京：中国质检出版社，2012：4—5.

班主任专业化进程中存在的问题与解决对策

许　苹*

　　摘要：班主任专业化问题日益受到关注，但在班主任专业化进程中还存在班主任的专业素质有待进一步提升、班主任专业自身成熟度和社会吸引力不够等问题。要解决这些问题，可以采取"坚持班主任自主、主动的专业发展"和"建设'教师专业发展学校'，促进班主任专业发展"等对策。

　　关键词：班主任；班主任专业化；专业发展

　　2006 年 6 月 4 日，《教育部关于进一步加强中小学班主任工作的意见》首次明确了"班主任岗位是具有较高素质和人格要求的重要专业性岗位"。这一提法确立了班主任的专业地位，为班主任队伍的建设指明了方向。近年来，班主任专业化问题日益受到关注，与之相应的研究和实践也正在深入进行。就目前的情况看，班主任专业化进程中还存在一些问题，需要我们对影响班主任专业发展的因素进行分析，找到问题的症结所在，才能采取有效措施加快班主任专业化的步伐。

一、对班主任专业化的认识

（一）班主任专业化和班主任专业发展的关系

　　本文涉及密切相关的两个概念——班主任专业化和班主任专业发展。班主任专业化主要是强调班主任群体的、外在的专业性提升，而班主任专业发展则是班主任个体的、内在的专业性提高。班主任专业化的核心是班主任专业发

---

　　* 许苹（1972—），女，福建厦门人，厦门大学附属科技中学党委副书记，中学高级教师，研究方向为思想政治课教学、学校管理。本文发表于 2010 年 9 月《基础教育参考》。

展，最终体现于个体专业发展的水平，依赖于个体专业发展的追求。

（二）班主任专业化的内涵

关于一种职业能否称为专业，被公认的至少有三方面的规定：首先，作为专业的职业实践必须有专业理论知识作依据，有专门的技能作保证。其次，作为专业的职业，承担着重要的社会责任。再次，作为专业的职业，在本行业内具有专业性的自主权……若某种职业从性质上看具有专业的意义，但实际专业化程度却不够，往往会被称为"准专业"，尚需经历一个专业化过程。① 班主任是教师队伍的重要组成部分，班主任岗位的专业性源于一般教师劳动的专业性，又应高于一般教师劳动的专业性，是教师专业发展的一个特殊方面。班主任的专业化是指班主任通过学习、实践和反思在专业道德和理念、专业知识、专业能力等方面不断提升的过程。

二、当前班主任队伍工作现状

"班主任专业化"概念的提出和相关的研究热潮对提高班主任的社会地位和专业地位，加强班主任队伍建设起到了重要的推动作用。但是，从实践现状看，一些教师在担任班主任工作的问题上，仍存在着不愿做、不会做、不宜做的"三不"现象。

1. "不愿做"是态度问题

一些教师认为，现在的学生都是独生子女，难管理，班主任工作很辛苦，风险大，吃力不讨好，弄不好两头受气，自寻烦恼、不值得。一些教师心目中真正的"专业知识"是语文、外语、数理化等学科知识，他们认为学科知识才是安身立命之本，至于班主任工作，不过是当个"孩子王"而已，还影响教学业务的发展。

2. "不会做"是水平问题

一些教师能够胜任教学工作，但缺乏当班主任的能力，不会管理班级和组织活动，不会做学生思想工作。一些班主任由于教育理念落后，工作方式粗暴，角色认知错位，在教育工作中制造了一系列的"反教育"现象，对学生的身心发展造成了伤害，给班主任工作信誉蒙上了阴影，使班主任工作陷入了某种尴尬的境地。

---

① 叶澜. 新世纪教师专业素养初探［J］. 教育研究与实验. 1998（1）

3. "不宜做"是思想素质问题

有些教师虽然有管理班级的能力，但当班主任并不是出于对班主任工作的热爱，而是考虑到班主任津贴和评聘职称等需要，这样的教师虽然有本事，但是确实"不宜做"班主任工作。

三、班主任专业化进程中存在的问题及成因分析

"三不"现象反映了班主任专业化进程中存在的两个问题：

（一）从自身的专业结构来看，班主任的专业素质进一步提升，才能胜任班主任工作

当前制约班主任专业发展的个人因素主要包括：

1. 专业意识不清晰

受传统观念的影响，班主任本人对班主任岗位缺乏专业认识，缺乏以专业人员标准要求自己的责任感和使命感，缺乏专业发展的意识，导致自身的专业发展受阻。这是影响班主任专业化最主要的内因。

2. 专业成长动力不足

长期以来，"班主任人人能当"的观点很大程度上影响了班主任的成就动机，导致了一些班主任安于现状，不思进取；班主任工作的内容和责任没有边际，一些班主任感觉从事的大都是低科技含量的"体力劳动"，很少有成就感；班主任承担着教书育人和建班育人的双重任务，繁重的工作压力导致一些班主任产生职业倦怠，情绪低落、身心疲惫的心理状态，影响了班主任专业发展的积极性。

3. 教育理念有偏差

在传统班主任的教育观念、思维模式和工作方法已越来越不适应时代发展的要求。此外，社会转型期出现的浮躁、功利的社会风气对班主任的工作理念也产生了很大影响。在困惑迷茫中，班主任容易出现急功近利地理解和看待教育的现象，不能很好地完成育人任务。

4. 面对新挑战的知识和能力欠缺

现今教育面临着许多新问题，比如，学生生理、心理教育及两者协调发展的问题，独生子女的自立意识和合作精神的教育问题，信息素养培养和网络德育问题，学生独立意识、平等意识、权利意识的增强等，都对班主任的知识结构和工作能力提出了挑战。很多班主任对此不知如何去应对，经常有力不从心

的感觉，从而对教师专业发展表现出消极心理。

5. 学习的意识和能力不强

当前，班主任专业水平不高，"缺乏学术声誉"的主要原因是一些人总是觉得班主任不过是"孩子王"，只要有工作经验就能干好。要摆脱这种观念的束缚，凸显班主任的专业素养和学术水平，就必须提高学习能力。班主任学习能力的提高，需要不断地反思、不断吸收新的教育思想和理念，需要经常参加交流活动，参加教育教学实践。但是工学矛盾客观存在，不少班主任认为"教学任务重，班主任工作中日常杂事多，没时间也静不下心来好好学习"，这是制约自身知识和能力发展的主要因素。

（二）从外部环境来看，当前班主任专业的社会吸引力不够，班主任还不是吸引人的职务

这一问题应主要从学校因素和社会因素进行分析：

1. 学校因素

（1）"全员育人"的合作氛围不浓。实践中往往出现这样的状况，学校一旦安排了班主任，其他教师就很少关心学生工作。而班主任一个人要承担班级学生的管理职能、德育职能、指导职能，这种"一岗多职"的情况常常使班主任力不从心，工作的成效可想而知，更严重的是，长期的"孤军奋战"会使班主任觉得无助和寒心，更谈不上追求专业的提升。

（2）班主任评价体系不科学。从当前很多学校的实践来看，怎样衡量班主任专业发展程度，督促班主任的专业成长，尚缺乏一套清晰的、较为统一的、科学的评价指标体系。现有的班主任评价指标体系实质上是一种工作考核，不能全面考察班主任的专业发展程度，更谈不上发挥在班主任专业发展方面的引领作用，不能满足班主任在专业发展上的诉求。甚至会产生一定的负面影响，一方面，一些班主任满足于完成考核中的量化指标，陷于繁忙的事务性应付中，另一方面，许多优秀教师不屑于担任班主任，认为班主任工作妨碍了教学业务的发展。

（3）校本培训的有效性不足。尽管一般情况下，学校都会对班主任进行各种形式的校本培训，但是目前班主任专业化培训实践存在的问题主要表现在：学校领导重视不够；缺乏专业化思想的指导；缺乏培训的总体规划和具体计划；培训内容脱离实践；培训方式单一，手段落后；对培训的管理不规范；缺乏对培训质量的科学评价等。这样的校本培训质量不高，对班主任工作没有切实帮助，起不到促进专业发展的作用。

2. 社会因素

（1）班主任工作专业化程度不够，主要表现在以下三个方面：一是有关班主任的专业理论不足。班主任工作长期缺乏科学研究，没有专门的"班主任学"。二是班主任作为专业的职业，还未具有专业性的自主权，如专业工作者必须有专业资格证书，入职、聘用、解职有严格具体规定，专业内部有不同的职称以标志专业水平的差异，职称的晋升需经过专家评审，等等。目前，就全国范围来看，针对班主任岗位的这些相关制度的制定和实施尚须时间。三是部分班主任在敬业精神与师德方面表现有所滑坡，班主任的形象在人们心目中原有的道德形象被抹黑。

（2）班主任的社会地位和专业地位不高。党和政府为提高班主任的地位做了大量工作，也收到显著成效，但与赋予班主任的社会重任比还不相称。从认知方面看，问题更为突出。在公众和社会舆论方面，对班主任强调的主要是道德方面，诸如热爱学生、有奉献精神、以身作则、认真负责等，对业务方面，习惯于把班主任工作纳入学校行政管理体系之中，突出班主任的管理行为，忽视班主任育人的理论水平与特殊能力。

四、解决班主任专业化进程中存在问题的若干对策

（一）坚持班主任自主、主动的专业发展

班主任自身专业发展的途径很多，但基本途径有三个：学习、实践、反思。

1. 树立终身学习观，在学习中求发展

班主任要参加各种形式的继续教育、培训交流等活动，聆听专家的指导，把握教育的前沿动态和最新知识，使自己得到全面提高；要勇于向学生学习，在师生交往中与学生同时学习提高，在发展学生中自身得到专业发展；还要善于向优秀教师学习，要学习他们的具体经验、方法，更重要的是学习他们的教育思想、教育精神。

2. 立足岗位实践，在工作中求发展

工作岗位是班主任专业成长的肥田沃土，班主任成才是岗位成才。教育和科研是班主任专业发展的两大基石和依托，班主任要在教育教学实践和科研活动中积累教育智慧。

3. 制定职业发展规划，在反思中求发展

制定、实施职业发展规划有利于班主任发掘自我潜能，激励自己朝着人生

与事业的目标奋发，对于自身成长具有积极意义。尤其值得一提的是，反思是促进班主任发展的不可或缺的环节，班主任要学会反思，养成反思的习惯，保持一种积极探究的心态，不断改进自己的工作。

4. 提升教育理念，在服务中求发展

班主任要树立科学的教育价值观、教育质量观、教学观、师生观、评价观等，以建立优秀班集体、实现学生个性发展为教育目标，富有爱心地关怀着学生的方方面面，但以关怀学生的精神生活、精神发展为核心内容，以平等、民主的思想管理班级，构建积极向上的班级文化，运用系统理论指导班级工作，使班集体成为学生健康成长的精神家园。班主任在服务学生的成长成才中也获得自身的发展。

（二）建设"教师专业发展学校"，促进班主任专业发展

"教师专业发展学校"是为促进中小学的教师发展而进行的内部建构，它强调学校也是教师发展的场所，学校应当具有使教师获得持续有效的专业化发展的功能，而教师的专业发展又能与学校的发展有机结合。[1]学校领导在班主任的专业发展过程中，应该发挥领导、引导、服务和激励的作用。

1. 营造浓厚的校园文化氛围促进班主任专业发展

一是营造精神文化氛围，提升班主任的专业精神。专业精神是班主任专业成长的灵魂，教育特别要求班主任具备高尚的师德，这是班主任育人育心的教育劳动性质和职责决定的，而精神文化氛围是孕育班主任崇高的专业精神的沃土。学校要通过多种渠道宣传、引导班主任自觉履行《中小学教师职业道德规范》的要求，开展师德建设活动，广泛宣传优秀班主任的模范事迹，树立班主任队伍崇高的职业形象，彰显其专业精神。

二是营造和谐氛围，激发班主任专业发展的动力。要促进班主任专业发展，至关重要的就是要激发班主任的工作内驱力。这种内驱力既源于班主任的教育理想追求，源于教育价值实现的成功体验，也源于在实践过程中感受到的来自各个方面的有力支持。因此，学校领导应树立以教师专业发展为本的管理理念，着力营造一种宽松、民主、和谐的环境，要以自己的专业化带动班主任的专业化，引导他们在班主任工作中享受智慧生命的快乐。要强调班主任间的共同协作，强调班主任与科任教师间的相互支持。在和谐的氛围中，让班主任有一份从容，有一份专业的自省，激发班主任追求专业提升的内在动力。

三是营造"读书文化"，促进班主任专业知识积累。学校应努力创建学习型组织，营造书香校园，通过为班主任提供专业阅读条件，如建立专业书架，提供充足的内容丰富的专业书籍，制定读书制度，开展读书心得、论文交流等活动，倡导教师读书，为提升教育理念、提高专业能力奠定深厚的知识基础。

2.开展校本研修引领班主任自主的专业发展

校本研修是提高教师培训针对性和有效性的理想模式，用关键词可以表述为：教育行政领导、培训机构实施、研训专家引领、骨干教师示范、学校层面运作、教育问题驱动、教师自主学习、打造研究常规、教研培训一体化。[2]在学校运作层面上，主要做法是：

一是引导班主任掌握教育研究的方法。①以回顾反思为主的叙事研究。它通过对教育生活经验的叙述促进人们对于教育及其意义的理解，有助于改造和提升班主任的教育经验。②以学习借鉴为主的案例研究。它可以使同伴、优秀班主任的实践智慧通过案例传递、分享。③以改善行为为主的行动研究。它使班主任在解决问题的过程中，不断改进教育行为、提升研究意识、推动教育实践，形成新的教育理论。

二是根据班主任不同发展阶段的需求进行分层培训。①第一阶段为适应期培训。主要是给新上岗的班主任提供工作榜样，让他们学习和模仿，同时传授工作基本技能和规范。②第二阶段为成熟期培训。主要是让青年班主任对一年来的带班情况进行反思、提炼和总结，以此提高班主任的思想素质和业务素质。③第三阶段为发展期培训。目的是让已经适应且已走向成熟的班主任有所创新和超越，并把工作经验从零碎转化成系统，从经验转化成理论。

3.建立科学的管理制度，搭建班主任专业发展平台

一是建立准入制度，唤醒班主任的专业意识。可以试行"班主任资格证书制度"，逐步做到持证上岗，规范班主任任用程序。学校明确了班主任人选后，必须郑重宣布任用，使其产生荣誉感、使命感和责任感，还要让学生、家长和教师逐步达成这样一个共识：能当班主任的教师都是好老师，在学校里形成"人人愿意当班主任"的风气。

二是改革评价制度，引领班主任专业发展方向。走出传统评价的误区，构建发展性评价体系，使评价成为促进班主任自我发展的工具。发展性评价突出班主任在评价中的主体地位，力求将评价过程与自我反思过程有机结合起来，形成多元评价主体，将质性评价和量化评价有机结合起来，全面真实、客观公正地评价班主任工作。

三是建立激励机制，激励班主任自主专业发展。①树立先进，弘扬典范。通过"学生爱戴的班主任""师德标兵"等评选活动，大力宣传，积极倡导学

校、家庭、社会、学生尊重班主任；鼓励优秀教师担任班主任。②尊重需求，关怀成长。要充分尊重班主任对生存、认知、道德和情感的现实需求，关心班主任的学习、工作和生活，尊重班主任的权利、主体地位和个人价值，合理提高班主任的精神和物质待遇，在评先进、评职称、外出培训学习、职务晋升时要优先考虑班主任等。

4. 搭建展示风采的平台，树立班主任良好的职业形象

长期以来，班主任这一角色留给社会的形象较为刻板和模式化，其专业形象不够鲜明，个人风格不够突出，存在千人一面与标准化色彩。学校可以通过开展各种活动，为班主任搭建展示风采的平台，使班主任工作具有更加丰富的角色内涵——专业、智慧、魅力，比如开展班主任基本功培训与展示活动，创新优秀班主任的评选方式——评选"星级"班主任、评选育德、育才、育美、育劳、育智等单项奖，用根据个人工作风格写的颁奖词代替笼统地介绍他们的先进事迹的宣传语，倡导做不同风格类型的班主任等。

参考文献：

[1] 教育部人事司编. 管理创新与学校发展 [M]. 陕西师范大学出版社. 2004. 55—57.

[2] 郭东岐主编. 校本研修的实施与管理 [M]. 陕西师范大学出版社. 2008. 30—31.

编文选文　双管齐下

许更生 [*]

叶老一直认为，从古今中外的文章中选取若干篇范文作为课本乃不得已而为之的办法。叶老对此观点做过一而再、再而三的强调。他说："选古今现成的文章作教材。这虽已成习惯，其实并不一定是好方法，尤其是对于初中程度的学生。……最理想的方法是依照青年的需要，从青年生活上取题材，分门别类地写出许多文章来，代替选文。我们多年以来，也曾抱有这种理想。""初中国文科的讲读材料是值得研究的大问题。……仍依向来旧习惯，选用古今现成的文章，但自己并不满意。""统计不该用字，而该用词。如果把目前通行的书报作为依据，统计其中每个词的出现次数，结果，把得票最多的若干词（数目当然不止一千两千）组织在课本里头。""更重要的还在学习语言，接受新的词和句式。"

"因此，作为学习的材料的课本当然不能马马虎虎。编辑课本从统计词和句式入手，诚然麻烦。然而读者读了这样编成的课本，可以到处应用，不至于把拿到手里的工具随便丢开。那么麻烦一点也是值得的。"叶老这些关于以词编写语文课本的想法，跟新文学的倡导者之一梁启超先生是不谋而合的——甚至连表述的语句都十分相似！可惜，近百年时间过去了，两位语文大师的这一科学念头一直被束之高阁，不能付诸实施。

不过，只要是科学的想法，就自有后来人追随。当代著名语文教育家顾黄初先生在《关于语文学科课程改革的一些设想》中又旧话重提。他说："在我看来，小学语文课本的课文完全可以按等级表中规定的汉字逐级组织编写；初中语文课本的课文，选的虽然是现成的范文，但也必须按等级表对课文中的汉

_____

　* 许更生，莆田市教师进修学院。本文发表于 2003 年 10 月《语文教学通讯》，并荣获《语文教学通讯》首届初中语文教育论文大赛特等奖。

字，采取先提取后归类的方法进行整理，使该掌握的常用字、次常用字展示得十分明确。"湖南师大文学院副教授、博士彭泽润则更为具体地指出："要重视现代汉语单词教育，而不是传统的单字教育。……要把'生字'放在'生词'教育的大背景下进行。对外汉语教材已经都是这样进行了，很值得借鉴。"

北京的李镗先生也认为："语文教学科学化首先要实现字词教学科学化，……语文教学科学化理应从字词教学开始。"他以大量借助电脑统计的材料证明：随机的"选文式"的课本，必然造成一定的必须掌握字词的遗漏。例如，现行人教版小学语文课本 12 册（1990 年版），全套课本未出现的常用字有 110 个，如奸、刃、疤、婚、孕、帅、矛、贤、霸、币、墓、肾、售、骡等，未出现的次常用字有 455 个，其中中国大写数字壹、贰、叁、柒、捌、玖等都没有出现；"耍、改、局、届、宗、税、掀"等高频常用字未能出现；初中教材课文中，26 个常用字，以及 209 个次常用字没有出现。

如此严重的疏漏与"失误"长期存在于我国义务教育阶段的正式课本中，实在是很不应该的。人才济济、实力雄厚的人教社尚且出现这样的"失误"，这也从一个侧面证明了选文式的课本应当进入历史博物馆了，编文式课本应当崛起取而代之。

基础教育阶段语文教学的根本任务是积累大量的语言材料，而语汇是构成任何一种语言的基本材料，语言教育的任务主要在于词汇的积累。可惜，我们中国的语文课本长期背离这一基本准则，而且至今仍然停留在"识字"阶段——充其量叫做认识"单音词"吧，忘却现代汉语早已是双音词、多音词占绝对优势的时代了。日本学校数十年前就有了明确的基本词汇量的规定，而我们至今依然心中无数。可以说，教材的不科学首先表现在，它大大忽视了作为语言主体的词汇的学习与积累。似乎中国人学习汉语，可以跨过词汇的掌握搞"跨越式发展"。如今的小学、中学语文课本，仍然不见《词语表》！这在世界上恐怕是独一无二的怪事吧？长此以往，语文教育质量怎能提高？这一点，连人教社的老编辑们也心存疑窦。人教社编审庄文中先生尖锐地指出："语文教学中最成问题的地方，就是没有一个基本的语言材料的概念。比如小学掌握 2500 字、初中 3500 字。初中多出的是哪 1000 字？不落实。小学应掌握多少词汇？不明确。初中应掌握多少词汇？也不明确。到了高中阶段，连语言方面的具体要求也没有了。对基础内容没有界定、没有量化，这是我国语文教学很薄弱的环节。"

为什么百年来母语教学的效率一直低下？其原因固然相当复杂，但语文课本没有以语词为纲目和核心来编写，不能不说是其中的一大因素。为什么今昔数代学子异口同声地认定，他们语文水平的提高，主要得益于课外的广泛涉猎，而不是主要依赖于课本的学习呢？其中一个重要原因，就在于课本的词汇量太少，太分散，而且是随机的、杂乱无章地出现的。语文课本既没有预先设定和整体安排的词汇量，更不顾及词语的复现频率、词语意项及用法的完整与否等等。编写上的这般"粗放经营"，必然造成"课本"难以为"本"的被动局面，学生只好靠课外吃"杂粮"和"广种薄收"来"喧宾夺主"。可以断言，教材编写上的"粗放经营"如不转变为"集约经营"，就难以扭转百年来语文教学事倍功半的落后局面。长期忽视词语学习和积累的课本，带来的负面影响至今还很深重。其一，作为人类思维和表达主要凭借的词语贫乏，直接造成了学生思维萎缩，思路枯涩，表达苍白，词不达意。其二，多年来，高考语文测试中有关词语识记与运用的，其得分率一直低下。报端一份"学生自己认为语言最大的毛病"的中学生调查表明，"词汇贫乏"占总人数的 64.7%。这些"老生常谈"问题，笔者就不再赘述和举例了。

人教社资深编辑周正逵提出，语文教材改革的主攻方向是改革旧的教材体系。旧教材体系的第一个基本特征就是"文选系统"；这样的教材体系，不大符合学生语文能力形成和发展的规律。其主要弊病是：①缺乏明确的训练目标；②缺乏严整的训练计划；②缺乏系统的训练内容；④缺乏科学的训练方法。这些因素直接影响教学质量和教学效率的提高。语文教材的改革，必须紧紧抓住这个要害，奋力攻坚。

笔者极为赞同彻底变革以"文选系统"为基本特征的旧的教材体系。积几十年的语文教学和教研经验，我认定崭新的、科学的中学语文课本必须由这样两部分构成：一本为《汉语读本》（请务必注意，绝不是《语法教本》），其主体是以 8000 个中学阶段必须掌握的语词（其中成语和常见四字语词 2000 个左右），分门别类写成的简明优美的语段。此外，还包括汉字与词汇知识、常用修辞格、中华文化常识等等。它体现中学阶段语文学科最基本的、最具可持续发展的知识的"核"，规范"中学语文"究竟是要学些什么，勾画出汉语学习的一个基本的知识与能力框架。

另一本是古今中外名家名篇为主（包括典范的实用文）的文选本。它海阔天空、包罗万象，充分展示出语文领域"浩浩汤汤、横无际涯"的迷人风采的一面。这些起"旗帜"和"标识"作用的名家"目标语"，既起着语言运用的示范作用，还兼有拓展认知视野、继承文化传统、陶冶思想情操、培育艺术修养等多维任务，为人的一生发展打下底色。从语言表达的层次水平看，它必须与"伙伴语"有比较大的反差，才能使学生产生比较强烈的心理效应。当代著名作家梁衡也有过相似的想法。他说："我曾想，语文教材要解决什么，语法恐怕是最简单的了，修辞比较难一点。我想从初一到高三，能不能给学生编一点最精彩的修辞段落，特别是最精彩的常用修辞，如比喻的段落。无论是毛泽东的还是梁启超的，把最精彩的段落拉出来，让学生综合起来理解，……人一生当中一定有一些最基本的记忆单元和要素，这个记忆要素是他一生当中必须用的，最好在青少年时期，尽量一次性解决。……就是要充分利用学生的记忆优势，把语文教材同时变成一本记忆教材，为学生的一生打一个好基础。"

　　许多不谋而合、所见略同的看法，往往蕴涵着某种基本的、科学的理念。

　　现代语言学习理论提出了"目标语""伙伴语"和"中介语"的概念。这是对言语能力发展过程和条件深入研究的结果。"目标语"是学习的蓝本，是语言学习者的终点；"伙伴语"指与学习者水平相近的语言素材（学习者与伙伴交谈时所显示的言语水平），是语言学习的起点；从起点到终点必然有一个过渡阶段，"中介语"就是指处于过渡状态的语言水平，它是不断变化的。笔者"编文选文双管齐下"的设想，主要就是基于语言学习理论研究的这种概念划分。对于"选文读本"，大家都很熟悉了，这里侧重谈谈以词"编文"读本的编写问题。我国语文界公认的"三老"之一张志公指出："语汇是语言的根基，文言如此，现代白话也如此，汉语如此，别的语言也如此，而汉语、汉字的特点，使得语汇之学的重要性格外突出。我们的先人一上来就准确地抓住了语言的根本，可以说，这在世界早期语言学中见解是很高的，成就是很大的。……这些作法显然同汉语汉字的特点有密切关系。在这一点上，传统的经验对我们是颇有启发作用的。"传统启蒙教育的规律和精华浓缩地反映在《急就篇》《三字经》《百家姓》《千字文》《蒙求》这样一些启蒙教本的编写上。现在，绝大多数人都承认它们编写上的科学性和教学的有效性。不过，长期以来，人们一直片面地以为它们只是集中识字的范本。然而，如果我们从古代汉语单音词占绝对优势着眼就不难发现，与其说它们是"识字"课本，倒不如说是"识词"课本更为确切。退一步讲，即使真是"字"，到了《三百千》这些具体的篇章中，不也成为"词"了吗？总之一句话：我国传统的、行之有效的启蒙课本，历来就是从"识词"入手的，而且是通过密集"识词"、"饱和轰炸"来强化记忆的。同时，这种强化和记忆又不是机械的、乏味的，它是通过"以词成文、以文带词"的方式来进行的（否则人手一册《说文解字》或是今天的《现代汉语词典》作为课本算了）。它既体现了一种有效的教学方法，更显示出"文道结合"的可贵思想，即工具性与人文性的高度统一。

我常常想，古人在苛求用词（字）不重复的情况下，尚且能几乎单枪匹马地编写出如此文质俱佳的课本；我们今天群策群力，借助电脑等现代利器，而且语词运用不必刻意都不重复（为了便于行文和复习记忆，适当的复现还是十分必要的），难道还编写不出新时代的新课本吗？当然不是——是不想为，非不可为！近年来涌现的新编《三字经》、新四五七言歌、《中华成语千句文》等等，以及四川等地集中识字的几种课本的陆续问世，就是一个明证。近几年，笔者为了满足教学的需要，曾经把初、高中的十多篇课文中的几十个语词进行联词组段，发现这项工作的难度其实也并不太大；即使是学生进行的一些联词组段练习，也屡屡涌现出许多写得很有创意的语段（本人已写成其他几篇文章发表了，限于篇幅，这里不再赘引）。倘若把它们拿来作为"伙伴语"、"中介语"材料，何尝不可？

以学生必须掌握的词语为纲编写语段，还有比较便捷的方法。那就是"拿来主义"——直接从名家名篇中采撷有关的精彩段落；有的也可以进行适当的改写加工。例如，小学语文教材中的《迷人的张家界》一文，就是根据识字的需要，凭借碧野的《翠绿的张家界》、陈祖甲的《天设地造　出神入化》和峻青的《难忘的索溪峪》三篇文章改写而成的。对于一部分比较怪僻的词语，姑且称为"硬骨头"吧，可以广开言路，向全世界发起语段编写征文，让全世界的华人——从名人名家到莘莘学子一起努力，协同攻关。只要广为征集，群策群力，好中选优，何愁课文难编？汉语语句组合的灵活奇特，为联词组段提供了得天独厚的用武之地。这一点，古有《三字经》《百家姓》《千字文》等的成功实践，今有《新三字经》和多种识字韵语课本的问世，都证明了"编写"以识词为核心的语文课本绝非镜花水月。

编写精彩语段以"呈现"相应语词的做法，必须纠正这样一个误解，即以为这样按需"组合"出来的文字太"小儿科"，登不上"课本"的大雅之堂。笔者斗胆猜测，这恐怕也是近百年来所有课本编者的顾忌之一吧？实则此言差矣！按需编写出来的语段固然比较简单浅显，但它绝对合乎规范，足以显示某些"规矩"，而绝非低劣的"文字游戏"。请问，谁个指责数理化学科为了让学生掌握定理、公式而刻意编制的典型例题、习题，是在玩弄概念的"数字游戏"呢？谁个指责军队新兵训练时的"正步走"之类队列训练，是不合实战需要的"花架子"呢？谁个指责武术操练时"马步弓步"等一招一式的架势，是形式主义的"无用功"呢？从一定意义上讲，言语技能训练语料的选择和编写，更应该注意接近学生的水平和表述习惯，才能使之倍感亲切，从而更好地起到引导作用；它所以是语言片段，就是为了使教学目标更为集中，更加凸显；同时，也正因为它的目标比较集中，程序编排比较单纯，所以教学效果更容易及时反馈，内容更容易自成系列。

"本"动则"末"从。可以断言，这样以语词为核心编写的新课本一旦问世并且颁行，它必然带动语文教法的根本变革——至少没人敢对课文中的生字新词等闲视之，甚至视如敝屣、"障碍"加以"扫除"了吧？口若悬河的"分析讲解"也将自然而然地"顿失滔滔"……

当然，毋庸置疑，这样理想化的教本是不可能一朝一夕就能面世的。但是，我们绝不能因其难就裹足不前，以致于百年以来一直无所作为而"空悲切"！只要是必要的并且是可能的，我们就应当奋勇前行，一步一步地去接近目标。如果说当年叶老他们是因为势单力薄而力不从心，难以下手；那么，我们今天完全可以发动千万个志同道合、有识有志之士一同来参与此事。光是语文教师全国就有百万之多，而且他们之中不少人已是各级作协成员，让他们一起写点精彩的小片段并非难事吧？有志者，事竟成，只要我们发扬愚公移山的精神，乘势而上，锲而不舍，少则三五年，多则十来年，总有一天可以完成几代人的美好夙愿。

笔者坚信，中国的语文教学真要迈上"科学化、现代化"之路，编写出以常用词为核心的语文课本就是其中最基础、最重要的工作之一。它既免不了，也避不开；我们这一代不干，我们的子孙后代也总会有人干，总会有人要去完成的！

小学 编

XIAOXUE
BIAN

弗赖登塔尔数学教育思想应用研究

陈　坚*

摘要： 文章基于弗赖登塔尔教育思想，结合对数学课堂教学存在的问题的分析，提出提高数学课堂教学实效的七个策略：激活已有的知识，彰显长时记忆中的图式；以数学操作活动为依托，创设再创造的契机；利用多重感觉通道，增强多元表征的关联和转化；注重反思习惯，构造具备迁移活性的数学认知结构；嵌入问题情境，构建学生认知结构的脚手架；以情优教，促进课堂生命意义的催化和衍生；鼓励数学交流，激起思维的碰撞和争鸣。

关键词： 课堂教学　弗赖登塔尔　应用研究　有效教学

一、弗赖登塔尔数学教育思想简介

弗赖登塔尔数学教育思想着眼于数学现实，主要包括数学化、再创造、互动交流和反思等内容。其中，数学化是数学活动的目的和手段，再创造是数学活动的路径和核心，互动交流是数学活动的策略和平台，反思是数学活动的闭路回馈和有效环节。[1]学习者通过对数学现实的横向和纵向数学化，数学知识的再创造，数学活动的互动交流和反思，最终形成新的数学现实。[2]弗赖登塔尔数学教育思想深刻地阐明了数学教育前进的轨道——现实基础和逻辑思维并举，外部关系和内在联系共存。

---

* 陈坚，福建师范大学附属小学高级教师、特级教师。本文系福建省中小学名师培养工程专项研究课题"架构常识性课堂，实现'数学化'教学"（编号 MSX11089）的研究成果。本文发表于2015年第5期《教育评论》。

二、传统数学课堂教学存在的问题

过于关注知识的存储，忽视思维的连续建构与生长。传统的数学课堂教学过于关注教材和数学知识本身，忽视分析、探索过程，导致学生被动地接受静态的知识，注重"纯粹"技能技巧和题型训练、结论与符号记忆，所获得的知识处于条块分割的状态，阻碍了数学知识意义和体系的建构，因此学生在数学学习时思维空间狭窄，极易出现建构偏差甚至建构错误。

学生数学反思能力欠缺，自主意识被抑制。重结论轻过程的数学教学没有给学生留下足够的时间、空间去思考，使学生感性层面的粗浅经验无法经历考察、比较、归纳等思辨过程。学生的思维过程缺乏灵活性和批判性，解题思路单一、过程烦琐、逻辑混乱，对一些问题的理解带有片面性和主观性。

表征方式割裂、孤立，表征转换僵滞费力。数学学习是通过数学活动建立对数学对象的心理表征和认知图式的过程。当前数学教学过程中各种表征方式孤立、割裂，相互之间的联系不够，导致学生缺乏加工多元表征信息的意识、能力与习惯，常常无法顺利地找出完成当前任务较为合适的表征，无法对同一问题众多的表征方式进行整合。

数学交流深度不够，课堂教学走向僵化和呆板。传统的数学教学片面追求知识的理解和问题的求解思路，内容狭窄、交流形式单一、效率低下，导致学生在交流过程中存在从众与退缩心理，缺乏质疑问难精神和交流意识，且常常停留在表面化、形式化、单向化和静态化的阶段。

前后知识跨度太大，数学活动经验被忽视。以往的数学教学忽视学生已有知识经验，前后知识之间跨度太大，知识联系断层，导致学生产生对数学新活动潜在的排斥和抵制情绪，缺少积极主动的学习方式，数学活动也因此变得干瘪和肤浅。

三、数学课堂教学实效性探究

传统数学课堂教学存在的诸多问题对数学课程改革提出了挑战。如何优化数学课堂教学，探讨具备实效性和生命力的数学课堂教学模式，成为数学教育理论与实践亟须探索的问题。本文尝试以弗赖登塔尔数学教育思想为基础，探索数学课堂教学运行模式（如下图）。

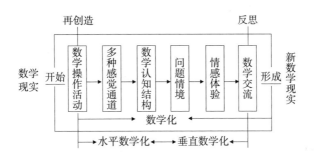

弗赖登塔尔数学教育思想应用于数学课堂教学运行模式设想图

（一）激活已有的知识，彰显长时记忆中的图式

弗赖登塔尔教授认为："数学教学应以原有的数学现实为基础，摆脱孤立的片断，从而达到学得快，记得牢的目的。"[3]学生的数学活动经验是通过观察和反思而得到的个体知识，是学习者形成的感性认识不断积累、演变、提升和内化成的理性知识，是动作与心智交互作用的结果。不同的人有不同的数学现实基础，这就决定了学生参与数学活动的已有知识经验是以知识的整体结构为根据的直接而迅速的认识，其基础、目的、期望和个人认知策略等因素都影响数学学习的行为和方式。

在数学教学中，教师应注意从新旧知识的衔接点入手，在学生原有认知结构的基础上发展新知识，引导学生全面地、开放地参与教师创设的数学活动。教师设计的问题要由浅入深，有坡度，有层次。因此，教师应该尽量创设与学生的"数学现实"密切联系的、蕴含源于现实的情境性任务，引导学生在完成任务的过程中检索、重组背景知识，唤醒与数学学习相关的智能储备，并以自己独特的方式重新编码，构建新的活动经验，促进新旧知识的同化和顺应，并最终建构起数学知识的意义和逻辑关系。

（二）以数学操作活动为依托，创设再创造的契机

弗赖登塔尔提出："数学教学要抓住'再创造'这一核心，不是机械重复历史中的'原始创造'，而是通过学习者的思维方式再创相关的数学知识。"[4]因此，数学教学要让学生自己动手、观察、试验，在思维的抽象性和形象性间搭起一座桥梁，并把知识变成头脑中的图式。

教师要重视知识发生的过程，引导学生以活动促思维，通过多种形式观察问题、探索规律、挖掘本质，从而经历数学思维与应用的过程。在这个实际操作过程中，学生通过分析与猜想、批判与反驳、推理与证明，发现现实世界和符号情境中的模式、结构和规律，明白数学知识的意义和结构性。在这个过程中，学生的思维实现创新性的突破和重组，在再认识、再发现、再创造的过程中建构起新的数学知识结构。

（三）利用多种感觉通道，探究多元表征之间的关联和转化

数学知识是在不同层次的言语、图表和符号等交织中存在的。由于学生思维的不连续性和层次差异，教师创设的教学活动应该在满足科学性并且总体上符合知识体系的前提下，有步骤地引导学生将问题转化成多样的数学表征，通过直观的言语、图表、文字、操作以及抽象符号等表征，拓宽问题解决的思路，优化问题解决策略。不同表征的相互转换，能促进学生经由多重视角认识、分析问题，增强对解题方法以及解题过程的自我意识，形成对数学概念和关系的理解，重组相关数学概念的结构。教师应不断引导学生在多种表征中进行协调和选择，最终确定合适的表征形式。同时，教师要引导学生构造、提炼个性化表征，并在发散与收敛的思考中灵活理解、运用各种表征。

（四）构造具备迁移性的数学认知结构，培养学生的反思习惯

弗赖登塔尔指出："反思是重要的数学活动，它是数学活动的核心和动力。"[5]数学的发展具有层次性，学生只有经过思考、追问、反馈与修正，才能深化与完善数学思维，真正抓住数学思维的内在实质。教师要努力为学生创设思考质疑的时空，并在知识的重点、疑难之处加以引导、点拨，让学生反思数学思想方法的发展和形成过程，抽象、概括出有关概念、原理和规律，再追问、批判和改进经验。学生只有经过反思建立起学习材料与数学规律之间内在联系，才能改变思维保守、封闭的状态，洞察数学事实的本质，具备较强的知识迁移能力。

（五）嵌入问题情境，构建学生认知的脚手架

教师应积累、筛选大量的教学素材，设计层层递进的问题链，并注重增设开放性、探索性的问题情境，为学生营造逐层深入的探究环境，通过问题的发现、表征、探究、言说和解决来引导学生思考和加工、抽象和概括、回顾和归纳，在掌握知识的同时学习科学的思维方法和研究方法。此外，教师要引导学生在分析、思考问题的过程中深入挖掘隐含信息，抓住数学活动的本质特征，提炼数学思想方法，并逐步将其内化为个体认知结构图式中相对稳定的一部分，促进横向数学化的顺利进行。

（六）以情优教，彰显课堂的生命意义

情感体验是学生主体对内在需要、动机和外在行为、状态的价值性体验，既包括对师生之间、学生之间的社会关系的体验和认识，也包括对活动世界意

志活动的认识。知识是情感的载体，数学学习是包含情意和人格系统的整体性学习。教师应通过语言、表情、动作等为每一种不同的认知形式或活动方式创设积极的情感因素，营造富有情趣的教学氛围，促使学生在深层次意识领域中形成学习、探索的心理倾向，进而通过观察捕捉动态变化中的数学关系，感受和鉴赏数学结构的内涵美、思维的奇异美、逻辑的严谨美、方法的巧妙美，进而达到知情碰撞、促进和交融的效果。这些情感体验包括学习过程中对活动的感受、认识、想法和情感的交流，还包括经历过程时体验的失意、尴尬、焦虑、惊奇、顿悟、兴奋、满足等各种情感。

（七）鼓励数学交流，激起学生思维的碰撞

弗赖登塔尔曾说："数学学习的过程就是要通过数学语言接收、加工、传递信息，披露学生内心世界以及思维方式方法。"[6]数学互动交流可以缩短师生心理距离，促进教师和学生建构动态的关系，达到取长补短、集思广益和意义生成的效果。

在实际教学中，教师可以联系实际生活和科技发展的知识，要求学生运用类比、归纳、直觉、联想等方法把思维变成外部言语，最大限度地发挥数学语言的科学性、逻辑性和严谨性。教师应该鼓励学生进行信息沟通、思想共享，使学生在反驳、答疑、研讨、争辩中借鉴他人的思路和想法，丰盈自身的知识体系，生成新的观点和认识；使学生在与外界信息接触、碰撞、排斥、同化、吸纳、沟通中寻找、组织和应用有关数量、空间等信息，解释、建构数学概念，发展和深化对数学的理解。在教学过程中，教师应容纳不同思维轨道的交流活动，因为只有当互动交流真正成为一种需要和内驱力时，学生对数学活动对象的认识才能从外在表现形式转向内在实质。

参考文献：

[1] 邓友祥. 有效数学思考的内涵与特征及教学策略 [J]. 数学通报，2013（2）：9—10.

[2] 邓友祥. 数学活动的特质和有效教学策略 [J]. 课程·教材·教法，2009（8）：40—42.

[3][4] 弗赖登塔尔. 作为教育任务的数学 [M]. 陈昌平，唐瑞芬，等译. 上海：上海教育出版社，1995：111、45—46.

[5] 张奠宙，等. 数学教育学 [M]. 南昌：江西教育出版社，1991：194.

[6] 周建华. "数学交流"教学的课堂文化 [J]. 数学教学，2001（6）：4—7.

数学活动：从归纳经验到演绎经验的桥梁

肖淑芬*

摘要：数学基本活动经验是《数学课程标准（2011 年版）》中明确提出的一个学习目标。积累数学基本活动经验，都需要经历和感悟归纳推理和演绎推理的过程。在数学教学中，可以引导学生学会数学观察，形成数学直觉；挖掘数学直觉背后的归纳经验，让学生获得简单枚举归纳经验、科学归纳经验、完全归纳经验；在此基础上，引导学生从归纳经验中提升演绎经验。

关键词：观察；数学直觉；归纳经验；演绎经验

数学基本活动经验是指学习者参与观察、实验、猜测、计算、推理、验证等数学活动的过程中所形成的感性知识、情绪体验和应用意识。[1]它是《数学课程标准（2011 年版）》中明确提出的一个学习目标，是学生个人经验的重要组成部分，是学生学习数学、提高数学素养的重要基础之一，是当前数学教育研究的一个热门话题。数学基本活动经验是建立在人们的感觉基础上的，又是在活动过程中具体体现的，与形式化的数学知识相比，它没有明确的逻辑起点，也没有明显的逻辑结构，是动态的、隐性的和个人化的。因而不少教师对数学基本活动经验感觉非常抽象、比较模糊，在教学实践中缺少方法和手段。积累数学基本活动经验，需要经历和感悟归纳推理过程和演绎推理过程。[2]本文试图对如何立足课堂教学，引导学生积极通过数学活动，架起从归纳经验到演绎经验的桥梁，从而探索一条有效的积累数学活动经验的途径。

---

* 肖淑芬，女，1976 年生，福建同安人，高级教师，厦门市小学专家型教师培养对象，厦门市小学数学学科带头人，研究方向为小学数学教育教学。本文发表于 2014 年第 8 期《内蒙古师范大学学报（教育科学版）》。

一、从观察入手获取数学直觉

从数学上来说，观察是人们对现实世界的数量关系与空间形式加以有目的的感知，从而确定或研究它们的性质或关系的一种思维活动。观察是获取感性经验的基本途径，是归纳的起点。数学潜意识是通过观察、思考之后产生的一种直观判断能力，是感性认识向理性思考迈进的重要标志，是学生进行归纳的基础。

（一）学会数学观察

著名数学家欧拉指出："今天人们所知道的数的性质，几乎都是由观察所发现的，只有观察才能使我们知道这些性质。"[3]欧拉是数学研究中善于用归纳法的大师，凭观察、大胆猜测和巧妙证明得出了许多重要的发现。人们的认识都是从感性认识开始的，观察也是归纳的起点。观察是人们有目的、有计划地感知和描述各种自然现象的一种思维方法，是获取感性认识的重要手段。在教学时要培养学生观察的兴趣，指导学生掌握观察问题的方法，使他们由无序观察到有序观察、由盲目观察到有目的的观察、由被动观察到主动观察，从而达到培养和提高观察的目的性、有序性、客观性、准确性和深刻性的目的。指导学生学会观察可以从两个方面入手：其一，观察问题的相同之处和不同之处；其二，从整体到部分，从部分到整体进行观察；其三，从无序到有序地进行观摩。只有这样，才能抓住问题的关键，看出被观察事物的本质特点。

如教学"商的变化规律"一课时，出示一组习题：

$12 \div 6 = 2$

$120 \div 60 = 2$

$1200 \div 600 = 2$

$12000 \div 6000 = 2$

学生口算出得数后，出示问题：⑴从上往下观察，你发现了什么？⑵从下往上观察，又发现了什么？在学生发现规律的基础上，适时提出问题：能不能把这两条规律用一句话来叙述呢？学生通过有序观察，经历比较归纳，理解了商的变化规律，为商的变化规律打下了坚实的基础。

（二）获取数学直觉

观察可让学生获得一些感性经验，进而获得数学直觉。史宁中教授说："数学的结果是看出的，而不是证出来的。"[4]数学基本活动经验提出的根本目的在于促使学生形成思维模式，进而使学生建立一定的数学直觉，能够直觉到数学关系，一眼"看"出数学的结果，即由条件"看"出结果、由结果"看"出条件。这种"看"是一种直观判断能力，是学生未来创新的基础。[2]例如，学生在归纳出平均数的意义和它的计算方法之后，教师出示：三年级某个小组的同学体重分别是23千克、34千克、28千克、40千克、30千克，请你估一估下面的数中哪一个最有可能是他们的平均体重：23千克、31千克、35千克、41千克。一部分学生已经由归纳经验、演绎经验，获得思维模式和数学直觉，很快地判断出平均体重为31千克。要获得数学直觉要不断地经历数学活动、思维训练，日积月累，有所启迪，有所顿悟，方能实现。

数学直觉是一种高层次的数学思维。张奠宙教授说："数学直觉并没有明确的定义而言，大体上是指对数学对象中隐含的整体性、次序性、和谐性的领悟，能够越过逻辑推理而作出种种预见的能力。"[5]因此，直觉思维是以人们已有的知识、经验和技能为基础，它不是按照逻辑思维的方式，通过观察、归纳、类比、联想、猜测之后对所研究的事物的一种对问题直接领悟式的思维，而是一种迅速的识别、敏锐的洞察和直接的理解。直觉思维是越过中间环节，直接达到结论的一种非逻辑思维。教师在教学中要善于及时因势利导，肯定学生的数学直觉，解除学生心中的疑惑，使学生对自己的直觉产生成功的喜悦感，保护学生学习数学的兴趣和信心。如在教学了圆柱的侧面积计算方法后，有学生就当即提出，长方体的侧面积也可以这样计算。如果在这些时候，教师忽视了直觉思维的参与，不能正确地引导和发挥，只是要求学生有条理有根据地分析问题，或者一定要学生说出其中的逻辑关系，就有可能扼杀学生思维的积极性，直觉思维能力也就不可能得到很好的发展。

二、从数学直觉背后挖掘归纳经验

基于经验的数学直觉可以得出一个没有严密逻辑体系的猜想，这只能作为"启发"和"佐证"，但是做不了"结论"。因此，通过数学直觉得到一些数学的发明或发现以后，需要引导学生进行归纳，这样一些数学概念、规律、公式，才能被学生所理解。归纳经验可分为简单枚举归纳经验、科学归纳经验、完全归纳经验。

（一）枚举归纳经验

枚举归纳推理，又称"不完全归纳法"，它是由某类事物中的部分对象具有某种属性，推出该类事物中的所有对象都具有该属性的结论，是一种由特殊到一般的推理。在教学活动中应深化枚举归纳推理获得一般结论（猜想）的活动，特别是使用枚举归纳推理于运算法则、规律性公式的形成。例如，在教学长 5 厘米、宽 3 厘米的长方形的周长是 $5+3+5+3＝（5+3）×2＝16$（厘米），长 50 厘米、宽 34 厘米的长方形的周长是 $50+34+50+34＝（50+34）×2＝168$（厘米），长 120 厘米、宽 100 厘米的长方形的周长是 $120+100+120+100＝（120+100）×2＝440$（厘米）后，与学生共同归纳得出长方形周长的计算公式：长方形的周长＝（长＋宽）×2。由于枚举归纳法在小学应用非常广泛，它能够给学生提供新认识和新发现，同时对辅助证明也具有一定的作用，因此枚举归纳经验是小学生应该积累的基本经验。

（二）科学归纳经验

科学归纳推理和简单枚举归纳推理虽然都属于不完全归纳推理，但由于科学归纳推理以科学分析为主要依据，要求学习者对每一例证都要理解对象与其属性间的必然联系，这就促使学生要调动认知结构中较稳固的原有观念来同化这些肯定例证。例如教学人教版第八册《加法结合律》时，教师创设情境：有三辆汽车，第一辆车可载客 43 人，第二辆车可载客 25 人，第三辆车可载客 75 人，三辆车一共可载客多少人？学生先列式计算，再推断出：先将前两辆车可载客的人数加起来再加上第三辆的人数，或者先把后两辆车可载客的人数加起来再加上第一辆的人数，这两种计算结果都可得到三辆车共可载客的人数。在此基础上，师生再创设其他情境，一起合作归纳出加法结合律。科学归纳经验有利于学生掌握科学分析问题的方法，有利于发展学生的科学思维能力。

（三）完全归纳经验

完全归纳法是在研究事物的一切特殊情况所得到的共同属性的基础上，作出一般结论的推理方法。例如在验证 23 是质数时，引导学生列举：2、3、4……22 都不是它的因数，只有 1 和它本身是它的因数，所以 23 是质数。完全归纳法有时非常繁复，甚至是不可能的，于是又产生了数学归纳法——一种逻辑论证方法。例如在教学人教版第八册《三角形边的关系》时，学生猜测"三角形三边关系：任意两边之和大于第三边"时，引导学生思考："要验证多少个三角形？""要验证几种类型的三角形"才能得出结论？学生验证了锐角三角形、直角三角形、钝角三角形后，得出所有类型的三角形任意两边之和都大于第三边，所以任意三角形任意两边之和都大于第三边。学生经由活动，积累完全归纳经验，其思维的严密逻辑性将得到发展。

三、从归纳经验中提升演绎经验

数学有两种推理：用归纳推理获得猜想，发现结论；用演绎推理验证猜想，证明结论。实现两者的结合，能更深入地解决问题，并在此过程中引导学生获取思维方式、数学直觉。

1.实现两者结合

美籍匈牙利数学家 G·波利亚对此作了表述："数学有两个侧面，用欧几里的方式提出来的数学是一门系统的演绎科学，但在创造过程中的数学看来，却像是一门实验性的归纳科学。"[6]因此，在数学教学中，教师应组织学生经历操作、观察、猜想、证明的过程，同时采用两种推理方式来求得问题的解决。如教学《平行四边形的面积》时，学生首先通过数方格的方法得出一个具体的平行四边形的面积，在对表格进行观察的基础上，猜想出平行四边形的面积公式。然后在老师"不数方格，能不能计算平行四边形的面积呢"的引导下，学生们进行了独立思考、动手操作与合作交流，经历了平行四边形的面积计算公式的推导过程。最后在学生对整个教学活动过程体验的基础上引导学生反思、回顾、交流，引导学生"回想一下刚才是怎样推导出平行四边形的面积公式的"，学生们思考片刻后回答"我把平行四边形剪成一个梯形和一个三角形后，再拼成我们学过的长方形算出面积的""我也是用剪、拼，只是我是任意地剪成两个梯形，不过也是拼成一个长方形，应用长方形面积公式求出来的"。在上面的教学中，学生通过操作、观察、猜想、验证、归纳等活动，参与推理的全过程，不仅得出"平行四边形的面积"准确完整的答案，更重要的是使学生懂得了准确完整的答案是怎样获得的，从而实现合情推理和演绎推理的结合。

2.获取思维方式

演绎推理是由一般性命题得到特殊性命题的推理，包括直接推理和间接推理，三段论是它的主要形式，严密性和顺序性是它的主要特性。严密性表现在证明中不能使用尚未定义的概念，不能使用尚未证明的命题；顺序性表现为必须按照逻辑一步一步地进行推理。以往的数学教学也关注演绎推理的训练，但由于过分强调形式化，把引导学生演绎思考的推理过程演变为枯燥的表述格式。小学数学教材更多地是采用"归纳法"编写体系，教学时也是更多地采用"不完全归纳法"。在教学中，要善于挖掘教材，努力从归纳经验中发展演绎推理。例如江苏吴冬冬老师在教学"长方体的认识"一课时，通过简单但却是学生感兴趣的"切土豆"这样一个活动，切一刀切成一个平面，再切一刀相交切出一条棱，再切一刀相交得到一个顶点。在研究棱与顶点的特征时，先引导学生逐个计数，得到长方体有 12 条棱、8 个顶点的结论。然后向学生提问：如果我们不用上面的计数方法，能否根据已经掌握的知识推出长方体有 12 条棱、8 个顶点？这样，通过"逐个计数—按群计数—推算"发展学生抽象思维的能力，而"推算"就是演绎推理。

总之，数学学习的目标，除获得知识和技能外，还有积累一定的数学基本活动经验，形成一定的思维模式。这种思维模式就是在观察的基础上，从最简单的问题入手，逐步地猜想和发现，不断提出问题，不断检验和修正，感悟问题的本质，并学会演绎地证明。久而久之，学生数学活动基本经验不断积累，数学直觉会上升到一定高度，创新才成为可能。

参考文献：

［1］教育部. 义务教育数学课程标准（2011 年版）解读［M］. 北京师范大学出版社，2012.

［2］郭玉峰，史宁中. 数学基本活动经验：提出、理解与实践［J］. 中国教育学刊，2012（4）.

［3］戴再平. 数学方法与解题研究［M］. 高等教育出版社，1996.

［4］史宁中.《数学课程标准》的若干思考［J］. 数学通报，2007（5）.

［5］张奠宙. 数学方法论稿［M］. 上海教育出版社，2012.

［6］（美）G·波利亚. 怎样解题［M］. 科学出版社，1982.

透过"寻常"词语，破解表达"密码"

汤吟莹[*]

词语对于提升学生听、说能力大有裨益，但词语教学还担负着发掘教材的语言美、提高学生文章鉴赏力的重要功能。在日常教学中，教师往往把重点集中在词语典雅、修辞曼妙的语句上，而忽略了某些看似寻常的词语。其实，看似寻常最"奇崛"，文本的表达特色很大程度上恰恰是蕴藏在寻常词语的使用中，关键在于教师应当引导学生透过"寻常"的词语，破解表达"密码"，体会和理解作者表达和运用普通词语的妙处，进而受到"匠心独运"的语言特色的熏陶。

一、聚焦"相同"词语，领会独特的表达视角

文本在不同的句子和段落中会经常出现"相同"的词语，这时，教师应如"猎犬"一般，以专业工作者敏锐的"嗅觉"捕捉、研读并引导学生深入体会。细细品来，有些"相同"的词语非但不是机械重复，反而是表达文意的重要支点，能让读者真切地触摸文本的温度，领会作者独特的表达视角。

例如教学人教版第六册《掌声》时，"一摇一晃"这个词在文中出现两次。两个"一摇一晃"分别描述的是英子走上讲台和走下讲台时的场景。此时，教师应敏锐地捕捉这个关键词，让学生贴近文本，潜心揣摩，将目光聚焦于这个出现两次的词语，引导学生思考：两个相同的词语为何要重复出现？这两个"一摇一晃"表达的意思一样吗？这其中到底蕴涵着怎样的写作意图呢？

这既是一个有价值的问题，又是一个引导学生走进主人公"英子"的内心，细致而深刻地感受掌声给英子带来巨大变化的一个切入点，更是提高学生

---

* 汤吟莹，厦门实验小学。本文发表于 2014 年第 9 期《福建教育》。

语言敏感度，提升语言文字运用能力的一个巧妙抓手。

写作对象的素材都是分散的、零碎的，如何找到特定的角度，把这些光束进行聚合，从而形成独特的焦点，对于文章来说是十分重要的。文中第一次，"英子'一摇一晃'地在大家的注视下走上讲台"。这个"一摇一晃"，是在一个特殊环境下活动着的身影。这个由于残疾而自卑、终日沉默的女孩，恐惧在众目睽睽之下一瘸一拐地走上讲台的女孩，她内心的艰难和努力、困顿和挣扎，都凝聚在这一点上。笔者通过还原这个词语真实的表象，模拟"一摇一晃"地走上讲台的情境，引导学生展开想象，让学生尝试走进人物内心深处。学生联想到，英子的脚步是沉重、犹豫的；脸上的神情是局促不安的；目光是低垂、躲闪的；手上的动作是由于紧张而微微颤抖的。动作、神态无一不是人物内心的折射，学生由此读懂了第一次"一摇一晃"走上讲台的英子，内心经历着怎样痛苦的煎熬。走上讲台，咫尺之遥，可对于英子来说，无异于艰辛的"万里长征"。

第二次，"掌声里，英子一摇一晃走下讲台"。同样是"一摇一晃"，第二次出现有其特殊的语境——"掌声里"。如何引导学生对"同一个词"出现在不同语境里的作用和内涵进行深度透视呢？笔者问："你们又看到了什么样的英子呢？"有的说："英子脚步轻快，脸上由于激动而泛着微笑。"有的说："她的目光不再躲闪，她抬起了头，自信地看着同学们。"还有的说："虽然她走路还是一摇一晃，但是她的脚步是坚定的。"……此时，教师顺藤摸瓜，切入文章主旨，引导学生联系上下文思考："是什么力量让英子有了这样巨大的变化呢？"原来，是全班学生在英子最无助的时候，给了英子两次热烈的掌声。这鼓励、赞赏的掌声给孤独的心灵注入了阳光，注入了自信。这时，英子内心的快乐、自信再次倾注在这个"相同"的词语上，这个"特定"的点上。两个"一摇一晃"，犹如电光火石，一下子照亮了英子丰富的内心世界，照见了她的灵魂。

把两个出现在"不同"语境中"相同"的词语进行聚焦、叠加、品味，能把零碎的、分散的、看似漫不经心的词语素材巧妙地进行"光束聚合"，形成艺术的"焦点"。抓住这特殊的"焦点"，能把文本的思想内涵奔向一个中心进行集中、组合、强调，凸显一个独特的表达视角，熔铸一个丰满立体的人物形象。这样的聚焦，于学生来说意义非凡，让学生懂得，善于选择角度者，则文能自成高格；不善于选择者，则文往往流入下品。更明白作者不仅表现角度选得好，表达更具"匠心"，写得隐而不露，约而不繁，在平淡中见神奇，浅近中见深刻，含不尽之意于"相同"词语之外，发人深思，催人联想，这样的"聚焦"，训练了学生关注文本词语的敏锐度，提高了语言表达、文学鉴赏能力。

二、推敲"相似"词语，领会渐进的表达层次

有些经过锤炼的词语，初看寻常，不显山不露水，其实蕴含着"胜景"，可谓韵味深长。有的甚至"牵一发而动全身"，个中奥秘，须通过比较、鉴别、推敲，才能深刻地理解其内在含义和作者的匠心独运。

例如北师大版第八册教材《中国结》一文，以中国结为线索，从外形写到内涵，一线串珠，层层深入，表达了中华儿女"同根生"与"心连心"的浓情以及对祖国的热爱。细细品来，不难发现，文章段落在不断推进、逐层深入，思想内涵也不断递进。如何引领学生在感知文本内容的同时，领会篇章段落层层深入、螺旋上升的表达特色？

笔者聚焦了文本中两个极易被忽略却"牵一发动全身"的词语："风韵"和"神韵"，并由此设疑："风韵"指什么？"神韵"又指什么？两个词语只有一字之差，是一个意思吗？这两个词成为一个独特的切入口。笔者抓住这两个"相似"的词语引导学生进行推敲、辨析。原来，"风韵"意为"优美的姿态"；而"神韵"一词溯其源，析其义，乃指上古虞舜时代的整个中国精神图腾文化。两个词语只有一字之差，含义却大相径庭，一个表"形"，一个意"神"。辨析理解词义后，笔者引导学生从语言的表象走向语言的深层，抓住这组有质感的、有厚度的词语层层剖析：为什么同样是形容"中国结"，却用两个意思相近但又不同的词呢？难道中国结在文章中有着不同的含义？这个"着力点"激发了学生的思维，增强了学生品味、推敲语言文字的张力。

原来，文章前半部分围绕"风韵"对中国结的外形和工艺展开生动描写。中国结"形"之美，美在造型变化无穷；"艺"之特，独特之处在于每个中国结仅仅由一根绳子，围绕着"头"，就能巧妙编结而成。这时，教师再次把学生思维引向深处：中国有诸多传统文化瑰宝，为什么身在异国他乡的作者独独选择了这"风韵"独特的中国结？

学生通过对比，联系上下文发现，中国结无论如何缠绕，总是不离不弃，始终围绕着它的起点。这不正是中华民族炎黄子孙对祖国故土不离不弃、心心相连的爱国情怀的象征吗？每一个中华儿女都是绳子上的一部分，无论扯得再

远，也离不开它的"头"，这个头就是"祖国母亲"，就是"中国的象征"，文中"神韵"一词与之相呼应，更让我们对独在他乡的炎黄子孙赤诚的爱国心感同身受！

作者从中国结的"风韵"入手，借中国结之"形巧"表达"深意"，表现"神韵"，用词之精妙，构思之奇妙，在两词相较中，文意昭然：原来，文章中"风韵"部分是为表现"神韵"作铺垫。中国结不仅有独特"风韵"，更有着东方"神韵"，才让作者这样执着喜爱。原来，写中国结就是要表达海外游子的中国心、中国情。

笔者只借了这样两个形似又不"显山露水"的词语，却巧摄了文章的"魂"。透过这两个词，文本结构之独到和作者谋篇之智慧，自然而然地流淌出来。教师通过挖掘文本，让学生领会品读文章时紧扣"相似词"进行推敲、品悟进而盘活全文的奥秘，领会文章结构"从形到神"的螺旋上升。基于"相似"词语的分析、判断、推理、综合，能充分激活学生对篇章结构的敏锐洞察力、丰富联想力和深刻思维力，进而形成丰厚的语文素养和扎实的语言运用能力。

三、捶打"矛盾"词语，领会艺术的情感表达

一般的语言表达，通常应符合准确、鲜明的标准，忌讳模棱两可，更不能前后矛盾。但艺术类、审美性文本中，常会出现一些"矛盾"的词语，乍一看，令人难以置信，但细细推究，却是作者感情表达的一种特殊形式，是作者匠心独具的表现。因为在特定的语言环境里，巧妙使用相互矛盾的词语，往往会收到意想不到的艺术效果。

如人教版第八册《触摸春天》有这样一句话，"许久，盲童安静张开手指，蝴蝶扑闪着翅膀飞走了，安静仰起头来张望"。众所周知，既然是盲童，黑暗就是生命的常态，盲童岂能"张望"？按语法的常规要求，"盲童""张望"两个矛盾的词语，不能同时用于一个句子，否则会造成语意的前后矛盾，成了病句。作者却巧妙地连用了这两个矛盾的词语：先用"盲童"一词表现缺陷——她的世界里没有色彩；再用"张望"这个极具想象力的词语表现安静那充满活力、丰富生动的内心世界。两词连用，让一个虽遭受命运拨弄，却不屈于命运安排，热爱生活、热爱生命的小女孩的形象跃然纸上、栩栩如生，让读者的内心也柔软、丰盈起来。

　　教学时，笔者引导学生把这看似"矛盾"的词语进行捶打、拉长，特别把"张望""盲童"这两个词语放大、加深。笔者设疑：盲童安静能看到吗？她张望到了什么？学生各抒己见："她是盲童，什么都看不见，不可能张望。""她的眼前一片黑暗。""她用心灵张望，她一定看到了多姿多彩的世界！""虽然她的眼前一片黑暗，但内心是丰富多彩的，因为她对生活，对生命充满了热爱！"……笔者顺势引导："虽然，安静是个盲童，但是她却赋予心灵独特的眼睛。联系上文，你或许能有所发现。"把这一组矛盾的词语拉长、放大、加深，前勾后连，学生发现上文"神奇的灵性""拢住蝴蝶"无一不是在对"盲童""张望"这组词做最好的诠释。捶打这一矛盾的细节，让学生对安静的形象从粗线条的掠影进入到精细的凝视，解决了学生心中对文本的疑惑，学生明白了——对生命的热爱，点亮了盲童安静的心灵之窗。

　　笔者使用一组"矛盾"的词语，透过矛盾的表层对语言进行解码，通过相对立两个因素的交相辉映来表达新颖的深意，唤醒了学生学习语文的张力，使其明白看似矛盾的奇妙语言，却鲜明地表达了作者特殊的情感。特殊语境下巧用"矛盾"的语言，能深化文章主题，强化表达效果。学生不仅领略了汉语不拘一格、灵活多变的特点，还获得了超文本的收获，懂得了巧妙使用"矛盾"词语，能让情感表达充满艺术魅力。

　　当然，一篇文章的内容是极其丰富的，领悟文章的表达方式的方法也是多样的。"曲径通幽处，禅房花木深"。词语教学不能流于表面，泛泛而谈，它应成为追寻文路的一条线索，鉴赏文采的一个泉眼，感悟表达的一把秘钥。抓住文中看似寻常的"词语"，才能激活语言形象，破译全文表达"密码"，才能真正让词语教学成为学生语文能力提升的抓手，让学生抵达"那人恰在灯火阑珊处"的语文学习胜境。

学习错误分层修正研究

郑美玲*

摘要：学习错误有其必然性，是学习过程中不可避免的。不同学习水平的学生学习错误具有特殊性和差异性，需要针对性、个性化的指导，在当前普遍大班额教学的背景下，分层修正错误有其适切性和迫切性。针对不同层次学生的学习错误，宜采用不同的修正模式，如优生自助纠错模式、中等生互助纠错模式、后进生求助纠错模式。

关键词：学习错误；分层；修正

分析学习错误的成因和研究修正学习错误的策略一直是教育科研的重要课题。纵观国内外关于学习错误的研究，主要基于三个视角：一是针对错误所属知识领域分析成因、总结修正策略，如数学学习错误分为计算错误、应用题错误、图形与几何错误等；二是基于错误心理成因提出应对策略，如语言障碍、感知障碍、知识障碍、思维障碍、应用障碍等；三是基于影响学习因素研究补救措施，如知识性错误、心理性错误、逻辑性错误、策略性错误等。这些都是针对学习错误本身而研究修正策略，本文立足犯错的主体——学生，探索学习错误的修正策略。

爱德华格（Edwanger）、阿什洛克（Ash—lock）、金斯邦（Ginsbung）等人对数学学习中的错误的合理性进行研究后认为，很多错误是有规律的，不是偶然的。[1]可见，学习错误有其内在规律和必然性，因此教师要允许学生在学习上犯错误，包容学生的学习错误，寻找学习错误背后隐藏的规律。很多学习错误是实践与认识活动的探索性和实践与认识过程的曲折性相符合的错误，它

* 郑美玲，南靖县教师进修学校副校长、高级教师。本文系国家社会科学基金"十三五"规划2016年度教育学一般课题"基于学校教育过程的微观公平研究"（编号 BHA160089）的研究成果。本文发表于 2018 年第 9 期《教育评论》。

既符合学科系统内既定法则之外的某种法则，又合乎不同层次学生的认知水平和认知特点。教师可分析不同层次学生的学习错误，发现并针对其隐藏的规律，再结合不同层次学生的学习特点，采取分层修正策略。

一、分层修正错误的必要性分析

分层修正错误是在平行班内根据学习水平将学生分成三个层次，再按层次开展不同的检查、纠错活动。针对不同层次学生的纠错要求，给予个性化指导，进行针对性的补充练习，从而培养学生的元认知能力，实现因材施教和教育微观公平。基于学习错误的内在因素和外在因素分析，分层修正具有其迫切性和必要性。

（一）学习错误的层次性

爱德华格、阿什洛克、金斯邦等人曾说："从学习者身上观察到一系列错误表明，错误不是教给的，而是学习者构造了自己特有的概念与程式造成的。"[2]学习错误是学生在应用自身的知识和经验，经过分析、综合、抽象、推理、联想、类比等思维过程，因某个环节失误造成的。每个学生思维会因学习水平或思维能力的差异而处于不同的层次，因此教师要研究不同层次学生的学习错误，寻找其规律性，作为认识学习过程和认识学生思维特点的一种手段。教师要从学生的学习错误中读出差异和层次。学习过程的连续性和学生思维水平的差异性决定了学习错误的复杂性。由于生活背景、知识储备、经验积累、智力水平等的差异，不同学习水平的学生的学习错误具有层次性。可见，错误是复杂、有层次、个性化的，受自身的知识、思想、方法、习惯等个体因素影响。读懂学生的学习错误，就能发现学生的思维过程，读懂不同层次学生的犯错过程。后进生的错误多因对问题不理解，解答时逻辑混乱，或同义反复，或只会联系单一事件，根据一个线索得出结论，思维处于前结构、单一结构这两个层次；中等生虽能联系多个孤立的事件，但没有形成相关问题的知识系统，思维处于多元结构这一层次；优生能够联想、抽象、概括多个事件，结论有一定的开放性，使得知识得到拓展，多因策略和心理因素产生错误，思维处于关联结构阶段或拓展抽象结构阶段。解读学生学习错误，有助于了解不同学生的思维层次，根据不同的思维层次进行有针对性的分析和指导，使不同层次的学生都能达到既定的教学目标，进而实行因材施教。

（二）认知能力的差异性

修正学习错误是学生对自己的学习过程的认知、调节、完善和评价的过程，是一种学习元认知。元认知的实质是对认知的认知，每个正常人都有元认知能力。特别是小学生处于元认知的初级阶段，元认知能力普遍处于低级水平，不同学习个体因知识经验、生活背景和思维水平的不同导致元认知能力的发展水平存在差异。元认知与学生的学业水平息息相关，一般元认知水平越高，学业成绩就越好。优生在一般数学学习活动中，在数学元认知的自我意象、自我调节、策略选择和动机四个维度上的得分均高于学困生。[3]不同的学生对学习的态度和自己的学习能力的评价是不一样的。学困生由于思考能力弱，可能洞察不到问题的症结所在，更无法寻找到解决问题的方案；中等生对于学习策略方面的知识略知一二，但在具体的学习过程中，面对选择策略时常出现"纠结症"，无法监控和及时调整自己的认知过程；优生具有较高的自觉思维，能意识和反思自己的思维过程，产生元认知体验，引发思维的自我监控和自我调节。后进生因其知识缺漏多，方法缺失严重，学习习惯不良，容易产生学习错误，且元认知能力低，订正错误的能力不足，因此需要优生或教师的检查和指导才能发现并改正错误；中等生能意识到问题的存在，但需要他人的合理干预才可能改正错误；优生有一定的自我发现、自我修正错误的能力。学习不是削峰填谷搞一刀切，而是要承认、尊重、针对、利用差异，实现不同的人在学习上得到不同的发展。学习是一个不断发现错误、修正错误的过程。修正错误也不能一刀切，要针对学生元认知能力的差异，选择不同的发现错误和修正错误的方式。

（三）分层修正的迫切性

由于课堂教学时间有限，教师在教学中只针对班级中存在的普遍性、典型性、代表性错误进行共性的分析和指导，缺乏个性化指导。在当前普遍大班额教学中，教师要针对每个学生的错误，一一帮助其修正，在短短40分钟的教学中是很难实现的。因此，只有利用优生资源，借助"兵教兵"，才能个性化地指导学生修正学习错误。优生自助式修正错误，即优生在家里做完作业即进行自助式的检查，自己发现和修正错误；中等生互助式修正错误，即中等生在课前互相检查和探讨，共同修正错误；后进生求助式修正错误，即优生在课前对后进生的作业进行检查和指导，引导和帮助后进生发现和修正错误。这样既充分发挥学生发现和修正错误的积极性，又及时发现学生知识缺漏和方法缺失，并能针对不同学生的学习错误进行个性化指导，真正让所有的学生都得到适合自己的教育，实现教育微观公平。

二、分层修正错误的实践路径

分层修正学生的学习错误从理论上分析有其必要性和迫切性，但从实践上看又有其可变性和复杂性。从分层标准、操作细则、管理办法的制订到学生的分层、互评互改的组织、析错改错的实施都要讲究方法和技巧。教师要先将班级学生分为优生、中等生、后进生三个层次，根据学生的性格、兴趣、意愿适当调配，组成优生与后进生一一对应、中等生互相结对的修正错误共同体，再组织开展发现、修正错误的活动。

（一）优生自助式修正错误

教师既要引导学生更正错误，又要将错误资源化，让学生进行自我解释、反思、评价，提高思维的批判性和元认知能力。优生的自我反思能力和分析能力比较高，可以自助修正错误，按"检验—导图—改错—整理—变式—总结"的模式检查作业。优生完成练习或作业后要在作业纸空白处写出检验的过程，当出现错误时再通过思维导图呈现思维过程，多角度、全方位审视条件、问题、结论之间的内在联系，分析错因，修正错误。如果没办法自行改正，可先记录后再求助教师。教师还要引导学生把错题归类、整理、记录在错题集中，自行或请家长帮忙寻找此类题目的变式题进行巩固和提升。最后，总结出错的原因和修正的方法。这样，经历检错、析错、改错的过程，提高学生抗错能力，并通过自我反思与修正，深入理解知识，提高元认知能力。

（二）中等生互助式修正错误

学习错误具有隐蔽性和长期性，个体只有深度反思或转换角色反思，才能真正读出隐藏在问题背后的错误信息，找到合理的解释。中等生检查作业的自觉性和能力不如优生，需要与同层次学生的答案进行比对，互相交流和启发，才能发现错误。因此，中等生可开启互助式修正错误模式，即"比对—探讨—改正—精讲—演练"。中等生2人一组互相检查练习或作业，比对答案，发现错误，共同分析原因，互相启发探讨，共同改正错误。教师应巡视指导，并及时了解学生出错的情况。中等生的错误资源更具典型性和代表性，教师要对学习错误进行深入分析，通过错例发现共性问题，诊断课堂教学。分析典型错误，读懂错误的合理性，也就找到了课堂教学的新起点，再进行二次备课、精讲、演练，让学生真正理解掌握知识。教师可展示学生的典型错误，回顾、梳理纠错过程，及时查缺补漏，让学生掌握知识或形成技能。另外，中等生的错误往往会暴露教学中存在的普遍问题，教师可引导学生共同参与，分析错误的合理性，找到错误的根源，这样把单向的信息传递变为多向的信息交流，有效诊断课堂教学，进而改进课堂教学。

（三）后进生求助式修正错误

后进生的缺漏多而杂，有知识、方法、思维、策略、习惯等方面问题，而且其元认知意识薄弱，元认知能力低，需要求助于优生或教师，才能发现错误、分析原因、修正错误。因此，后进生可开启求助式修正错误模式，即"优生检查—发现错误—分析原因—指导改正—补充练习"。课前让优生检查后进生的作业，并针对作业中的错误进行个性化的分析和指导，及时帮助后进生发现错误，启发、指导后进生改正错误，进而针对后进生存在的问题，设计同类型的补充练习，消除后进生的学习错误，引导后进生建构正确的知识。

正视错误、解读错误，诊断教学，为教服务；包容错误、利用错误，挖掘价值，为学服务；分层修正，互帮互助，携手共进，为提高学生的核心素养服务。

参考文献：

［1］Paul Ernest. Mathematics Educational Philosophy ［M］. 齐建华，译. 上海：上海教育出版社，1998：16.

［2］Paul Ernest. The Attitudes and Practice of Student Teachers of Primary School Mathsmatics ［J］. Mathematics Education，1998（1）：288—295.

［3］刘霞菲，吴敏. 小学高年级数学演绎推理能力的元认知研究 ［J］. 科教文汇，2010（8）：99—103.

开发小学数学高效作业模式的研究

林莉靖[*]

摘要： 给学生布置作业，是小学数学教学必备的一项活动，也是学生学习数学不可缺少的一个基本环节。怎样给学生布置数学作业，如何开发小学数学高效作业模式，使数学作业充分体现人文性、自主性，是小学数学教师应当深入探讨并着力解决的问题。

关键词： 小学数学　高效作业　开发与利用

减轻作业负担不等于不要作业，做作业依然是学生学习数学的一个必要环节。为寻求两者之间的平衡点，应将学生的数学作业控制在合理的区间。但是要从根本上解决这一问题，笔者认为关键是要开发高效的作业模式。

一、存在问题："三多"

（一）作业数量多

包括家长和教师在内，目前社会上还是有很多人沉溺于固有的认识，认为语文主要靠死记硬背，数学重在动手演算。因此在日常的数学教学中，就不可避免地陷入题海战术的泥潭而不能自拔，即"课堂作业一波又一波、家庭作业没完没了"，学生书包越背越重。作业具有显著的两面性，既能提高学习成绩，也会降低学习兴趣。但是，布置的作业一旦过重、超量，对于正处在发育期的学生来说，一定弊大于利。因为过量的作业不仅会侵占学生正常生活、娱乐、休息的时间，影响他们的身心发育，而且会妨碍学生兴趣爱好与创新思维的

---

　* 林莉靖，莆田市涵江区国欢中心小学，高级教师，从事小学数学教学。本文发表于 2019 年第 3 期《基础教育研究》。

培养。

（二）重复作业多

根据多年的教学实践，笔者发现这样一种现象：最让学生产生厌烦、厌倦、厌恶心态的并非作业数量多，而是教师不加梳理、筛选和加工，便把收集到的各种练习册里的练习题作为课外作业要求学生完成，这不但与当前倡导的"减负增效"作业理念背道而驰，而且重复多遍去做同一类型的练习，既浪费了学生宝贵的时间，又使学生对无用功的数学作业十分反感。

（三）千篇一律多

很多教师在给学生布置作业时，没有经过再思考、再延伸、再创造，就如法炮制依样画葫芦，致使每一次作业不是计算题就是应用题，习题的条件和结论也大多单一、不变，这从表面上看"规范"，实质上反映出作业单一、枯燥等问题，没有任何针对性、目的性可言。这种不考虑学生实际情况、不讲究作业实际效益、纯粹为学生做作业而布置作业的行为，根本无法从多方面训练和检查学生对课堂上所学知识的理解与掌握程度，也不利于教师全面了解教学情况并进行反思改进。

二、开发模式："三化"

（一）课堂作业随堂化

所谓课堂作业，是指教师在课堂布置并要求学生在课堂上完成的作业。作业课堂化有其现实意义。实践证明，不管是数学还是语文等其他学科的教学，其核心效果都在于课堂 40 分钟。如何使课堂 40 分钟教学效果最大化，是每个教师都应追求的教学目标。在现实教学中，很多教师有这样的疑惑：有些知识点在课堂上一遍又一遍地强调，可为什么有些学生总是记不住？此外，有些学生在课堂上回答问题时滔滔不绝，可为什么课后作业却出现这样或那样的问题？其根本原因在于教师没有合理、理性地分配课堂时间，存在着"重讲轻练"的失衡现象，即自己在课堂上讲得多，而让学生动手练习的时间少。如此一来，把本应在课堂上完成的作业挤到了课外，而课后作业也同样布置，这明显加重了学生的课后作业负担。教学质量不是靠谈一谈说一说讲出来的，而是靠实实在在做出来的。一份合理、恰当的课堂作业不但具有"四两拨千斤"的作用，而且还具有"减负增效"的双重功效。作为浓缩一节课精华的课堂作业，不但能及时为学生释疑解惑，帮助他们掌握当堂知识，而且有利于教师当堂了解每一个学生掌握知识的情况，及时总结教学得失和调整教学内容。基于这一认识，在实施教学过程中，笔者改变了原来课堂"满堂动嘴"的习惯，坚持做到课堂作业随堂化，决不拖到课外。在备课中，坚持把设计学生的课堂练习作为一项重中之重的内容，让课堂有作业可做。在上课中，坚持"课堂作业"与"课堂教学"和谐共舞，即每讲到一个知识点就"趁热打铁"，让学生适时做课堂作业。在布置课堂作业时，笔者坚持围绕作业设计进行教学，通过教学促进作业理解，让课堂作业不再难做。

（二）家庭作业层次化

提倡学生作业课堂化，也不应排斥家庭作业。家庭作业是小学数学课堂教学的延伸与拓展，它对于复习与巩固当天习得的知识、反馈与修正课堂教学具有无可替代的作用。设计家庭作业一定要秉承"减负增效"的教育理念，重在少而精，重在切合各层次学生的实际，重在让不同个性的学生得到不同的发展，使家庭作业发挥其应有的作用。基于这一认识，在布置数学家庭作业时，笔者根据维果茨基倡议的"最近发展区"的理念，坚持根据学生的学习动机、学习基础、学习能力、学习需求设计层次性作业，最大限度地给学生留足自主选择的空间，让每类学生做完作业之后都有一定的成就感。在具体操作过程中，一般按三个层次来布置作业：第一层次，让学困生树立学习信心。立足于保护学困生的自尊心，着重布置一些基础性作业，让他们敢做、会做，做了既能帮助理解、巩固和掌握知识点，又能妥善治疗他们因学习成绩差而自卑的心病，从而增强学困生的学习动力、激发学习兴趣。第二层次，让中等生争取更大进步。对于学习成绩中等的学生，应立足于让他们既看到自己好的一面又明白自己欠缺的一面，着重设置一些提高性作业，以解决这一部分学生因题目简单而"吃不饱"的问题。同时，也提醒他们继续努力，切勿骄傲自满。第三层次，让学优生好中争优、更上一层楼。对于学习成绩优秀的学生，立足让他们独立思考或互相交流，着重设置一些带有攻坚性、开放性的创新型作业。这些作业因一题多解、多变而使解题策略多种多样，给学生提供一个充分表现个性及施展才华的空间，有利于学生通过动手、动脑、动口去发现问题和解决问题。上述这种因人而异、各取所需的层次性作业，不仅能够减轻学生因过重的作业负担而产生的心理压力，还能够从深层次激发学生学习数学的兴趣，使课堂教学与作业练习互相促进、相得益彰。

（三）作业形式多样化

通过优化作业方式来开发学生的数学思维、数学潜能以及增强学生的数学意识、数学能力乃大势所趋。作业设计要与时俱进，突出多元化，不仅要全面考虑知识的复现需求，还要注意给学生留足发挥想象的空间。在具体操作上，笔者比较常用的有三种形式：第一，观察性作业。课堂是教师传授知识的载体，而生活则是另一个课堂。教学中，笔者通过大量看得见、摸得着的生活例子，不厌其烦地向学生阐释"数学来自生活、服务生活"以及要让自己"喜欢上数学，用得上数学"的道理，让学生学会做生活的有心人。在此基础上，通过精心设计观察性作业，为学生在数学与生活之间架起一座桥梁，通过这座桥梁，让学生体会到学习数学的重要价值和深远意义，并从数学的视角认真观察生活、用心感悟生活，主动并巧妙地运用所学的数学知识解决现实生活问题。第二，实践性作业。在数学教学中，实践活动占有非常重要的位置，它对于激发学生学习数学的热情、提升数学知识的运用能力具有十分重要的意义。鉴于此，笔者在充分考虑学生认知能力和知识基础的前提下，经常为他们提供测量、游戏、制作、调查等实践活动，并通过设计一些与之相对应的实践性作业，让他们更加深刻地理解和掌握数学知识，更加直观地感受和体验数学的无穷魅力，从而自觉地用数学的眼光去发现问题、分析问题和解决问题。第三，合作性作业。核心素养观强调培养学生的合作精神。具有合作精神，既是一种能力，也是一种品质。教师在强调学生必须独立完成作业的同时，也要鼓励他们在合作交流的过程中增强数学素养、培养健全人格。在教学中，笔者有意识地通过布置一些合作性作业来为学生达到学习目的——提供问题情境和活动方式，从而促进学生彼此之间的合作交流，集思广益，快速攻克难题、提高作业效率。实践证明，设计、布置一些合作性作业，不仅能激发每一个学生的思维潜能，还能使数学学习的活力竞相迸发。

三、目标要求："双促进"

（一）促进学生自觉学习

新课程改革的一个重要理念，就是为学生提供"做数学"的机会。开发高效作业模式，为学生呈现丰富的题材、可供选择的信息以及开放的问题，引导学生在促进数学知识形成的同时，体验到成功的喜悦。所以，实施高效作业模式，使每一个学生都因"减负"而轻松愉快，都因积累了知识而为将来更好地学习奠定了坚实的基础。

（二）促进教师自我学习

开发高效作业模式，对教师提出了新的更高的要求，如果此时教师没有提高站位、没有关注学生的探究活动，是不可能开发出高效作业模式的。为此，教师要开发、设计高效作业模式，就要做到理解和吃透教材，而要做到理解和吃透教材就必须加强对教材的深入研究和提高创造性地使用教材的能力。通过不断地学习、研究和运用，教师的专业意识必然进一步增强、教育观念必然进一步更新、专业水平必然进一步提升、专业领地必然进一步拓展。同时，开发高效作业模式使得学生作业负担进一步减轻，作业正确率进一步提高。教师可以不再为自己陷入学生作业泥坑爬不出来而大伤脑筋，更不用将大量的时间浪费在学生自己"能够掌握的知识内容上，从而让渡出更多的时间和精力来深耕自己的专业、促进自我建构"[1]。

师者有心，生者得益。作业是小学数学教学过程中一个十分重要的环节，更是培养学生发展数学核心素养的有效载体。作为小学数学一线教师，必须高度重视作业内容和形式的精心策划与设计，让学生在做作业的过程中，不仅加深了对数学知识的理解，还从中培养了学习数学的兴趣，努力使每一次作业都能够充分发挥其教育意义，都能在开发学生的数学素养方面发挥重要作用。[2]

参考文献：

[1] 朱淑云. 新课标下小学数学课外作业生活化 [J]. 教育，2017 (8).

[2] 魏迎梅. 小学数学前置性作业的有效设计 [J]. 教师，2017 (16).

小学英语课堂教学中引导学生思维的探究

苏瑞锦[*]

摘要： 在小学英语课堂教学中，教师要注重对学生思维的有效引导：通过生活联想诱发学生思维兴趣，通过问题"牵进"引导学生学会思考，通过板书设计促进学生思维同步，通过引导提示激发学生主动思考，通过问题延伸培养学生思维习惯，从而促进学生主动探究，增强思维意识，养成良好的听课习惯，提升思维能力。

关键词： 思维引导；思维能力；问题设计

加强课堂思维引导，能显著提升课堂教学效果。当前的小学英语课堂中，仍存在着以教师传授知识为主的现象，对于天性好动的小学生来说，他们的注意力很难持久。教师要注意激发学生的学习兴趣，对学生的思维加以有效引导，促进他们主动思考，自己动手搭建知识的桥梁，从而变被动获取知识为自主探究知识，养成良好的听课习惯，提升听课效果，提高英语学习能力。

一、通过生活联想诱发学生思维兴趣

生活联想是指教师引领学生把课本上的内容与实际生活联系起来，以便让学生产生兴趣，从而主动地在课堂上获取知识的教学方法（邓涛，2014）。教师在课堂中可以再现生活情境，引导学生利用生活常识，用真实的语言和有趣的活动，对知识进行实践。课堂上鲜活的生活内容易于引发学生对学习的兴趣，使其积极联想，乐于思考，将注意力集中到学习过程当中，主动深入课堂。

---

* 苏瑞锦，厦门市松柏第二小学。本文发表于 2018 年 8 月《中小学外语教学》。

[案例]

某教师在执教外研版《英语》（一年级起点，下同）五年级下册 Module 5 Unit 1 "Your Bag Is Broken." 一课时，提供了两种旅行让学生选择：去美国旅行两周；去鼓浪屿游玩一天。教学任务为：根据不同旅行的需求，选购一个旅行中使用的新背包。教师让学生开展角色扮演活动，第一、二组学生扮演顾客，第三、四组学生扮演售货员。在这种存在信息差、贴近生活的活动中，售货员事先不知道顾客会说什么，顾客也不知道销售员会推销哪款背包。学生热情高涨，分别联系自身生活经历展开联想，积极思考，为买卖背包认真准备对话语料。以下是买卖双方派出的代表的即兴表演：

S$_1$：Hello! Can I help you?

S$_2$：Yes, I want to buy a new bag.

S$_1$：Please look at this bag. It's very nice.

S$_2$：Oh, yes, but it's too small.

S$_1$：Look at this backpack. It's big and beautiful.

S$_2$：Thanks. But it doesn't suit me.

S$_1$：What about this one? It can hold a lot.

S$_2$：But I want to travel far. It's too heavy.

S$_1$：What about this one? It's got wheels. It's easy for you to carry. Do you like it?

S$_2$：Great! I like it. I'll take it.

…

上述角色扮演活动有以下两个特点：

1. 创造生活情境，通过对生活内容的联想，激发学生积极思维的兴趣

教师结合学生的实际生活创设情境，在课堂上开展选购与推销新包的活动，激发学生的学习兴趣。生活中买卖双方一般互不熟悉，顾客根据实际需要有不同的选购倾向，售货员必须通过自己的推荐和顾客反应，逐步推测出顾客想要的款式。这样的学习活动让学生在头脑中展现熟悉的生活情境，积极思维，愉快地探究，进行真实的买卖交易，从中提升语言运用能力。

2. 设置真实任务，通过对生活经验的实践，吸引学生深入课堂

教师联系学生的生活经历，设置选购与推销的任务活动，引导学生运用自己的生活经验与新课所学知识参与到学习活动中。这不仅有助于加深学生对课文的理解，提高学生的口语表达能力，而且可以使学生感受到运用所学知识解

决现实生活问题的乐趣，从而将注意力完全集中到学习过程中。

二、通过问题 "牵进" 引导学生学会思考

问题 "牵进" 是指在课堂上学生根据讲课内容向教师提出疑问，但教师并不直接回答，而是把问题抛向全体学生，让学生自己寻找答案，然后教师再根据学生的回答进一步提出或者引申问题，让学生继续深入教材进行探索的教学方法（邓涛，2014）。课堂提问是师生进行教学互动的重要形式，教师用问题把学生引入课堂学习活动中，启发他们思维，让他们自己学会思考，在解决问题的过程中把注意力集中在课堂学习活动上。

[案例]

笔者在教学六年级下册 Module 3 Unit 1 "I Took Some Photos." 一课时，在导入环节，有一位学生举手提问：Daming was hungry and angry with the ducks, but he wrote to Lingling and told her that he had a very funny day. Why? 笔者没有直接回答这个问题，而是对学生说：Your question is very good! Who can help him? Now please think it over and find the answer in groups. 此时，每个学生心里也升起疑惑：大明这不是前后矛盾吗？学生回归文本，动脑思考，积极参加小组讨论。以下是学生对这个问题的反馈过程：

S_1：Because Daming went to the park to have a picnic. He was happy.

S_2：He saw the lovely ducks and took interesting photos. They're fun.

S_3：Then it started to rain. They ran quickly to hide. The ducks ate their picnic. They were hungry and angry with the ducks. But I think it was very unforgettable for Daming.

T：Great! What other opinions do you have? Have you had the same experiences?

S_4：No, I didn't. But I think it's very special.

S_5：It's interesting.

S_6：Although Daming didn't have the picnic, he said it was funny, I know.

T：What do you think of Daming?

S_7：He is a happy boy.

S_8：He's 乐观的.

T：Yes，he's optimistic. What can we learn from Daming?

S$_9$：We'll be happy children.

S$_{10}$：When we have trouble，we should look on the good side of things.

……

本课中 Daming 在给 Lingling 的信中谈到鸭子吃了他们的野餐，他非常生气，但在信的开头他却感叹过了非常有趣的一天。学生对此提出疑问，但教师没有直接给出答案，而是让学生进行小组讨论，自主探究，自主回答。教师通过问题点拨，启发学生思维，引导学生联系自己的经历去感悟 Daming 的经历，从而推导出问题的答案，提高逻辑思维能力，懂得多角度思考的必要性，从不同方向看待问题，进而懂得 Daming 虽然错失丰盛的野餐，但却获得难忘的经历。

教师通过问题牵引，让学生学会认真思考，锻炼自主学习能力，在解决问题的过程中集中注意力，养成良好的学习习惯。教师的追问与评价不仅指引学生的思考方向，顺利达成师生情感的双向交流，而且促使学生深入文本内容，学习到 Daming 的乐观精神，树立起正确的人生观。

三、通过板书设计促进学生思维同步

板书设计是指教师以黑板为载体，用符号和文字演绎知识的一种教学方式（邓涛，2014）。教师通过板书设计，突出教学重点，点睛指要，吸引学生注意力，引领学生思维同步，主动参与知识建构，养成认真听课的好习惯。

［案例］

在教学四年级下册 Module 3 Unit 1 He shouted，"Wolf，wolf！"一课时，某教师的板书使学生将视觉和思维结合在一起，认真听课，积极思考，踊跃参与课堂互动。下面是新授环节过程：

1. 设计故事图表板书，引导学生分析故事标题

因为文本为学生耳熟能详的故事《狼来了》，教师便从分析故事标题入手，提出如下五个问题：

When did the story happen?

Where did the story happen?

Who was in the story?

What did the boy do?

Whom did he shout at?

教师根据以上五个问题，板书五个疑问词（见图1），引导学生结合文本阅读，认真思考，与教师积极互动，共同提取故事发生的时间、地点、人物等基本要素。

图 1

2. 设计因果关系图板书，引导学生分析故事的细节

教师抓住本课重要的结构主线，设计因果关系图板书（见图2），引导学生从篇章结构来分析故事中三件事情的前因后果。

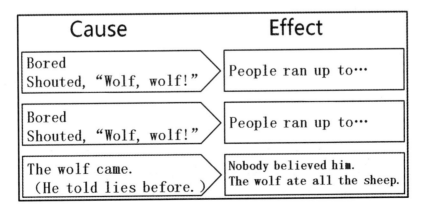

图 2

教师通过板书促使学生积极思考故事中事件的因果关系，并精读文本，优

化文本信息，发展思维。

3. 利用表格板书，引发学生思考故事的教育意义

在学生分析故事标题、精读三次喊"狼来了"事件的因果关系后，教师通过图 1 表格的后半部分，引导学生思考故事的不幸结局，理解其蕴含的教育意义，培养批判性思维。下面是一组学生的感悟：

S$_1$：We shouldn't tell lies.

S$_2$：It's bad for us to tell lies.

S$_3$：Telling lies is a bad habit.

S$_4$：We should be honest.

…

教师引导学生再次审视板书，关注图 1 中的表格信息，思考故事的知识架构。学生依据教师的板书内容，仔细推敲，总结出故事的几个要素：setting，character，problem，event，ending。这不仅帮助学生在今后学习相同体裁的内容时，能有意识地把握故事的要素，还从中训练了他们的逻辑思维能力（王建平，2016）。

在整个教学过程，教师利用板书将教学内容直观呈现给学生，丰富了学生的感知表象。这不仅有助于他们吸收和掌握本课知识重点，而且能促使学生集中注意力，积极思维，从而深化故事的教育内涵，提升课堂教学效果。

四、通过引导提示激发学生主动思考

在课堂上，当教师提问学生，学生难以回答时，与其长时间地等待他们自己想出答案或者直接告诉他们答案，不如给他们一点引导提示，激发他们主动思考，努力解决问题（邓涛，2014）。这样可以帮助学生更为准确、迅速地理解、把握自己不懂的知识，深入到最佳的学习情境中，增强学习自信心。

［案例］

在教学四年级下册 Module 7 Unit 2 "It's 6：30 am in New York." 一课时，在新授环节，为了进行学科渗透，某教师提问学生：It's 7：30 pm in Beijing. But why is it 6：30 am in New York now? Who can answer the question? 学生们看着课件中世界地图中的北京和纽约两个地点，一脸迷惑。于是，教师用手电筒当太阳，悬停在旋转的地球仪上方，并说道：Look at the two places carefully. What happens? 看着教师的演示，学生逐渐明白并说出：Now，New

York is facing the sun，so it's morning，but Beijing is not facing the sun，so it's evening. 教师及时夸奖：Great! This is called a time zone. 教师的演示为学生理解课文起了提示作用。

当学生不知为何北京和纽约在同一时刻却存在时差而感到迷茫时，教师借助道具进行演示，引导学生自己顿悟，找出答案。教师给予学生提示，使他们明白了这个颇具难度的问题，从而激发他们的学习兴趣，促使他们深入课堂，主动思考。

又如，在该课的操练环节，教师设置了一个任务：To learn how to use time zones. 下面是活动的片段：

T：Look at the clock. Now it's 5：30 pm in Beijing. Can you call Piggy in London?

S₁：No，I can't.

T：Why?

S₁：（挠挠脑袋，沉默着不知如何回答）

T：（耐心等待）Why can't you call Piggy?

（给出提示）Please look at the map of the world. How many time zones are there between London and Beijing?

S₁：One，two，… eight，I know，it's 1：30 am in London.

T：1：30 am? Eight hours later or earlier?

S₁：（根据地图上的时区差再次思考）Oh，it's 9：30 am in London，it's school time. So I can't call Piggy.

T：Yes，good boy!

…

教师在提示学生时应注意以下两点：

1. 结合实际，运用问题提示点拨学生思维

教师考虑到学生的实际情况，引导他们观察世界地图上的时区图，通过适时而又恰当的问题提示，点拨学生思维，使他们掌握思考方向，由此及彼，找到正确的思路，从而增强他们的自信，促使他们积极克服学习上的困难。

2. 通过提示使学生获得情感支持，主动思考

在学生回答错误或面对教师的反问而苦思不解时，教师不应马上提示，而应耐心等待，并借重复问题这种特殊的提示，留给学生适当的思考时间；如果学生确实有困难再给予适当的问题提示，恰到好处地助力于学生。在此过程

中，教师应与学生进行着情感交流，让学生在情感上得到支持，感觉到踏实，从而更加认真听课，勤于思考，养成良好的听课习惯。

五、通过问题延伸培养学生思维习惯

英语课堂上，教师在教授完新课之后，再向学生提出新的本节课难以解决的问题，以待学生课外或下堂课继续解决。通过问题的延伸，激发学生的求知欲，增强学生的思维意识，使其养成思维的习惯。

［案例］

在教学四年级下册 Module 9 Unit 1 "Why Do You Like Australia?" 一课时，某教师曾经在上节课结束前就提出过 "What do you know about Australia?" 这一问题。于是，教师一上课就对上节课所提的问题进行反馈，以下是学生的回答：

S_1：I know there are lots of koalas and kangaroos in Australia.

S_2：The capital of Australia is Canberra.

S_3：Australia has got the famous Sydney Opera House.

…

T：Very good! Do you like Australia?

S_s：Yes.

T：Let's learn something more about Australia.

…

教师与学生的以上问答互动激发了学生浓厚的学习兴趣，让他们获得了满足感，从而以饱满的精神状态投入到课堂学习中，跟随教师去找寻更多喜欢澳大利亚的理由。

又如，在本节课结束时，教师通过多媒体播放世界各国的特色景观、名胜美食，吸引学生眼球，博得学生们的阵阵感叹，他们纷纷表达各自的想法，如：How beautiful! / What delicious food! / How interesting! / I like the country! 教师顺势提问：Which country do you like best? Why do you like it? Can you tell me the reasons why you like it next class? 学生一听都兴奋起来，带着教师的问题在课外积极思考和探究，解决问题的欲望强烈。

在课堂结束时，教师创设生动情境，提前抓住了学生的好奇心，并通过提问让他们带着问题走出课堂。这不仅让学生有了思考的目标和自我探究的动力，而且还激发了学生更浓厚的学习热情，让他们的思考永不止步，提前做好下节课认真听课的准备，从而有效地实现课堂延伸。

通过课后的思考与探究，学生增强了思维意识，培养了思维习惯，提高了独立探索的能力。课外有丰富的学习资源，学生主动学习与探究，这样就更有利于提升学习效率，而且知道得越多，想学的也越多，有助于学生自学、自悟、自得，提升自己的思维能力。

总之，在小学英语课堂教学中，教师要注重课堂思维引导艺术，调动学生的学习兴趣，引导学生积极思考、主动探究，增强他们的思维意识，培养他们良好的听课习惯，实现高质量的教学效果。

参考文献：

邓涛. 让学生爱上课堂——名师高效课堂的引导艺术 [M]. 重庆：西南师范大学出版社，2014.

义务教育教科书·英语四年级下册、五年级下册、六年级下册（一年级起点，学生用书）. [T]. 北京：外语教学与研究出版社，2014.

王建平. 小学英语教学关键问题实践研究 [M]. 北京：北京师范大学出版社，2016.

加强音乐意识，培养良好习惯

——音乐课培养学生行为习惯规范初探

陈淑婉[*]

摘要：习惯是种潜意识的活动，就像人体各种软件的编程，一旦启动就按既定的程序演绎。好习惯，则会让人终生受益；反之，就会在不知不觉中影响你一辈子。在美育教育中培养学生良好的音乐学习习惯，就意味着在音乐学习中掌握了开启智慧之门的金钥匙。作为一名音乐教师，不能只把向学生传授知识、发展智能作为自己的任务，而更应注重在传授知识的过程中培养学生良好的音乐学习习惯，让学生成为具有良好学习习惯的受益人。

关键词：习惯　良好习惯　规范

习惯是种潜意识的活动，就像人体各种软件的编程，一旦启动就按既定的程序演绎。是好习惯，则会让人终生受益；反之，就会在不知不觉中影响你一辈子。在美育教育中培养学生良好的音乐学习习惯，就意味着在音乐学习中掌握了开启智慧之门的金钥匙。作为一名音乐教师，不能只把向学生传授知识、发展智能作为自己的任务，而更应注重在传授知识的过程中培养学生良好的音乐学习习惯，让学生成为具有良好学习习惯的受益人。音乐课良好行为习惯的培养需要持之以恒，反复抓，才能达到训练的目的。关于课堂教学中良好习惯的培养，本人有以下几点做法：

一、律动进教室习惯的培养

达尔克罗兹认为：在音乐实践中，只有以听音乐和身体运动为手段，才能

---

* 陈淑婉，厦门市大同小学。本文发表于 2014 年第 47 期《福建教育》。

唤醒儿童天生的音乐本能，同时启发学生将音乐表现中的音响力度、速度、音色的对比、变化等要素与孩子们运动时的能量、空间、实践融合在一起，使他们具有联系和体验音乐情绪的能力。基于此，在学生进教室时我设计了根据音乐要素变化做出相应律动表现音乐的环节，要求学生联系生活经验，并引导他们主动、有创造力地根据自己对音乐的理解，自由地、随意地设计有表现力的形体动作。在不同的班级、即便是同个教学班，在不同课堂中我都有不同的目标与要求。课前，学生们总会自觉地在音乐教室门口排好队，聚精会神地等待音乐响起，期待着第一时间与教师进行互动。我所弹奏的音乐时而欢快活泼、时而坚定有力、时而优美抒情，同一旋律在不用的音区演奏、用不同的速度表现等，音乐拍号也在不断地变化，学生要在尽量短的时间内感受音乐情感变化，转换肢体动作表现方式。除此之外，我还会突然采用师生对唱的方式，要求学生边唱边模仿教师所唱的动物动作进教室。这样的训练方式使学生没有开小差的机会。经过无数次的重复和练习，学生养成了静心听音乐、细听分析音乐、迅速表现音乐的习惯，这种进教室的方式逐步固定下来，也就成为学生自觉遵守的规范。

二、师生问好习惯的培养

这一常规性的教学环节在不同的操作方式下会有截然不同的效果。不少音乐教师对这个环节也就例行公事似的打个招呼就完事儿，但恰恰正是如此错过了音乐课一开始就让学生感受和体验美的机会。在音乐课堂中，我首先培养学生音乐的耳朵，通过对比聆听，让学生分辨什么样的声音才能体现音乐课的美，有了美的体验，在与教师问好时，大部分学生都想用自己美妙的声音表达对教师的敬佩之意，但受各种因素影响，他们的声音参差不齐，从个别学生的眼神中我读懂了扫兴。此时无声胜有声，我鼓励性地向他们做个了"加油"的手势，并叮嘱全班同学注意模仿教师的面部表情和声音，同时加以"眉开眼笑""喊远方人状态""轻声高位置"等手势的辅助，在不断的强化、规范中，学生潜移默化地养成通过调节自身的歌唱状态达到表达情感的习惯。实践证明，学生能够自如、有控制地用优美的声音以歌唱方式与教师问好，也就完成了师生问好习惯培养的教学目标。

三、聆听音乐习惯的培养

音乐是听觉艺术，听觉体验是学习音乐的基础，所以必须让学生养成专心聆听的好习惯。但在课堂上，学生往往会口耳并用，这就会影响听的效果。在欣赏时，我不反对学生听到音乐后自然流露出手舞足蹈，但不允许他们在还没听完音乐时就开始交流。我的要求是：用耳朵细心聆听，不许随意说话，但可以用一些小动作或表情来表现你听到的内容，直至听完后方可进行交流。我认为，只有在这样的规定下，学生聆听到的音乐才是完整的，才能充分感受音乐内容的丰富变化。因为小学生注意力保持时间短，天性活泼好动，在欣赏篇幅较长的曲子时，我对他们的坐姿降低要求，不要求他们一本正经地端坐。音乐课中，低年级学生音乐活动比较多，在进行全体的音乐活动时需要不断改变座形、队形，教师会播放或弹奏一些简短的过渡音乐让学生在音乐声中自觉地去改变。在这个环节实施中，如果没有规定学生在第几拍、第几小节做好准备、起立、开始拿凳子，又是在第几小节开始活动、终止活动，整个课堂秩序定是不亚于自由市场。然而我的做法是：当听到教师弹奏 1 2 3 4 | 5 5 5 4 3 | 4 4 4 3 2 | 1 3 5 | ，学生做好准备起立；听到教师弹奏 1 2 3 4 | 5 5 5 4 3 | 4 4 4 3 2 | 1 3 1 | ，学生坐下；听到教师弹奏 5 6 5 6 | 5 6 5 | 5 1 7 6 | 5 5 3 | 5 5 3 | 2 4 3 2 | 1 2 1 ‖ ，学生按教师要求变换队形开始活动；当听到教师重复弹奏琶音下行时终止活动。活动中，有些学生动作不是很协调，教师应该以鼓励为主，建立他们的自信心，在不断的练习中也就"习惯成自然了"。

四、体态律动（歌表演）习惯的培养

音乐的本质是对情感的反映，人类通过身体将内心的情感转化为音乐。在我们的音乐教学中，体态律动是培养孩子乐感、节奏感和美感的一种有效的教学手段。上音乐课时，手舞足蹈是学生表达歌曲内容的方式之一。课堂中根据歌曲的旋律，让学生在乐曲中翩翩起舞是我一贯的做法，如欣赏《草原小骑兵》，在学习几个简单的蒙古族舞蹈动作（笑肩、硬肩、挤奶等）后我就让学生跟着音乐舞蹈，整个课堂很乱，这样一来既没有美感，又破坏了课堂气氛。

课后我经过反思和请教有经验的老教师，找到教学环节失败的原因就是对学生的动作行为没有进行规范。同一课题在重新制订教学计划后在另一个班级施教时，上面的现象不再出现了。我规范学生的做法是：（1）表演前先把凳子收到规定的地方，然后站在自己的座位上。（2）以点带面，人人参与。一个班级人数多，个体差异大，可以利用个别舞姿优美、节奏感强的学生带动全班学生表演。或者在表演时实行一带一制度，即一个表演能力较强的学生带一个协调性相对差的学生跟着音乐表演。（3）舞蹈动作可以自己设定，但必须符合音乐所表现的内容。慢慢地，教师的规范逐渐成为学生自觉遵守的行为，那就是良好习惯。

音乐课堂上学生好习惯的养成，是音乐教师更好地完成预定教学任务的有力保证。小学生的自制能力差、反复性大，因此，良好行为习惯的养成必须经过长期严格训练、强化，才能加以巩固和持续。作为音乐教师，我们一样需要用科学的思想和教育方法来培养学生的良好习惯，决不能吝啬花在培养习惯上的时间。

参考文献：

《达尔克罗兹音乐教育理论与实践》《中小学音乐教育》

语文教学中情辞关系实践研究

陈莹玉*

摘要：文本由"情"与"辞"相互交织而成，"情"可以理解为情感、态度与价值观，"辞"包括语言、结构与逻辑。情辞相生，互为表里，融为一体。回归文本的情辞关系，共情与思维是语文教学的两个重要维度。共情教学借助语境创设，培养学生共情能力；思维教学探寻"有意味的形式"，促进学生思维建构。两者同时进行，相互渗透，不可偏废，将语文核心素养的培养真正落到实处。

关键词：语文教学；情辞关系；回归文本

在我国，语文学科与其他学科相比有一个显著的特征，即语文学科课程标准只有关于目标和要求的规定，没有规定课程内容，课程内容是虚设的，课程目标是阶段性目标或终结性目标。[1]鉴于语文学科的这一特殊性，顾黄初倡导"把语文还给语文"，语文教学应该回归文本。文本是语文教学的出发点与根本点，任何教学模式的构建与教学方法的创新都要以文本作为重要基础，既要避免脱离文本的过度发挥，也要防止对文本的过度细读。因此，有必要对文本进行深度解构，从情辞关系出发，积极探索核心的教学内容与有效的教学方式。

一、"情"与"辞"的关系

"文本"（text）一词来源于西方，原义为"编织、联结"，是西方文学理论的核心概念之一。保罗·利科（Paul Ricoeur）认为："文本就是任何由书写所固定下来的任何话语（discourse）。"[2]当前"文本"一词被广泛应用于文学、

---

* 陈莹玉，龙岩市实验小学高级教师、特级教师。本文发表于 2020 年第 5 期《教育评论》。

语言学、教育学、符号学、新闻学等多个领域。从语文教学的角度看，"文本"指选入语文教科书中的课文，是师生进行对话的重要基础与媒介。刘勰在《文心雕龙·情采》中指出："情者文之经，辞者理之纬；经正而后纬成，理定而后辞畅，此立文之本源也。"[3]他认为，文本由"情"与"辞"相互交织而成，"情"是经线，"辞"是纬线。课文是编者根据学生的身心发展特点、认知水平、理解能力与生活经验等，按照课程标准与课程计划精心选取的优秀文本，承担着重要的育人功能，一般具有典范性、审美性与思想性，可以说是情辞兼具。

"情"可以理解为情感态度与价值观，"辞"包括语言、结构与逻辑，"情"与"辞"构成文本有机的整体。"情"是灵魂，"辞"是载体，辞以情发，情不动则辞不发，情由辞显，辞不发则情不达，二者是辩证统一的关系。情辞相生，互为表里，融为一体。"辞"指向文本的符号层面，而"情"指向文本的情感层面。《易经·系辞上》曰："鼓天下之动者存乎辞。"[4]古人把"辞"的重要性提到"能够鼓动天下"的高度，刘勰在《文心雕龙·原道》中补充道："辞之所以能鼓天下者，乃道之文也。"[5]也就是说，"辞"并没有脱离于文本内容，"辞"是文本内容的表现形式。哲学家黑格尔说："文字乃至于其他媒介，就算尽了它的能事，而是要显现出一种内在的生气、情感、灵魂、风骨和精神……"[6]"情"是最能体现语文课程人文性的内容要素，而"情"的外化是以"辞"为中介的。

崔峦将语文课程的人文性与工具性的关系形象地比喻为血与肉的关系，人文性是"血"，工具性是"肉"，有血有肉，才能成为鲜活的生命。"情"与"辞"作为构成文本有机整体的两大要素，最能体现语文课程人文性与工具性有机统一的特点，这也是语文学科区别于其他学科的重要特征。因此，语文教学要引导学生回归文本，深入文本，理解"情"，解析"辞"，厘清两者之间的关系，这样才能充分发挥语文课程独特的功能与作用。

二、借助语境创设，培养共情能力

"情"是文本的生命，是具有认知成分、情感成分和一定行为倾向的持久性系统。在文本创作的过程中，从题材选择到语言特色、主题提炼，无不渗透着作者的情感态度与价值观。《义务教育语文课程标准（2011 年版）》指出："语文课程丰富的人文内涵对学生精神世界的影响是广泛而深刻的，学生对语文材料的感受和理解又往往是多元的。因此，应该重视语文课程对学生思想情感所起的熏陶感染作用。"[7]以部编版小学语文为例，从低学段的童话、寓言、故事和浅近的诗歌，到中高学段的叙事性作品、优秀诗文，这些文本所蕴含的"情"主要观照人与自然、社会、文化之间的关系，显示出层次性、丰富性与系统性的特征，有的表达对祖国、大自然、生命的热爱之情，有的传承中华优秀传统文化、革命文化和社会主义核心价值观，有的引发学生对大千世界的思考以及对美好理想的追求与向往。

共情（empathy）属于心理学范畴，指能够设身处地地体会、理解他人的情绪、情感，并做出适当反应的一种人格特质。共情教学是将心理学理论应用到语文教学中的一种方式。在语文教学中，教师要立足文本，引导学生深入解读文本，充分调动学生的个体情感、精神因素和想象能力，通过品味文本的"辞"，感受、体验、理解文本世界所承载的"情"，与作者、与自我进行深层次的对话，促进个体人格、精神、理想的生长与形成。一方面，教师要创设生动具体的"现实情境"，引导学生结合自身的生活经历与情感体验，展开想象，理解并领会文本所表达的"情"，实现思想的启迪与生命的融合。"情"来源于生活，语文教学既要将社会生活引入课堂，也要将课堂延伸到社会生活中。由于小学生的年龄特点，生活阅历不足，情感体验缺乏，引导他们"披文入情"有一定难度，教师要从小学生日常生活入手，鼓励学生认真观察生活、体验生活；要寻找文本与学生内心的契合点，设置熟悉的现实生活情境，使其获得积极的情感体验，并与作者的思想、价值观产生火花，提升共情能力。另一方面，教师要还原作者文本创作的"历史情境"，从作者当时创作的境况和心态出发，引导学生追本溯源，入境入情入理，在主动积极的思维和情感建构活动中加深对文本的理解，实现与作者的情感共鸣，同时，形成自身的感悟和思考。文本创作与作者的人生经历、所处时代密切相关，因此对文本"情"的解读倡导知人论世。学生如果不理解文本情感、态度、价值观的生发过程，就无法产生共情，对文本的理解也会流于表面。由于小学生涉世未深，受到自身阅读经验与知识储备的制约，教师要借助相应的信息化手段，或是组织角色表演，帮助学生身临其境，使学生的所知、所想、所感得到升华。

伽达默尔（Hans－Georg Gadamer）认为："文本的意义，不仅仅是偶然，而是经常超越作者。这就是为什么理解不仅仅是一个再现而是一个生成的活动。"[8]教师综合运用感知、体验、想象、联想、情感等多种心理因素，引导学生与文本、作者共情，其意义不只在于对作者原意的还原，更重要的是以文本为媒介，激发学生积极参与和主动建构，从不同角度、不同层次体验文本的意义，促进情感、态度、价值观教育的升华，不断提升学生的核心素养。知识建构、情感交流、想象拓展、思想增殖等一系列复杂的心智活动，有助于实现学生对文本意义的重新建构，有助于学生形成丰富的内心体验与精神境界。

语文课程的人文性价值主要体现在对文本中"情"元素的深入挖掘。教师要将情感态度和价值观教育贯穿于语文教学的整个过程，将学生的视野引向自然、引向文化、引向社会、引向人生，注重学生独特的感受、体验、理解与思考，使其在知、情、意、行方面获得全面发展，逐渐形成自我的判断、表达方式与思辨能力。在共情教学过程中，教师要鼓励学生敞开心扉地表达自己的想法与理解，同时顺势进行正向引导，促进学生情感、态度和价值观的积极转化。

三、探寻"有意味的形式"，促进思维建构

《易经·系辞下》曰："圣人之情见乎辞。"[9]共情教学只有与"辞"的教学密切结合，才能实现对学生潜移默化的影响。如果脱离"辞"谈"情"，那么对文本的理解无异于空中楼阁、镜花水月。"辞"由语言、结构与逻辑构成，三位一体。按照童庆炳教授的说法，"辞"即文本"有意味的形式"[10]。如果说共情教学是语文课程人文性的体现，那么"辞"的教学就是语文课程工具性甚至可以说是理性价值所在。

文本是学生学习语言规范表达最直接的来源。教师要充分利用文本作为语言运用的范例，引导学生从语音、文字、词汇、语法、修辞、文体等不同层级探寻语言形式的意义，解构语言密码。教师可采取诵读、语法训练、读写结合等语言实践方式，引领学生对文本中的重点字、词、句、段反复进行抽丝剥茧的细读与品味，领悟作者是如何巧妙地运用语言，准确、具体、生动地表达文本的深刻内涵，积极探究语言建构在表达作者情感态度和价值观中发挥的具体作用。语言是思维的外衣，学生在掌握文本语言表达的特点与规律的过程中不断建构语文思维，同时通过大量的言语实践活动逐步提高语言运用能力。这个过程也是学生积累语感、提高审美鉴赏能力的过程。

教师在进行语言教学时，要避免花费大量课堂时间进行逐字逐句的过度细读，忽略对文本的整体感知，造成学生"只见树木，不见森林"，习得的知识碎片化。《义务教育语文课程标准（2011年版）》明确指出："在教学中尤其要

重视培养良好的语感和整体把握的能力。"[11]每个文本都是有机的整体，教师要立足整体，将文本看作结构化系统。结构是整个文本的骨架，起到重要的支撑作用，体现了文本部分与部分、部分与整体之间的内在联系与外在统一。教师应引导学生通过梳理行文脉络、解析各段落之间以及段落内部的层次、厘清写作思路等方式，探究文本的语篇结构与组织方式，从整体上深入理解作者的谋篇布局如何为表达自身的情感态度与价值观服务的，深刻领会文本语言表达的层次性与内在关联性，从而使学生对文本形成"鸟瞰式""结构化"认知，进一步提高学生的阅读素养与写作素养。

　　长期以来，语文教学更多关注知识、情感等人文层面，理性缺位成为普遍现象，尤其忽视了对学生逻辑思维的培养，导致学生的阅读与写作充斥着非理性的表达、不清晰的条理、不严密的分析与不合理的推理。李海林提出："只要承认语文课以'语言'为核心，就同时承认了逻辑对语文课的意义是'不可或缺'。一句话：因为语文课要学语言，所以逻辑知识不可或缺。"[12]他把逻辑置于语文教学中非常重要的地位。逻辑包含理性的内涵，指文本内部句子与句子、段落与段落之间的内在联系、条理与规律。叶圣陶先生认为："教语文的一项很重要的任务就是训练学生的思维……在学习一篇文章时，就要学习作者是怎样动他的脑筋的，看作者是怎样想和怎样写的。""思想是有一条路的，一句一句，一段一段，都是有路的，这条路，好文章的作者是决不乱走的。看一篇文章，要看它怎样开头的，怎样写下去的，跟着它走，并且要理解它为什么这样走。"[13]教师要引导学生剖析作者写作思路，从微观层面解析文本内在的逻辑建构，帮助学生掌握分析、综合、概括、比较、演绎、归纳、推理等逻辑思维方法，并在阅读与写作中自觉地加以运用。

　　语文教学本身应该是一个充满着人文情感与理性光芒的过程。回归文本的情辞关系，共情与思维是语文教学的两个重要维度。共情教学借助语境创设，培养学生共情能力；思维教学探寻"有意味的形式"，促进学生思维建构。两者同时进行，相互渗透，不可偏废，涵盖语言的建构与运用、思维的发展与提升、审美的鉴赏与创造、文化的传承与理解等相关内容，将语文核心素养的培养真正落到实处。

参考文献：

　　[1] 陈先云. 小学语文教科书选文标准之我见 [N]. 中华读书报，2020—03—18 (006).

［2］Paul Ricoeur. Hermeneutics and the Human Sciences ［M］. Cambridge：Cambridge University Press，1998：145.

［3］刘勰. 文心雕龙（下册）［M］. 范文澜，注. 北京：人民文学出版社，2006：543.

［4］［9］朱熹. 周易本义［M］. 北京：中华书局，2009：29、121.

［5］刘勰. 文心雕龙（上册）［M］. 范文澜，注. 北京：人民文学出版社，2006：12.

［6］［德］黑格尔. 美学（第一卷）［M］. 朱光潜，译. 北京：商务印书馆，1979：24—26.

［7］［11］中华人民共和国教育部. 义务教育语文课程标准（2011年版）［M］. 北京：北京师范大学出版社，2012：2、3.

［8］Hans—Georg Gadamer. Truth and Method ［M］. NewYork：Crossroad Press，1989：296.

［10］童庆炳.《文学理论教程》（第四版）［M］. 北京：高等教育出版社，2015.06.

［12］李海林. 从课程论的角度讨论逻辑知识问题［J］. 中学语文教学，2014（12）：4—9.

［13］叶圣陶. 叶圣陶语文教育论集［M］. 北京：教育科学出版社，2014.692—694.

在快乐与自主中运动、获得与健康成长

——走进美国体育课堂引发的比较与思考

李瑞芳[*]

笔者有幸参观访问了美国波特兰、洛杉矶的 4 所小学，走进美国小学校园与当地师生互动交流，通过课堂观摩和专家介绍，了解了美国小学体育教学情况，并进行了思考，与同仁们分享。

一、体育教学管理模式不同

1. 体育课程标准适应区域学生特点

美国是地方分权国家，教育属于各州分权管理，各州享有制订教育标准和具体实施的权利。各州在制订大纲时，都会邀请地方教育基金会、州群体组织、学校、教职工、学生、学生家长和其他社团等方面的代表参加，合理制订该区域的学校体育标准，学校体育就有社区体育的渗透，甚至是社区体育的一部分。

我国是全国统一的体育课程标准，对学生的健康水平及运动技能水平有统一的要求。课标虽然也提到"关注地区差异和个体差异，保证每一位学生受益"，但在中国，学校体育教师不足，其实美国亦是如此。如，加利福尼亚州是第 1 个对体育课程有立法规定的州，规定学生每 10 天的体育活动时间不得少于 200 分钟。起先，许多学校也是由于师资而执行困难，但他们自有一套解决师资困难的妙招，就如学生除了在学校内完成规定的体育课时数外，没有完成的课时数交给校园社会的体育资源来完成，其中如社区的体育俱乐部或体育培训机构负责，确保学生尽可能保质保量地完成规定的体育课程时间。

---

* 李瑞芳，泉州市通政中心小学。本文发表于 2019 年第 6 期《中国学校体育》。

2. 体育教学由学校与社区齐抓共管

波特兰的 Boys & Girls Club 社区活动中心的场馆内有各种丰富的活动项目，有心理咨询与释放中心、绘画馆、篮球场、羽毛球场、台球室、乒乓球室、健身房等体育活动场所，设备设施齐全，学生们在此都可以找到为自己量身订制的活动课程，且都有教练或志愿者组织指导，学生在学习之余，来这里参与活动，得到了充分的身体锻炼、技能提高。幸运的是，参观社区活动中心 Boys & Girls Club 时，和小朋友们玩起了"趣味游戏节"多种游戏，如翻牌、障碍传递篮球、编花绳以及松鼠回家、跳皮筋、合作跑等，感受到了美国小学生们的活跃，也发现了社区资源在弥补学校体育教学方面的巨大作用。

洛杉矶的学校均由社区聘请教练，让其参与学校体育教学，与学校体育教师共同完成教学任务。特别是课外的体育项目，如，小学生的球队，其教练都是志愿者。笔者观看了当地体育教师、社区教练和学生们共同完成的一节足球训练课，其师生互动非常活跃。

欣赏了学校与社区共同教学的模式，思考其与我国的不同。中国的体育教师要在课堂中兼顾许多，需要遵循现行课程标准的理念，传授技术技能知识，传授体育健康知识等。我国的小学学校体育教学更趋向于只是学校的工作内容，没能形成社区而至区域政府、社会的工作重要内容，各级体委或相关机构更关注尖子培养与比赛，忽视为学校体育提供资源，促进学校多方面满足多数学生的发展需求。这两年，部分学校设置了形式多样的少年宫体育项目，如在学生放学后，另外聘请专业教练、外教、家长到校指导，这一管理模式的改革，丰富了学生的体育锻炼内容，拓展体育锻炼空间，满足现代学生体育学习的多样需求的模式，是积极的尝试。

二、体育教学方向侧重不同

1. 强调兴趣与活力

令笔者记忆犹新的是 West Tualatin Valley Elementary 小班化教学，25 名左右学生为 1 个班级。三年级的一节"快乐"体育课很能体现美国小学教学内容的特点。该堂课活动将英语字母学习与数学学习融入体育教学，活动过程是分小组找字母卡片，并按字母及卡片要求做相应的动

图 1—1

作练习，是"运动概念与运动技术"相结合的学习。如图（1—1）

活动流程为：墙上挂许多卡片，学生拿球向
其中一张卡片砸去，砸中后打开卡片，明确卡片
中的动作规范与次数，学生根据要求完成动作，
以此类推。学生们在有限的空间内，有序地在轨
道上完成各自的学习任务，学生间都保持一定的

图 1—2

间隔，直至下课结束，学生之间都没有相撞或拥挤。短短 30 分钟的课堂中，
教师用激励性语言不断地鼓励、引导学生战胜困难、接受挑战，完成不同的目
标任务，学生们运动时显得兴趣盎然，场上气氛热烈。又如，Harry Bridges
Span School，每天清晨安排 1 节 Mini 运动课，学生们和教师一起模仿不同风
格的健身视频课程，进行 10 分钟左右时间的课前锻炼（如图 1—2），开启活
力满满的一天。

在参观和了解美国学校的过程中，中国的体育老师们不由自主地感慨：
"美国的学生好像没有体育课程、测试达标这些概念与压力"。所谓体育课，于
美国学生而言，就是积极快乐地玩。我国目前的体育课有具体的学习内容，按
单元分课时教学，教师注重学生运动规范的学习，将体育学科技术传授作为课
堂的核心，教学过程严谨规范，按部就班，很少考虑其他元素的积极融合。

让体育课变得更丰富更有趣，对学生更有吸引力，让学生充分享受体育的
快乐，在享受运动中爱上运动，是我国体育教学可借鉴的方面。

2. 注重自律与规则

美国的小学体育课堂是开放宽松的，学生是活跃跳动的，但教学过程中却
似乎更重视规则，学生也由于规则意识的形成而更加自律。如，上面所提到的
找字母的课堂，学生们根据自己选中的任务卡片，自己模仿完成项目运动。自
律绝不是某一节课就能教会的，自律的养成需要一个"按规则办事"的漫长教
育过程。交流中，Woodstock 小学校长表示，学校都有一整套详细的规则
要求。

学生从幼儿园开始就要学会倾听、学会排队、学会与人交往和合作的规
则。在参观时，笔者发现在他们的教室里、走廊、阅览室上随处贴着有关的规
则和要求（图 1—3　1—4），其表述方式非常人性化，这种规则意识就是平时
的生活润物细无声中形成的。

图 1—3   图 1—4

三、课堂教学过程不同

美国体育课堂看上去很随意，教师主导作用更多的是情境创设，教学以组织学生挑战自我为主，学生在运动中体验与获得运动感受，课堂氛围浓厚，使学生积极参与其中。

1. 重运动量

美国的小学高年级体育课没有准备活动，一开始即让学生通过各式有氧和举哑铃力量进行穿插式练习，如，做仰卧平躺抓握哑铃；蹬地，翻身，以左髋、左肘支撑身体；推地起身坐起，以左髋、手掌支撑身体；成跪撑，保持持哑铃的手臂向上伸直，弓步向上蹲起，仍保持手臂向上伸直；展示从仰卧到站姿再到卧姿的动作模式。（图 2—1   图 2—2）

图 2—1   图 2—2

在动作学习课中，未看到放松环节，课堂的最后，学生则做着如何把所学的多种动作有节奏、有顺序地组合起来练习，形成了核心力量动作。不仅如此，紧接着的分组推杠铃反而增大运动量，自始至终都是强度及运动量较大的活动，并且在活动中以计数、竞赛的形式进行。一节课，学生们始终都处于剧烈运动中，大运动量使学生的体能得到有效激活。

美国学校体育教学观念，教学内容设置是为了学生的运动量，注重体能锻炼的强度，其他的内容都可忽略甚至是无视。我国的体育教学，注重过程、结构与形式，课堂顺序分为：准备活动→基本部分→结束部分，准备活动为了课堂上学生顺利学习新内容而设计，除了达到热身的效果外，还要为主教材作铺垫。放松活动的内容，还会是主教材活动的延续，起巩固与提升作用。

2. 重体验

美国的学校体育，让学生充分发挥自己的主动性，活动结束后，教师没有点拨与小结，即使有，也是席地而坐让学生阐述他们的练习感受，重点放在学生的活动上，在运动中实现技能转化。课堂上以学生为中心，将学生必须学习的基本技术通过动作、音乐组合设计活动方案，放手让学生活动，给学生更多的活动空间，在活动中使技术过渡至技能。

图 2—3

在 Woodstock 双语小学体育课中，学生们根据自己的需要，选择大小不同的呼啦圈开始自行玩耍，即结合跑、跳的躲避游戏，练习学生的快速反应能力。20 余名学生在小小的球馆中，不停地跑、跳，尽可能躲避从四面八方踢过来的呼啦圈，玩得不亦乐乎（图 2—3）。在这节课中，笔者只看到学生开心地玩、跑、跳、笑，丝毫没有半点懈怠。

如以上案例中所展示的，美国的体育教育注重体验性的运动与运用，鼓励学生们在操场上、课堂里多运动，在充满运动的欢笑声中，运动技能在学生的积极运动中自然而然地获得。我们国内的教学，也许会更加注重课堂教师方法手段的多样性，课堂上要花较多的时间讲授、示范，让学生理解动作技能，后模仿，再独立运动，且要反复做校正指导。为此，建议教师们尝试减少讲授、动作示范，强化学生运动参与和体验，让学生有更多机会在参与体验中形成运动技能。

3. 重个体

美国体育教学"尊重学生个性，重视个别差异，主张以学生为中心，满足其身心需要，让学生自我认识、自我发展"，评价中注重个人评价，即主张以个人进步数据来评价，注重学生在评价中获得肯定与激励，感受运动的兴趣与快乐。

如，Harry Bridges Span School 四年级的体能课后，美国的体育教师让学生自主测量脉搏，这不仅教会他们测量心率的方法，更给学生进行自我身体健康水平的评价。在"推杠铃"后，学生的运动密度较大，让人惊叹，在课后让学生记录自己在课堂中完成的次数与组别，这也是教会学生自我评价的一种方法，也便于学生在下次课中挑战自我或同伴。

中国的体育教师在教学中，可尝试让学生有机会自主评价。如，啦啦操教学中动作力度、幅度掌握以及表现力展示是教学中的一个难点，笔者采用各组学生展示，其他组学生对展示的小组进行评价、打分，并且指出展示小组的优点与缺点，可让学生自己动手、动口，让学生更好地体验运动带来的进步与乐趣，激发他们持续参与运动的热情。

中国的教育是打基础的教育，学多悟少，美国的教育是培养创造力的教育，学少悟多；中国的教育注重知识的熟练掌握，重视"精"而"深"，美国的教育注重知识的灵活运用，重视"广"而"博"。中国的体育教师要通过体育课堂让学生更健康更有活力，鼓励学生们多运动、变活跃，让学生们在操场上、课堂里有更多的运动体验。

小学语文课外阅读病例分析及深度阅读策略探究

——以《水浒传》主题阅读为例

吴静静　　魏登尖 *

深度阅读是"具有指向探索客观事物规律、提高思维能力、提高学养和完善人格的阅读方式，是阅读的高级阶段，是人类的本质使然"。[1]小学阶段，在课外阅读领域落实"深度阅读"的阅读方式，是指教师引导学生深入文本的过程中，学生能提取相关信息，利用已有的知识和生活经验理解并评鉴文本内容、形式，依托审美对不同艺术表达进行比照，在对话质疑中创生新想法，发展言语表达，培养高阶思维，获得智识与人格力量，为发展可持续性的阅读品格奠基。笔者基于实践观察，针对当前课外阅读存在种种不容忽视的问题，进而深入剖析其病理，在此基础上提出"深度阅读"的实施策略，以期促使课外阅读朝着良性的方向可持续性发展。

一、小学语文课外阅读中存在的问题

部编教材将"教读课文""自读课文"和"课外阅读"三位一体的课型结构作为阅读教学新范式，"课外阅读"被纳入课程体系，倒逼我们直面、审视、反思当前课外阅读存在的种种问题，而研究其存在问题是提出"深度阅读"的必要前提，为"深度阅读"奠定了扎实的背景基础。笔者从具体实践和观察研究出发，主要从以下几个方面进行阐述。

---

* 吴静静，厦门何厝小学，语文教师，主要研究方向：阅读教学、班主任工作；魏登尖，教育学硕士，厦门市思明区教师进修学校，教研员，主要研究方向：课程论、教师专业发展及学生工作等。本文发表于 2018 年 9 月《教学与管理》，并于 2019 年 2 月被人大期刊《小学语文教与学》全文转载。

1. 碎片化

碎片化是当前课外阅读现状存在的主要问题。随着"互联网＋"时代的全面来临，阅读方式也悄然变化。2017 年 4 月，中国新闻出版社研究院公布了2016 到 2017 年全国国民阅读调查结果显示：17—18 周岁国民数字化阅读方式（手机阅读、网络在线阅读等）的接触率呈逐年上升趋势，严重冲击纸质阅读。阅读文化的重心由传统阅读转向新媒体阅读。不可否认，新型阅读媒介确实催生了新的阅读模式和习惯。但这种新的转变在三观亟待塑造的小学阶段，却会直接影响学生课外阅读的动机和心理，快读、快感、快扔的"碎片化"阅读蔚然成风，兴致高涨读几页，兴味索然直接弃文，以至于读多少，忘多少，到头来一无所获。"一个人的精神发育史，是一个人的阅读史"，很显然，"碎片化"的阅读无法助益学生的精神发育。

2. 功利化

当前课外阅读现状另一突出问题是阅读的功利化。很多教师是考试考什么，教什么；很多学生是教师教什么，学什么。因此，课外阅读成了课堂教学的衍生物，一切课外阅读为考试服务，最明显的表现就是出版界各种名著缩读、速读。课外阅读，不是基于学生的自觉行为，不是因为学生们对课外阅读感兴趣，而只是为了考试。这种"替代式"的阅读对学生的思维培养百害而无一利。

3. 低效化

"功利化"直接导致课外阅读的低效化。教师往往把课外阅读当成课堂教学的一种简单延伸，放任学生盲目随意地阅读，这样的课外阅读不免因走过场或流于形式而低效甚至无效。其一，阅读之前没有给予方法指导；其二，阅读过程没有及时跟进调整方法策略；其三，阅读之后没有交流对话和反馈评价。

二、对小学语文课外阅读问题的病理剖析

当前课外阅读现状中存在的问题是由多方面原因造成的，既有时代大环境的原因，也有教师教学的原因，还有学生自身的原因等。笔者主要从重心偏移、效率驱使、能力不足等方面具体展开论述。

1. 重心偏移

"互联网＋"时代下，电子声像阅读媒介的出现和蓬勃有其合理性，学生借助多样化的阅读载体进行课外阅读本无可厚非，问题在于，扑面而来的海量

信息，其中不乏粗制滥造的网络文，使得缺乏鉴别能力的学生陷入阅读迷茫，加之课外时间和精力有限，导致阅读重心发生偏移，弃"深"趋"浅"，原本应该阅读经典，阅读整本书，阅读提升思维品质、化育精神世界的书籍，却无奈深陷"碎片化"阅读的泥淖里无法自拔。

2. 效率驱使

富兰克福学派理论家提出"在'工具理性'支配下，人们不是由最终目的的明确信念和关于个人幸福的传统定义所推动，而只是由效率精神和技术能力所驱使。人们消费仅仅是为了支配商品而不是为了真正改善自己的生活而消费"。[2]工具理性渗透到当下的课外阅读中，最直接的反映就是对课外阅读目的的异化。课外阅读被教师当成是学生的考试内容、考试工具，忽略了其本身对于学生思维培养、精神涵养等方面的价值，长此以往学生会丧失对书籍的兴趣，遑论形成稳定、持久的阅读品质。

3. 能力不足

课外阅读低效乃至无效的一个重要原因在于教师研究的能力有所欠缺。其一，部分教师没有转变观念，对课外阅读缺乏足够的重视；其二，布置学生进行课外阅读，却没有给予有效的方法指导；其三，对探索成果的总结提炼，如何将实践经验升华成为规范的论文能力有待进一步提高。提升教师的研究能力，对课外阅读的效果和成果的推广具有重要作用。

三、小学语文课外深度阅读的实践策略

针对当前课外阅读存在种种无法回避的问题及具体病理，笔者提出"深度阅读"的阅读方式，并在实践探索中总结了以下几条比较适切的策略，以期逐步有效推进"深度阅读"。而阅读整本的经典名著是实现"深度阅读"的有力抓手。下面，笔者以五年级寒假里，引导学生开展经典名著《水浒传》深度阅读为例。

1. 阅读九宫格——发展学生信息提取素养

"阅读九宫格"作为一种新型读书笔记模板，顾名思义，由九个空格子组成，纵横排各三个，每个格子出示一些具体要求，引导学生把每一章节的阅读成果填入相对应的格子。[3]

假前，笔者根据《水浒传》章回体的叙事特点，设计了一款九宫格模板，主要包括：章节题目，主要内容，出场人物；学会的新词，解释新词，新词造

句；喜欢的句子，会背诵的句子，每章一问。从整体感知到具体字词句再到存疑，形成了一条阅读的思维路径，降低阅读的盲目性和随意性，学生可以边阅读边填写，也可以边阅读边圈画，结束后再填写，从而提高学生阅读的成就感。一周后，有些学生的"阅读九宫格"不再拘泥于笔者给定的模板，他们乐于自己去改编某些问题，比如：易错字，形近字，好汉绰号，好汉歇后语，本章心得等；个别孩子还能就自己喜欢的好汉自创九宫格进行主题式填写，比如，我喜欢的好汉，好汉性格特点，好汉事迹，我为好汉代言，等等。

　　"阅读九宫格"的引入使用，给初级阅读者搭建脚手架，帮助学生有的放矢地阅读，培养获取、提取信息的能力，而学生丰富的想象力和创造力，也给阅读九宫格注入新鲜的活力。

　　2. 思维导图——培养学生信息整合素养

　　"思维导图"又叫"心智图"，简单却极其有效，是一种革命性的思维工具，发明者英国心理学家、教育家东尼·伯赞这样定义思维导图：是一种可视图表，一种整体思维工具，可应用到所有认知功能领域，尤其是记忆、创造、学习和各种形式的思考，被誉为"大脑的瑞士军刀"。[5]

　　假前，笔者结合《水浒传》章回体的叙述特点和"连环式人物列传体"的写法特色，和学生共同将本次名著的思维导图确定为两种类型：情节思维导图和人物思维导图。

　　"情节思维导图"是在梳理每一章节的框架上进行绘制，学生或以章节关键人物、或以印象深刻的景物等来绘制"中央图像"，每条主干按照事件发展的先后顺序凝练关键词，主干下属的分支则是对重点情节进行延伸批注，并辅以必要的图片帮助联想记忆。以"智取生辰纲"这一章节为例，某位学生以生日礼物——生辰纲为中央图像，主干分别为杨志和吴用，杨志下属的分支为乔装货郎，鞭打队友，队友怨恨，被酒迷晕，丢失生辰纲；吴用下属分支为探明底细，提早埋伏，酒里下药，七星齐心，智取生辰纲。借助思维导图展现了"智取生辰纲"的全过程，图中核心人物和关键情节互相照应，一目了然。

　　"人物思维导图"则是有机整合人物出现的章节而进行绘制，学生在解读人物时，按照不同的线索呈现人物一生的跌宕起伏，实现个性化表达。以"宋江"为例，某学生以宋江与一众人物的关系为线索，宋江与晁盖：私放晁盖，晁盖身亡成寨主；宋江与李逵：江州劫法场，共赴黄泉；宋江与高俅：率众乞求诏安，被赐毒酒身亡。"人物思维导图"难度偏大，以期开学后，有一定思维导图训练后，鼓励学生重读《水浒传》，聚焦某一人物进行精读，笔者再进行有针对性的指导。

思维导图，加深记忆的同时培养了学生的整合能力，学生借此能大致复述故事情节和人物生平，潜移默化中发展了语言表达能力。

3. 主播说评书——助力学生转化评鉴素养

"主播说评书"即是让学生提前备稿，然后借助在线视听平台进行信息输出和观点评价的一种深度阅读策略。

假前，笔者就播音材料和主播项目组进行讨论，确定材料基于"说书"，重在"评价"，评价文本内容和表达形式。文本内容可以从多个角度综合性评价，如评价作者观点和情感态度、价值观，文本整体质量，确定文本可信性等。《水浒传》人物鲜明，情节跌宕，主播们或阐明自己对好汉的情感态度，或概述自己对事件发展的观点，某主播在说评"鲁智深拳打镇关西"这一章节时，在末尾评价：鲁智深是出于侠肝义胆，但太过冲动鲁莽，手段比较粗暴，以致出了人命而被迫出逃。表达形式可以从作者的语言技巧、遣词造句、谋篇布局等方面评价。《水浒传》的"口语化"风格非常有特点，不同语言体现出人物不同出身、身份、地位和性格。某主播在说评"花和尚倒拔垂杨柳，豹子头误入白虎堂"章节，当奸邪无赖的高衙内调戏林冲娘子，林冲的"权且让他这一回"，鲁智深"你却怕他本官太尉，洒家怕他甚鸟"，主播评价林冲逆来顺受有所顾虑，而鲁智深无牵无挂无所顾忌。

"主播说评书"旨在让学生模仿、吸纳文本的语言，把文本中的信息与自己已有的知识建立联系，利用已有的经验对文本进行评鉴，丰富语言表达，增强语言表现力，提高评鉴能力。

4. 跨界影视——孕育学生比较审美素养

"跨界影视"是指由经典名著改编的影视作品，以其制作精良的画面和精练的台词，加上演员精湛的演绎，使其具有一定的教育性、审美性和娱乐性。

本次假期"深度阅读"在影视资源方面的探索实践，以央视 1998 版的经典电视剧《水浒传》为范本，学生在阅读名著的基础上，再去看电视剧，对照着看，将书中的场景、人物进行可视化还原，寻找书中和影视作品中的不同之处。学生每每看完名著和影视，互相比赛谁找的不同点更多，如电视剧中王进痛打高俅后双方结仇，而原著里是因为高俅早先被王进的父亲打伤；"大闹五台山"中众和尚诱骗鲁智深饮酒犯戒，与原著描写不同；电视剧花荣喝毒酒身亡，原著中花荣最后和吴用在宋江坟前自尽……不一而足。学生在对比中发现影视作品通过增删补使得情节更加跌宕起伏，人物性格更加鲜明，但原著能够全方位刻画人物，凭借多种艺术手段对人物进行肖像描写、心理描摹、行为刻写和环境渲染等，都在潜移默化中丰富想象力，激发创造力，而这单纯凭借影视作品无法达到。把影视资源作为经典名著的一种辅助，可以锻炼学生的比较思维，培养其内化能力。诚如俄国著名教育家乌申斯基所言：比较是一切理解和思维的基础，我们正是通过比较来了解世界的一切。

学生在影视和原著的对比中走上几个来回，能更好地体会不同艺术形式在表现人物、情节设置方面的特点，加深对人性的真善美和假恶丑的理解，有助于多角度领悟经典名著的意义、价值，培养更立体、更多元的审美意趣。

5. 圆桌对话——根植学生创生创意素养

圆周对话，即围绕没有主次之位的圆桌而开展，是一种平等、对话的、协商的对话形式。在深度阅读中，旨在让学生就某一特定主题开展碰撞式对话，或共鸣，或交锋，或讨论，最后在原有表达的基础上有所创生。

在阅读结束之后，以章节或是全书为节点，首先由项目组里的一个成员作为主持人给定"主题"，然后其余成员在规定时间内搜集相关资料，形成文字大纲，最后统一聚到主持人家里，实现三轮的"圆桌对话"。如"宋江之我见"主题式圆桌对话，第一轮是阐述观点环节，有成员从宋江的家庭出身和文化教养来论述宋江谨小慎微的性格特点；有成员从义放晁盖看出宋江是个重情重义的好汉；有成员从宋江和李逵的关系出发，认为宋江是个口是心非之辈；有成员从让位卢俊义看出宋江玩弄权术……第二轮是质疑提问环节，成员们可以自由发问，被提问者相机回答，这非常考验成员对自己所持观点理解的深刻性，锻炼其临场应变能力；第三轮是重新梳理观点环节，在前两轮的基础上往往能创生出新的观点和表达，而这也是"圆桌对话"追求的终极价值。当然，教师也可以作为"共读"嘉宾参与其中，以笔者的亲身经验来看，教师的参与能极大调动学生的积极性，在对话中的相机点评、指导也对学生有极大的触动。

通过"圆桌对话"，成员间最后不一定能说服彼此，但在这样的平等对话中，尝试从另一种角度看待问题，避免了思维的局限性，思维的深度、广度、高度都有了长足进步，从而创生了新的话语表达。

综上，寓阅读策略于阅读活动中，在活动的引领下深入文本，挖掘学生的潜在学习力，启发学生的高阶思维力，全面提升语文综合素养。"深度阅读"，不仅能为教师开辟新的教学生态，也将使学生获得新的阅读生境。我们共同期许，"深度阅读"成为学生固有的心理程序、特定的动作记忆，而当学生养成阅读习惯，自然进入阅读状态，阅读就能真正成为他们人生中不可或缺的生命体验。

参考文献：

[1] 黄荔. 论互联网时代的深度阅读重拾 [J]. 广西社会科学，2013 (2)：173.

[2] 刘春燕. 当代教育中的工具理性主义 [J]. 江西教育科研，2004 (8)：6—7，22.

[3] 陈思雨. 换种作业方式提高学生阅读兴趣 [J]. 上海教育，2017 (08AB)：60.

[4] 东尼·伯赞，巴利·伯赞著. 卜煜婷译. 思维导图 [M]. 北京：化学工业出版社，2015：34.

隔"屏"不隔爱

——小学生线上国旗下活动时效性的实践与思考

颜华娜*

摘要： 面对 2020 年的新冠肺炎病毒，寒假延期，面对小学生的居家隔离生活，学校创新开启线上国旗下教育活动，同心抗疫，树立信心，提升小学生面对这场突如其来的新冠肺炎病毒疫情抗疫的自信心；肺腑之言，让家长是医生、护士、社区工作者的同学线上发表感言，引领其他学生认识在疫情面前用生命守护生命的最美工作者；思考人生，让学生在抗击新冠肺炎病毒疫情中成长，自觉自律，安全他人。"隔离不隔爱，隔屏不隔爱"，以爱育爱，充分发挥线上国旗下活动的教育时效性，对小学生居家隔离生活期间人格的完善有着一定的现实意义和重要作用，以求为小学德育提供一定的借鉴。

关键词： 隔"屏"；线上国旗下活动；时效性；爱

一、小学生居家隔离生活的表现

2020 年新冠肺炎病毒的突然来袭，打乱了人们原本祥和、热闹的中国传统节日春节。教育部门按下暂停键，寒假延期，小学生居家隔离生活，在线学习启动等。这让从未有过类似被隔离经历的小学生会产生一些心态的变化。因此面对这种居家隔离的特殊经历，小学生除了日常生活的适应以外，心态上也承受着一些压力，情绪面临着一系列的变化，从原本庆幸寒假还没结束的开心心情，到居家隔离生活的担心、紧张。特别是看到 2020 年初，新冠肺炎疫情暴发，全国广大医护人员投入到防控新冠肺炎病毒救治的工作中，看着每天新

---

* 颜华娜，厦门市吕岭小学。本文发表于 2020 年第 5 期《中小学教师培训》。

闻中全国各地不断更新的确诊人数、疑似人数、治愈人数、死亡人数的报道，以及自己生活的小区每天测体温、每天严格把关进出人员的管理等，小学生对新冠肺炎病毒的重视程度也越来越高，但内心也越来越紧张，越来越焦虑，越来越担心。

同时，2月上旬一些家长开始陆陆续续上班，家长的陪伴减少，居家隔离的小学生容易产生孤独感，孤独感来袭，负面情绪易滋生，如，"我喉咙不舒服，我咳嗽了，我会不会也生病了……"小学生害怕，甚至恐惧自己受到病毒的影响等。面对这样特殊时期的小学生居家隔离心情，如何给小学生"心灵鸡汤"？调整小学生居家隔离的心态，创新线上国旗下展示活动是一副"良方"。

二、线上国旗下活动时效性的实践

对小学生面对2020年新冠肺炎病毒居家隔离生活的不良表现，不能只是单纯地说教，应结合小学生的年龄特点和实际情况，通过有意义的线上活动来进行引领，提高教育的时效性。因此学校德育、少先队及时创新线上国旗下活动形式，提前制作每周系列的线上国旗下活动内容，通过QQ、手机视频等"互联网＋"的方式引导小学生全员参与，要求学校每一位小学生在每周一上午八点准时参加学校线上国旗下活动，引导小学生调整心态，树立信心。学生抗疫激情被点燃，在身边同学的感召下更加自律，学会思考和成长，取得很好的效果。

线上国旗下活动主要从三方面入手：一是同心抗疫，坚定信心，提升小学生面对这场突如其来的肺炎疫情抗疫自信心；二是同心抗疫，让家长是医生、护士、社区工作者的学生发表肺腑之言[1]，引领其他学生认识在疫情面前用生命守护生命的最美工作者，深受教育；三是同心抗疫，思考人生，让小学生在抗击新冠肺炎病毒的疫情中成长，自觉自律，安全他人等。"隔离不隔爱，隔屏不隔爱"，以爱育爱，让学生第一时间在抗击新冠肺炎病毒的隔屏活动中成长。

（一）同心抗疫　坚定信心

1. 精心策划线上国旗下活动项目，做到既简单又难以忘怀。第一次的线上国旗下活动非常重要，它是学生克服居家隔离不良心态的"强心剂"。为确保线上国旗下活动的时效性，学校德育、少先队精心设计线上国旗下活动的流程，由大队干部主持，内容有大队干部宣布"同心抗疫，迎接胜利"线上活动流程；升国旗、唱国歌。全校师生要求穿戴整齐，少先队员穿上学生制服，佩戴好红领巾，在家面向屏幕中的国旗肃立，看视频高唱国歌，少先队员敬队礼，其他人行注目礼；聆听校长致全体师生家长抗"疫"的一封信；大队长致全体少先队员抗"疫"的承诺书；全体师生共同观看感人的抗疫视频等。

2. 精心制作线上国旗下活动视频，做到既感人又心潮澎湃。德育、少先队，利用"白十黑"的一周时间，制作每一周的线上国旗下活动内容，有线上天安门广场庄严的升旗仪式，伴随着冉冉升起的国旗，在国歌声中展示强大祖国建设的画面；有习近平主席关于疫情防控工作的重要讲话和重要指示精神画面；有各级政府落实习近平主席关于青少年系列讲话精神，引领小学生从小学先锋，致敬逆行先锋的画面；有齐心抗击疫情感人的画面，如，寒风中农民开着农用车为武汉医疗队送青菜，男子把从土耳其背回来的口罩送到武汉晚上执勤的交警手中，武汉小姐姐每天为武汉医院做饭 800 份，热心市民到车站放下500 斤消毒液悄悄离开，云南农民捐助的一车车香蕉……画面配上简短的线上配音解说词——有很多时刻，我们艰难、悲伤、恐惧，但又会有一个瞬间让人感动，心生力量，每一个平凡的中国人又带给我们巨大的力量，谢谢你！众志成城，共同战"疫"！武汉必胜！中国必胜！我是最美学子，我一定做到——共同战"疫"，从我做起！不掉队！

3. 精心搜集线上国旗下活动校园素材，做到既熟悉又亲切温暖。校园素材内容有面对疫情，防控就是责任的画面。面对 2020 年新冠肺炎病毒的来袭，春节期间学校全体教职员工第一时间行动起来，构筑起一道道安全的抗疫防线。学校成立了疫情防控专项工作领导小组，制订各种应急预案，做好防控疫情健康知识的宣传；做好"停课不停教，停课不停学"的工作，上好线上课；做好每日上报疫情数据，严格按照上级部署，落实各项疫情防控工作等精彩画面的回放。

4. 拟定线上一封信和承诺书，做到既简单又力所能及。校长线上致全体师生家长的一封信，主要介绍疫情防控中涌现的一个个普通却不平凡的身影，每一个人的努力，都汇聚成一种力量温暖他人。学校感谢全体师生、家长的齐心协力！感谢和学校并肩作战的家委会成员！感谢默默支持、配合信息统计及网上学习的各位家长！感谢为了保障师生健康平安而从春节开始一直默默加班工作的各行政团队的所有成员！感谢为了实现网上教学夜以继日，尽心尽职，精心备课，组织网络课堂教学的全体教师！感谢为了确保校园环境安全而牺牲休息时间，每天坚持战斗在疫情防控最前线的保安和物业保洁叔叔、阿姨们！

引领同学们在 2020 年新型肺炎抗疫中成长，懂得保护野生动物，尊重生命，懂得感恩，学会善良，学会担当，安全他人等！"手牵手、心连心"，早日战胜疫情！拥抱春天！拥抱健康！迎接抗疫的胜利！

少先队承诺书主要从良好的卫生习惯和运动习惯入手，重点强化居家、戴口罩、勤洗手、常运动、不信谣、不传谣、测体温、登记等方面入手。线上承诺书言简意赅，学生印象深刻，激发学生战胜新冠肺炎病毒的信心！

5. 统一线上国旗下活动要求，做到既规范又庄重感人[2]。制作好的线上国旗下活动视频，在周一 7∶40 向班主任发放，由班主任统一转发到班级 QQ 群，8∶00 各位学生准时居家在 QQ 群打开线上国旗下活动视频。全体师生穿戴整齐参加线上国旗下活动，少先队员佩戴红领巾，在家里面向屏幕中的国旗肃立，看视频高唱国歌。少先队员敬队礼，其他人行注目礼。学生内心一种自豪感和一种别样的感动油然而生。30 分钟简短的线上国旗下活动，使学生明白这场新型肺炎病毒并不可怕，我们有强大的国家和千千万万以生命救助生命的医生、护士，这场没有硝烟的战"疫"，我们有信心打赢它，让小学生从负面的情绪中走出，在小学生幼小的心灵注入面对灾难的自信！同时，这种"互联＋"的线上国旗下活动模式，又激发了小学生做善事、爱他人的情感。

（二）同心抗疫　肺腑之言

朋辈的教育力量是无穷的[3]，来自身边同学的感人事迹对小学生的影响更深刻，教育效果更佳。学校德育室、少先队第一时间把学校学生家长是医生、护士和社区工作者的同学进行摸排，做好名册。首先是"后援亲友团"线上国旗下活动，让学生感受爱。学校是这些特殊学生的"后援亲友团"，为抗击一线工作者的家长排忧解难。德育、少先队、年段、班级开展线上关爱活动，关注这些学生的日常生活、身心健康，班主任、学科老师在学科教学中关心这些学生每天的学习生活以及个别辅导等镜头的捕捉和录制。

其次是"童眼抗疫说"线上国旗下活动，让学生理解爱。这些特殊的学生把居家隔离的心情，以及对医生或护士、社区工作者家长抗击疫情工作的介绍，对爸爸、妈妈抗疫工作的支持、理解和思念在线上表白。因亲身感受父母的抗疫工作，这些学生身临其境，用童眼看医生、护士、社区工作者家长的工作，理解家长特殊的爱。线上国旗下活动这些学生的肺腑之言，让全体学生深受教育，懂得抗疫的榜样就在身边。

此外"童心爱心捐"线上国旗下活动，让学生付出爱。学生自发捐出自己的零花钱，购买口罩、消毒液、维 C 泡腾片等寄到医院、社区，为抗疫一线的医务工作者、社区工作者献上他们的一份心意，并寄上全体少先队员的一封感谢信。这样的线上国旗下活动，深深打动了学生，让学生在面对打赢新冠肺炎病毒疫情自信的基础上，明白作为小学生该做些什么，在抗击新冠肺炎病毒这一过程中迅速成长。

（三）同心抗疫　思考人生

小学生由于年龄较小，社会阅历不多，他们的人生观、价值观还没有形成，思想认识还处在一个刚刚萌芽的阶段，通过线上国旗下活动调整学生心态，重塑小学生的信心和价值观，让小学生从不良的心态中走出，并付诸行动，思考做一个社会人的责任与义务。德育、少先队启动"我的人生"线上国旗下活动，首先是"一群平凡人"的线上精彩回顾，让学生思考我该做一个怎样的人！线上"一群平凡人"有为武汉送菜的农用车司机；有人肉从国外背回口罩送到武汉交警手中，不留姓名的中国人；有像钟南山爷爷那样，对社会有用、心怀大爱的人；有像57岁身患渐冻症的张定宇院长等坚守抗疫最前线的医务人员；有像许多医务工作者，自发签署请战书，"不计报酬，不论生死"的生命守护者；有像基建"狂魔"，奋战在火神山、雷神山，创造新的"中国速度"的施工者；有坚守基层一线，日夜排查、宣传到位，务实工作的社区工作者；有像武汉快递小哥每天凌晨护送护士回家无私奉献的人；有海外的爱国人士包下飞机，座位上坐着的是一箱箱的口罩和防护服……让学生明白奉献他人、温暖他人的意义。

其次是学生自制口罩线上国旗下活动。学生通过线上视频，居家学做口罩，给自制的口罩命名，为自制的口罩写说明书；模拟口罩工厂的运营，设置服务宗旨……让学生思考如何做有价值的人，激发学生在平凡的岗位做不平凡的事，为新冠肺炎病毒疫情防控做力所能及的事！学会心系他人，做善事！有学生在其模拟经营的线上口罩工厂写道："奕斌牌"口罩已被省新冠肺炎病毒防控指挥部确定为疫情防控期间的重点联系企业，接受统一调配，生产的口罩优先供应医护人员和社会服务窗口。疫情就是我们的敌人，目前"奕斌牌"口罩已为医院、警察等捐赠了十万个口罩……"朝越牌"口罩的宗旨是造福人民，让全体老百姓都能免费用上好口罩……学生在这样有创新有特色[4]的线上国旗下活动中懂得做一个普通但又有着爱和善的人。

三、线上国旗下活动的思考

学校结合2020年新冠肺炎病毒这一特殊时期，创新开展线上国旗下实践活动，笔者的思考：一是对于小学生来说，他们正处在思想道德形成的关键时期，随着年龄的增长，他们的价值观、人生观与世界观也在不断地形成与完善，因此在小学阶段学生有着很强的可塑性[5]，学校要抓住新冠肺炎病毒这一特殊时期，把新冠肺炎病毒疫情灾难这一社会资源，变成小学生通向幸福人生的成长资源。

生活不可能是一帆风顺的，把新冠肺炎病毒的来袭作为新的教学资源，在教学条件、空间变化中，发挥线上国旗下展示活动的时效性，把疫情变成教材，让小学生在居家抗疫的活动中懂得我们不仅仅是小学生，还是社会中的一员，懂得作为社会人的义务和责任——在防控疫情活动中保持良好的心态，懂得风雨同舟，共同面对，共同参与，共同承担，从而构建正确的人生观、价值观；让小学生懂得成年后，做一个有担当、有责任、有爱心、安全他人的社会人，懂得心怀家国，心怀他人，温暖他人。

二是线上国旗下活动再辛苦、再忙，学校也要想办法规范开展，其对促进学生健康心态的转变时效性强。"兵马未动粮草先行"，正能量的宣传教育引导非常重要，居家隔离学生有着诸多的不方便，作为学校的教育工作者，不应因不方便而取消线上的国旗下活动，或者简单开展线上国旗下活动，如：几个视频、几段话、一篇微信等发布，让学生居家观看。线上国旗下活动应提前规划、严格要求、规范操作、统一共识，这样的线上国旗下活动，才能有效引领小学生在新冠肺炎病毒面前思考人生观、价值观，为他们成为未来的合格公民奠定价值基础，取得事半功倍的教育效果。

学校每周线上国旗下活动开展以来，深受学生的喜欢，很多学生有感而发，如："学校每周开展的线上国旗下活动，让我印象深刻，很感人。居家学习我越来越适应，边学习、边运动、边参加活动，再也不会想着出去玩了。""我现在不烦躁，也不害怕了，新冠肺炎病毒不可怕，是可治、可防的。""我在奶奶家居家学习生活，我会听奶奶的话，自觉读书。爸爸妈妈，我理解你们抛下我的原因了，你们是为了更多人的生命健康！爸爸妈妈，请你们放心！我想你们，也希望你们早日平安归来！""行动在每一个人，感动在每一件事！春天到了，离希望和胜利也就不远了！中国，加油！武汉加油！"……

参考文献：

[1] 黄宝国. 差点教育：为每一个学生的幸福人生奠基. 吉林日报 [N]，2013－4－19 (10).

［2］奉秀英. 浅谈小学教育中的情感教育［J］. 北方文学（下半月），2010（03）.

［3］程方平. 小学教育要有"童心"情结［J］. 基础教育参考，2011（13）.

［4］邬志辉. 学校特色化发展的重新认识（节选）［J］. 基础教育论坛，2012（05）.

［5］于伟，王艳玲，脱中菲. 原生态实践性研究：小学教育研究的本土化行动——来自东北师范大学附属小学的实践与思考［J］. 中小学管理，2017（01）：54－56.

教育信息化革新何以科学有度

——以"电子书包"校本应用为例

车盛典[*]

进入 21 世纪以来，为适应全球化的以信息产业为主导的高速发展趋势，我国提出了"互联网＋"、大数据、人工智能等重大发展战略。相应地，教育部将信息技术应用能力作为新时代高素质教师的核心素养，并且提出到 2022 年基本实现"三全两高一大"的教育信息化发展目标。可以说，没有教育信息化就没有教育现代化。

厦门市思明区莲前小学紧扣"行有度，创无疆"发展理念，自 2016 年以来，引进"电子书包"应用平台，开展"智慧校园"信息化实验。短短不到三年，实验由最初的两个教学班，逐步推广到全学科、全领域、全员性的研究。在研究应用过程中，我们逐步明白，真正的教育信息化应该具有工具性、发展性及教学融合等三个基本特征。下面以我校相关课题实验为例，试作一番分析与探讨。

一、多元的工具属性是亮点

工具之所以为工具，就在于它能提供帮助，减轻使用者的负担；能让复杂变得简单、变不可能为可能。信息技术作为先进的教学媒体应用，其拥有工具属性。它和粉笔、黑板没什么区别，是教学活动的辅助手段，发挥的是"沟通媒介"和"脚手架"作用，为师生搭建沟通平台，提供解决问题的工具，支持师生的教学研究与学习变革。而且，教育信息手段在功能上具备多元性。它能突破时空限制，在课前、课中、课后，在校园内、校园外，在不同学科、不同

* 车盛典，厦门市思明区莲前小学。本文发表于 2019 年第 8 期《福建教育》。

领域促进教学手段和教育方法多样化。

自开展"电子书包"实验研究以来，我校教师充分利用其"工具性"这一特点，在课堂教学、学生的学习方式和助力德育活动等方面开展多元化探索。语文课上，教师通过网络推送、拓展教学资源，放大了学生的"视域"；通过展示和交流学生在平板上圈画的重点语句和段落，师生之间、生生之间互动热烈。数学课上，系统自带的各类数学工具的灵活使用大大减轻了教师准备教具的辛劳，而学生的操作也更加简便快捷，大大提高了学习积极性。英语课上，学生通过"电子书包"观摩同学的作业，给最喜欢的作品打分、点赞评论，实现了往常很难操作的的全员参与的生生互评，促进了学生之间的相互交流……可以说，电子书包课堂在教学活动中所能发挥的作用是极其丰富的。它能借助互联网下大数据的分析及分类存储服务，对学生提交的作业和试卷等进行自动完成批阅、错题统计。它能精确控制学习进度，让学生更深入地交流、合作。而它的实时反馈功能也让教师们能更好地了解学生掌握知识情况，帮助自己反思课堂上的不足。

除了教学层面的应用，我校也将"电子书包"广泛应用于德育活动中，拓宽了活动的实践领域。在日常的"星级班级"评选中，督导队员已经习惯携带平板电脑现场拍照、登分、上传数据，提高工作效率。而各类竞赛活动中，电子书包的运用也不可或缺，广播操比赛，评委巧妙借助"电子书包"现场进行投票，自动统计成绩、名次，增强了公信力；汉字听写大赛运用电子书包进行书写作答、自动判断正误，让比赛更加精彩；艺术节，学生使用电子书包绘画功能，进行创意作画比赛，师生同步评析"点赞"，便捷又省事。

二、发展具有主观能动性

随着科技发展的日新月异，教育信息技术水平也在不断地提升，其对教育教学活动的助益也越来越强。如何发挥设备的最佳效能关键在于使用设备与技术的人。同样的功能，使用者不同，其可挖掘的潜力，能延伸的广度也就不同。信息技术设备在不断地发展，而使用者主动使用设备，发挥其作用的能动性，同样也要有所提升，而不能止步于模仿，停留于机械性地重复操作。教师必须要有发展的眼光，有深度挖掘信息技术功能的决心。

如我校历来十分重视综合学科的期末监测。而由于学科的特性，综合组教师都需要跨年段任教且任教多个班级。每次监测，教师们都要疲于应对大量的命卷、评卷、质量分析等工作。如心理健康教师一人就要命 6 个年级的试卷，批改 1000 多份考卷。大量重复而低效的劳动浪费了教师们宝贵的时间。如何解决大数据分析统计的难题一直困扰着我们。

在"电子书包"的引入和研究中，教师们经常会使用到"实时评价""数据分析"等功能，其高效与便捷性让大家耳目一新，也获得启发：这些功能可作迁移，尝试进行无纸化测试。学校综合组先进行小范围尝试并进行相关数据对比，结果非常喜人。同样的试题，使用"电子书包"测试与传统的纸笔测试相比，效率的提升是成倍的。于是，综合组全体教师开始了独具特色的无纸化测试研究。

想着容易，做起来难。各个学科考什么？怎么考？这么大范围，涉及这么多学科的无纸化测试，区域内学校没有成功的先例，周遭也没有可参考、可借鉴的做法。一切都得从零开始，需要自己寻求突破。正所谓需求是创新的动力与方向。学校专门组建研究领导小组，校长亲自担任组长，各综合学科备课组组长任小组长，开展为期三年的研究工作。

各学科组组织教师认真钻研教材、大纲，反复推敲出年级知识重点，然后再根据不同知识点来考虑题型。在题型选择上，我们充分发挥"电子书包"功能优势，更多地选择单选、多选、判断、连线等客观题型；对同一个知识点，教师们还设计了不同的题型，以丰富题库。检测时，系统自动生成试卷，由教师在平台上统一推送试题，学生自行完成学科检测。测试后，系统再自动生成数据分析报表。数据包括个人、班级、年级、得分、优秀率、及格率、最高分、最低分、平均分、题型分析等多个维度。大量反馈数据助力教师缜密地思考：不同学年，同一学期，在测试卷的编制上该有什么变化，为什么要有这样的变化？同一班级，不同学科，不同学期的成绩比照，成绩是提升了，还是下降了，原因是什么？同一学科，同一年级，不同授课教师，成绩差异度如何，原因是什么……

经过一段时间的努力，综合组教师集思广益，将"电子书包"的相关功能扩展到最大化。整个测试系统涵盖体育、美术、音乐、科学、信息、心理等学科，目前已实现智能组卷、智能考试、智能分析；做到统一时间，同一年级的学生不间断完成所有技能学科的无纸化测试。它既减轻了学生的负担，也提高了考试的效率，同时解放了教师的双手，让他们有更多的时间投入到深入、细致的科学分析中，找准教学质量监测的方向，发现学生的薄弱点，进而改变教学观念，提升教学水平。

三、与教学紧密融合是保证

衡量教育信息化水平高低，不在于信息技术的先进与否、教师是否擅长信息技术教学应用，也不以课堂上利用多少信息技术作为评价的标准。教育信息化的前提一定是为了教与学的信息化优化，必须充分考虑其与教学的融合度，必须真正满足师生的教学需求。要保证用对、用好，而不是滥用现代教育手段，就需要教师有现代教育理念的支撑，必须做到科研先行，在教学中不断尝试、反思与探索。

"电子书包"平台引入后，我校就开展全员通识培训，广大教师也很快熟悉并掌握相关功能与应用。但是该怎么用，哪里用，大家心里没底。学校要求全体教师必须带着严谨的研究态度进课堂，在使用"电子书包"授课、开展活动时随时思考：同样的教学环节，可以使用哪些功能？哪个功能更有效？使用与不使用有何变化？使用了，是否轻松地解决问题，还是事与愿违？

以陈老师所授美术课《树叶拓印真有趣》为例。这堂课重点是让学生掌握并完成"利用各种树叶的形状组合成新形象，运用拓印和加工的方法创作一幅有趣的画"。美术组采用"实践—反思—再实践—提升"的研讨模式，开展基于电子书包的同课异构、对比式研究。陈老师先以常态模式开展教学活动，同组其他教师围绕"如何借助'电子书包'，优化教学资源，提高课堂效率"进行主题式课堂观察，并作相关课堂研究记录。课后，大家围绕观察点展开讨论，提出自己的思考："教师课堂现场创作示范很到位，但长时间背对学生，造成师生互动停滞，影响了课堂效率，且由于受教师站位角度影响，相当一部分学生无法看到示范的完整过程。建议教师提前拍摄示范微课，课上将微课推送给每个学生，学生自主使用 PAD 观看，既解决了学生观察死角问题，又可以发挥微课优势，让没搞明白如何作画的学生反复观看，保证要点的到位。""在展示交流学生作品环节，由于受展板大小限制，教师只能现场展示极少数学生的作品，更多的作品教师只能让学生自己课后交流。建议可以让学生自己将作品拍照上传，保证所有学生都能在第一时间使用 PAD 欣赏到彼此的作品。""因时间限制，在评价环节中，教师只能邀请小部分同学发表意见，而忽略了大多数。建议使用'电子书包'的评价功能，让学生在空间内自由地评价，互相'点赞'，甚至可以利用'投票'功能，评选最受欢迎的作品"……

经历"头脑风暴"后，陈老师根据大家的共识，使用"电子书包"再次授课，课后学科教研组再一起分析借助设备后问题解决的效度以及在解决问题过程中学生学习能力的培养及课堂效率提升的路径，并提出相应优化策略。正是通过这样大量的与课堂教学紧密融合的研究，广大教师逐步摸清，"电子书包"的功能确实很丰富，但必须建立在"适用"的基础上，有用才用，能用就巧用。用与不用的标准在于是否提高了课堂效率，是否提高了学生的学习能力。

教育信息化是教育现代化的必然之路，广大教育工作者应该积极投身教育信息化变革浪潮，充分认识并主动发掘信息技术多元而丰富的内涵，将其与教育教学工作深度融合，逐步实现由低层次的"有信息化""能信息化"向高层次的"会信息化""巧信息化"转变，如此方能真正落实教育现代化的题中之意。

指向言语生命成长的整本书阅读教学指导

——以《狼王梦》阅读推介课为例

曾富珍[*]

随着统编版教材的推进，整本书的阅读教学受到前所未有的关注。综观当前整本书阅读教学现状，大多是基于对学科教学与学生发展关系认知，围绕"基础性阅读、检视性阅读、分析性阅读、主题性阅读"的四个阅读层次目标，从"课时"教学向"课程"实践转变，构建了阅读推介课、阅读分享课、主题探究课等不同目标的课型结构，实现整本书阅读教学实践活动的课程化。我们知道，不管哪种课型，整本书阅读教学都要唤醒学生阅读兴趣，促进语言的积累与建构、思维能力的发展与提升，言语生命的成长、表现与存在，激活阅读动力的维续与发展。《狼王梦》这本关于梦想和爱的故事，是沈石溪最具代表性的一部动物小说，也是小学阶段推荐的必读书目。开展《狼王梦》整本书阅读，是提升学生阅读素养、塑造良好行为品质的重要阅读实践活动之一。本文以《狼王梦》阅读推介课为例，探讨整本书阅读教学、促进儿童言语生命成长的基本策略。

一、智慧互动，唤醒言语激情

有效的阅读指导推介课是整个阅读课程落实的起点。如果没有唤醒儿童阅读的激情，就谈深度阅读、分析阅读、主题探究阅读等后续阅读的推进，那都是空话。引导学生走进阅读推介课堂，课前的互动显得尤为重要。

教学时，以"你们知道老师最喜欢看什么电视节目吗"开始对话，学生在"美食节目，美食是每个女生的最爱"等熟识的节目中进行天马行空的猜想；

---

* 曾富珍，清流县实验小学。本文发表于 2019 年第 10 期《新教师》。

教师在"你的猜想有理有据""你们的大脑思维太棒了"等鼓励性评价中推进猜想向更深处漫溯。在师生几个回合的对话后,将《最强大脑》节目开场的对话灵活地加以模仿:"有请我们美丽可爱的曾老师上场""爱阅读的孩子在哪里——在这里""让书籍——翻阅起来;让思维——活跃起来"。经过师生几次的呼喊对话后,学生积淀的语言被唤醒、激活。

这样的课堂开场互动,从看似闲聊的话题生发,引发学生一次次猜想。学生在教师"大脑思维"关键词反复点赞的诱导下,切入了主题,发现电视节目开场白对话的情趣,并积累了语言形式,进而构建了属于自己的课堂开场语言形式。这样的语言形式是儿童自己的智慧表达,学生在整齐高亢的对话呼喊中进入了学习状态,唤醒了学习的热情,为后续的言语表达积蓄了情感力量。

二、整体概览,积蓄言语情感

整本书阅读推介课教学是引导学生从整本书的"陌生化"走向"熟知化",其目标是要发现这本书是否值得花时间去细细阅读,并指导学生以整体概览的方式去了解"这本书说了什么、怎么说的、说得是否有道理、这本书和自己有什么关系"等基础性问题,是引导学生展开整本书阅读的第一个步骤。

教学时,笔者先让学生看一段狼为了抢食互相厮杀的视频,唤醒学生关于狼形象的语言积累,学生随即就从口中蹦出了"冷血""凶残""弱肉强食""无情无义"等词,紧接着,笔者话锋一转:"狼,真的只有凶残的一面吗?《狼王梦》中的主人公——紫岚,将会让我们对狼有一个全新的认识。想不想知道?""想!"于是,在学生迫切期盼的高呼声中,笔者出示了描写紫岚外貌的句子:"狼毛黑得发紫,是那种罕见的深紫色……用狼的审美标准来衡量,紫岚是很美的。"学生在品读中感受到了紫岚的美。然后,笔者引导学生抓住封面的文字信息和图片信息相互交流,浏览序言、目录,了解故事发生、发展、结局,概述文章的主要内容,初步感受到紫岚母爱的无私和追梦的执着。

这样以整体概览的形式粗略阅读,是从儿童已有的生活经验出发,唤醒对书中主人公形象的普适认识,通过对书籍表层信息的浏览,初知整本书的主旨、梗概,勾画出故事表达的整体逻辑思路,诱发他们继续阅读的兴趣,为后面发现、探究、品悟紫岚母爱无私的深阅读作铺垫。

三、精彩赏评，建构言语支架

要让孩子在短短的 40 分钟内爱上《狼王梦》整本书的阅读，并让学生有兴趣地读起来，有计划地读下去，有目标地读进去，有感受地读出来，就一定要找到一个能让孩子积极思考、快乐表达并产生共鸣的切入点。推介课教学中的精彩片断赏评是一个很好的切入点：让学生在反复朗诵、品味、欣赏的过程中，形成对文字的认识，发现语言的情趣，感受语言的表达力，积累基本的语言材料，让学生在自主阅读阶段有一种豁然开朗的顿悟，激活阅读的欲望，实现语言的建构与应用，

教学中，在"母爱无私"这个亘古不变的主题下，笔者找到了三个精彩的片段——"勇斗大白狗""重返石洞""智搏金雕"。从这三个片段入手，在品评赏读中引导学生总结阅读的理由。如第一个精彩片段——"勇斗大白狗"，笔者让学生闭眼听读，说说听后的感受，学生从"大白狗两条后腿在紫岚的腹部猛蹬了一下……但紫岚正在怀孕，又正临近分娩，这两腿又恰恰蹬在高高隆起的下腹部。紫岚像被高压电流击中似的一阵灼疼……疼得紫岚在河道的沙砾上打滚"中感受紫岚绝境分娩中饱含的艰辛。在阅读"重返石洞"这个片段，出示"紫岚饱尝了一匹孤独的无家可归的老母狼所能得到的全部辛酸……紫岚又回到自己栖息多年的石洞前……"片断，让学生猜想紫岚经历了哪些辛酸？在石洞与媚媚相遇时，会发生什么样的事？学生在问题的猜想中，思维活跃，建构了自己的语言：有的说被猎人追杀，有的说遇到天敌，还有的说流离失所……对于与媚媚相遇时的情景，笔者则以表格的形式，呈现出紫岚的想法和媚媚的做法的语句，让学生以图表直观的形式，去验证自己的猜想。在对比朗读赏析中，学生不仅感受到媚媚的忘恩负义、冷血、凶残的本性，还感受到紫岚良苦用心的母爱，这样与"勇斗大白狗"的精彩片段形成鲜明的对比、强烈的情感反差。

阅读的真正要义是形成正确的人生观、价值观。在赏析"智搏金雕"这一精彩片段时，笔者以"媚媚如此无情，面对会对狼孙造成威胁的老雕，衰老不堪的紫岚会怎么做"为导语，再次引导学生进行猜想，探究紫岚为保护狼孙与金雕同归于尽的片段，感受母爱的力量。进而，以这种充满"浓情母爱"的动物情感，引领学生去反观生活：我们是否有过和媚媚一样的对身边的这份母爱"视而不见"？是否有过对无私爱我们的妈妈"出言不逊"？孩子们眼中含着眼

泪，有的自责曾和母亲吵过，有的感动于母亲无私的爱……

选取有价值的片段进行赏析，学生在片段语言中感受语言的情感，感受语言的温度，感受语言的力量，触摸语言的生命，在这样的触摸、咀嚼、涵咏中，构建自己的语言，展现自己的言语生命，形成一种"欲罢不能"的阅读力量。

四、重构表达，促进言语生长

阅读的终极目标就是要沉入作者的"言外之意"中，与书中的人物同呼吸共命运，获得语言的感悟，并将这种"言外之意"用文字表达出来，否则就难以达到有效阅读的境界，难以获得言语的生长和生命的润泽。

在精彩片段的赏析中，学生的情感得到了唤醒。如何将这样的情感以文字的方式进行积淀、呈现、分享，形成不同的阅读体验共鸣，为后续的自主深度阅读、分享交流阅读提供言语表达范式，促进语言的积累、言语智慧的达成呢？在孩子噙着泪花欲言又止时，笔者抓住这个契机，引导孩子以不同的方式、不同的角度，写下此时的感想。课堂上，一首《记得你》的小诗，深深地震撼了我：

> 尕玛尔草原记得你，曾捕猎奔跑
>
> 那汪清水塘记得你，曾体健美貌
>
> 辽阔的碧空记得你，曾智搏金雕
>
> 手捧《狼王梦》眼含热泪的我
>
> 更是记得你，浓情的母爱和执着地追梦
>
> 我想，你最希望，黑桑记得你
>
> 为了它的遗愿
>
> 你曾付出所有……

一首首小诗，一句句凝练的话语，是儿童语言积累、生活积累、情感积累素养的综合表达，见证了儿童语言的生长。

整本书阅读教学就是要依托教学情境，凸显语言积累和运用的趣味，引导学生爱上阅读，引领学生读进去，读得懂、记得住、用得出。让阅读不再是一种符号的认知，故事的知晓，而是将书中的语言材料转化为语言学习的资源，与文字来一次生命的邂逅；让儿童言语生命的成长、儿童言语品质的提升，有一次质的飞跃。

统编本低年级教材朗读指导策略例谈

庄晓莉　　傅结龙[*]

朗读对于语文教学，特别是对于低年级学生来说，称得上是阅读教学中的利器，对于帮助学生理解词句意义、传递文本情感、学习语言形式等方面都有十分重要的促进作用。通读统编本一、二年级语文教材课后习题中的朗读题目设置，我们就会发现，统编本教材较之其他版本的教材，发生了较大的变化，这既表明了朗读之于学生语文能力培养的重要性，更为教师的教学实施提供了新的方向。那么，如何切实领会教材的编写意图，落实朗读指导，实现朗读的达意、传情与习语的功效呢？

一、选择朗读的形式，读以达意

统编本教材一、二年级对朗读形式的安排要求明确，有层次、有梯度——从能够借助拼音正确地朗读课文，到训练学生有感情地朗读课文。学生能够做到准确、有感情地朗读课文，对课文的理解往往就更深入了一层，这对于积累语言、训练思维、形成语感有着积极的作用。教学中，要针对教材的编排特点，选择有效的训练形式。久而久之，朗读的能力也就会逐渐得以形成。

1. 根据文体不同，选择不同形式

低年级教材选文中，文章大都篇幅短小，朗朗上口，容易诵读的韵文、童谣、儿歌、童话、故事居多，即便是较长的文章，在结构上也具有反复的特点。在教学中，教师要不断引导学生朗读，变换形式读，真切体味语言形式的结构美和音韵美。

如，童话体裁课文的朗读教学，引导学生读好文中小动物的对话，能够帮

---

  * 庄晓莉、傅结龙，厦门市湖里实验小学。本文发表于 2018 年 10 月《小学语文教学》。

助他们更好地理解文字。比如《小公鸡和小鸭子》一课要求"朗读课文，读好小公鸡和小鸭子的对话"。教学中，教师可先让学生分别找出小公鸡和小鸭子说的话，用不同的符号标出；再引导学生结合上下文语境，练习分角色朗读。在练习过程中，教师适时点拨、点评、拓展，让学生在朗读对话的过程中，体验角色，发展语言，锻炼思维。又如连环画课文的朗读教学，可充分放手让学生自主阅读，抓住文章情节结构相似的特点，采用图文结合的方式，边看图边读文。这样的朗读指导符合学生思维的特点，能充分调动学生朗读的积极性。

2. 根据主题不同，选择不同形式

低年级的选编课文里，既有传统文化的渗透，又有儿童情趣的渲染，还融合科学知识和生活常识于其中。因此，教师在朗读指导时，要根据不同主题，选择不同形式。

如传统蒙学《姓氏歌》的课后练习有"朗读课文。背诵课文"。文章节奏轻快、篇幅短小，读起来富有韵律美，十分适合学生朗读。可采取不同的方式朗读：一问一答读，增添朗读的趣味性；拍着手读一读，增加朗读的韵律感；男女生读，小组读。读通，读好。

《棉花姑娘》的课后练习有"朗读课文，读好文中的话"。这类采用对话的形式推进故事情节发展的科普类课文，对话内容口语化，句式不断复现，教学中可采用创设情境读、想象画面读、体会心理读，读顺，读悟。

《我多想去看看》的课后练习有"朗读课文，注意读好带感叹号的句子"的要求，文中的"我多想去看看，我多想去看看！"这带有感叹号的语句反复出现，表达了身处不同地区的小朋友对遥远的北京城或新疆的无限向往之情，表达了孩童的美好愿望。在教学时，要引导学生联系上文，通过聚焦语言文字，感受到遥远的北京天安门的雄伟、升旗仪式的壮观，感受到新疆天山的美丽、雪山上雪莲的洁白。由此激发学生的强烈渴望，并把这种情感通过朗读表现出来，通过对比读、示范读，让学生读好，读准。

二、找准朗读的时机，读以传情

教学中，教师要找准朗读契机，引导学生通过多读理解课文，从字里行间悟出其中的感情，进而做到朗读时激情投入，做到以情带声，以声传情。

1. 长文短"读"，聚焦朗读指导的最佳点

低年级学生注意力持续时间短，适宜变化形式朗读。而在童话文本中，分

角色朗读课文便是学习的手段，如《动物王国开大会》这篇课文篇幅长，角色对话多，教师要引导学生借助插图中的动作或表情、文中提示语体会角色心情，读好不同角色说话的语气，学生演着，读着，学着，兴致盎然。

教师要在提高学生朗读能力中扮演好引导的角色，按照文本的特点，对教材阅读内容的重难点进行划分，如在教读《妈妈睡了》时，教师除了教学生朗读技巧外，还应让学生在汉语声韵之美中感受作者的情感。结合课后习题"朗读课文，说说'睡梦中的妈妈'是什么样子的"，让学生在朗读过程中思考，这样既能得出课后习题答案，还能更好地把握作者思想，同时使学生的朗读能力得到一定程度的提高。

2. 短文长"读"，凸显朗读指导的层次性

一年级的阅读教学，最重要的是指导学生把课文读正确，读流利。教师可通过不同层次的朗读指导，把短文长"读"，以培养学生的语感。如《我多想去看看》这篇课文的课后习题"朗读课文，注意读好带感叹号的句子"。笔者先引导学生借助拼音将词语读正确，做到连词读，不破词；接着进行词语拓展，通过范读"弯弯的小路、遥远的北京城、雄伟的天安门"，让学生感受偏正短语的韵味；师生对读，老师问："怎样的小路？"学生答："弯弯的小路。"然后把短语放进句子，通过教师的范读，学生练读，读出停顿、节奏，指导读好长句子，为之以后的有感情朗读打好基础。

三、拓展朗读的空间，读以习语

1. 细化语言点，朗读训练促语感

统编本教材中有一些发展学生语言的题目，可以帮助学生在学习的过程中练习表达，形成能力，从而更好地发展学生的语言和思维。因此，教师要立足于教材，捕捉训练点和空白点，对学生进行扎实的朗读能力和表达能力的双重训练，以提升学生的语感，使学生的语言能力呈螺旋式上升。

统编本教材的编排中，阅读单元课文是以人文主题和语文要素穿插并行的两条线索展开的。语文要素的落实，大多体现在课后练习和文中的"泡泡"中，为教师教学提供了线索和抓手。教学中，要紧扣这些语文要素，细化语言点，扎实开展朗读能力的训练和提升。如《小公鸡和小鸭子》课后练习中有"读一读，比一比"，教学时，可以结合上下文进行语句的比较朗读训练，适时进行角色扮演读，让学生感受到加上"偷偷地、飞快地"这样的词语，句子表达会变得更加形象生动。

2. 巧设空白点，朗读训练促表达

巧用教材设计"空白点"，强化朗读训练，从而达到既培养朗读能力，又发展学生的表达能力的目的。如《四个太阳》一课，在学习文本时，教师组织学生读好文本，读好长句子，读好停顿。通过读结构相似的段落，学生在读中理解，在读中感悟，在读中学习表达方式。学习文本后，可结合课后习题设计"空白点"，让学生拓展"朗读课文，说说你会为每个季节画什么颜色的太阳，试着画一画，并说说理由"。这种结合学生自己的生活和学习课文语言后进行的表达，往往内容丰富，也能说得清楚、明白。

教师还应引导学生进行创新性阅读，积极实践课后习题中的阅读要求。比如在学过课文后一周举办课本内容朗读比赛，或是在教学过程中对课本角色进行扮演，让学生活学活用教师所讲的朗读技巧。比如在《坐井观天》一文的教学过程中，文中有一片段分别描述青蛙和小鸟的"笑"声话语，此时，教师就可让两位学生分别扮演青蛙和小鸟去朗读对话，通过教师的引导，让学生们从两位朗读者的笑音中体会两个小动物截然不同的形象。

朗读内容也可从课内走向课外，从课外走向生活。如课本设的"亲子朗读""亲子共读""课本剧"等，旨在反复操练，不断巩固，前后勾连，相互照应，将学生朗读能力的培养落到实处。

体验式作文教学实践研究与策略思考

陈寿宗*

摘要： 为克服以往作文教学弊端，提升作文教学有效性，教师必须实施体验式作文教学，指导学生反顾生活，表达成长之所悟；参与活动，表达亲历之所感；直面情景，表达观察之所思；品味所读，表达学习之所得。体验式作文教学要做到真实性与虚拟性、独特性与意义性、细致性与多样性的统一，让作文训练回归学生实际生活，回归写作主体发展轨道。

关键词： 体验 作文教学 情感体验 策略

为克服以往作文教学弊端，提升作文教学有效性，帮助学生解决"作文难"的问题，教师需实施体验式作文教学，让作文训练回归学生生活现实，回归写作主体发展的轨道。

一、相关概念的界定

"体验"是指"通过实践来认识周围事物"。[1] 从心理学角度说，"体验"是指主体借助经验，运用直觉，通过感悟来理解客体（外界事物）所得到的心灵反应。体验式作文教学是指在作文教学中采取一定教学手段、方式方法，创设具体、特定的情境，引领学生经历观察、思考、体验等活动，从中获得写作内容的启示、写作方法的掌握、写作动机的激发，以期达到更好的训练效果。策略本身具有以下三种含义：可以实现目标的方案集合；根据形势发展而制定的

---

　* 陈寿宗，诏安县教师进修学校校长、中学高级教师、特级教师。本文系福建省教育科学"十二五"规划 2013 年度课题"小学体验式作文教学策略研究"（编号 FJJKXB13－035）的研究成果。本文发表于 2014 年第 10 期《教育评论》。

行动方针和斗争方式；为了得到好的效果而讲究斗争艺术和方式方法。[2]策略应用于具体课堂教学中，可以理解为：在特定情境下，为达到预期教学目标所采取的方式方法等。

《义务教育语文课程标准（2011 年版）》明确指出：作文教学"应贴近学生实际，让学生易于动笔，乐于表达，应引导学生关注现实，热爱生活，积极向上，表达真情实感"。[3]因此，实施体验式作文教学，有利于我们从具体指导策略上纠正以往"重知轻能、重法轻情"的偏颇，让作文训练回归学生生活实际，使他们兴致勃勃地表达对社会、人生、自我的感悟与体验，提升作文能力水平，实现作文训练过程与主体生命历程的和谐统一，交融共生。

二、学生习作存在的问题

学生习作是一种复杂的心理过程，涉及注意、感知、记忆、想象、思维等多种心理活动，它既是对学生运用字、词、句、段、篇等能力的训练，也是对心理活动的综合训练。因此，写作一直是学生语文学习的难点，具体表现为：第一，谈"文"色变，无话可写。大部分学生害怕写作文，一提写文章便面露难色，甚至愁眉苦脸，面对题目，抓耳挠腮，很久写不出一句话。第二，选材局限，话题俗套。不少学生选材思路狭隘、材料陈旧、立意平淡。如，写老师就是"带病坚持工作"，写母亲就是"为了照顾病中的我，熬得眼睛浮起了血丝"。第三，假话空话，胡编乱造。有的学生虽然文章写得洋洋洒洒，可是空话、套话、假话连篇。如，奶奶明明还活着，却把"爷爷续弦"当作"家中喜事"来写；明明父亲健在，却写出"爸爸早年去世，母子相依为命"。如此文章，即使文笔生动优美，又有何用？长此以往，学生难免形成"假、大、空"的思想与行为习惯。导致以上问题的原因是多方面的：就教师而言，受传统教学思想影响，作文教学"重知轻能"（重写作知识传授轻能力培养）、"重法轻情"（重写作方法训练轻情感体验），严重脱离学生生活实际，忽略了学生真实情感的激发与培养；就学生而言，心理品质尚不成熟，面对作文题目时不能唤起生活记忆，激起内心情感体验，不善于产生有写作意义的联想和想象。如何克服以往作文教学弊端，改革作文教学的指导思想和策略，帮助学生摆脱"作文难"的困惑，这是语文教育工作者必须解决的问题。

三、体验式作文教学的实施策略

为提升体验式作文教学的有效性，我们必须改进教学方法，加强对教学策略的研究。

（一）体验式作文教学的方法

指导学生进行体验式作文训练，教师必须改进教学方法，联系学生生活实际，关注他们成长的轨迹与心路历程，帮助他们活跃思维，开阔视野。

1. 反顾生活，表达成长之所悟

陆游说："汝果欲学诗，功夫在诗外。"这话深刻地揭示了写作与生活的内在联系。学生天真烂漫，天上的日月星辰、地上的鸟兽虫鱼等，对他们来说都是新奇有趣、令人向往的。针对这一现状，教师要鼓励学生留心生活中点点滴滴的情感及变化，并随时记录下来，为习作提供丰富的感性材料。在平时写作训练时，教师要引导他们从现实生活中寻找个体生命事件及其独特感悟，加以反思与表达，以再现真实的"自我"，展示生命的"本真"。如，生活作文课"学会感恩"课始，教师先播放音乐《感恩的心》以烘托气氛，然后出示"汶川大地震"中一个被救学生向救援人员敬礼的图片，并以"他向谁敬礼，为什么"为话题，让学生展开讨论。接着，教师提出"在你心里最想感恩的人是谁，为什么"，引导学生联系自己的生活经历和感受，自由讨论。音乐气氛的渲染、图片与话题的导引，勾起了学生许多回忆："我最感恩的人是奶奶，爸爸妈妈外出打工，家里就剩下我和她，奶奶无微不至地照顾我。"……教师进而启发："面对长辈们的关心和帮助，我们应该怎样去表达感恩之心呢？"学生纷纷动情地说："我每天早上帮奶奶梳头，晚上给她捶背。"……就这样，一个个感人的人物形象、一件件动人的事例、一颗颗感恩的心，在学生笔下表达了出来。

2. 参与活动，表达亲历之所感

写文章就是表达自己所做、所见、所思、所感，作者只有内心洋溢着丰富、真切的感受，笔下才能"有话可说、有情可抒"。否则，写出的文章难免会有"无病呻吟"之嫌。在作文教学中，教师可以科学地设计一些学生喜闻乐见的主题活动，引导学生置身特定活动场合之中，亲历事情的发展过程，用手做一做、用眼看一看、用耳听一听、用心想一想、用嘴说一说，以引发和生成真实、鲜活的情感体验，帮助学生打通习作思路、激扬情怀。如，活动作文课"当汉字'医生'"课前，教师组织学生到公园里或大街上，从标语、招牌、广告、宣传栏中寻找、搜集错别字,并且"在可能的时候,帮助人家改正过来"。回到学校后,教师组织课堂讨论,让学生交流活动的经过和感受。学生亲历了"寻找错别字"和帮助人家"改错别字"的经过,内心感触特别深刻。有的说:"汉字中形近字、同音字太多了,容易写错,我们以后可得仔细认准每个字。"有的说:"爸爸经常写错别字,我要帮助他。"尽管感受不同,但在热爱汉字、写好汉字问题上,大家的感情是那样的丰富、真实。有了这样的"第一手材料",学生不再为无话可写而发愁。他们个个积极动脑,以独特的视角,真实、生动地展示了参与活动的经过,自然地表达了自己对学好、写好和用好汉字的见解。

3. 直面情景,表达观察之所思

受年龄限制,学生每天生活的空间是非常有限的,不可能事事亲力亲为。在平时习作训练中,教师可以运用一些直观手段,精心创设一定的模拟情景,让学生"在游戏、童话、音乐、图画、幻想、创造的世界里"[4]观察和体验,弥补其"阅历"的不足。实践证明,具体直观的作文教学情境,对引领观察、诱发体验、唤醒记忆、拓展思维等具有非常重要的意义。平时教学中,教师可以采取播放视频音频、引领学生做游戏、展示实物等方式,创设特定的习作活动情景,再现他人、他时、他处的他事,让学生"身临其境",并以之为契机,大胆放飞思路,展开想象和联想的翅膀,富于激情地去学习、思考与创造。如,情景作文课"捣蛋大王和班长"课始,教师播放了《小兵张嘎》《小英雄雨来》等一些电影片段,让学生一边观察一边回顾课文中已经学到的人物形象描写方法。接着,请两个学生上台表演情景剧:上课铃响了,"捣蛋大王"大步走到讲台上,大声"推销"自己"祖传秘制的狗皮膏药"。这时,"班长"来到"捣蛋大王"面前,装作"买者"一把夺过他手中的"膏药",并幽默机智地加以劝告。在一片笑声中,"捣蛋大王"只好红着脸乖乖地回到座位上……然后,教师扮演"记者",对班级学生进行"采访":"捣蛋大王、班长分别是什么样的人,从哪里看出来?"学生们争先发表意见,并互相纠正、补充。最后,教师让学生动笔写下来。在整节课中,让人忍俊不禁的情节表演激起了学生极大的兴致,加上有具体人物描写方法可供借鉴,"淘气而又知错能改"的"捣蛋大王"等形象跃然纸上。

4. 品味所读,表达学习之所得

叶圣陶先生认为作文是各科学习成绩及平时思想品德的综合表现。[5]学生在日常学习生活中阅读了大量读物,这使他们在获得自然知识和社会知识的同时形成了具有独特生命意义的感受与体验。教师可以有意识地以写作话题为契机，引导学生回顾课内外所读内容并加以反思、品味，形成个性化的理解与感受。如，在阅读材料作文课上，教师先出示一组"触目惊心的数字"：根据公安部统计，2012 年，全国接报路口交通事故 4.6 万起，造成死亡 1.1 万人、受伤 5 万人。看到上述数据，学生们个个情绪激动，纷纷说出自己的看法。接着，教师提出："同学们在课本、课外读物、网络上一定也看到许多令人'触目惊心'的数字，请拿出来和大家一起交流吧。"于是，一串串关于环保、粮食浪费、生活健康等问题的数字具体地呈现在课堂上，令人震撼、发人思考。在各种"触目惊心"的数据面前，学生有说不完的话。最后，教师顺水推舟，要求学生："自己选择其中一组数字，联系本人的实际经历和想法，写下来。"很快，一篇篇以阅读内容和感受为材料、观点独特鲜明的文章便摆到了教师的桌上。

（二）体验式作文教学的要求

为帮助学生克服感情不够真实、体验肤浅、笔下内容千篇一律等弊端，进行体验式作文教学时，教师还必须做到三个"统一"。

1. 真实性与虚拟性统一

习作体验是学生建立在对人、事、物的准确、深刻理解和真切感受基础上，产生情感并生成有学习意义的活动过程。因此，体验要有真实性，要能让学生唤起内心深处真切的情感。即使课堂所创设的情景是"虚拟"的，是他人、他时、他处的他事，教师同样要引导学生抓住人物在活动过程中的外表神态、行为举止变化，并加以分析，感受他人的感受，体验他人的体验，获得对人物内心活动及感情变化的真切理解。如，情景作文课"捣蛋大王和班长"的课堂情景是"表演"的，有夸张的成分，但话题来自学生的日常生活。表演之前，为了激起学生内心产生实实在在的体验，教师做了铺垫性提示："前天，我们班级发生了一件事……"，引导学生在随后的表演中一边观察一边展开联想，仿佛"捣蛋大王"就是班里的"某某某"，"班长"就是自己的班长，事例就是班级中的事件。在随后的"接受采访"和写作中，学生均能抓住人物的神态、语言、动作进行表达，内容与感受十分自然、真实。

2. 独特性与意义性统一

学生是语文学习和发展的主人，个体家庭背景、生活经历、知识基础、能力水平、情感态度等存在差异，因此面对相同的人、事、物时形成的体验总是富于个性化的。一方面，教师要创设宽松和谐的课堂氛围，让学生轻松愉快地根据习作训练要求，选择自己感兴趣的内容去写，尊重他们不同的见解和体会，以保护其习作热情。另一方面，教师应该注意体验的意义性。学生认知能力和心理品质还处于发展阶段，尚不成熟，对事物的价值判断往往是模糊的、不稳定的，因而他们的体验难免会夹杂一些"幼稚的""恶搞的"甚至是"低级趣味"的因素，这些因素会影响他们身心的健康发展。教师必须引导他们将所获得的体验同习作训练联系起来，以避免胡编乱造、奇谈怪论。如，学生在帮助人家修改招牌错别字（把"修补轮胎"中"补"字的"衤"错写成"礻"）时，遭到店主"白眼"，甚至嘲笑："去去去，书呆子！吃饱了撑的，没时间理会你！人家来修车的能看懂就好，关你们屁事！"学生觉得好心没好报，很委屈，气愤地说："我们自己把字写好就算了，别多管闲事！"显然，这些想法有违写作训练价值取向，教师要及时提示："这样的想法好不好，为什么?"经过讨论，大家明白了：汉字是祖国的文字，我们每个人不仅要用好汉字，而且有为净化汉字做贡献的义务。

3. 细致性与多样性统一

教师要引导学生抓住人物活动或事件发展变化细节，在"耳濡目染"中，深入、细致地体验，促使情感体验具体化，更具深刻性，提高所表达感情的可信度和感染力。同时，教师要引导学生借鉴其他人的表达手法，从不同角度、侧面展开观察、思考，运用多种方法，细腻灵活、丰富地表达，提高文章的可读性，促进写作能力的提高。如，情景作文课"捣蛋大王和班长"教学中，在引导学生抓住人物活动过程的神态、动作、语言、心理活动等细节进行细腻描写的前提下，教师鼓励学生从不同角度展开描写。有的学生从表现"捣蛋大王"调皮捣蛋的角度入手，有的从表现"班长"敢于管理、善于管理的角度下笔，有的则从"班级树立正气"的角度立意。虽然是同一个情景，但不同的立意使学生的文章变得丰富多彩、生动活泼。

参考文献：

[1] 孙小玲. 新编现代汉语词典 [Z]. 银川：宁夏人民出版社，2012：620.

[2] 汉语大字典编纂处. 50000 词现代汉语词典 [Z]. 成都：四川辞书出版社，2013：59.

[3] 中华人民共和国教育部. 义务教育语文课程标准（2011 年版）[M]. 北京：北京师范大学出版集团，2012：23.

[4] 苏霍姆林斯基. 育人三部曲 [M]. 北京：人民教育出版社，1998：81.

[5] 叶圣陶. 叶圣陶教育文集 [M]. 北京：人民教育出版社，1994：468.

三种类型语文思维的培育路径

吴秋华*

摘要：结合语文对象和一般思维形式，语文特有的学科思维可分为言语形象思维、文章逻辑思维和语感直觉思维。通过"言语、表象、联想和想象"三方并举，发展言语形象思维；通过"全景观照式、质疑问难式、透视体验式"经历抽象概括、分析综合、判断推理，发展文章逻辑思维；通过言语形象思维和文章逻辑思维经纬式交织，长期滋养，发展语感直觉思维。

关键词：学科素养；语文思维；直觉思维；形象思维；逻辑思维

"思维的发展和提升"渗透和贯穿了语文核心素养的其他三个方面——语言、审美和文化。语文思维要有别于艺术思维、科学思维、数学思维，应将思维与语言结合起来，让"思维主体在运用汉语进行认识与表达、审美与创造、鉴别与吸收的思维活动中，借助于形象对语文对象展开概括和间接的认识过程"[1]。语言是思维的外壳，思维是语言的指挥官，"离开了思维，语言就是一堆孤立的、僵硬的字词，连句子都构不成，更不用说形成有灵性的篇章了"[2]。因此，具备鲜明语文特质的学科思维，应将文字、文章、文化等语文对象和一般的思维形式结合起来审视，具体可分为言语形象思维、文章逻辑思维和语感直觉思维。此三种思维彼此交融，相互依存。

一、三方并举，发展言语形象思维

把语言文字还原成鲜活的语言形象和动态的生活场景，就是言语形象化思

---

* 吴秋华，漳州市实验小学。本文为教育部福建师范大学基础教育课程研究中心开放课题"基于语文思维的课堂教学策略的研究"（MSX18007）的阶段性成果之一。本文发表于 2020 年 1 月《教学与管理》。

维的过程，其准确性、丰富性取决于言语触发时学生对言语意义的理解程度，也取决于存于大脑中表象的丰富程度；其创造性，取决于联想和想象能力的高低。因此，重视言语、表象、联想和想象的培养，可发展言语形象思维准确性、丰富性和创造性。

1. 借助情境化，贯通词语与形象双向联系，发展准确性

准确性指还原语言文字所表现的形象和场景的程度，或把观察所得与所想用与之相匹配的词语对应起来的程度。小学阶段正处于文字符号与生活实际建立联系的关键期，建立对字词概念表层和深层的正确认识，关系言语形象思维的准确性。遵循"取象、蕴意，摄物象与意义于一体"的汉字造字原则，教学注重情境化，"把抽象的语词运用于具体对象或个别场合"，辅之实物、图片、视频，融于具体语境、情境，在"词语→形象"单向理解准确的基础上，进而创设具体情境练习运用，使形象到词语的思维运行通畅准确。如统编《语文》三年级上册《秋天的雨》，"五彩缤纷"是统摄第二段的关键新词，先从字面理解意思，再从段落中找出"颜色多"的具体表现；接着质疑为什么不用"五颜六色、五光十色、色彩斑斓"，引发对这四个词语的比较，辨别出"五彩缤纷"指颜色繁多交错且带有动态之感，再结合语境，寻找相对应的描述，在具体语境中加深对词语的理解；最后出示百花争艳图、霓虹闪烁图、蝶舞翩翩图，比较中寻找恰当的词语描述，贯通"词语←→形象"双向思维的准确性。

2. 借助观察和阅读，积淀直接间接表象，发展丰富性

丰富性指言语触发时脑海中激发出形象的多样化和层次性，或描述形象时能在短时间涌现与之匹配的语言数量。表象，作为"形象思维加工的最基本的材料"，它的量和质直接影响形象思维的丰富性。学生可通过扩大观察范围，获取表象的量；通过有意观察，引导从视觉、听觉、触觉、嗅觉等方面积淀静态表象和动态表象，提升表象的质。表象丰富了，当学生读到"芍药，凤仙，鸡冠花，大丽菊，它们依着时令，顺序开放"，就能浮现对应花卉的形色味，还能知道花卉的习性、种类；当谈及"曲径通幽""半江瑟瑟半江红"时，就能浮现对应的画面，甚至是温度、湿度及身临其境的舒适度。但人的直接感知有限，有很多事物，比如历史的、宇宙的、微观的等，是不能或难以直接感知的，这就需要教学生广泛阅读，以间接的方式丰富表象的量和质，因为"阅读不仅是调集头脑中表象进行再创想象理解作品的过程，也是一个作品形象反作用于表象使其得到改造和优化的过程"[3]。直接间接表象的丰富性，决定了言语理解的深度、广度与速度。

3. 借助方法渗透，提升联想和想象，发展创造性

创造性指阅读时读者凭借语言文字的示意进行联想和想象的过程中，按照自己的经验，对储备的表象做这样或那样加工改造的程度；写作时，依据主题调集相关的表象材料，通过联想、想象进行加工改造产生新形象，再用相匹配的语言进行描述的程度。联想和想象的优劣高下决定"词语←→形象"思维的成效。结合教材中典范性文本，借助插图、演示、简笔画、融合经验等方法，对储备的表象进行改造、完善，以形成"符合作品要求更符合生活实际的新形象"，发展对比联想、相似联想、接近联想、联想式想象、再造性想象等能力。借助文学创作的典型化，渗透典型化的方法，提升想象的创造力。比如统编《语文》五年级上册习作《二十年后回故乡》，阅历尚浅的小学生难以想象沧海桑田的变化，课前布置采访父母，增加对"变化"的感性认识；再以护城河的变化为例，教给学生剪辑法（以别处同类型的景物为鉴，复制、粘贴、拼凑其优点）和预测法（以现有科技水平，预测二十年后的发展），促进学生多角度全方位展开想象，使其言之有物；再以板画游历想象以行踪为线，贯穿回乡见闻，以表家乡之变，使其言之有序。思维方法的授予，促成想象创造性和合理性的达成。

二、导引"经历"，发展文章逻辑思维

主题、材料、结构、语言是文章的四大基本要素，这四者可组合为"主题与材料、主题与结构、主题与语言、材料与结构、材料与语言、结构与语言"六种关系。好文章的这些关系均会符合表达的逻辑、生活的逻辑、情感的逻辑以及文化的逻辑。因此，由语词、语句、语段按一定逻辑关系组成的文章，所表达的内容符合世间事物之间逻辑关系的思维方式，即为文章逻辑思维。但好文章的产生，都具有被整理加工的严密、抽象、精练的过程，而加工的思维过程却往往隐为内在的形式。所以学科教学绝不单纯展示教材上已有的结论和论证，"而应重在揭示隐含在其中的精彩而又独特的思维过程"，并引导接受者"深入到学科知识的发现或再发现中去"[4]，唯其如此，学生对学科知识的学习才能真正有助于学科核心素养的形成。

1. 在全景观照式中经历概括与抽象，发展整体性

文章四大基本要素互为关联，相互印证，材料表现主题，结构紧扣主题，语言渲染主题，四者合乎逻辑的联系使文章成为有机的整体，这是文章逻辑思维整体性的表现。全景观照式，即以鹰之眼、以俯瞰大地全景的视角观照全

文，"重于扫描，淡化透视"。扫描的过程是整合枝丫的过程，是材料归于一条主线的过程，以保证文章逻辑思维整体性的过程。如教学统编《语文》六年级上册《盼》时，围绕课后问题"课文通过哪些事例来写'盼'的"，提示学生依据时间与地点的转换，概括出五件事：①收到新雨衣却不让穿；②盼下雨却总晴天；③下雨了却不能出门；④怕雨下完果然停了；⑤又下雨终于穿上新雨衣。再引导学生发现这五件事是按什么顺序写的，归纳出①写盼的原因，②③④写盼的经过，⑤写盼的结果，这样梳理出一条"线"来，使学生发现文章始终围绕主题"盼"展开。在这个过程中，学生从起伏的情节、转换的场面等具体的文字抽象出文章思路，厘清文章内在的逻辑结构，文章逻辑思维的整体性得到发展。

2. 在质疑问难式中经历分析与综合，发展层次性

层次性，"表现为文章的结构错落有致，层次分明，事物的发展有不同阶段，客观矛盾有不同方面，人们的认识有不同步骤"[5]。层次之间存在内在的逻辑联系，这些层次以并列、承接、主从、因果等关系共同指向文章主题。文章的层次是静态的结构，是文章逻辑思维层次性的反映。质疑问难，就是在看似理所应当的文章层次面前，故意提出质疑，反向审视其存在的合理性和必要性。如前面提到的《盼》，品读表现"盼"的典型事例——"下了雨找借口想出门"，学习领悟表现"盼"的四种写法——语言巧了、动作乱了、环境美了、心理慌了，接着质疑：这部分已经详细写了怎么"盼"，那是否不要写②和④这两部分呢？引导学生发现写作奥秘：一步一步推进，文章极富逻辑层次性。

3. 在透视体验式中经历判断和推理，发展严谨性

严谨性，表现为材料与主题之间没有逻辑矛盾，材料符合客观实际，能支持主题；结构通篇一贯、严谨周密，过渡和照应能穿针引线、衔接自然；语言准确、明白。唐朝诗人杜牧说过："意全胜者，辞愈朴文愈高。意不胜者，辞愈华文愈鄙。是意能遣辞，辞不能成意也。"透视体验式，就是引领学生透过文章"写什么""怎么写"，审视"为什么这么写"，挖掘文字背后的思维逻辑，经历判断和推理的过程，从而发展文章逻辑思维的严谨性。比如人教版《语文》五年级下册《晏子使楚》，知道楚王设计侮辱，晏子巧妙反驳，内容并不难。第一回合的较量难在对"狗洞"的判断上。要知道文中是写"开了一个五尺来高的洞"，并没说是狗洞。还原"五尺来高"和晏子"不足五尺"的身材，就知道这个洞并不小，晏子是可直立走过的。再抛出"韩信胯下受辱"，让学生思考晏子是否也可忍辱负重，至此，对于楚王怎么侮辱、侮辱的意图，以及晏子如何做出回应，学生经历了判断的过程，这是巧妙反驳三部曲"明白意图、要点反驳、委婉得体"中关键的第一步。品读反驳的句子进而透过三段论的句式，引导一步步推理，体验文字背后严谨的内在逻辑：晏子真厉害！既然楚王让我钻洞，我就把洞说成——（狗洞），既然是狗洞，楚国就是——（狗国），既然楚国是狗国，楚王就是——（狗王）。

三、长期滋养，发展语感直觉思维

语感，是"个体的人与言语世界的直接联系"，是夏丏尊先生说的"对于文字的灵敏感觉"，也是李海林老师认为的"是对言语对象的一种直觉同化"。笔者认为，语感直觉思维是一个人对语言文字的感觉、感受、感想，是对言语对象的内在反应，是在感觉层面进行言语活动的思维，当下的感觉中积淀着主体过去的思维，"在刹那间不假思索的反应，却积淀了长期的比较、揣摩、学习、训练的成果"[6]。

每一个社会的人，都有语感直觉思维。这种思维水平有高低之分，经验积累的程度、受教育的程度是影响它的重要因素。我们常会发现优秀教师所带的班级，经过几年的学习和影响，全班学生的口头和书面表达能力往往都比较强，直觉思维迅速、敏锐。细分析，便会发现这些老师教学条理清晰，分析透彻，善于纵横比较，善于引导想象，即注重言语形象思维和文章逻辑思维的培育。虽然语感直觉思维难以直接进行培育，但因为语感是理性在感性中的积淀，是理性融于其中的感性，所以教学时，"以发展形象思维为突破口，把两种思维结合起来"[7]，即把"言语形象思维和文章逻辑思维"经纬式结合，长期滋养，语感直觉思维的敏锐性、独创性、确定性将会从一个层面跃迁到另一个层面，螺旋式得到逐步提升。语文思维培育的逻辑关系如图 1 所示。

图 1 语文思维培育的逻辑关系

对这三种语文思维的培育，本文仅为表述方便分而论之。在实际教学中，对此三者的培育并不截然独立，而是彼此交融、相互促进的。长期地有意为之，必将促进语文思维的发展和提升。

参考文献：

[1] 冉正宝. 语文思维论 [M]. 桂林：广西师范大学出版社，2003.

[2] 吴格明. 离开了思维，语文就成了一堆孤立的词句和文化碎片 [J]. 中学语文教学，2017 (08).

[3] 卫灿金. 语文思维培育学 [M]. 北京：语文出版社，1997.

[4] 余文森. 核心素养导向的课堂教学 [M]. 上海：上海教育出版社，2017.

[5] 张振智. 文章中的逻辑 [J]. 山东商业职业技术学院学报，2005 (12).

[6] 王尚文. 语感论 [M]. 上海：上海教育出版社，2006.

[7] 温寒江. 两种思维结合学习论 [M]. 北京：教育科学出版社，2016.

基于创作规律细读古诗

赵　璟　尹逊才[*]

目前使用的统编小学语文教科书，相比以往各版本教科书，古诗篇目大幅增加。古诗教学一直是小学语文教学的难点之一，古诗篇目的大幅增加使广大一线教师面临前所未有的挑战。古诗教学之所以困难，笔者认为，其核心的原因就在于很多教师读不懂古诗，进一步说就是缺乏解读古诗的有效策略。

诗歌是诗人用文字表达情感的一种写作，既然是写作，就一定遵从写作的基本规律。"写作是一种思维外化的活动，即把大脑中的思维内容形式化为可见的文字形式，实现由思维向文本的转化。文章的结构模式来自作者相应的思维模式"[1]。因而，只要我们遵循诗歌创作的基本规律，就能找到解读古诗的有效策略，深入地解读古诗。下面笔者将从四个方面进行阐述。

一、调动感官，捕捉古诗的意象

诗歌主要通过意象来传递情思。所谓"意"，就是作者的情思；所谓"象"，就是作者表达情思时用的形象。抽象的情思在脑海中是不可见的，为了使其可见，优秀的诗人往往通过所见、所听、所触、所嗅、所尝乃至所想的事物来表达，这些事物在诗歌中就被称为意象。意象选择恰当，就能够引起读者强烈的共鸣，"所描绘的意象愈具有活动力，在读者潜在经验世界中唤起的共鸣也便愈强烈"[2]。因而在解读诗歌时，读者要善于调动自己的各种感官及想象，发现诗人运用的各种意象，并调动生活经验，感悟诗人所用之"象"、所表之"意"。

---

　　* 赵璟，漳州市龙溪师范学校附属小学；尹逊才，江苏师范大学教师教育学院。本文发表于2019年第10期《语文建设》。

　　比如张继的《枫桥夜泊》第一句"月落乌啼霜满天","月落"是诗人目之所见,显然是视觉意象;"乌啼"是诗人耳之所闻,因而是听觉意象;"霜满天"则是诗人目之所见以及身之所感,是视觉意象与触觉意象的复合。那么作者是如何通过这些意象传递情感的呢?我们先来看"月落"。何时月落?月落之后光线有何变化?如果月亮是傍晚升起,那么月落应在夜半时分或之后。也就是说,张继很可能到了凌晨依然未眠(一个人在心事重重的时候,往往辗转反侧,难以入眠);而月亮落下去的时候,周围的光线一下就暗淡了,周围的世界是一片漆黑的、模糊的。仅一个"月落",我们便隐约窥见了彼时张继的低沉心情。再来看"乌啼"和"霜满天"。乌鸦的啼叫在静夜之中显得格外的嘶哑和悲怆,让人更加感到凄凉;秋天的夜晚,冰冷的水面很容易形成雾气,显然彼时的张继感到了湿冷,同时也看到了弥漫的水雾,如同霜降。在这样冰冷的环境之中,在这样凄凉的声音之中,在异乡漂泊的人怎么能够安然入睡呢?这些意象本身不就是愁苦的外化吗?于是第二句呼之欲出:"江枫渔火对愁眠"。

　　再如杜甫《绝句》的前两句:"两个黄鹂鸣翠柳,一行白鹭上青天",也是调动了各种感官去塑造意象。其中,黄鹂、翠柳、白鹭、青天显然是视觉意象。诗人主要突出了这几个意象的色彩。色彩是人的视觉的重要组成部分。不仅如此,人们对色彩还赋予了某些特定的含义,"任何一种颜色本身都没有什么感情和语言,但是由于人们对客观事物的感受和经验可能会引起某种联想、触发感情,再加上不同的人性格、经历、情绪不同也会对色彩有不同的感受"[3]。因而有的专家指出:"色彩具有社会属性与象征意义。"[4]人们对色彩形成的认知经验将作用于人的心理,使人在面对不同的色彩时产生不同的感受与联想。比如黄色往往给人明朗、愉快的感觉,绿色往往给人宁静、生命、活力、青春、希望等感觉。我们从这里可以看到,诗人使用的四种色彩"黄、翠、白、青"都是充满活力、希望和愉快的色彩,并且这些色彩搭配在一起,也呈现出活力和清爽的整体视觉效果。由此可以得知,诗人面对春天的事物,内心充满了喜悦之情。再加上听觉意象"黄鹂鸣翠柳",清脆悦耳的鸟鸣宛如一首欢快的乐曲,让人沉醉其中。这些意象传递的不正是杜甫内心的喜悦吗?

　　物象的选择依赖各种感官。各种感官在感受事物时的角度不同,对此有所了解,有利于我们去分析诗歌作品。视觉往往侧重于事物的形状、色彩、大小、远近,听觉侧重的是声音的强度、频率,嗅觉侧重的是事物气味的浓淡、香臭,触觉侧重的是事物的软硬、粗细、温冷、湿干,而味觉则侧重事物的酸甜苦辣咸。人的感官在适应这个世界时形成了人类特有的"适应阈"，在这个范围之内的就是舒适的，超出了这个范围的就是不舒适的。比如王翰的《凉州词二首·其一》："葡萄美酒夜光杯，欲饮琵琶马上催。醉卧沙场君莫笑，古来征战几人回？""葡萄美酒夜光杯"，这里有视觉也有味觉，诗人看到了葡萄酒及其色彩。西域的葡萄酒可能是宝石红的，也可能是幽红的，都是热烈的色彩；它的味道带有西域阳光特有的醇香，是让人的味蕾为之兴奋的，其酒精是让人为之血脉贲张的。总之，这是让人舒适、陶醉的"美酒"。加之放在稀世珍有的夜光杯里，它的色彩就被衬托得更加娇艳欲滴，让人不自觉地想痛饮。单从这句来看，作者就是写一种舒适的感觉，抒发一种热烈奔放的情怀。而到了"醉卧沙场君莫笑"，诗人就不那么写了。卧在戈壁荒滩坚硬而冰冷的沙石上，这就超出"适应阈"了。这里在写军人粗犷豪放之情的同时，也在提示军旅生活的艰辛。所以写到最后，作者笔锋一转，将这种伤感投掷到茫茫的历史时空，提出了人生的哲学思考：古来征战几人回？可谓充满了无限的伤感。因而，这首诗既不是欢愉的，也不是悲伤的，而是二者兼有兼容，表达的是一种复杂的思绪。

二、探寻时空，厘清古诗的思路

有人认为，诗歌是灵感来了之后文字的自然流淌，根本没有什么思路可循。事实上，只要肯放下成见，优秀的诗歌大多思路明晰。如骆宾王的《咏鹅》："鹅鹅鹅，曲项向天歌。白毛浮绿水，红掌拨清波。"思路就非常清晰。我们先来看"鹅鹅鹅"，这是听觉意象还是视觉意象呢？如果将其视为听觉意象的话，那么这首诗歌的思路就很明了了。第一句从听觉来写，后面的三句则从视觉来写。也就是说，当年的小骆宾王先听到了鹅的叫声，紧接着发现了鹅，这不是很符合人的认知规律吗？再来看第二句到第四句，诗人自上而下对这只大白鹅进行了描写：先写其项之形，又写其羽之白，最后写其脚掌之红。在这个观察过程中，诗人天才般地突出了大白鹅的色彩美及其所处环境的清洁之美：洁白的羽毛，鲜艳的脚掌，碧绿而清澈的江水。这是一只多么惹人爱恋，让人愉悦的大白鹅呀！这哪里是一只大白鹅，简直就是一位优雅的君子啊！

再如贺知章的《咏柳》："碧玉妆成一树高，万条垂下绿丝绦。不知细叶谁裁出，二月春风似剪刀。"如果我们注意到这首诗描写景物时视线的远近，就会惊喜地发现一个秘密：原来诗人在描写这棵柳树时，先是远观，整体勾勒形状；然后渐渐走近，勾勒其在春风中柔嫩、飘摆的柳枝；然后再走近，仔细观察那刚刚吐露的叶芽；最后，作者体悟自然，欣喜而雀跃，是呀，正是自然才有如此神奇的力量，让万物复苏、萌发。这个渐渐走近的过程，就是作者被逐渐吸引的过程。

写到这里，肯定会有人提出质疑：以上两首诗的思路是有意为之，还是无心插柳呢？其实无论是有意为之还是无心插柳，那些能够被后人认可的作品，其思路无一例外地符合人们的认知规律或者阅读思维。既然是规律，就有相似性。诗歌的思路无非体现在诗歌的时间（先后快慢等）和空间（高低远近等）的安排上。下面把三首诗放在一起分析，就能更清晰地看出这种规律来。

第一首是张继的《枫桥夜泊》。第一句描写的是天空的景物，因而，我们给它标个方位"上"；第二句描写的是地面的景物，我们给它标个方位"下"；第三句描写的是远处（姑苏城外）、高处的景物（寒山寺），我们标识为"高远"；第四句描写的是近处、低处的景物（客船）。综上，上—下—高远—低近，这就是诗人描写景物的思路。第二首是杜甫的《绝句》，诗人描写景物的思路是"下—上—高远—低近"，仅仅是第一、二句的顺序与《枫桥夜泊》相比略有变化。第三首是韦应物的《滁州西涧》："独怜幽草涧边生，上有黄鹂深树鸣。春潮带雨晚来急，野渡无人舟自横。"第一句描写低处的景物，是下；第二句描写树上的景物，是上；第三句描写高处的、远处的景物，"春潮带雨晚来急"，雨来自天空（高），水来自山上（远）；而第四句则是描写低处的、近处的景物。其景物描写思路与杜甫的《绝句》是一样的。

这三首诗歌的思路都是试图将景物构置成一个立体的空间，形成上下、远近、左右、前后等景物之间的逻辑互动，仿佛让人置身于一个真实的空间之中，感受作者的情韵。

三、品字析句，挖掘古诗的内涵

诗歌是用最简练的文字表达最丰厚的含义。所以古人形容写诗如同"百炼精钢"，尤其注重对文字的推敲。因此在解读古诗时，要对诗人的用词用字仔细品读，方能不负其苦心孤诣。

比如王维的《送元二使安西》："渭城朝雨浥轻尘，客舍青青柳色新。劝君更尽一杯酒，西出阳关无故人。"可谓每一个字、每一个词都饱蘸深情，必须仔细品读方可。我们这里只分析第一、二句。读者得首先了解"渭城"在哪里。"渭城"就是现在的陕西省咸阳市，在长安（今西安）西北大约五十公里处，也就是说，王维当时不是在长安城外送元二，而有可能是将元二一直送到了百里之外的咸阳，这本身就足以说明两人的情感之深。再进一步想，以过去的交通水平，早晨送是来不及的，很可能是头天晚上就送过去了，那么两人在头天夜里有没有喝酒送别？有没有聊至深夜？这一切皆有可能。但是为何第二天一早又要喝酒送别？有了这个疑问，句中"朝雨"的韵味就丰厚了：初春的早晨，下起了蒙蒙细雨，使得行程暂时受阻，两人再次获得了短暂的相聚，再次饮酒送别，叮嘱的话语昨夜已经说得差不多了，但是离别的愁绪越来越浓，因而两人一杯又一杯地喝着酒，伤感如同窗外的细雨一样，蒙蒙而冰冷。有了这样的情感基调，第二句也就好理解了：车马扬起的尘土被细雨打湿，落到地上，这是深深的挽留；两旁房舍也被雨水冲刷得青黑，寂静而伤感；路边的杨柳被雨水浸润得格外清新，挽留之意格外显豁。可以说，诗人字字写景、写事，但又字字写情，景中含情，情投以景。只有仔细品读，反复品读，才能够感受诗人内心的情感。

再如李白的《黄鹤楼送孟浩然之广陵》："故人西辞黄鹤楼，烟花三月下扬州。孤帆远影碧空尽，唯见长江天际流。"第三、四句中的"孤、远、尽、唯"，亦都值得品读。"孤"，帆本无所谓孤独不孤独，所谓帆之孤独，实则是诗人李白内心孤独情感的一种外显；"远""尽""唯"三字，说明李白在这里驻足长留，一直到白帆越来越远，与天空融为一体，再也看不到了，他还没有离去，最后所见只有江水滔滔奔向未知的远方。只有通过对这些字的品读，方可深切体会到李白与孟浩然的情感之深。

四、诵读体悟，关注古诗的音响

正如汉字是世界上最善于表情达意的文字一样，中国古典诗歌的抒情性也体现在其形式本身，中国古典诗歌的韵律中也渗透了诗人的主观情感。从这个意义上说，诗韵与心韵是密切相关的。舌位较低、较后的元音听起来响亮一些，我们称之为洪音；舌位较高的元音听起来低沉一些，我们称之为细音。洪音之字一般代表宏大的观念，如崇高、宽阔；细音之字一般代表狭小的观念，如纤细、逼仄等。比如陆游的《示儿》："死去元知万事空，但悲不见九州同。王师北定中原日，家祭无忘告乃翁。"用的是"东"韵，声音宽宏。试想，一个垂死之人是何等的虚弱，但是一想到国家大事，声音慷慨激昂，实在让人热泪盈眶。

以上谈的是用韵，其实除了韵脚，诗句的用字、声音的洪细也能体现作者的情感表达。比如叶绍翁的《游园不值》："应怜屐齿印苍苔，小扣柴扉久不开。春色满园关不住，一枝红杏出墙来。"第一句和第二句的字音大多带有"i"这个音，"i"的开口度非常小，因而这两句的声音就都纤细，读起来让人有一种宁静、沉思之感。这种声音正与诗人所描摹的寂静园林环境非常契合。这两句中只有一个字音较为响亮，那就是"扣"，但其音也并不宏大，从声音上即说明这是用指头扣敲，力量和声音都不会很大；此外，后面的"不开"，诗人又特意唇音连用"jiǔ　bù"，使声音拗口，造成阻塞之感，因为门没开，自己游览的意图没有实现，声音与行为契合。而到了后两句，因为有所感悟、有所收获，内心的欣喜之情爆发，所以诗人用了"满园、红杏"两个洪亮的声音，并形成叠音以放大欣喜的感觉，从而让喜悦之情充分释放出来。

对于中国古典诗歌的解读，并非没有策略。只要遵循科学的方法，了悟艺术的原则，其实是可以从多种角度去解读的。小学生并非没有理解能力，如果能够有效引导，其诗歌理解能力会逐渐提高。

参考文献：

[1] 任遂虎. 文章学通论［M］. 北京：清华大学出版社，2011：9.

[2] 黄永武. 中国诗学·设计篇［M］. 北京：新世界出版社，2012：1.

[3] 彭然. 设计领域中的色彩搭配技巧［J］. 大舞台，2013（12）.

[4] 徐东. 色彩学导论［J］. 辽宁大学学报（自然科学版），2006（1）.

提高学生英语会话能力的有效策略

黄国庆[*]

摘要：为了提升学生的会话能力，教师可以采取情感激励、激活思维、创设真实情景、设计话题主线、搭建语言支架、开展角色扮演等举措，从而让学生有说的勇气，给学生提供说的机会，激发学生说的欲望，培养学生说的能力，帮助学生掌握说的技巧，让学生享受说的乐趣。

关键词：会话课；会话能力；口语能力

《义务教育英语新课程标准（2011年版）》（教育部，2012）强调：各种语言知识的呈现和学习都应从语言使用的角度出发，为提升学生用英语做事情的能力服务。因此，让每个学生爱说英语、说好英语是英语教学的首要任务。然而，目前学生的听说能力远远落后于读写能力，不敢说、不会说英语的现象普遍存在。近几年，笔者所在学校开展了小学英语会话教学的主题研究，期间笔者承担了几次"高段英语会话教学"研讨课，探寻了提高学生英语会话能力的有效策略。

一、情感激励，让学生有说的勇气

对于教师来说，有安全感的课堂绝不是学生没有任何疑惑，而是面对学生在课堂的种种生成，教师能够从容应对，能够与学生一起学习、一起探究、一起成长。对学生而言，学生在课堂上不焦虑、不恐惧、不孤独，具有足够的学习信心，能够自主、愉悦地展开学习，并在遇到疑虑时也能努力去求解，他们才会感到安全。

---

* 黄国庆，厦门市松柏小学。本文发表于2016年第4期《中小学外语教学》。

学生的成长离不开教师的激励与表扬。同时，教师也应引导学生正确对待同伴发言中的语言错误，不嘲笑、不讥讽，给学生足够的信心，让学生有说的勇气。

二、激活学生思维，让学生有说的机会

教师要以"理解——记忆——运用"的思路设计教学，即在教学过程中，教师应将教学重心下移给学生，开放教学环节，给学生提出具有开放度、具有挑战性的问题，激活学生已有的知识经验、兴趣、态度与思维，多给学生创造说的机会（卜玉华，2009）。

在新课的导入部分，适度的开放性问题能激发学生思考问题的兴趣，激活学生的思维，让学生获得说的机会，收获成功的喜悦。

例如，外研版《英语》（下同）六年级上册 Module 5 Unit 1 "Can I write to her?" 的话题是寻找笔友，主要内容是 Daming 和 Simon 遇到了 Simon 的朋友 Laura，得知 Laura 想结识一位中国笔友，于是向她介绍了 Lingling。许多老师在教学这篇课文时都觉得枯燥乏味，于是仅从课文中提取几个问题让学生回答；或让学生开展角色扮演活动，但却因为学生对人物关系不熟经常把人物角色弄混淆。笔者在认真研究教材内容后发现，在新课导入阶段，可以先指导学生厘清人物之间的关系，以此帮助学生梳理文本。于是笔者提出 "What do you know about Simon and Daming?" 这一问题，让学生来谈论他们了解到的 Simon 和 Daming，以此激活学生的思维。学生结合前几个模块所学的语言知识，表达了他们对人物的了解。比如，关于 Simon，学生有如下表达：

S1：Simon is Daming's cousin.

S2：Simon lives in New York. New York is in the east of America.

S3：Collecting stamps is Simon's hobby.

S4：Thanksgiving is Simon's favourite festival.

S5：Simon wants to visit China and learn Chinese，he really wants to go to the Great Wall.

S6：Daming is Simon's cousin.

S7：Daming is visiting the US. He's in New York with his cousin Simon.

S8：The Great Wall is near Daming's home.

S9：He went to Chinatown in New York.

S10：Daming'sfavourite festival is the Spring Festival.

S11：Daming has got a friend. Her name is Lingling.

学生将文中人物的信息进行梳理后，其已学知识得以激活，这样就给他们提供了说英语的机会，也为新朋友 Laura 的出场以及之后表演课文对话做好了铺垫。

三、创设真实情景，让学生有说的欲望

学生掌握一种语言需要有一个交际互动的过程，脱离了一定的情景，语言就难以恰当地表述，难以发挥其进行交际活动的本质作用。课堂教学被视为一个师生共同参与的整体性实践活动，是师生交互作用并生成智慧的动态过程。（张向众、叶澜，2015）

例如，在五年级下册 Module 8 Unit 1 "Will you help me?" 一课中，will 表示意愿和决心，这与学生以往学过的 will 表示"将要做某事"的知识有所不同。在学生学习完课文后，为了创设真实的情景，笔者对学生说：Mother's Day is coming, I want to give mum a surprise. What can I do for mum? 随后介绍了妈妈的一些个人爱好、生活习惯等信息。在真实的语境中，学生真正感受到自己在为教师出谋划策，他们自然有很多话想说，而且针对学生的每一个建议，笔者都非常诚恳地给予反馈，促进了师生之间多回合的对话交流。本教学环节的师生对话如下：

S1：Will you sing a song for your mum?

T：It's a good idea. My mother enjoys songs. And I will sing an English song for her. I think she will be happy.

S2：What about tidying rooms for your mum?

T：Good idea. My mother tidies rooms every day. She is very busy. On Mother's Day, I will do that.

S3：Will you say "I love you, mum."?

T：It's a great idea. But I think I can't do that, because I have never said that to her.

S3：Try your best. You can do that.

S4：What about buying a new dress?

T：Er, I think my mother has got lots of dresses.

S4：What about buying a new beautiful dress?

T：Good idea.

四、设计话题主线，让学生具备说的能力

学生在课堂上能否真正参与交际，在很大程度上取决于教师能否为学生设置一个恰当的话题，并以此话题为主线，循序渐进地达成学习目标；也取决于话题的提出能否激起学生表达的欲望与兴趣，让学生以一个参与者的身份进入到语言的思考性交流中去（卜玉华，2009）。为了达成一节课的语言功能目标，教师有必要先给学生设置一个恰当的话题，并且让该话题贯穿于一节课的始终，这样学生才能自然地围绕着话题逐步展开语言表达。

例如，六年级下册 Module 4 Unit 1 "I can't carry all these things." 一课的主要内容是：在美国，Daming 快要过生日了，Simon 的妈妈去超市买东西为生日派对做准备，从超市回来之后发生了一系列意外事件。本课的语言功能是说明原因并寻求帮助以及能否提供帮助，主要句型有：Who can help me? Sorry, I can't. I'm⋯. /I can help you. I can⋯. 在这节课上，笔者设计了寻求帮助与提供帮助的话题。

笔者在教学中首先从了解为这场生日派对做准备的人员入手，告诉学生：Simon's family and friends are preparing for Daming's birthday party. 然后出示了一些正在为生日派对做准备的人员的图片，接下来进入文本的学习，即 Ms Smart 在为 Daming 的生日做准备的过程中遇到了一些麻烦，于是寻求他人的帮助。在语言运用阶段，再继续带领学生们去看看其他人员准备得怎样了，他们是否需要帮助，大家能否提供帮助，从而引导学生有效运用本课的目标语言。这样，学生从一开始就跟 Daming 的朋友一起置身在生日派对的准备工作中，在与 Daming 和 Simon 一起帮助 Ms Smart 解决麻烦的过程中，他们也积极想办法，表达意愿，同时在脑海中渐渐形成一幅幅朋友们正在为生日派对做准备的忙碌景象，从而在最后的完成任务环节，才能真正有话想说，有话能说。

五、搭建语言支架，让学生掌握说的技巧

教师在教学中应根据学生的需求，为学生的学习和发展搭建支架。语言支架的搭建要以学生为中心、以学生为主体，以学习层次为基本层次，充分分析

学习者的图式基础、能力和认知特点，为学习语言能力的发展设计符合最近发展区要求，符合图式发展需求的学习活动（卜玉华，2009）。

例如，二年级下册 Module 9 Unit 1 "Turn left!" 一课主要讲述的是 Sam 要去 Daming 家，但因为记错了地址而迷路的故事。该课的话题是问路与指路，主要句型是：Turn right/Turn left/Go straight on. 如果不能给学生搭建一个可视的思维框架，学生学习本节课后只是了解了文本的信息，而达不到在实际交际中活用所学语言的目的。本课中，教师应帮助学生搭建一个路线图，在头脑中形成真实的情景。笔者首先设计了一张地图（见下图），让学生熟悉地点和路的名称，其中包括课文中所提到的 Xihu Road、Huxi Road、Daming's home、Simon's home、Police Station 等，并明确 Sam 要去的地点以及 Daming 的家在何处，在地图上指出来，并在脑海中形成清晰的路线图。

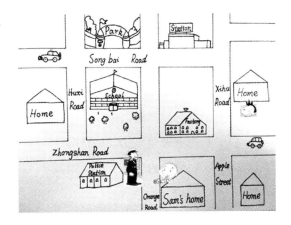

然后进入文本的学习，熟练本课的三个问路的主要句型，让学生扮演 Sam 向警察问路。当学生能流利表达后，再回到文中，看看 Sam 是否顺利找到了 Daming 的家，结果发现 Sam 走错路了，之后让学生小组讨论如何帮助 Sam。此时，由于之前教师为学生逐步搭建了清晰可视的语言支架，学生们积极、热心地帮助 Sam，并很好地运用了本节课的目标语言，学习效果非常好。

六、开展角色扮演，让学生享受说的乐趣

作为英语口语训练的重要形式，听录音跟读与分角色朗读等方式几乎被每位教师采用。但是，课堂中常会出现这样的现象：学生已经会读课文了，有的甚至会背诵了，但却不理解文中表达的意思。然而，角色扮演却可以很好地解

决学生会读却不会说的问题。因为听录音跟读、分角色朗读与角色扮演之间有着非常明显的差异。三者之间的差异见下表：

活动	活动目的	活动效果
听录音跟读	学习词句的发音，模仿标准的语音、语调，把课本内容读熟，不需要理解文本意思。	内容完全依赖课本，口语表达被控制，无法表达自己的想法与感受。
分角色朗读	从单纯关注词句发音、语音、语调向初步理解文本意思方向转变。	按照课本内容，口语表达半控制，能初步表现文本中的人物角色。
角色扮演	在模拟现实情景中，辅以表情、动作及情感融入，进行真实交际，注重交流的效果。	表达内容不局限于文本，有一定程度的创新，是用英语做事情的能力的体现。

　　听录音跟读和分角色朗读是角色扮演的基础，因为没有语言的模仿、理解与记忆，角色扮演就不可能完成。日常教学中，角色扮演可以活化课文内容，让学生仿佛进入真实的交际语境之中，此时说英语真正成为表情达意的过程，他们享受着说英语的乐趣。

　　当然，学生口语能力的培养并非一蹴而就，它需要我们每一位英语教师去思考、去尝试；需要我们不断改进教学方法，创造各种机会，帮助学生鼓起勇气，让他们敢说、想说、能说、会说。

参考文献：

卜玉华. 2009. "新基础教育"外语教学改革指导纲要（英语）[M]. 桂林：广西师范大学出版社.

教育部. 2012. 义务教育英语课程标准（2011年版）[M]. 北京：北京师范大学出版社.

外研社. 2013. 义务教育教科书·英语（一年级起点）二年级下册 [T]. 北京：外语教学与研究出版社.

外研社. 2014. 义务教育教科书·英语（一年级起点）五年级下册、六年级上册、六年级下册 [T]. 北京：外语教学与研究出版社

张向众，叶澜. 2015. "新基础教育"研究手册 [M]. 福州：福建教育出版社.

重构课程，优化"线上学习"

吕珈臻[*]

因新冠肺炎疫情而延期开学的这段时间，学生的学习从学校回到家庭，从课堂的学习环境回到家庭的生活环境，从学校的集体学习方式转为家中的个体学习方式，从"线下学习"转向"线上学习"……学习环境与学习系统的改变，决定了重构课程和学习方式的必要性与迫切性。唯有突破旧有课程思维模式，大胆创新，实现课程与学习方式的重构，才能为学生提供更宽广的学习空间，满足学生的个性化学习需求。厦门第二实验小学大胆实验探索，从课程内容、课程实施、课程学习方式、课程评价等方面对学生的"线上学习"课程进行重构，优化学生的线上学习效果，激发学生的学习自觉性，引导学生逐渐养成无界化的学习习惯，给学生的学习带来了真实的改变。下面，笔者对我校的课程重构做法和经验做些简单介绍与分享。

一、课程内容融合化

居家学习让学生拥有更多可自主支配的学习时空，此时正是整合不同领域、不同学科的教育教学资源，开展跨域融通，实现优化的项目式学习的好时机。"停课不停学"期间，我校积极重构各学科课程，将综合课程前置，以学科课程保障基础，围绕周学习单目标制定学科主题，发挥团队集体教育智慧，形成独特而强劲的学科融合力，加强"学科与学科""线上与线下""能力与习惯""学习与生活"的融合，优化学生线上学习内容。

例如，综合实践活动学科在"宅家防疫"主题之下，给每个年级设立了不同的学习主题。围绕相应的年级主题，学科组教师设计了一系列的融合实践探

---

* 吕珈臻，厦门市第二实验小学。本文发表于 2020 年第 5 期《福建教育》。

究活动，充分体现了多领域的融合性。如，二年级的"我宅家的阳光小秘籍"，主题：①引导学生用思维导图、手抄报、小童谣等方式，把自己的宅家秘籍分享给别人，融合了语文、音乐、美术等学科知识。②要求学生回顾假期收获，拟定"成长清单"，融合了体育、劳动、语文等学科知识，引导学生自我发现、自我认识、自我反思。③学习制作防疫口罩活动，将科学、语文、信息技术、美术、数学等多学科知识进行融合，让学生感受多学科融合的价值，以及知识在现实生活中的运用等。

二、课程实施序列化

我校在"线上学习"课程的建设过程中，高度重视课程实施过程的设计，把原来课堂注重"教的设计"转变为注重"学的设计"，围绕学生核心素养，依据学生学段特点及成长规律，进行纵横思考，科学设置课程学习的目标、时间、方式等，努力使每个学生经历完整而序列化的学习过程。

1. 分年级系列化

不同年级学生的身心发展特点是不同的，因而，对于不同年级的学生，同一主题或同一学习活动的学习内容与目标设计，也应有所不同，应跟随学段特点进行结构化处理。

例如，我校语文学科对"新课预学"这同一学习活动的目标，进行了如下的序列化处理：一年级是利用导学单及线上资源预习新课，熟读课文初识生字；二年级是利用导学单及线上资源预习新课，初步了解课文的主要内容；三年级是利用各类线上资源预习新课，学会做批注，尝试绘制思维导图理解课文；四年级是利用各类线上资源预习新课，借助思考题及思维导图，加深对课文的理解；五年级是利用导学单及线上资源，借助自学过关自查表及校本作业学习课文；六年级是利用各类线上资源预习新课，借助探究性大问题，开展群文本的对比阅读，发展审辨式思维。每个年级的任务与目标层层递进，呈现螺旋上升的结构化序列，使不同年级学生的学习更有针对性。

2. 分阶段系列化

学习是一个持续性的过程，为了保证知识点间的逻辑关联，我们利用周学习单形式，对每个年级的学习内容都进行了分阶段系列化处理。

例如，数学五年级的"公因数、公倍数"主题，分解为若干个阶段化目标来学习：第一阶段，认识公因数、公倍数；第二阶段，求公因数、公倍数；第三阶段，用分解质因数揭示公因数、公倍数的奥秘；第四阶段，最大公因数、最小公倍数的性质探究；第五阶段，用公因数和公倍数解决问题。从概念建构到方法优化，再到推导性质，最后到解决问题，我们对"公因数、公倍数"这一知识点的学习进行了序列化分解，引导学生通过周任务单自主探究逐层推进，从中体验公因数、公倍数的内容之妙，透过数学表象探究数学本质，感悟推理之美，学会用数学的思维分析和解决问题。

三、学习方式个性化

"线上学习"重要的是引导学生自主学习、自主发展，正所谓"自教重于他教"。而鼓励学生进行自主学习的最好方式，就是让他们根据自己喜欢的方式去开展个性化的学习。因此，我们以周学习单的形式，整体设计"线上学习"任务，指导学生进行自主的个性化学习，促进学生自主成长。

1. 自定个性化学习计划

学生居家学习时间充裕，自由度大，正是培养他们自我管理能力的大好时机。我校积极引导学生参考在校学习作息时间，结合周学习单任务，和家长一起讨论并制订切实可行的个人学习方案，丰富在家学习生活内容，养成良好的学习和生活习惯。学生个人学习方案，可包含四个方面：学习时间、学习项目、具体内容、学习效果自检。其中，"学习项目"包含五个板块：体育锻炼、学科学习、劳动实践、艺术活动及防疫常识等。根据五个板块的内容，每周班主任推送一次包含每天课程内容的整周学习单，每天科任教师推送一次配套线上学习资源供学生自主选取学习。从一定意义上看，学习是一个自我决策的过程。私人定制的学习方案可激发学生自主学习的动机，唤起他们由他律走向自律。在这个缺少"他管"的时间里，学生将视学习为责任，以责任强化习惯，有效管理学习时间，逐步成为学习的"真主人"。

2. 自选个性化学习方式

孩子具有与生俱来的学习热情和学习能力。我校设置的周学习单，既是学习任务，又是学习支架，注重学生的学习体验，引导学生用上学过的策略，选取个性化的方式展开学习。学科教师准备了形式多样、内容丰富的资源，供学生自由选择学习；对于不方便使用网络的学生，提供电子教材和核心大问题，启发他们思考和学习；对于想借助网络资源深度学习的学生，教师精心准备了微课课件、导学单等资源包，供学生选择学习；对于学有余力的学生，教师准备了拓展学习资源包，延伸学习内容，保证个性化学习的有效实施。

以一年级语文学科为例，识字是低年级的学习重点，非常时期非常学，教师启动"识字百宝箱"个性化学习项目，鼓励学生充分发挥想象力，运用个性化的方法识字，通过录视频、贴简报、小本子记录等方式呈现识字成果，展示在班级博客中，然后请家长和学生共同评选出"宅家识字小能手"。在这种个性化的学习中，学生的学习积极性得到极大的激发，各种创意识字方法迭出，一是阅读识字法。每天阅读5个成语小故事，并把对应的成语积累在本子上。二是归类识字法。借助画、拼、剪、贴，将生活中的用品和玩具归类。①玩具识字类，用积木拼出各种动物玩具，或用画、折、剪等方式制作出动物形象来识字；②运动识字类，利用运动项目名称来识字，如跳绳、轮滑等；③其他专题识字，如"水果蔬菜类""家电识字类""偏旁识字类"等。三是插画识字法。根据教师提供的主题，学生利用身边的资源，给文字注音或画图解释等。四是制作翻翻书。将在阅读中感兴趣的题材复印下来，剪成字卡钉起来，形成个性化的识字书。五是游戏识字法。在"识字转盘""东南西北""文字配对""识字蛇形棋"等游戏中识字，玩中学、学中乐、乐中有收获。这些识字方法大大拓展了传统语文课堂的识字方法，是学生个性化学习成果的展现，是他们内在学习潜能的自我表达。总之，对个性化学习方法的尊重促进学生内在力量的觉醒，不断强化其自主学习的热情和意志，鼓励学生走向主动学习的通达之路。

3. 答疑反馈助力个性化学习

为了进一步优化学生个性化学习效果，我校出台了三项举措，加强对学生个性化学习的指导。

其一，每日在线答疑。学生在自主个性化学习过程中，遇到任何困难和问题都可以记录下来，在每天下午4：00—5：00和晚上8：00—8：30两个时间段内，通过班级学习平台与各学科教师进行沟通。所有任课教师在这两个时间段都在线上，给学生答疑和点拨，及时表扬和肯定学生的个性化学习成果，同时纠正错处，以优化学习效果。

其二，每周阶段小结。每周三晚上8：00—8：30是我校"网上班队课"时间，每位班主任、学生及其家长通过直播方式开展主题班队会。班主任统筹各科任教师反馈的学生学习情况和心理健康问题，对一周的居家学习情况进行小结，特别是对个性化学习进行调整优化，在互动分享中取长补短。

其三，每月电话家访。疫情期间，教师无法面对面和家长、孩子交流。因此，学校实行每月一次的电话家访制度，班主任和科任教师一对一地与全班每位学生进行语音聊天，了解他们的学习情况并提供帮助和指导。私人定制式的指导方案既传递了教师的关爱，疏解了孩子长期宅家的焦虑，又对学生的个性化学习起到较好的导向作用。

四、课程评价显性化

"线上学习"的评价最终指向帮助和改善，虽然无法像课堂教学那样面对面，但网络的交互性也极大地便利了多样化和多主体的评价，有助于学生学习积极性和有效性的提升。我校关注课程评价的过程性，积极采用教师评价、学生评价、家长评价相结合的方式，努力使课程评价显性化，以发挥评价的导向功能和激励功能。

首先，教师采用量化评价和质性分析相结合的方式对学生进行评价反馈。教师利用微信或 QQ 作业等平台，跟踪记录学生学习的过程性数据和交互性数据，依据各种数据做出量化分析，让学生的学习成果和效果可视化，并为每位学生的学习成果写上简短的点拨评语，给学生提供反馈、指导和帮助，增强学生的学习主动性和成就感。其次，学生积极开展自我评价和互助评价。对"线上学习"的参与度、作业完成情况等进行自我评价，有助于学生加强自我反思，习得自主学习的好习惯；对同学的学习作品或学习表现进行评价，有助于学生在互评中学习借鉴同伴的优点，改进自己的不足。再次，家长主要开展过程性评价，即动态、实时地对学生的学习自觉性、态度、投入及效率等做出评价与反馈，帮助学生改进自己的学习。

综上所述，我校从课程建构的视角去打开"生活"这本教科书，系统重构"完整育人"的生态课程，全学科覆盖构建"五育并举"的育人模式，整合多方资源，努力形成"人人都学，时时可学，处处便学"的居家"线上学习"模式，让学生在完整育人的新学习生态里健康、自主、昂扬地生长。

小学语文课堂应该"五味俱全"

刘雪璠[*]

摘要：语文教师必须改变传统的语文教学观念，给语文教学注入新鲜的活力，把语文教学上出味道来，让学生真正地喜欢上语文，从而促进学生语文素养的整体提高。一节好的语文课应该具有"五味"，即"语味""情味""趣味""思味"和"美味"。

关键词：课堂教学；"语味"；"情味"；"趣味"；"思味"；"美味"

《语文课程标准》指出："语文课程应激发和培育学生热爱祖国语文的思想感情，引导学生丰富语言的积累，培养语感，发展思维，初步掌握学习语文的基本方法，养成良好的学习习惯。同时，语文课程还应通过优秀文化的熏陶感染，提高学生的思想道德修养和审美情趣，使他们逐步形成良好的个性和健全的人格，促进德、智、体、美诸方面的和谐发展。""应该重视语文的熏陶感染作用，注意教学内容的价值取向，同时也应尊重学生在学习过程中的独特体验。""在发展语言能力的同时，发展思维能力，激发想象力和创造潜能。学习科学的思想方法，逐步养成实事求是、崇尚真知的科学态度。"这就要求语文教师必须改变传统的语文教学观念，给语文教学注入新鲜的活力，把语文教学上出味道来，让学生真正地喜欢上语文，从而促进学生语文素养的整体提高。特级教师钱梦龙曾说过："一位乏味的语文教师肯定不是好的语文教师，一堂乏味的语文课肯定不是好的语文课。"那么，究竟一节好的语文课应该具有什么味道呢？笔者认为，一堂好的语文课应该有"五味"，即"语味""情味""趣味""思味"和"美味"。

---

　* 刘雪璠（1971—），女，莆田人，高级教师，大学本科。本文发表于 2016 年第 3 期《中小学教学研究》。

一、语文课要充满"语味"

"语味"即"言语味"。语文学科是一门工具性很强的学科,"品词析句,咬文嚼字"是语文教学最正确的方法,也是最终的归宿。在语文教学中,要紧紧扣住文本,通过各种语言文字的训练,让学生在丰富多彩、形式多样的语言运用中发展言语能力,提高语文素养。

例如,在一年级《荷叶圆圆》一课中,笔者以文本为立足点,找准切入点和训练点,从而对学生进行语言文字的训练,努力提高他们的能力。在教学"荷叶圆圆的,绿绿的"这一特点时,笔者引导学生进行语言文字的训练。先是简单的模仿,如:"＿＿＿＿＿＿＿＿＿红红的,甜甜的。""＿＿＿＿＿＿＿＿＿高高的,瘦瘦的。"然后是深一层仿写,如:"妈妈的头发＿＿＿＿＿＿＿＿＿的,＿＿＿＿＿＿＿＿＿的。"接着,让学生选择生活中的一样物品来学着照样子说句话,如:"黑板宽宽的,大大的。"

在学习"小鱼儿"这一环节时,笔者引导学生抓住"笑嘻嘻"一词进行语言文字的训练,先问学生什么是"笑嘻嘻",引导大家做个"笑嘻嘻"的表情,再"笑嘻嘻"地读一读课文中的这个句子。接着,让学生想想平常生活中什么时候也会"笑嘻嘻"的,再让学生用"笑嘻嘻"这个词说一句话。如此,学生不仅很好地体会"笑嘻嘻"这个词的意思,也学会了运用这个词,同时也深刻体会到小鱼儿的快乐。这样,不仅发展了学生的言语能力,也提升了学生语文的素养。

二、语文课要充满"情味"

"情味"即"情感味"。语文不是无情物,字词句篇都含情。每篇课文都是作者堆积于胸的情的喷发。所以,课堂上,教师要改变传统的语文教学观念,要善于移情入文,努力把作品的情感和作者的情感化成自己的情感,引导学生入情,还学生以充满生命力的课堂。

例如,古诗《游子吟》是一篇歌颂伟大母爱的伟大经典诗歌,课堂上,笔者先给学生讲述我的妈妈是如何爱我的故事,讲述我对妈妈的感激之情。然后,我用多媒体课件展示了妈妈为我操劳的一些真实的生活图片,那生动的照片、动情的解说把学生带进了一个爱的世界,学生的情感被调动起来了。接着，我告诉同学们，不仅是我沐浴着妈妈的爱，在座的每个同学也跟我一样幸福，也有一个为你而喜、为你而忧的妈妈，有一个爱你胜过爱自己生命的妈妈。然后，我把事先拍摄的一些家长为学生操劳的照片，如雨中送伞、校门口等待、烈日下接送等配上《世上只有妈妈好》的深情旋律，制作成课件播放给学生看。课堂上，那真实的图片，那熟悉的身影，那感人的音乐，那真情的解说词，深深地打动了孩子们的心，他们的眼里闪烁着泪花，他们的心中有着万千的情感波澜。接着，我引导学生来品读这首古诗，此时的学生情浓意浓。带着这种真真切切的情感朗读古诗，声声都是母子情；带着这种真真切切的情感品读古诗，句句都是感恩意。这个课堂流动着情感，流动着师生多向互动的深情，从而实现了绝佳的教学效果。

三、语文课要充满"趣味"

"趣味"即"趣味性"。兴趣是最好的老师，学生有了学习的兴趣，一节课已经成功了一半。课堂教学中，教师应尝试运用一些手段，努力营造轻松愉快的教学课堂，激发学生的学习兴趣，让学生爱上语文课，让学生学得轻松，学得高效。

一位教师教学《詹天佑》时，安排了这样一个教学环节：在现代十大杰出人物评选中，詹天佑被选中了，请你为他写一段颁奖词。这个教学设计激起了学生浓厚的兴趣，因为这个活动新颖别致，而且富含情趣，还与时代元素相连，契合学生的心理取向。于是，学生们纷纷自主阅读文本，思考探究答案。他们的自主探究有了强大的动力和欲望，这样的学习效果远远比老师提出的"詹天佑是个怎样的人""詹天佑的杰出体现在哪里"这些枯燥的问题所产生的效果要好得多。

四、语文课要充满"思味"

"思味"即"思维味"。语文课是激发学生思维的良好载体。思维发展了，自然学生语文的素养也就提高了，语文的各种能力才会随之提高。语文素养提高了，思维也就相应地发展了，两者是相互作用的关系。因此，在小学语文课中，教师应该引导学生进行扩散性思维，留给学生思考的空间和时间，在语文教学中引发学生创造性的思考，提高学生的思维能力。教学《卖火柴的小女孩》一课中，在学生学习 5 次擦燃火柴的句子时，教师引导学生思考：应该抓住哪些词语来理解句子的含义？学生自主品读，思考探究，感触很深。有的抓住"终于"一词，体会出她的害怕、紧张的心情；有的从"敢——吗"中体会她的犹豫；有的抓住"赶紧"一词，理解小女孩的急切、不顾一切。"火柴灭后，面对天上遥远的星星，小女孩心里会想些什么、说些什么呢?"这些设计让学生抓住重点词思考理解，同时进行扩展性想象，加深理解了小女孩生活的悲惨和命运的不幸，达到了发展学生思维的目的。

五、语文课要充满"美味"

"美味"即美感。语文教学是美的，教师在教学中要充分发现美的因素，如教材中的美、教学语言的美、教学氛围的美等，及时引导学生去品赏。这样，不仅可以活跃课堂教学、激发学生的学习兴趣、提高教学质量，对于陶冶学生情操、提升学生的精神境界也起着十分重要的作用。

一位年轻的教师在教学《小小的船》一课时，营造了诗一般的意境，让课堂弥漫着浓浓的"美味"。这位教师根据《小小的船》图文并茂、富有童趣的特点，充分调动音乐、美术的艺术魅力的效能。教学时，将天空的幻灯图案投放到天花板上，学生犹如坐在真正的星空下；又运用多媒体技术，让天空中的星星时明时暗，闪烁不定，让一弯新月慢慢移动。教师在一旁进行解说，配以优美抒情的乐曲。这动情的"乐"、怡情的"画"、真情的"话"，感染着一颗颗稚嫩、求知的童心，使学生情不自禁地融进诗的意境，沉浸在静谧的月夜和美丽的星空下，激发了美好的联想，产生了直观性的认识，心灵也受到陶冶与"净化"。

总之，小学语文课堂只有充满"言语味""情味""趣味""思味"和"美味"，才能充满活力，焕发生机，这样，才能让学生钟情语文，擅长语文；也只有这样，语文课才能上成一节真正的好课。

参考文献：

[1] 于永正. 我怎样教语文 [M]. 北京：教育科学出版社，2014.

[2] 包蕾，王莹菊，毛琼英等. 小学语文情趣课堂的研究 [M]. 广州：世界图书出版广东有限公司，2011.

幼儿园编

YOUER YUAN
BIAN

循环渐进，"玩"中成长

——"玩中学"主题探究活动运行系统介绍

江旭琳[*]

"玩中学"主题探究活动，指的是幼儿围绕一个主题，自主观察、探索周围现象和事物，教师适时、适宜、适度地予以支持与引导的系列活动。它重视幼儿主体性的发挥，注重幼儿的自主设计、自主探究、自主决策、自主交往，能延伸、拓展和整合幼儿习得的知识和经验，满足幼儿探索与表现的欲望，发展幼儿个性等。依据"玩中学"主题探究活动理论模型的基本原理和幼儿园育人的实际需要，我园在历时 18 年的实践研究基础上，建构了"玩中学"主题探究活动运行系统，形成了"确定主题—预设主题活动最低目标—主题活动设计—主题活动实施—主题活动评价—确定新的主题"的循环反复的运行系统。

一、"玩中学"主题探究活动主题的确定

活动主题的确定有以下三种途径：

由幼儿生成。由幼儿兴趣引发的主题既应合乎幼儿的生活经验，又要有一定的教育价值取向，如"昆虫""汽车""神奇的动物"等主题。

由师幼一起生成。活动中师生以合作者的身份为共同目标不断撞击和迸发出智慧的火花也是主题生成的一个重要途径。教师可以在倾听童声中产生主题，在观察幼儿中引发主题。如一次外出参观，教师观察到幼儿对十字路口警察指挥交通的动作、制服兴趣浓厚，从而生成"警察"的主题。

由教师预设。如小班幼儿经验不够丰富，对于感兴趣的事或物表现得不是

---

* 江旭琳，厦门市实验幼儿园。本文系 2017 年基础教育省级教学成果奖一等奖获奖项目"'玩中学'主题探究活动课程建构"部分成果。本文发表于 2018 年 1 月《福建教育》。

很明显，在生成主题方面存在一定困难，教师就可以帮助预设主题。

二、预设主题活动中的最低发展目标

在"玩中学"主题探究活动中，我们以《幼儿园教育指导纲要（试行）》提出的教育目标为指引，依据《3—6岁儿童学习与发展指南》中提出的目标进行具体细化，从而预设出幼儿发展的最低目标。目标的设计体现以下要点：

系统性。每个主题活动的目标包括总目标和领域目标，构成了主题活动的目标体系。总目标是教师开展主题活动的教育指向，体现了引领性和导向性；领域目标是要求幼儿具体做到、掌握的，也是主题活动中幼儿评价的标准，领域目标作为总目标的下级目标，呈现出具体化和细化的特性。

整合性。在目标的设置上，教师要注意以幼儿的生活经验和年龄特点为出发点，尽量整合多个领域、多种智能的培养目标，以达到促幼儿全面发展的目的。

灵活性。目标并不是固定不变的，作为一种导向性的指标，它指明了教师实施教育的大方向，但同时应体现教师对教育目标的灵活驾驭能力，教师可以在具体实施教育的过程中依据幼儿的反应及需要灵活弹性地调整目标，数目上可以增加亦可以减少，项目上也可以调整改变，做到正确处理预设目标与生成目标的关系，达到活用目标的目的。

三、"玩中学"主题探究活动的设计

这里的活动指的是主题探究活动下的若干具体教育活动，一个活动一般以一个课时为单位。活动设计的成功与否，直接关系到教育目标是否落实，关系到教育效能的发挥。因此活动设计应注意以下几个要点：

活动内容的递进。设计活动时，应当注意到主题下的各个活动之间并不是一种完全孤立割裂的关系，而应处于一种递进的状态，让前一个活动成为下一个活动的起点，体现幼儿对问题逐步、深入的探究，体现教育者对幼儿有意识的牵引，体现一种由浅入深、循序渐进的学习状态。如主题探究活动"汽车叭叭响"由七个子活动组成，其中，活动一"汽车总动员"的内容是对汽车经验的前期感知和积累，活动二"马路上的车"是对汽车的翔实研究，活动三"坐车喽"是亲身体验汽车载人的功用，活动四"汽车作坊"侧重美工技能对汽车经验的再现，活动五"汽车城的故事"侧重汽车经验的交流讲述，活动六"新手上路"让幼儿在游戏中体验交通规则，活动七"亲子汽车游戏"让幼儿通过亲子互动表征已有汽车经验。

活动目标的整合。活动目标与总目标及领域目标一脉相承，在目标的定位上，同样要注意多个领域及知识、情感、态度、能力、兴趣等多方面的有机整合。如活动一"汽车总动员"的活动目标是这样设置的：1. 认识各种车子的名称；2. 锻炼口头表达能力；3. 学习做统计记录；4. 享受交流的乐趣。该活动目标不但涉及了语言、数学、社会等领域，而且注意知识、能力、情感、态度的有机整合，在目标 1 体现了知识，目标 2 和目标 3 体现了能力，目标 4 体现了态度和情感。

教育手段的多元。丰富多彩的学习活动有利于满足不同幼儿的不同学习需求，有利于调动幼儿学习的兴趣和积极性。因此，活动设计要注意综合运用各种教育手段，多方位给予幼儿积极的刺激，以全面调动幼儿参与的积极性。如在"汽车叭叭响"这个主题探究活动中，子活动"汽车总动员"的手段是交流分享与统计，"马路上的车"是参观，"坐车喽"是亲身体验，"汽车作坊"是制作，"汽车城的故事"是创编故事，"新手上路"和"亲子汽车游戏"是游戏，体现了教师对多种教育手段的灵活运用。

教育资源的统整。"大自然、大社会都是活教材。"在设计活动时，教师不但要注意考虑周边环境是否有可利用的教育资源，也要思考家长当中是否有可挖掘的教育资源。在"汽车叭叭响"主题探究活动中，子活动"汽车总动员"中的汽车玩具是幼儿从家里带来的，"马路上的车"利用的是社区资源，"坐车喽"用的是幼儿园的园车，"汽车作坊"用的废旧物品是师生共同收集的，"新手上路"用的交警服饰是开服装店的家长缝制的……整个主题探究活动体现了幼儿园、家庭、社区等多种教育资源的整合，为幼儿的学习开启了一扇扇窗户。

活动计划的弹性。我们倡导师生共同设计和生成活动。一方面，教师要灵活、有目的地追随幼儿，注意留心观察了解幼儿，深入幼儿的生活，参与他们的活动，认真做好观察记录，根据幼儿的兴趣、需要和发展水平，及时调整、补充和发展原有的设想，灵活机动地改变和创新设计下一个活动；另一方面，教师要注意发挥幼儿的主体性，引导幼儿参与活动的生成和设计。

四、"玩中学"主题探究活动的实施

活动实施是构建"玩中学"主题探究活动课程中最为重要最为关键的一步。融合陈鹤琴"活教育思想"、加德纳"多元智能理论"、维果茨基"最近发展区"及瑞吉欧教育理念等多种先进理念，我们在"玩中学"主题探究活动的实施过程中注意以下几方面：

1. 环境创设体现教育性和动态性

教育性指把环境作为隐性课程的一部分。我们非常重视"玩中学"主题探究活动中环境及材料的投放，从以往一味重装饰、求美观转向挖掘环境及材料的潜在教育价值，努力创设"会说话"的探究环境，实现暗示和指引作用。动态性指的是一个新的活动内容产生后，教师引导幼儿借助已有的经验和技能进行探索，不断增添各类材料完善"玩中学"主题探究活动环境的创设，及时呈现幼儿在主题探究过程中获得的学习经验，使幼儿体验创作的乐趣和成功的喜悦，并使之成为诱发幼儿学习的一道道亮丽风景。

如，在主题活动"树"中，幼儿与教师一起利用各种废旧报纸、纸箱、大型积塑制作出许多各种各样的树，将班级变成了一座美丽的森林，在环境的影响下，幼儿进一步在美工区里制作了椰子树、棕榈树、凤凰树等树的服装，还自动当起树的"时装模特"。

2. 材料投放倡导主题性、类别性、层次性和多样性

主题性指的是投放的材料要与主题密切相关。在每个主题活动的开展过程中，教师要全面发动幼儿与家长共同收集大量的主题资料，如 VCD、图书、图片、照片、实物等，给予幼儿丰富的刺激，为幼儿的学习提供帮助，推进主题探究活动的进程。类别性指的是教师要对师生共同收集的主题资料进行归类。教师应有意识地引导幼儿对材料进行归类，将分类概念蕴含在材料展示中，帮助幼儿树立类别概念。层次性指的是教师注意根据不同幼儿的不同年龄特点、能力、水平提供各种层次的材料，以满足幼儿的个体发展需要。多样性指的是教师应提供丰富多样的工具性材料供幼儿选择，其中包括现成的物品和废旧物品等半成品。

如在主题活动"海豚影剧院"中，教师请幼儿与家长收集来了大量关于舞台表演的资料。接着，教师将图片资料按哑剧、歌舞、魔术、相声等进行分类张贴在同一个"海报栏"内，帮助幼儿认识舞台表演的类别。接着，教师与幼

儿一起准备了视频、剧照、道具等供幼儿选择，能力强的幼儿可选择道具自己创编节目，能力中等的幼儿可选择剧照学习表演，能力弱的幼儿可以直接模仿视频中的表演。当幼儿积淀了一定的表演经验后，教师与幼儿一起收集了废旧布料、纸张、木棍、绳索等低结构材料以及服装等高结构材料供幼儿自主创作表演的道具服饰，进一步丰富表演内容。

此外，教师还要注意材料的数量应适度，并不是越多越好，而应是"多而不滥"，以免影响幼儿的注意力，使幼儿无所适，对幼儿的学习起反作用。

3. 师幼关系实现互动化

"玩中学"主题探究活动尤其注重师幼的良性互动，强调师幼双方的相互给予和汲取。因此，教师在角色上应变"管理者"为"参与者"，在教育行为上应变单向灌输为双向交流。

（1）设置适宜的问题情境。在主题探究活动中教师应当有目的地设置问题情境引发幼儿的认知冲突，促使幼儿在原有知识与经验的基础上积极进入下一个问题的研究。问题情境应依幼儿的"最近发展区"而设置，为幼儿解决问题做好准备，提供支撑。

（2）留心观察，提供适时的帮助支持。在主题探究活动的发展阶段，教师要善于把握活动的主线索，捕捉、挖掘活动中新的火花并及时给幼儿提供建议，帮助幼儿解决困难，鼓励和支持活动的开展，使幼儿得到锻炼，体验成功，提高探究的兴趣。如在开展主题活动"太阳乐队"时，幼儿由于经验不足乐队一开始排练就遇到了困难，于是教师引导幼儿举行讨论会，一起想办法解决问题。最后教师帮助幼儿确定了两种较可行的方法进行尝试，一是写信给厦门爱乐乐团的郑小瑛奶奶向她求助，二是画招聘海报在家长中找寻音乐老师来帮忙。幼儿逐一尝试，收到了意想不到的收获，不但获准参观厦门爱乐乐团的排练现场，聆听郑小瑛奶奶关于乐团知识的讲解，还在家长的帮助下请来了一位大提琴老师，在他们的热忱帮助下，幼儿乐队的排练工作终于步入正轨。正是教师善于接过幼儿抛过来的"球"，并适时提供帮助和支持，促使主题活动得以进一步发展，也让幼儿体验到了解决困难的满足感和成功感。

（3）创造机会，鼓励"犯错"和反思。在主题探究的过程中，教师应当允许幼儿犯错，并积极创造机会引发幼儿反思，找寻解决问题的方法。教师应压抑住给予直接提示的冲动，赋予幼儿珍贵的自我纠错机会，并在幼儿无法解决的情况下，协助幼儿通过自己的探索找寻答案，在尝试错误中获得启发，习得知识。如在主题活动"雕塑"开展初期，雕塑被幼儿认为是一种骨头、标本，或是某种动物，教师并没有立即否定这种观点，而是引导幼儿通过参观、调查等方式了解有关雕塑的知识，得出"雕塑是一种运用各种材料制作的具有一定纪念意义和欣赏价值的艺术品"这一结论。

4. 活动方式凸显多元化和灵活性

教师根据活动的需要，灵活选择或整合多种活动方式，有助于充分调动幼儿活动的积极性和探索欲望，激发幼儿运用多种感官参与和投入，使幼儿在活动中得以主动实践和亲身体验。

（1）多元化。多元化的活动方式是"玩中学"主题探究活动的特点之一。团体讨论、实地参访、发表、调查、展示是主题探究活动常用的五大活动方式。团体讨论主要是针对各种议题或构想，以全班或小组的方式进行，起到点拨、导引的作用；实地参访让幼儿通过亲身经历把教室里所学的与教室外的世界做连接，获取学习研究的第一手资料，从而在个人经验基础上建构新的知识；发表是幼儿对与主题相关的个人经验的回顾，可采用画图、学习单、讲述、拍照、自制图书、DV、戏剧表演或模型制作等方式来诠释个人经验；调查是幼儿通过实地调查、专家访谈、网络电视、书籍挂图等方式找寻问题的答案；展示是幼儿对在主题探究活动中习得的经验的呈现，可以选择采用美工、音乐、表演、讲述、建构等方式进行，它既有利于幼儿间的沟通，亦有助于家长和参观者了解主题活动的进程，获得理解、认同和支持。每一个主题活动都会涉及这五大活动方式，它们既各司其职，又互相关联，体现了对一个问题推进式、深入式的探究。

（2）灵活性。在主题探究活动的过程中，教师应根据活动的内容和幼儿的学习需要，灵活运用不同的组织形式，为幼儿提供多样化的学习机会与条件，激发并保持幼儿的活动兴趣。

集体活动贯穿于整个主题活动发展过程，在不同的阶段有不同的目的和意义。在主题探究活动的初始阶段，集体活动目的在于聚焦热点问题，产生共同的主题。如春天到了，班级阳台旁的那几棵大树成了幼儿关注的热点，他们经常聚在一起谈论树的变化。教师及时捕捉这一热点，组织了一次集体讨论，让幼儿交流关于"树"的观察见闻，并提出问题："你还在哪里看到树？每棵树都长得一样吗？树有什么本领？"将幼儿的兴趣衍生为活动主题——"树"。在主题探究活动发展过程中，集体活动的目的在于产生幼儿间思维的碰撞及师幼间的互动，起到推进主题活动的作用。如在主题活动"树"中，当幼儿发现有的树长不大的时候，教师又抛出了"为什么这棵树长不大"这一问题，组织幼儿展开集体讨论，既紧扣探究内容，引发幼儿总结经验，又为幼儿创造了一个崭新的探索空间，促使活动进一步得到升华和推进。在主题探究活动的结束阶段，我们会开展集体展示会，其目的在于幼儿之间、师幼之间相互分享经验，使幼儿体验探索的快乐、成功的喜悦。如期末主题展示会，幼儿用自己喜欢的方式将自己通过探索积累建构的"树"经验表现出来，于是班级里有了"开心的树""神奇的树""受伤的树"等。

小组活动，又称分组活动，是一种合作式的探索活动，也是主题探究活动中经常采用的一种组织形式，其目的在于让幼儿在合作学习、共同建构中学会理解、学会交往、学会遵守共同的"游戏规则"。教师可根据幼儿的兴趣和能力，将全班幼儿分成若干小组进行活动。可以是针对同一问题的分组研究，也可以是针对不同问题同时展开的分组研究。

个别学习，其目的更多在于满足不同个体的学习需求，让每个幼儿按照自己的兴趣特点、自己的发展速度、自己的认知风格去探索周围的世界。在这点上，我们认为除了幼儿园教师提供一定的支持外，家庭更是实现个别学习的最佳场所，教师应与家长多加沟通，寻求家长的沟通和支持，帮助幼儿实现个别化的学习。

五、"玩中学"主题探究活动的评价

在主题探究活动中，我们始终把握"评价促发展"的总原则，通过以下途径，有意识有目的地对个别、小组、全班的学习情况进行分析与评价。

观察记录，贯穿评价实施的全过程。教师们一般采用的观察法有两种，一种是行为检核，即把要观察的项目和行为预先列出表格，然后检查该行为是否出现，或行为表现的等级如何，并在所选择的项目上做上标记。第二种是事件详录，借助录音、摄像、照相等将幼儿自然表露的行为或某一特定事件的过程进行原始、真实的记录，并对记录结果进行分析评价。教师对幼儿在主题探究活动中的各种行为表现进行观察记录，用记叙性和描述性语言记录观察对象的动作、语言和活动，从而获得对幼儿个体或群体的认识。

作品分析，真实了解幼儿的发展轨迹。作品分析法是指教师根据需要收集幼儿作品，间接地了解幼儿的情况。通过对幼儿活动作品如绘画、日记或其他作品进行分析研究，教师可以了解幼儿的整个变化过程，其学习特点、长处或弱点等。在我们的主题探究活动中，最常用的是对幼儿主题学习单、记录单及主题表征——各类美工作品的分析和评价。通过分析幼儿的绘画作品，我们可以得到许多关于幼儿智能发展的资料，推断幼儿的兴趣、爱好。因此，在开展主题探究活动的过程中，我们经常根据主题的进展设计一系列的"学习单"，让幼儿通过绘画的表征手段来表现自己对主题的理解。

　　个案研究，关注个别幼儿的成长。个案研究法就是对单一的研究对象进行深入而具体研究的方法，通过有效揭示典型的、特殊的教育现象或研究对象的特点，对研究对象进行比较全面而深入的了解和认识，为研究对象提供一定的帮助，体现因人施教、因材施教。在我们的课题研究中，教师会有意识地关注到一些幼儿，在某一时段专门以个体为观察对象，记录其在某个时段或某个活动中的表现（言行），并根据记录的资料进行分析。

幼儿园 STEM 教育活动的组织与实施

陈秀丽*

与科学教育通过让幼儿亲身体验、实际操作、动手探究，获得科学知识，解释自然界的客观规律，从而认识世界，并获得科学思维、能力、态度情感的发展不同，STEM 教育是通过以工程为核心的设计和制作活动来解决生活中真实的、有意义的问题，以培养幼儿创造性解决问题能力、学科融通和知识迁移能力等。强调跨学科整合，是 STEM 教育与科学教育最明显、最突出的不同。STEM 教育中，幼儿的学习过程是：设计、制作、测试、优化，找到问题的最佳解决方案。笔者认为，组织 STEM 教育活动，应以解决真实问题为内容，以工程设计为架构，以高阶学习带动低阶学习为策略，促进幼儿的深度学习。

一、以解决真实问题为内容

丰富多彩的生活为幼儿提供广阔的学习平台，幼儿在生活中遇到的种种真实问题都可能蕴藏着宝贵的 STEM 教育内容，教师如果具有 STEM 教育意识，并熟悉科学、技术、工程、数学学科的关键经验，具有将关键经验转化为幼儿可经历的 STEM 经验的能力，这些真实问题便可以成为 STEM 教育活动生动的题材。

面对与幼儿生活息息相关的真实问题，幼儿能够被探究的意义所激励，从而点燃好奇心，激活思维，创造性解决问题，实现经验的迁移。在真实问题情境中，因为幼儿的密切关注，探究充满了意义，问题的解决又让幼儿感受到自

* 陈秀丽，厦门市科技幼儿园。本文系福建省教育科学"十三五"规划 2019 年度课题"问题驱动下的幼儿园 STEM 课程实践研究"（课题立项批准号：FJJKXB19－543）的成果之一。本文发表于 2020 年 3 月《福建教育》。

己贡献了力量与智慧，增强了幼儿的成就感。相反，当教学设计与幼儿的真实生活相脱节，幼儿便会陷入被动的泥潭，积极性不高，思维很难高度活跃，教学效果大打折扣。

案例1：

在教室里，教师提供积木与小车，让幼儿搭建斜坡，并尝试玩一玩斜坡，初步感受斜坡的结构。随后，教师提供了各种大型户外运动器械，如长木板、重轮胎等，让幼儿巧用斜坡轻松搬运轮胎，体会斜坡的作用。

案例1看似逻辑合理，让幼儿先初步感受斜坡的结构，再体验斜坡的用途，但其教学效果并不理想。因为让幼儿探究的问题不是来自幼儿真正关心的问题，教师创设的情境是经过教师选择和控制的"实验室"虚假情境，幼儿在斜坡的运用中解决问题的思维没有被彻底激发，获得的经验也不深刻。到底在我们的生活中斜坡被用来解决什么问题，幼儿似乎也不关心。

案例2：

一天，阳光明媚，幼儿把教室里的一筐筐玩具都搬到操场上晒太阳杀菌。但是玩具非常多，几个幼儿来回搬了十多趟，累得满头大汗。于是教师抓住这个教育契机，提问幼儿："你们这样搬玩具有什么感受？有没有办法能够更轻松地搬玩具？"幼儿的思维一下子就被激发了："我们可以用车子运玩具。""对啊，教室里就有个餐车。"紧接着，有的幼儿就提出了质疑："可是从操场到教室，中间还有一个台阶，车子开不上来。"有的幼儿灵机一动，说："可以用一块板铺在台阶上，就像斜坡一样，这样车子就能开上来了。"于是幼儿兴致勃勃地讨论选择哪种材料最合适，使用哪种方案最好，并分组搭建起斜坡。第一次搭建之后，幼儿发现斜坡存在不牢固、宽度不够、易下滑等问题，于是再次调整。经过反复调整后，幼儿用车来回两趟就运完了所有的玩具，大家高声欢呼、手舞足蹈。活动过后，幼儿对斜坡的兴趣不减，于是教师倡议家长带着幼儿寻找生活中的斜坡，并实地观察不同地点的斜坡的不同用途。

同样是探索"斜坡"的活动，在案例2中，幼儿面临一个与自己生活息息相关的真实问题，产生了非常浓厚的探究兴趣，有了极其强烈的内驱力。幼儿在探究过程中充当工程师的角色，真真切切地解决实际问题，切实感受到斜坡的用途，并获得极大的成功感。伴随着丰富情绪体验的实际操作让幼儿对斜坡的用途形成深刻的理解，这种自主建构的认识将长久保存在幼儿记忆中。

当然，并不是任何真实问题都适合幼儿探究。在选择真实问题时，教师要衡量问题是否具有可行性、价值性、趣味性、生活性，是否在幼儿的最近发展区内。有些真实问题本身非常复杂，难以操作与实施，如"怎样改善水污染"就不具有操作性。教师选择问题"宜小不宜大"，关注幼儿身边的小问题，结合关键经验去判断问题的价值，才能确定适宜的 STEM 活动内容。

二、以工程设计为架构

工程在 STEM 活动中有着特殊的整合作用，它是 STEM 活动进展的明线。幼儿日常中所获得的经验像珠子一样散落在地上，而工程可以把这些经验串联起来，然后通过经验迁移、运用转化，让经验能够有一个输出口，以工程作品的形式展现出来，将幼儿的思维可视化、外显化、物质化。因此 STEM 活动应以工程设计为活动的架构。

科学和数学是 STEM 活动的暗线。一项科学合理、引发深度学习的工程设计活动，必然会整合科学或数学领域的经验，它们之间有着天然的内在联系，是密不可分、相互联系的。如，用一些材料制作一艘船，就会涉及科学、数学的整合。什么材料做的船会浮在水面，就是科学原理；做船涉及计算和测量，就是数学问题。制作一艘船这项工程，需要灵活运用各个学科的经验，才能达到解决问题的目的，如果没有科学、数学经验的整合，只是单纯地制作船，那么它将会变成一个低水平的手工制作活动，无法引发幼儿的深度学习。

三、以高阶学习带动低阶学习为策略

"一个好的 STEM 活动往往是用高阶学习带动低阶学习，将高阶认知策略与低阶认知策略相整合，促进幼儿高层次思维的发展。"如果一个活动中，连一个高阶认知策略都没有使用到，那么这个活动的质量一定不高，无法引发高水平的思考，也就无法促进深度学习。活动中不能全部都是低阶认知策略，当然，也不能全是高阶认知策略。如果全是高阶认知策略，没有低阶认知中的收集信息等作支撑，活动则无法开展下去。

在案例 2 中，面对真实问题，真实角色赋予幼儿探索力量，能激活幼儿的思维，使其用批判性的思维分析可利用的现实资源，以及可能会遇到的阻碍，分析各种方案的优劣，进行决策。在实际解决问题的过程中，幼儿用细致的观察力，洞察存在的问题，积极思考调整的策略，创造性地解决了问题。在案例 2 中，幼儿使用了信息收集、比较、分析等低阶认知策略，也运用了问题解决、创见、决策、实验四种高阶认知策略，将低阶认知策略与高阶认知策略整合，产生了高层次的思考，使活动更深入。

四、避免走入的误区

1. 切莫重"动手制作"，轻"科学探究"

STEM 活动注重以工程设计解决实际问题，鼓励幼儿通过动手操作进行探究学习，这种"做中学"的方式旨在让幼儿在动手实践中发现问题、进行调整，最终形成工程作品，解决问题，其本质并不在于强化动手操作，让幼儿学习制作某一作品，获得某项技能，而在于通过工程进行探究，以更生动、更灵活、更深入的方式，发展幼儿的思维能力与创造性解决问题的能力。如果过分看重工程制作，而忽视了科学探究，那么制作活动就会仅仅停留在技能培养层面，幼儿无法实现深度学习。

如在"厦门的古厝"活动中，幼儿自己设计了古厝，并使用建构材料搭建古厝。在搭建中，幼儿遇到了很难搭建出尖的立体的古厝屋顶的问题，于是教师引导幼儿通过各种方式将屋顶材料即 KT 板与房屋墙面进行连接，包括使用透明胶带、超轻彩泥、夹子等。虽然这是一次工程活动，但并没有进行科学探究，在热闹的背后，幼儿获得的只是肤浅的技术经验，即使用不同材料进行连接，解决技术上的问题，缺乏深度学习。

STEM 活动中必须要包含科学探究，科学是 STEM 的基础。没有科学作为基础，STEM 中的创造性工程项目就可能成为毫无科学性的低级设计活动，甚至是纯粹的"手工制作"活动。因为离开了科学的逻辑性、严谨性，创造就成为无源之水、无本之木。STEM 教育目的不是培养"能工巧匠"，而是培养"全面发展的人"。教师要避免走入"重技术，而轻知识"的误区，注意 STEM 活动要有跨学科的课程设计，包含科学知识的渗透，不能只是单纯的技术运用。在 STEM 教育中，动手操作只是手段，工程制作是载体，发展能力才是目的。只有把发展能力放在首位，才能让幼儿获得真正成长。

2. 切莫重"学习结果"，轻"学习过程"

STEM 活动中，最有价值的地方在于探究过程，而非结果。过分看重学习结果，为制作而制作，则与 STEM 教育的目的背道而驰。

如，"制作风向标"活动，幼儿在操场上游戏时，一阵风刮过，于是幼儿提问："这风到底是从哪里刮来的？"为了判断风向，教师带领幼儿想出一个解决办法——制作风向标。在了解风向标之后，幼儿画设计图，使用材料制作风向标。表面上，这是很好的 STEM 活动，在问题驱动下开展工程制作，问题也来自幼儿的生活，成果是幼儿制作的风向标。但在这个活动中，制作风向标被当作最终的目的，对问题情境，幼儿没有经过仔细分析，教师便匆匆地将任务锁定在了制作风向标上，幼儿的思维早早地就被框住了，不利于幼儿创造性解决问题。我们如果仔细分析问题情境，就会发现其中隐藏着多种可能性，指向不同的解决问题的方向，可能会产生不同的问题解决路径。具体分析如下：

仔细观察——从哪里可以看出有风刮过？

判断——风刮过时，周围的物体怎么动的？朝哪个方向动？

推理——从物体运动的方向推测风从哪个方向刮来。

比较——风刮过时，什么物体运动得最明显，方便识别风的方向？

提出解决办法——为了更加准确、方便地判别风向，生活中人们会使用什么方法？在幼儿园里可以怎样准确识别风向？将自己的方法用设计图进行展示。

进行决策——每种方案都有哪些优点和缺点？哪种方案最好？

批判性思考——作品是否有效？还需要做哪些调整？

如此开展，幼儿将经历完全不同的探究过程。经过对情境的具体分析，幼儿历经了观察、判断、推理、比较、决策、批判性思考等学习过程，最终创造性地解决问题。幼儿的思维是开放的、自由的、发散性的，没有了提早预知结果的束缚，幼儿创造出各种各样判断风向的作品。这个活动，不是为了最后显性的结果而开展，没有被某一个指定的成果而套住，幼儿在与同伴的互动、碰撞、质疑中获得启发，分析解决办法的科学性、可行性，这才有助于幼儿的创造性解决问题能力的发展。如果没有这些脑力激荡、思维涌动的过程，直奔结果，就会失去 STEM 活动的意义。

3. 切莫重"整合教学"，轻"分科教学"

与分科教学相对，STEM 是一种整合性课程。在 STEM 课程本土化的教育实践中，存在三种课程实践模式："一种是以 STEM 课程取代科学、数学分科教学的模式，将数学、科学与工程进行整合，组成一门新的 STEM 课程实施；第二种，不改变原有课程结构，将 STEM 的教育理念融合在科学课程或主题课程中，践行 STEM 教育理念；第三种，把 STEM 课程作为一种后设课程，即在分科课程之后设置的课程，让幼儿在学习分科课程的基础上再学习 STEM 课程。"笔者不主张用 STEM 课程取代分科课程，更倾向于后两种课程模式，因为在 STEM 课程中，重在对分科课程知识的综合运用，解决实践中的真实问题，这是其优点，但劣势就在于获得的知识是零散、不成系统的，无法让幼儿形成系统的学科经验。而相对于这一点，分科教学有其不可替代的作用，它以学科本身的逻辑来组织，能使幼儿获取系统的学科关键经验，这对幼儿未来的学习起到重要的奠基作用。因此，分科教学是 STEM 的基础，如果没有分科教学保证让幼儿获得系统的学科关键经验，仅靠 STEM 课程幼儿不可能有效地掌握系统的知识。如果没有理解学科知识，没有掌握学科基本的能力，便谈不上综合运用与创造性解决问题，经验的缺乏会成为制约 STEM 活动深入开展的"瓶颈"。幼儿对学科关键经验掌握得越系统，解决真实问题时，综合运用各领域经验的能力就会越强。所以要避免走入重"STEM"，轻"分科教学"的误区。

幼儿故事剧表演活动的美育价值探析

傅雅萍*

摘要：以美育的视角来审视当前故事剧表演活动存在的问题，主要有故事表演对话随意化，缺乏生活体验的审美知觉；故事表演动作符号化，缺乏游戏体验的审美想象；故事表演情感浅表化，缺乏艺术体验的审美理解。认为可以从对话"悦耳"，提升审美直觉能力的敏锐性；动作"悦目"，激发审美创造力的独特性；情感"悦心"，萌发审美态度的意向性等三个维度加强对故事剧表演活动美育价值的挖掘。

关键词：故事剧表演；美育价值

故事剧表演活动指围绕故事中角色、情节、语言等文学要素为载体，以声音表情、面部表情和身段表情来创造性地再现文学作品，表达自己对于生活和世界的认识、体验和感受的艺术教育活动。而审美教育的重要途径是积极引导儿童去亲自体验和感受现实世界和艺术作品，使儿童发现客观世界中的对称、节奏、重叠、粗细、疏密、统一等美的样式，并形成一种对这些样态敏锐的感受能力。笔者认为故事剧表演活动本身所蕴含的丰富的审美因素和独特的审美特征，如欢乐徜徉的游戏性、稚拙有趣的冲突性、综合多样的艺术性，有利于促进幼儿审美直觉力、审美创造力、审美态度等方面的协调发展，是对幼儿进行美育的最佳载体。本文立足于美育角度，对当前故事剧表演活动存在的问题进行梳理与分析，并进一步就幼儿故事剧表演活动的美育价值进行探析。

---

* 傅雅萍，女，福建泉州人，泉州市丰泽幼儿园高级教师。本文系全国教育科学"十三五"规划2017年度教育部重点课题"构建以幼儿为主体的故事剧表演特色课程的实践研究"（DHA170398）的成果之一。本文发表于2019年12月《陕西学前师范学院学报》。

一、当前幼儿故事剧表演课程中美育缺失现象的剖析

愉悦快乐是幼儿在故事剧表演中最佳的审美体验，是幼儿参与审美过程中直觉、审美创造、审美态度等审美经验的总基调，更是美育价值洋溢的最美时刻。这些审美经验，潜藏在故事剧表演角色的对话、动作、情感的点点滴滴里，其发生时既朦胧又形象、既内隐又外显、既短暂又强烈。这在客观上就要求教师要善于去捕捉个中的美育契机，充分发挥故事剧课程的美育作用，但在实践中往往事与愿违。

1. 故事表演对话随意化，缺乏生活体验的审美知觉

要顺利地完成一部完整的故事剧的表演任务，往往需要根据幼儿的实际水平，对故事剧的对话进行适当的改编。以美育视角考察教师对故事剧对话的改编工作，不难发现常存在两大问题。一是奉行童言对话"自然主义"，导致故事剧对话表演平淡化，无韵律之美；二是奉行录音对话"替代主义"，导致故事剧对话表演如哑剧，无意境之感。一句句经过童心过滤的"纯口语"对话，折射出幼儿对故事中所表达事件的生活无感，对话语言的节奏无韵，对话表演自然无法达到共情之趣，索然无味如背书。

究其原因，一方面教师片面地强调儿童口头语言在故事剧对话创作中的效用，误将角色艺术对话等同于日常聊天。另一方面教师的功利思想作祟，不允许幼儿出错，所以让幼儿伴随着录音表演，可以实现表演零误差。教师指导幼儿对话创作"两极化"思维，切断幼儿表演与生活经验的联系与交往，而故事剧对话表演应该去"舞台化"，走在回归"生活"的路上，以剧本对话的"模版"不断吸纳幼儿个体生活经验，保持个体语言审美图式的生长性，在反映生活或故事的原始色彩的朴素表演中转化为审美直觉。

2. 故事表演动作符号化，缺乏游戏体验的审美想象

身体动作是故事剧表演最基本的媒介，也是角色表达的重要组成部分，这里的身体动作更多是肢体动作（四肢与躯体），也可以称为身体表情。故事剧里的人、景、物等角色都有典型的身体动作，如兔子蹦蹦跳、大树站不动、女孩跑跳步等，肢体动作具有标识角色作用。但在实践中经常会发现，在故事剧表演过程中，要么存在身体造型雷同化现象，现成服装角色快速塑形，无角色认同的动作灌输，导致肢体表达雷同贫乏无张力之核；要么存在身体动作程序化，脱离故事事件情境认知，无切身体验的动作想象，导致肢体表达拘谨生涩

无鲜活之趣。一个个手足无措的小孩，身体表征的个性化意识还未开启，如同一个个被束缚的身体，个体专属的审美想象"沉睡"着。

究其原因，教师过分强调故事剧表演的观众视角，且往往以成人"好看的"视角评判戏剧表演效果，忽略了幼儿在戏剧表演中的感受与创造性的发挥。因而，在身体动作的创作上注重结果，而忽略了幼儿对审美对象的"感受与欣赏"的体验，以教授表演为主，简单移植角色动作，动作整齐划一。注重角色形象包装，追求表演观赏性，错误理解幼儿对故事剧表演的喜爱，其更多源于爱玩的游戏心理，而不是爱美。笔者认为故事剧造型动作的表演，只有在游戏活动中，用游戏的方式去感受去体验去对话审美对象，身体才能在放松中觉醒，在冲动中释放原始力，渐进审美想象的愉悦状态，拥有身体变奏变形地表达角色形象的审美创造力。

3. 故事表演情感浅表化，缺乏艺术体验的审美理解

故事剧表演的情感指幼儿在角色表达过程中，共鸣与表现要基于情感的体验与理解，[1]165它包括自然表现和艺术表现两方面。幼儿情感因年龄小体验浅表不深刻，外显能力有限，常常出现一些尴尬局面。如在表演过程中，幼儿脸上的表情要么一笑到底，无论是配角、正角、丑角、恶角，均笑笑笑，与动作、语言无违和感，导致表演无感染力；要么全凭喜好，无论故事情节多么蜿蜒曲折、荡气回肠，只要不感兴趣均无表情，若遇上喜欢的情节，瞬间眉飞色舞，导致表演情绪化。

究其原因，教师指导幼儿进行角色情感表达中，认为幼儿受年龄制约不能辨别角色的不同性格或情感，缺少情绪情感的艺术导引方法。一方面，忽视语言、音乐、美术等艺术形式的感受与欣赏，缺少以审美的视角去品味、体验、思考角色的艺术情感表达的内容、形式等，导致表演时幼儿常常以生理情感状态代替角色情感表达。另一方面，过度重视幼儿表演情感的外显效果，嫁接节奏快的音乐、色彩亮的场景、口号式对话等形式，导致幼儿角色表现处于高亢兴奋的情感状态，忽视对角色情感的深度理解。笔者认为在故事剧表演中，情感伴随整个审美过程的发生，教师应有意开展丰富多彩的艺术活动，尊重幼儿各自的审美偏好，才能觉知于、专注于角色的情绪的丰富与变化，并以相应的艺术语言畅通无阻地表达自己的审美理解。

二、幼儿故事剧表演课程中美育价值的挖掘

美学家李泽厚在《美学四讲》一书中，将审美按其形态分为"悦耳悦目"

"悦心悦意""悦志悦神"三个方面。[2]169笔者根据幼儿年龄实际特点,择取"悦耳""悦目""悦心"审美形态为依据,结合我园故事剧表演课程的实践探索,阐述一下幼儿在故事剧表演活动中呈现出感官、身体、心灵的愉悦享受,探析教师如何把握和挖掘个中的美育价值。

(一)对话"悦耳",提升审美直觉能力的敏锐性

优美的对话,稚气的对白,让幼儿欢乐、自在,沉浸在梦幻弥散、跌宕回环的故事情节中,获得动人心魄之感,便是故事剧对话创作达"悦耳"之境。故事剧对话创作要达"悦耳"之境,教师要引导幼儿将生活中看到的熟悉的事物、听到的美的声音等审美经历进行加工改造,转变为拟声语、象声词,如飞禽走兽、风雨雷电的模仿声,增加各种对话音效的音感、语义、节奏等审美经验,从而使对话对白的美感来源于听觉,又超越听觉,迅速传导入其他感官引发愉悦感,提升幼儿语言审美直觉能力的敏锐性。

1. 优美的剧本对话,引发语境多感的审美知觉

审美感知是对审美对象的形、音、色、光、空间、张力等要素组成的形象的整体性把握。[3]一部故事剧对话具有"优美"的张力,来自教师以"咬文嚼字"方式,与幼儿一起赏析生活美景,润泽幼儿口语化对话的色韵、节奏,使其描绘故事角色此时此景此人此情的直接感受,或亲切或空灵或活泼或浪漫……让幼儿在质朴、纯美的故事剧对话欣赏中,获得听声入境、闻声见景的愉悦感,增进幼儿细致、细腻的审美观察力。

案例一:《敲门》(节选自大班故事剧表演《珍珠龙须粥》)

幼儿创编的对话:

武将:我先去敲门,咚咚咚,怎么没有人?

文臣:你到别家敲一敲。

(三个人走到第二家)

武将:咚咚咚,这家也没有人。

文臣:怎么都没人?

皇帝:你看,那家有人。

师幼共构下的对话:

武将:我先去敲门,咚咚咚,里面可有人家?

文臣:我看是你敲得太重了。我来敲敲看,咚咚咚,里面可有人家?唉,一出手就吃了一个"闭门羹"。

(三人走到第二家)

武将：还是我来敲，咚咚咚，唉呀，这家也没有人，我也喝了一个"闭门汤"。

皇帝：好一个"闭门汤"。

文臣：是"闭门羹"，不是"闭门汤"。

武将："闭门羹"就"闭门羹"吧。你们看，前面的房子有炊烟。

文臣：没错，那家肯定有人，我们快去看看。

皇帝：真是"山重水复疑无路，柳暗花明又一村"。

案例中教师应承幼儿的创作建议，在原来"怎么没有人？""怎么都没人？"的平淡对话里加入了"闭门羹""山重水复疑无路，柳暗花明又一村"等妙趣的语言，轻松地表现出文臣识字、斯文、认真的处事习惯，衬托武将粗犷、威武、力大的行事做派，还有皇帝在剧中的主角形象。当然幼儿对"一波三折""闭门羹"等妙语的共鸣，得益于教师与幼儿大量阅读经典的成语故事、传说故事、人物传记，教师以优秀文学作品导之，能够帮助幼儿积累丰富的语言审美经验，形成与人物角色相适应的快速的辨别能力，由此产生了优美的剧本对话。

2. 稚气的角色对白，引发妙语趣言的审美直觉

审美直觉是一种形式性直觉，是对物体的形状、体积和造型的富有个性色彩的情感体验。[4]72-76在故事剧角色对白表演中，幼儿往往表现出浓浓的稚气感，这份稚气感恰到好处地保留了"稚"与"拙"的形象张力，让幼儿角色对白创作既有改造的空间，又不失孩童的视野，幼儿在愉悦感中，便拥有塑造人物的语言直觉力。

案例二：《躲哪》（节选自中班故事剧《捉迷藏》剧本）

幼儿创编的对话："很大很大的地方""树后面""花的那边"……

师幼共构下的对话：

妮卡说：哇呜，公园好大呀！可以躲在哪里？（丰富象声词表达对捉迷藏环境空间大小的听觉感受）

巴特说：看，有大大的树，可以躲在大树后面。（丰富视觉动词表达对捉迷藏空间方位的视觉判断）

乔治说：花儿一朵连一朵，可以藏在花丛的后面。（丰富量词表达对捉迷藏环境内容、距离的视觉判断）

艾米说：假山里有山洞，可以钻进去，谁也看不见。（丰富方位词表达对空间方位的视觉判断）

妮卡说：不要太远了，我们去藏起来吧！

故事剧《捉迷藏》剧本中，既有大量重复、词意不明的对话，又潜藏着幼儿的朴素经验。教师反复品读孩子的每一句话，遇上对话语句重复冗长，去除繁复之语，选取一两句能生动描述故事场景的对话即可；遇上对话语句不连贯或词不达意，可引导幼儿再次运用想象、拟人、夸张、比喻等言语形式将口语化的对话延展，运用其语言的画意感快速勾勒出"假山、密林、花丛"等捉迷藏的玩乐生活情景。教师与幼儿以对话为媒介，交流与调整各自的思想和情感，并以听觉为源点联合触觉、动觉、味觉等统整的审美知觉，使身体感觉通道活跃起来，迅速带幼儿回忆与共情捉迷藏的全部生活经验，生动地表达了幼儿的所闻所想所乐。

（二）动作"悦目"，激发审美创造力的独特性

拟真的形象、多变的造型，幼儿的身体表演灵动吸睛，仿若进入了复制模仿、审美意象、神与象游的描述状态，使其故事剧动作造型创作入"悦目"之界。教师借以故事剧角色身份，开启幼儿扮丑扮萌、嬉戏打闹的游戏天性，点燃他们内心能动活力，使其带着自信与个性去想象的身体，拥有了表达自己、表现角色、主宰环境的畅快感，审美创造力呼之欲出，更具独特性。

1. 拟真的角色造型，引发和而不同的审美意象

审美意象即指个体将自己的生活经验、审美情趣、性格、情感等直接移注于物，通过想象，产生一种独特的审美感受。教师应呵护幼儿扮丑扮萌的游戏天性，唤醒幼儿在生活中对"原型意象"的认知，使其焕发活力，生动地塑造故事角色外形特征，诱发同一故事角色"和而不同"的审美意象。

案例三：《大灰狼的N种死法》（节选自中班故事剧表演《小熊请客》）

在不同的故事里，大灰狼越是凶恶，结局一定是越发离奇地倒霉。

楷楷大灰狼拿了张地垫，躺在地上"睡死"了。看着大灰狼安静的样子，小动物们傻眼了。（运用生活经验的感知表现大灰狼倒霉）

凡凡大灰狼倚着墙根，头带遮眼布，扎坑"撞死"了。看到大灰狼倒立贴墙的样子，小动物捂着嘴笑。（运用动画片《灰太狼》欣赏经验的联想表现大灰狼倒霉）

蒋蒋大灰狼拿着个玩具方筐，啊——，扑通进篮"摔死"了。大灰狼肚子贴在篮底，头与四肢被篮框缘空架吊着，太倒霉！小动物们笑弯了腰，还轮流到篮框里"死"了一回。（运用故事剧情景《小熊请客》的想象表现大灰狼倒霉）

大灰狼，反面角色的经典代表。故事剧中的大灰狼有多倒霉，幼儿就有多喜欢它。幼儿自备草席、遮眼布、篮子等简易道具，能快速、逼真、生动地将自己装扮成倒霉的大灰狼，游戏感十足的欢乐，不仅带给同伴视觉上的共鸣与享受，更清晰地展现了幼儿对大灰狼在"死"与"倒霉"之间的审美想象水平差，即楷楷模仿人死的模样、凡凡再现丑角"灰太狼"、蒋蒋巧借篮框装死。其间，最具感染力的造型就数蒋蒋大灰狼，蒋蒋的造型汇聚了自己在生活中、在动画片中、在绘本中，无数次对该角色造型的知觉而形成的审美灵感，身体任由玩具框雕刻出"死"比"活"还有精气神的"洋相"，大灰狼双眼紧闭，造型多变，尽显"恶有恶报"的诙谐，自然引来一帮小家伙们互相逗趣"倒霉"。

2. 特定的事件动作，引发狂喜专注的神与象游

幼儿思维是具体形象的，"自我"能自由出入"剧里"与"剧外"。孔起英教授在《儿童审美心理研究》一书中称之为"神与象游"，指审美活动中个体的情意伴随着具体可感的形象而不受时空的限制，进入物我不分的境界。[5]8−10在故事剧表演中常见幼儿自发"嬉戏打闹"的游戏行为，而在自主选择角色的氛围下，当故事角色形象或情节事件，吻合了幼儿自己特定的愿望、满足了心理某部分需求时，幼儿控制自己、控制他人、控制环境的欲望，便在故事角色表演中被合理化、被满足，由此幼儿在自我欣赏间，全情投入，动作奔放，狂喜且专注。

案例四：《泽泽与水蟑螂》（节选自大班故事剧表演《101 只蝌蚪》）

泽泽是个安静腼腆的小男孩，平时话少声音小，多数时候总是自己一个人玩。（生活中的泽泽小朋友）

水蟑螂，故事剧中捉了青蛙妈妈和蝌蚪宝宝的大坏蛋，这个角色却是泽泽的最爱。

故事剧《101 只蝌蚪》里有六只水蟑螂，舞台上泽泽扮演的水蟑螂最威武，最强悍。每到"小龙虾与水蟑螂为争夺青蛙妈妈为食物而吵架和打斗"的情节时，泽泽扮演的水蟑螂总是第一个冲到小龙虾的阵营中，狠狠地说："这是我的地盘，青蛙是我的食物。"双手在空中做出舞枪弄棒的动作，时而腾空跳，时而伏地趴，时而旋转手臂，不时张嘴发出怪叫声，扮着各种鬼脸。（故事剧《101 只蝌蚪》中的泽泽小朋友）

案例中，水蟑螂的故事角色将泽泽带入了幻想的世界，腼腆的泽泽身体开始觉醒，它释放身体潜在的"攻击力"不由自主地在自我与角色之间"走出走

进"，当泽泽完全投入到故事剧表演"里面"，身体随心而动，"腾空跳""伏地趴""旋转"，动作流畅自如地表现出"水蟑螂"的艺术形象，每个动作都奔放有力，拥有了角色的霸道力量，生活中的弱小感完全地得到补偿，满足后他从角色走出来，又恢复了安静腼腆，"神与象游"的想象让幼儿确立自己的主体意识，张扬自己的行为，获得主宰自我、控制角色的愉悦感，创作出一个生活中未曾出现的崭新"自我"形象。

（三）情感"悦心"，萌发审美态度的意向性

恶毒巫婆走神一笑，稚气娃娃装老太，无邪表情自如切换，便是故事剧情感表达"悦心"之境。因为幼儿审美态度不成熟，所以他们是以审美移情、偏爱的方式，执着于自己喜欢的角色。教师如能接纳这种不成熟，善用美术、音乐、雕塑、文学等艺术表现形式，引导幼儿将自己的情感倾注在表演创作的每一个过程，便能映照出幼儿本真的内心冲突，使其在自然情感与角色情感不协调间，外显了内在心灵的愉悦与自在。

1. 纯粹的自然情感，引发节律重复的审美偏爱

审美偏爱是主体对审美对象的倾向性感情评价。幼儿偏爱节律重复的情节，如经典的童话故事《白雪公主》《灰姑娘》都是在重复的桥段中，让幼儿感到熟悉，不紧张，有自信，能把握。教师如能尊重幼儿的审美偏爱，采用"节律重复"致情节冲突的创作，再辅以幼儿喜欢的艺术表现形式，如舞蹈、唱歌、美术、雕塑等，幼儿的自然情感便能伴随故事情节的推进，流畅自在地表达。

案例二：《打嗝》（节选自中班故事剧《捉迷藏》剧本）

第一次情节设计：

乔治："你们藏在哪里呢？　　　　伙伴：我在这里……

第二次情节设计：

乔治怎么也找不到他们的朋友，伙伴们决定跟她开一个玩笑。

妮卡：嗝！　　　　　　　　　乔治：什么声音？

艾莎：嗝嗝！　　　　　　　　乔治：你们躲在哪里？

大家：嗝！嗝！嗝！（随机）。　乔治：哈哈，找到你们啦！找到你们啦！

故事剧《捉迷藏》的冲突创作，缘起乔治找不到伙伴而着急。可是第一次设计时，那种一问了之的桥段，未能满足幼儿在捉与藏矛盾冲突中的"着急"体验。"着急"的情感并不是让幼儿真的着急，而是表达捉迷藏的乐趣。教师效仿经典故事剧情节重复，对话变奏，配上乐曲《咕嘟嘟》更显生气，打

"嗝"音效的空间移位里夹杂着同伴熟悉的音色，细细的、粗粗的、嗲嗲的童声音色此起彼伏，铺设忍而不发蓄势的情感状态，表演趣味十足，使幼儿不仅替乔治着急，也觉得好玩有趣。在这样满足他们偏好的故事表演里，使他们不仅喜爱故事剧表演，也喜爱生活的美好。

2. 错综的角色情感，引发喜爱角色的审美移情

审美移情是主体不自觉地把自己的思想感情、意志品质等赋予给不具有人的感情色彩的外物，结果外物似乎也有了人的思想感情、意志品质等。[6]在故事剧中，鲜活的艺术形象、激烈的情节冲突诱发了幼儿的审美移情，幼儿从害怕、恐惧、无奈到惊喜、好奇、满足等不同情感的变化，获得对角色多元的审美认知与理解。

案例五：《勇敢的小鲤鱼》（节选自大班故事剧表演《小鲤鱼跳龙门》）

最近，班上的孩子总是三三两两围着绘本《小鲤鱼跳龙门》聊天，强强指着锋利的岩石，说："如果小鲤鱼跳到岩石上，一定很疼。"多多说："对，这是大禹用斧头劈下的石头，石头的边沿像刀子一样。"琪琪说："你看水草也是很坏的，会把小鲤鱼缠住……"很快，这幕场景出现在故事剧的表演中。

强强、多多（礁石）躺在地上，双手做出山尖手势停至腰旁，一脸坏笑地说："我的礁石有棱角，你敢试一试吗？"小鲤鱼游来游去，说"我好害怕！"于是，她又邀来一群小鲤鱼，小鲤鱼站在椅子上跳过去了，大家哈哈大笑。

强强（礁石）生气地变换礁石棱角的位置，挑战小鲤鱼。……（引发了小鲤鱼的惧怕、生气、无奈、惊奇等情感表现）

刚刚、俊俊、杰杰（水草）蹲站相依着，说："这里有很多高高低低的水草，你跳下去就缠住你，你们敢跳吗？"小鲤鱼游来游去，找到了最矮的地方跳过去，很满足地游走了。（引发了小鲤鱼的犹豫、惊喜、满足等情感表现）

案例中，孩子们在绘本故事《小鲤鱼跃龙门》的欣赏中，既关心小鲤鱼是否能顺利跃龙门，又希望看到小鲤鱼是如何面对一个个困难，因此海浪、礁石等成人世界的外物在幼儿的"关心"中被活化，诱发幼儿自己扮演海浪、礁石与小鲤鱼博斗，从而感受到小鲤鱼从刚一开始的紧张害怕，到小心翼翼，再到最后的大胆挑战，勇跃龙门。其角色情感转换，有迂回、有变奏、有反复，直到"鱼跃龙门"那时刻，矛盾的情感体验生发出充沛的生命活力。彭运石曾细致地描述过，这种审美愉悦的体验状态就是一种高峰体验的情感状态，是一种人性的可能性与现实性，自我与自然、社会合一的"剧烈的同一性体验"。[7]

在故事剧表演课程实施中，幼儿积极热切地投入其中，身心在游戏的世界

里、在艺术的世界里尽情飞翔，让所有的梦想变成了可以触摸到的现实，使其成为一个精神丰满而快乐的人。

参考文献：

[1] 张金梅. 学前儿童戏剧教育 [M]. 南京：南京师范大学出版社，2015.165.

[2] 李泽厚. 美学四讲 [M]. 桂林：广西师范大学出版社，2001.169.

[3] 范诚. 解读儿童画中的儿童审美心理研究 [D]. 南京：南京师范大学，2002.

[4] 张鹏. 论艺术语言中的审美意识 [J]. 昆明理工大学学报（社会科学版），2002（4）：72—76.

[5] 孔起英. 儿童审美心理研究 [M]. 南京：江苏教育出版社，2005.166.

[6] 戚廷贵. 美学原理 [M]. 长春：东北师范大学出版社，2006.

[7] 彭运石. 走向生命的巅峰　马斯洛的人本心理学 [M]. 武汉：湖北教育出版社，1991.

利用本土资源开展创造性游戏的基本路径

陈少丽[*]

摘要：创造性游戏是幼儿创造性地反映现实生活的游戏，能很好地促进幼儿自我意识、情感、社会性、认知和运动能力的发展。利用本土资源开展创造性游戏，一是要充分挖掘具有教育价值的本土资源，为幼儿创设良好的游戏环境；二是要设计游戏主题，分阶段推进游戏的开展；三是要投放开放性材料，引导幼儿持续游戏；四是要注意观察和指导幼儿游戏，推动幼儿发展。

关键词：创造性游戏；本土资源；园本课程

培养儿童的创造性和良好的适应能力是教育的基本目标之一，[1]同时游戏是幼儿自我成长的基本手段，[2]因此通过创造性游戏帮助幼儿再现对真实生活世界的理解，培养儿童的创造力，是幼儿园开展游戏活动的重要目标。

一、创造性游戏与本土资源对儿童发展的价值

人的发展是有结构的整体，主体性占据其核心位置，游戏作为幼儿的基本活动，其本质是一种主体性活动，[3]应该通过儿童主体性的发展来促进儿童身心全面发展。因此，创造性的培养可以被视为实现儿童身心全面发展的切入点，而创造性游戏又是培养儿童创造性的重要手段，[4]具有现实的教育意蕴。

有学者将游戏分为创造性游戏和规则游戏两类，其中创造性游戏是幼儿创造性地反映现实生活的游戏，以表征思维为基础，包括角色游戏、表演游戏、

---

* 陈少丽，漳浦县实验幼儿园园长。本文系福建省基础教育课程教学研究立项课题"利用本地特有资源开展创造性游戏开发园本课程的实践与研究"（编号：4130）的成果之一。本文发表于2017年第3期《学前教育研究》。

建构游戏等，能够为儿童提供大量探索的机会，[5]促进儿童自我意识、情感、社会性、交流能力、认知能力、感知运动能力的发展。[6]而在游戏活动的设计、组织和实施过程中，幼儿的日常生活通常被赋予了重要的教育内涵。本土文化是幼儿生活的组成部分，它不仅是儿童生存的场域，也是其发展的土壤。脱离了这一根基，幼儿存在和发展的意义就无法得到合理的解释。[7]本土资源作为文化的具象，不仅是儿童认知的对象，也是促进儿童发展的条件和手段。《幼儿园教育指导纲要（试行）》提出要充分关注幼儿的经验，引导幼儿在生活和活动中生动、活泼、主动地学习，即要求从幼儿的日常生活开始，然后逐步延展到幼儿身体、认知等能够触及的场域或者时空。这也就意味着，幼儿所在地域特有的自然环境资源、社区教育资源以及其他具有地域特点和历史积淀的文化资源，理应成为扩展幼儿生活和学习空间的重要内容，由此创造性游戏与本土资源就连接成为促进幼儿学习和发展的两个重要支柱。

二、利用本土资源开展创造性游戏的基本路径

对笔者所在幼儿园所处的福建省漳浦县来说，最具特点和知名度的是天福茶庄，它不仅与幼儿的生活在时空上相距很近，而且其丰富的文化和教育内涵能促进幼儿对外部世界的认知，丰富其文化体验和感知。"天福茶庄"由此成为我们利用本土资源开展创造性游戏的重要依托。

（一）深入挖掘资源，创设最佳游戏环境

我们首先对天福茶庄的环境与文化要素进行了深入系统的梳理和挖掘，认为它所涵盖的茶博院、石雕公园、展馆、茶室等有形资源和茶艺表演、茶叶加工、茶食品加工、茶具制作等活动呈现的文化形态，都可以融入结构游戏、表演游戏、角色游戏等创造性游戏中。为此，我们积极寻求并获得了地方教育行政部门和资源方的支持，如天福茶庄全方位向幼儿园课题组成员开放，并给幼儿园赠送了大量的书籍、图片材料、光盘、食品样品等，对我们开展创造性游戏给予了材料和方法上的大力支持。同时，我们还充分调动家长资源，设置了3个大纸盒的"聚宝箱"，倡议家长帮助收集茶叶盒、茶叶罐、茶食品包装盒等废旧品，为进一步丰富游戏材料打下基础。在规划游戏场地方面，我们打破班级限制，将350多平方米的多功能大厅、120多平方米的结构室、120多平方米的半开放式活动平台作为开展创造性游戏的场地，为创设最佳游戏环境提供了最大便利。

（二）确定游戏主题，分阶段推进创造性游戏

游戏主题是在教师与幼儿的共同协商和讨论下生成的，整个创造性游戏分为四个阶段：第一阶段是分班游戏，在本班开展，包含角色游戏（博物馆、茶叶加工厂、茶食品加工厂、茶具坊、小天鹅茶餐厅、天福商场）、结构游戏（搭建"天福茶博物馆""石雕公园""未来天福茶庄"等）、表演游戏（中国茶馆茶艺表演、韩国茶馆茶艺表演等）；第二阶段增设"天福茶庄旅游公司"主题，让各班幼儿分批自主参观，熟悉各班游戏内容，为下一阶段打破班级界限、自由选择游戏主题做准备；第三阶段打破班级界限，让幼儿自主选择游戏主题和合作伙伴进行游戏；第四阶段扩展"天福茶庄旅游公司"主题，大班幼儿邀请中、小班幼儿参加，结对进行大带小的创造性游戏。这一递进的游戏过程，建基于幼儿已有的经验和认知水平，同时引导幼儿的学习品质向更高的方向发展。

（三）投放开放性材料诱发幼儿游戏行为，拓展游戏内容

在有设计的游戏环境中，通过投放具备一定结构但又开放的游戏材料可以更好地实现游戏对儿童的发展价值。在游戏开始时，我们通过天福茶庄和家长等途径收集了很多游戏材料，孩子们对"美丽的天福茶庄"这一创造性游戏也表现出了浓厚的兴趣，且这一阶段的游戏基本上是他们生活经验的再现，每个主题模仿的成分占大部分。但随着游戏的推进，孩子们在游戏中不断遇到问题，如"天福商场"用天福茶食品盒"包装"的"食品"卖光了，没有天福茶食品包装盒了怎么办？幼儿想在结构游戏"美丽的天福茶庄"中增加"天福游乐场"，要用什么东西建？建在哪儿？等等，这些问题都随着游戏的深入不断显现。经过思考和研究，我们增设了"聚宝屋"，发动全园家长和教师共同收集多种多样的可供游戏用的环保废旧品，同时教师对投放的材料只做一个大致的规划，而不对玩法进行具体设计或规定，让幼儿完全根据自己的需要自行决定如何玩。经过这一改进后，幼儿的创造性游戏得到了提升，生成了许多新的主题，如"小天鹅茶餐厅"多生成了海鲜茶餐系列；"天福超市"多生成了设计产品广告宣传单，去茶艺表演厅向"游客"解说推销的活动；"茶艺表演"多生成了"千手观音"；结构游戏中多生成了"天福幼儿园"等建构主题。

（四）对幼儿游戏进行有效观察和指导，提升游戏品质

打破班级界限开展创造性游戏，理论上可以为幼儿提供更复杂和更具挑战性的游戏与交往环境，但同时遇到的问题和困难也会增加，这时就需要教师进行有效的观察和指导，以发挥教育的引导和支持作用。我们总结了对幼儿游戏

进行观察和介入的四条基本策略：第一，与幼儿一起制定游戏规则。真正的自由是建立在人人守规则的基础上的，要让全园近 200 名幼儿打破班界自由自在地游戏，就应建立幼儿能内化的游戏规则。因此，我们组织幼儿自己讨论制定规则，并将之画下来，然后贴在各游戏区域，出现问题有争议时再不断讨论、修改和完善。第二，注重幼儿合作品质的培养。打破班界开展游戏为培养幼儿合作品质提供了机会，教师应鼓励幼儿根据自己的生活经验，自主选择游戏主题，与其他幼儿协商选择和确定自己的游戏角色，且每次游戏可顺应需要，关联多种角色进行，如玩"天福超市"游戏的"售货员"下班后可到"贝贝餐厅"吃饭，下班休息时间也可观看茶艺表演等。第三，将"天福茶庄"引入园本课程，开展主题活动。在专家的引领下，我们梳理了"天福茶庄"主题活动网络，使幼儿在自主学习中进一步认识天福茶庄和了解茶文化，对茶叶、茶食品、茶具、茶饮食有了更深的认识，同时也丰富了幼儿游戏的内容。第四，给幼儿预留创新游戏的空间。开展"天福茶庄"主题活动后，孩子们在节假日多次与爸爸妈妈到天福茶博物院、石雕园游览，扩充了对天福茶庄的认知。在此基础上，教师和幼儿一起生成了"未来天福茶庄"活动主题，释放幼儿的想象力和创造力，在集体活动中不能得到满足的想法在创造性游戏中得以实现。

利用本土资源开展创造性游戏是建构园本课程的重要手段之一，它不仅改变了幼儿的学习和活动生态，对于教师素质的提高也起到了很好的促进作用。今后，我们要进一步加强专家引领，提升教师的理论视野和水平，改变目前教师观察和分析能力不强的现状，[8] 全方位提升教师的专业素质，同时深化有关材料开放性与游戏延续性之间关系的研究，优化游戏组织形式，使所投放的材料既在幼儿的经验范围之内，又能激发幼儿持续的兴趣，推动游戏走向深入，实现幼儿更高水平的发展。

参考文献：

[1] 林崇德. 21 世纪学生发展核心素养研究 [M]. 北京：北京师范大学出版社，2016：44.

[2] 华爱华. 幼儿园课程理论 [M]. 上海：上海教育出版社，1998：103－116.

[3] 李季湄，冯晓霞. 3～6 岁儿童学习与发展指南解读 [M]. 北京：人民教育出版社，2013：43.

[4] Dansky J L. Make －believe：a mediator of the relation between play

and associative fluency [J]. Child Development，1980，(12).

　　[5] 黄人颂. 学前教育学 [M]. 北京：人民教育出版社，1989：283.

　　[6] 周赛琼. 创造性游戏和幼儿园环境的关系 [D]. 浙江师范大学硕士学位论文，2008.

　　[7] 李姗泽，孙亚娟. 怒族聚居区学前儿童低入园率的归因分析——基于"文化—生态理论"的本土案例阐释 [J]. 学前教育研究，2016，(9).

　　[8] 庄婉瑜. 幼儿园生态式区域活动中教师观察存在的问题及解决策略 [J]. 学前教育研究，2016，(3).

角色游戏中教师如何进行有效评价

郑幼琼*

教师的有效评价能够开拓幼儿的游戏思路，促进幼儿拓展游戏主题，加速幼儿游戏水平的提升。因此，教师需要重视评价对于幼儿角色游戏的作用，深入观察幼儿的游戏情况，对幼儿进行有针对性的评价。

一、选择有价值的内容进行评价

教师评价幼儿角色游戏的开展状况，可以从游戏主题、角色扮演、游戏情节，幼儿使用材料、组织能力、社会交往、游戏技能、游戏中情感态度等多方面来展开。在角色游戏过程中，教师要认真观察并获取大量的幼儿游戏信息，但在这些信息中，哪些信息可以成为这次角色游戏的评价内容呢？

首先，教师要根据教育目标和游戏的内容来取舍，根据游戏的内容，结合幼儿的发展水平，围绕教育目标来进行评价，注重促进幼儿某一方面的发展，切忌面面俱到，眉毛胡子一把抓。其次，在选择游戏评价内容时，教师应关注能力与品行并重，尤其对幼儿的一些不适宜的品行评价时，要注意评价是针对幼儿的行为，而不是针对幼儿本身，只有这样，才能在评价中让幼儿获得适宜的、正确的行为方式，达到有效评价的目的。

二、运用多种适合幼儿的方法进行评价

1. 保留体现幼儿创意的场景进行评价

在角色游戏中，教师要鼓励幼儿有创造性地进行游戏。在游戏过程中，对

---

* 郑幼琼，厦门大学幼儿园。本文发表于 2014 年 1 月《福建教育》。

于幼儿在环境布置方面出现的一些富有创新的行为和结果，要采用保留现场进行评价的方法，这样不仅能给予创新者一种肯定，而且起到幼儿相互学习的作用。如在"超市"游戏中，幼儿某次布置的场地跟以往有所不同，利用了一些小栅栏划分出了"出口"和"入口"，并将"收银台"摆在"出口"处。于是，在整理玩具时，我让幼儿保留了这一场景，组织幼儿参观场景的布置，及时地肯定幼儿的创意，同时鼓励其他幼儿也富有创造性地进行游戏。

2. 通过回放情景进行评价

回放游戏情景，对幼儿来说更直观、生动，有利于幼儿直观地评价当时情景中的游戏行为等。因此，教师可以将问题的游戏环节或某个精彩的瞬间拍下来，待评价时帮助幼儿回忆，以排除幼儿记忆短暂、易遗忘而产生的相关问题。这种方式比较能吸引幼儿的注意，引发大家讨论，同时提升幼儿的观察能力并尝试关注身边的同伴。在评价角色扮演时，我经常采用这种方法，通过回放幼儿所扮演角色的视频，先让幼儿来评价角色游戏中幼儿所扮演的角色哪里做得好、有哪些不足要改进，接着我再有针对性地对这些角色进行评价。

3. 采用抛接问题式的评价

游戏中，教师应关注幼儿的游戏进程并倾听他们在游戏中发现的问题，如果幼儿遇到困难，教师应多启发，尽量让幼儿自己想办法解决，而不是帮助他们解决。如：在一次游戏结束后的评价中，有个幼儿述说了玩"银行"游戏时，他要去取五块钱，"银行"的工作人员跟他说"才取五块钱，不用刷卡了"。当幼儿提出这一问题时，我不急于评价，我把问题抛给幼儿："你们觉得要不要刷卡？"让幼儿发表自己的看法。最后，幼儿达成比较一致的看法——"刷卡取钱是一个规则，所以即使取五块钱也必须刷卡"，最后再对幼儿讨论的结果进行评价。又如另一个幼儿说道："我去超市买东西时，服务员没有五毛的零钱可以找，结果就不卖给我了。"当接到幼儿抛给我的这个"球"时，我避开了那种直接告诉幼儿答案的评价方式，而是回抛问题给幼儿："你们觉得该怎么办，能不卖给顾客东西吗？"让其他幼儿来帮助他们想办法。通过这种抛接问题式评价，教师经常能和幼儿碰撞出新的火花，产生新的游戏情节，这也是评价游戏的一种有效的方法。

三、采用多种组织形式进行评价

教师要根据幼儿的年龄特点，选择适宜的评价形式。首先，在角色游戏结束时，教师可以引导幼儿在同一角色游戏范围内进行交流并相互评价。在这种以小组的形式进行评价前，教师要事先交代好相互评价的内容，引导幼儿发表各自的意见，如"你玩的是什么游戏""你扮演的是什么角色""在游戏中你遇到过问题吗？是怎样解决的""你玩的游戏跟别人玩的有什么不一样？有什么创新"等，让幼儿畅所欲言，自由地相互评价，教师可适时地介入、参与讨论，进行有针对地评价。在同一角色游戏中，幼儿各自扮演不同的角色，教师可以有针对性地评价同一角色游戏中幼儿游戏角色的扮演情况以及不同角色的沟通情况。

其次，不同角色游戏之间有时存在相互沟通的机会，教师也要组织幼儿进行集中评价。在集中评价时，教师可以从角色游戏的有效推进出发，有针对性地评价不同角色游戏之间的沟通情况。当然，进行集中评价时，教师应对游戏过程中的各个小组的闪光点加以肯定，充分调动幼儿参与角色游戏的积极性、主动性和创造性，以增强幼儿的自信心，为今后角色游戏的发展奠定基础。

小班幼儿联合或协作的游戏较少，所以教师评价面向小组、整体的评价要少一些，更多的是针对幼儿的个体进行评价，评价幼儿的个别行为，鼓励幼儿进行联合或协作游戏。

四、评价应该贯穿游戏的全过程

教师不要错误地理解为，只有当游戏结束时才有评价，而要把评价贯穿于整个游戏过程。在游戏过程中，教师不可能完美地设计角色游戏的全过程，很大程度上是以一定的角色身份同幼儿一起玩，在玩中指导。因此，教师要善于运用随机评价，灵活地抓住幼儿角色游戏中的细节及时地加以肯定。这种肯定可以是言语的肯定，也可以运用眼神、面部表情等体态语言表示肯定，如拍拍幼儿的肩膀、摸摸幼儿的脑袋等。对幼儿来说，教师对其活动或行为的态度就是评价。

评价幼儿的角色游戏不能随意，应在理解游戏目标的基础上，根据幼儿游戏的发展需要来进行。因此，教师应该根据幼儿不同阶段发展的需要选择有价值的评价内容，灵活运用多种方法，采用多种形式提高游戏评价的有效性。

发挥生活感受力驾驭幼儿园课程

杨凯红 *

发挥强烈生活感受力，是幼儿教师驾驭课程的基础。幼儿教育以一日生活为主要实施途径，教师要具备基于幼儿经验的课程生成与整合能力。幼儿园的课程活动强调要基于儿童的视角、生活经验，教师具有强烈的生活感受力，才能够敏锐地感知课程的生长点，从而高效地驾驭课程。这也就意味着教师的生活感受力直接影响着教师的课程驾驭能力。然而，在实践中，一些幼儿园忽略教师生活感受力的作用，削弱教师课程自主权，导致不具备充分发挥感受力的条件；另外，一些教师自身缺乏发挥感受力，提升课程驾驭能力的意识，对生活的感受力比较弱，对周围发生的事情后知后觉，不能真正了解幼儿生活，无法觉知幼儿所感、所思以及真实的活动情况。本文拟从生活感受力入手提高教师课程驾驭能力谈谈几点看法。

一、感受生活，广开课程之源

教师对生活的觉察，随着阅历的丰富和有意识的训练而更加的敏锐，教师对幼儿生活背景和生活情况越了解，越能保证课程内容符合幼儿的经验和发展需要。

1. 开放式觉察，全方位感受

教育无小事，生活处处是教育。幼儿园课程不需要教授高、精、尖的知识，而是丰富多彩的生活内容，幼儿需要兴趣广泛的教师带着他们生活、游戏，所以教师应保持开放的心态，不给自己设限，随时觉察，有意识地多方感受。这样，教师的兴趣、阅历、知识面不知不觉地宽厚起来，将自然而然地影

---

* 杨凯红，南安市教师进修学校。本文发表于 2019 年第 2 期《福建教育》。

响着日常组织的课程活动，课程活动更加丰富有趣，并逐步形成有机整合的综合性课程。

一是拓宽眼界。教师要觉察世界、社会正在发生的变化，特别是现代科技让世界日新月异的今天。这也是教师调整课程价值观、课程理念的基础，如感受到人工智能时代的来临，我们会思考：人工智能时代，学前教育的价值观有什么变化，幼儿园应教什么、怎么教等；

二是丰富阅历。教师应当有意识地觉知生活和大自然。因为生活和大自然是课程的源泉，有了丰富的感受和积累，课程活动才有生机和活力，才能满足幼儿需要。如感受到网络、电视上近期热播的动画片，就能了解幼儿喜好，与幼儿有共同的谈资，是丰富的课程活动资源；

三是夯实功底。教师要对工作专注地觉知，时刻感受自己的工作情况，及时发现问题、自我校正，及时反思，不断调整改进，夯实专业功底，提升课程驾驭能力。

2. 聚焦式感知，单项目觉察

在广泛感受的基础上，教师要围绕生活中典型的热点问题，或根据已有课程的需要，进行有目的有计划、针对性的专题式觉察。首先确定主题，有可能是课程活动过程中出现的问题，如"幼儿不愿意入园的原因"；可能是现实发生的热点问题，如"'大宝综合征'的行为表现问题""幼儿对电子产品的迷恋问题"。主题确定后，拟定简单方案，在较长的一段时间内主要关注这一主题，根据方案有意识地关注。如家长里短的闲聊中感受"大宝"们的生活情况；或者创造条件去觉察，到"大宝"家中进行访谈、在幼儿园与"大宝"聊天等。聚焦式感知是一种有深度的感受，有助于教师对某一方面的深入觉察，从而进行科学的课程决策，合理地设计课程方案。

二、觉察课程生发点，敏感抓取教育契机

课程生发点，即课程生成和发展的内容载体，包括社会文化、自然、生活，特别是幼儿生活中某些具体的、符合幼儿生活经验和需要的内容。教师对生活有了广泛的感受，具有丰厚的积淀，这只是课程生发的储备，教师还要根据专业需要觉察课程生发点，生成为课程活动并不断推进。

1. 过滤式觉察，寻找最优课程生长点

教师生活感受的内容丰富多样。哪些内容适合生成课程活动，教师要根据

培养目标、幼儿已有经验水平、兴趣等进行过滤和筛选，或作适宜性改造，提升课程活动的质量。现在幼儿普遍迷恋网络、手机游戏，针对这一现象，如果巧妙运用到课程活动中，幼儿一定会很喜欢。如把幼儿最喜欢的网络游戏改编成体育游戏、表演游戏、角色游戏等，那么肯定是幼儿最爱的游戏，如此，课程增加了许多优秀的内容，又能把幼儿从迷恋电子产品中解脱出来。又如把最热动画片的故事情节和角色形象用到音乐欣赏活动中，可以有效帮助幼儿感受和表现音乐的风格特点；或借助生活中幼儿喜欢的各种角色形象开展音乐活动、游戏……

2. 跟进式觉知，发现和扶持幼儿的自发活动

在自主活动中，幼儿会有许多的自发活动，这些自发活动是幼儿真实生活经验的再现，真正体现幼儿的兴趣和需要。教师对自发活动的发现并扶持，是课程最好的生长点。在一次活动中，有的幼儿一个人探究，有的三五人一起游戏，有时几种活动不由自主地交织在一起，有的专注于某一活动意犹未尽，有的已经尝试了多种活动……面对各种各样的活动情况，教师尽可能地跟踪觉察，调动多种感官、多种方法，如以游戏角色参与幼儿的活动，全程感受；其味无穷以旁观者的身份观察，或借助各种观察工具设备获取第一手资料，过后再详细观察、感受，甚至综合运用多种方法，全程觉察幼儿活动，感受幼儿整个活动过程，并给予必要的支持，推进幼儿的活动。如一中班幼儿在户外活动时，利用体育活动器械和设备，玩起了各种有趣的小游戏，虽然这些自发游戏简单，没有丰富的情节，但幼儿玩得很专注，乐此不疲。于是教师有意识地观察觉知这些小游戏，协助幼儿慢慢发展推进，整个学期，幼儿的娃娃家、手机店、烧烤店、交通游戏（海上、陆地）、加油站……一个个应运而生。

跟进式的觉知要重视每个环节的跟进，尤其活动的前后环节，如计划、回忆分享等容易被忽略的环节，特别是生活活动、自由活动等环节，往往是在这些环节的觉察中更能获得惊喜。在觉察的过程当中要注意梳理课程活动的多种生长点、诱发点，为后续的课程活动做准备。

三、觉知幼儿感受，有效支持幼儿课程活动

对幼儿感受的觉察和理解，是教师驾驭课程的基础，有效的觉知能促使教师真正地读懂幼儿，尊重、顺应幼儿需要，协助幼儿自主推进课程活动。对幼儿感受缺乏感受力的教师更容易实施机械、高控、死板的课程管理，使课程活

动失去活力。

1. 同理式感受，推幼及己

同理式感受是指从幼儿的角度去体验和理解幼儿的需要、情绪和感觉，然后站在幼儿的立场上，设想幼儿可能做出的最优的解决办法，再思考决定教师自己的行为支持。在课程活动过程当中，以柔软细腻开放的心去聆听幼儿的言语、心声，充满好奇、抱持着兴趣去觉察幼儿的表情、动作、心情，经常询问"发生了什么事？""你心里觉得咋样"等进一步觉察幼儿内心的感受。

强烈的好奇心是幼儿的典型特点，也是感受力的催发剂，时刻诱发师幼去感受世界、感受生活，带着师幼探究科学技术、一草一木，探究生活中的方方面面，让教师对幼儿的生活、想法、学习方式等充满好奇，从而深入感受和探究，真正地读懂幼儿。教师像幼儿一样好奇，甚至比幼儿更加好奇，才能自然而然地带着幼儿一起探究，如看到蚂蚁爬来爬去，教师会蹲下来观察，不一会儿，教师的身边就会聚集一群幼儿，一起探讨蚂蚁的种种。假如教师没有好奇心，就没有觉察，即使幼儿在观察，教师也会视而不见，甚至把正沉迷于某种观察和探索的幼儿叫回到教师的课程活动中来，从而失去很好的教育契机，与真正来自幼儿兴趣、已有经验的课程失之交臂。

2. 追随式觉知，顺应幼儿活动

幼儿的活动有自己的脉络，他们不会按成人归类的活动类型游戏，他们的游戏也无法按既定的游戏类型分类。如，幼儿在建构区利用材料做了几个生日蛋糕，几个人互相炫耀自己的"蛋糕"，炫耀完他们轮流过生日，每个人过了一遍，后来他们把教师也请来过生日，最后实在请不到人过生日，一男孩提议卖蛋糕，几个人找了一块空地，搬两张桌子，排上椅子，准备开卖，却发现那些用各种废旧物品"搭"的蛋糕，要搬到桌子上并非易事。于是大家商量着怎样完好地搬蛋糕，一个人搬无法完成，因为蛋糕是一堆材料做的各种造型，没有黏合，几个人合作搬，既要分工好，又要动作合拍、同一个水平、同时起动……花费了好大劲，终于把所有蛋糕搬好。接着是怎么卖蛋糕的问题……整个游戏无法简单地称为何种游戏，而是以真实的生活情境存在，是幼儿生活经验的综合再现。可见，追随式觉知应顺应幼儿活动脉络，协助推进活动或生发新的游戏，不要按既定的框框限制幼儿活动。

四、感知课程价值，准确抓住教育重点

课程活动中，教师要敏锐地觉察活动情况，快速、准确地判断，抓住活动重点，采取有效的策略，真正促进幼儿的学习和发展。

1. 泰然式觉知，只为幼儿

面对各种五彩缤纷的课程，要立足幼儿，感知幼儿真正的学习和发展，不为"好看"所动，不为名利，泰然处之。如针对传统文化资源、各种地方特色资源、生活体验项目等，教师要冷静地分析、觉察具体的教育价值，通过筛选、改造这些内容，以适合幼儿学习规律和已有经验，让幼儿在活动中获得各种关键经验。要警惕那些幼儿"做得很像""很好"的衡量标准左右教师对课程价值的判断。

2. 超越式觉察，推己及幼

感受不是简单的感知，是与情感、理解、想象交融在一起的"多种心理功能的综合有机体"。感性与理性交织是感受力的特点，也正是教师工作的特点。面对幼儿和驾驭课程，教师要设身处地为幼儿着想，感性地了解幼儿、感同身受，又要理性地思考，理性地选择课程内容，科学有效地开展课程活动。因而，超越式觉察就是在课程活动情境中，教师跃出具体的情境，理性客观地觉察事实，还原事实的真相，以"幼儿的学习和发展"为出发点感受幼儿的活动情况。

幼儿的活动过程复杂多变，我们眼睛看到的现象和情境不一定是事情的真相，应超越具体情境，用心地去聆听、觉知、感觉发生的一切，避免被现场感受引发的情绪带走，失去感受力。特别是一些有争执的情境、"违规"情境、无声的情境、与教师的预想不合的情境等，教师都有必要静下心来，冷静觉察，感受事实的真相。如，一大班男孩已经搬了许多轮胎架桥，欲把一女孩当娃娃家的轮胎搬走，女孩不让，男孩说："我们石头、剪刀、布。"女孩同意了。第一次女孩赢了，男孩说："这次不算，再来一次。"第二次男孩赢了，拿着轮胎就要走，女孩和他抢，抢的过程中，女孩力气不支松手，男孩摔倒大哭，要求教师解决。遇到这样的情境，教师应忍住不悦等情绪，避免出现评价、指责的行为，不急于作是非判断，不急于解决纠纷，而是进一步觉察事实真相，以支持幼儿学习的角度疏导幼儿探讨，协助幼儿自己解决问题。此事还可生成多个课程活动，如"玩具不够怎么办""应当怎样协商""石头、剪刀、布'猜拳游戏的使用方法"等。

五、觉察回顾，延展课程之路

对课程活动的回顾感受是课程驾驭能力的重要环节，每一次、每一阶段课程活动结束后，教师都应当对课程活动的过程进行回顾感受，从课程目标、实施策略到成效等方面开展复盘式觉知，对课程活动进行全面的感知和梳理。现实中教师在课程活动后也经常反思，但往往只停留在完成任务式的文本反思，教师调动自己"五感"，用心地觉察和梳理课程活动的并不多，只有有"心"参与觉察的反思才有实质性的意义。

1. 目标结果的觉察

觉察预设目标与结果的匹配程度。一是反观目标的预设是否合理，是否体现所有重点目标，有一定的综合性，体现有机渗透与融合；是否符合幼儿最近发展区，符合近期培养目标；二是觉察结果与目标的差距，哪些方面没有完成，原因是什么；哪些意外效果产生，也就是在课程活动后幼儿获得哪些预设目标中没有的新经验，体现在哪些地方；三是后续目标补充与调整。

2. 活动过程的觉察

再现觉察课程活动的整个过程，进行回顾、解剖、分析，对照专业找问题，对照理念找原因。一是完全回归到原来的事实，回顾课程活动从开始到结束的情况，一件一件地感觉，如过程之中大致分为几个环节，每一个环节都发生哪些事，我（教师）是怎样应对的等。二是解剖所有相关的环节和细节，哪些内容适宜，分析哪些地方做得好及其原因，觉知是否还有更好的做法，哪些地方还需要改进，可以如何改进等。

3. 规律提炼

规律提炼是课程回顾性感受的终极目的，通过对课程的回顾复察和解剖分析，最终觉察提炼出规律。一是觉知认知方面，通过回顾性感受，觉察课程中思考问题、解决问题的方法和心得，对课程内容、课程设计、实施策略等方面有怎样的认知心得，尽可能觉察出普遍的规律性东西，从而提升课程认知。二是觉知实践方面，思考如果再次遇到相似的课程活动或是相似的问题，应该怎么做，提炼出规律性的经验策略，使未来在类似的课程或事情上做得更好。

浅谈基于低结构材料背景下活动区的有效创设

张桂玲[*]

活动区是幼儿通过游戏进行自发学习的重要场所，低结构材料为幼儿在活动区的自发学习提供了广阔的空间，活动区活动引发幼儿自主操作、自主探究、自主表现，是目前幼儿园课程回归游戏的重要途径。

在日常的活动区活动组织过程中，教师将低结构材料投放到各个区角时常常遇到这样的情况：投放在语言区供幼儿自制图书的纸张，幼儿却拿它折纸；投放在美工区供幼儿装饰的瓶子，幼儿却饶有兴致地玩起了旋瓶盖、滚瓶子的游戏；投放在科学区供幼儿探究沉浮现象的木珠、回形针等材料，幼儿却玩起了穿珠、穿回形针、挂"窗帘"、做"项链"的游戏。这些现象表明：幼儿有自己的学习方式和特点，面对活动区的低结构材料，幼儿会按自己的意愿选择活动方式，教师的预设与幼儿的生成不统一。传统的区域划分方式和低结构材料之间产生了矛盾。这种矛盾引发了我们的思考：长期以来教师习惯于按照语言区、科学区、美术区等这些单一功能来划分活动区，在低结构材料背景下，这种方式存在着局限性，那么活动区的划分是否有其他方式？什么样的活动区划分方式更能凸显游戏本质，更加符合幼儿的学习特点？调整活动区划分方式是否能够达成预设与生成的统一？笔者所在幼儿园展开了大胆的尝试、探索与实践。

一、优化活动区划分方式，是创设有效活动区的基础

1. 找准问题，探索新的活动区划分方式

以领域划分活动区是当下幼儿园普遍采用的方式。根据五大领域将活动区

---

* 张桂玲，三明市实验幼儿园。本文发表于 2017 年第 5 期《幼儿教育研究》。

划分为语言区、科学区等，呈现的是多种材料，侧重发挥的却是一种功能。低结构材料背景下的活动区活动是为了让幼儿能够更加自主、自由、自发地游戏，而游戏本身是多功能的，它指向的是多领域目标，是综合性的活动。因此，我园教师从材料和功能上做出调整和变化，借鉴以往主题教学与"一物多玩"的经验，提出了两种新的活动区的划分方式：

划分方式	材料	功能
领域划分方式（旧）	多种材料	一种功能
材料划分方式（新）	一种材料	多种功能
主题划分方式（新）	多种材料	多种功能

以材料划分方式划分的活动区我们称之为"材料式活动区"。这类区角以一种低结构材料为主，并提供多样化的辅助材料，让幼儿自主选择材料、自由选择发展方向，在充分地与材料互动过程中获得学习和发展。

以主题划分方式划分的活动区我们称之为"主题式活动区"。这类区角提供多样化的低结构材料，幼儿围绕一个主题自主选择材料、自由选择发展方向，在充分地与材料互动过程中获得对主题的进一步认知。

2. 明确方向，合理设置班级活动区

在探索与实践阶段，我园有的教师尝试采用材料划分方式划分班级活动区，主要有报纸区、泡沫球区、管子区、竹子区、瓶盖区、盒子区、毛线区……这些活动区以一种材料为主材料并命名，主材料主要是一些原生态材料、生活材料、DIY 材料以及一些素材玩具等。有的教师尝试以主题来划分活动区，设置的"主题式活动区"主要有"魅力三明""美食坊""男生女生各不同""理发师的奇遇""林博会""我要上小学""牙齿的秘密"……这些活动区以一个主题来划分并命名，主题的确定来源于社会热点、文学作品、儿童的发展需要、幼儿的兴趣等。

通过对活动区划分方式的大胆尝试、调整优化，我园活动区更能凸显游戏的本质。幼儿在这些活动区中能依据自己的学习方式和特点，决定自己在活动区中如何玩、怎么学。

二、有针对性地提供材料，是有效创设活动区的关键

活动区活动的最大特点就是能为不同能力、不同兴趣的幼儿提供适于其发展的活动环境。皮亚杰提出：儿童的智慧源于材料。活动区活动的教育功能主要通过材料来实现，不同的材料蕴含不同的教育功能，不同的材料会引发幼儿不同的活动行为和创造思维。

1. 材料式活动区材料的提供

材料式活动区的材料以一种低结构材料为主，并提供多样化的辅助材料。因此，主、辅材料的选择与提供直接影响幼儿游戏的质量。

（1）主材料的提供

主材料应是幼儿所熟悉的。能否为幼儿提供广阔的创作空间、能否引发幼儿有效拓展思维和想象是选择和确定主材料的依据。主材料可以来源于原生态材料、生活材料、DIY 材料以及一些素材玩具，如泡沫球、盒子、瓶子、盖子、竹子、报纸等。这些材料属于低结构材料，创作空间大，易引发幼儿的想象和创造，是极佳的材料式活动区的主材料。

（2）辅助材料的提供

辅助性材料的提供并非是盲目、随机的，需要有一定的针对性。教师应针对主材料的特征、使用方法等提供有效的辅助材料，通过主材料和辅助材料的结合，较为直观地引发幼儿的想象和操作。例如泡沫球和天平秤的结合能引发幼儿进行重量、平衡的实验，泡沫球和纸筒的结合能引发幼儿进行一一对应、叠高、穿越纸筒等游戏。此外，辅助材料的提供还应考虑幼儿的年龄特征、发展目标。

2. 主题式活动区材料的提供

在投放材料时，我园教师更多地考虑材料与主题相关的中心话题以及活动目标的关系，做到有的放矢，使材料的投放具有针对性、目的性和科学性。例如，在开展主题式活动区活动"理发师的奇遇"过程中，教师发现幼儿对发型这一中心话题感兴趣，于是有针对性地为幼儿提供假发、镜子、理发工具等。幼儿通过自由地选择材料，自主玩起与发型相关的各种游戏。同时，教师依据对幼儿活动的观察，对材料进行及时的更换与补充。

3. "材料超市"在活动区游戏中的运用

"材料超市"很早就存在于幼儿园活动区中，但在主题式和材料式这两种

活动区中它的作用更加凸显。以材料式活动区为例，教师在走道等区域中设置自助的"材料超市"，在确定了活动的主材料之后，幼儿到"材料超市"选择自己需要的辅助材料，根据自己的意愿让主辅材料组合，进行创造性的操作和使用。相对以往材料入区的形式，由于"材料超市"集中了各种的低结构材料，为幼儿提供更大的材料自选空间，充分体现幼儿在活动中的主体性。

三、关注幼儿的发展，是有效创设活动区的落脚点

在活动区活动中，教师对幼儿游戏行为的观察十分重要。材料的提供能否引发幼儿游戏，幼儿的游戏水平如何，活动区环境能否有效支持幼儿的发展等，是活动区活动中教师的主要观察视角和侧重点。

1. 教师的观察是推进游戏的依据

教师可在某一活动区中针对某一材料进行定点观察，观察的内容包括：观察幼儿游戏行为发生的背景，判断幼儿的兴趣和需要，了解幼儿的情绪、情感，发现幼儿的个性化创作……通过观察，教师能够及时地获得第一手资料，从中分析幼儿游戏行为产生的原因、幼儿在游戏中获得了哪些发展、幼儿的行为是否符合年龄特征表现，判断材料在幼儿游戏中的适宜性，并及时地对材料做出调整，推进游戏的发展。

2. 教师的支持策略是幼儿发展的助推器

在幼儿的活动区活动中，教师的有效支持是推进幼儿游戏的保障。我园教师通过实践梳理，总结出幼儿活动区游戏开展、推进的基本模式，如下表所示：

	前期经验	活动观察	调整优化	支持推进
主题式活动区	参观、收集资料，开展谈话，发现幼儿的兴趣点。	观察幼儿的操作情况。	依据《3～6岁儿童学习与发展指南》、幼儿发展目标、幼儿兴趣需要，权衡幼儿五大领域的均衡发展，调整材料的投放，引发幼儿拓展、深化活动。	幼儿活动中有什么困难？进行材料调整的策略是什么？
材料式活动区	了解材料的特征、基本用途。	观察幼儿创造性的玩法。		幼儿如何使用材料？出现低水平操作的原因在哪儿？如何在材料提供上做调整？

　　通过大胆的尝试、探索与实践研究，我园的活动区设置，符合幼儿的学习方式与特点，教师不再纠结预设与生成之间不统一的问题，提升了幼儿园活动区活动开展的科学性和有效性，实现游戏与教育的有效结合。活动区的调整，不仅仅是空间上的变化或材料的更换，而在为幼儿学习与发展提供可能性的同时，也为每个幼儿提供自我展现的机会，促进幼儿的个性与能力协同发展，使每个幼儿都能积极、主动地参与到游戏中。幼儿拥有了更为开放的学习环境，自主操作、自我服务、自主探究、自主表现，真正成为活动区活动的主人，真正成为游戏的自我管理者。同时，教师的教育行为也发生了明显的变化，教师更加意识到材料在幼儿游戏中的意义和价值，真正成为幼儿学习的观察者、支持者、引导者。

探索如何在孩子们的兴趣中主动生成课程

苏桂春[*]

摘要：《3—6岁儿童学习与发展指南》中指出要引导孩子观察周围事物，并支持和鼓励孩子在探究的过程中积极动手动脑解决问题。在具体的教学实践中，采取何种方式让孩子们的兴趣得以提升，同时以相对于主动的方式生成课程，成为了摆在教育工作者面前的一项重要课题。本文重点探索相关的举措，为幼儿教育工作的开展提供有效的借鉴。

关键词：兴趣；主动性；课程

孩子们的兴趣对于他们的成长有着极大的影响，因此应该积极地关注兴趣引导下学生们的学习进展。在具体的教学实践中，教师需要真正地理解和感受孩子们的所想所感，真正地与他们融为一体，明确让他们感到好奇的事物，认真与他们接触，共建起相对和谐的学习和成长环境。

一、确定符合他们兴趣点的主题活动

为了将课程的主题加以确定，应该积极地探索孩子们的兴趣点，结合他们的兴趣点确定课程的主题，以此激发他们的学习兴趣和探索欲望。将孩子们日常生活中较为常见的事物视作主要的例子，带动他们的观察意识，让其可以随时随地地提升自己的认识[1]。比如以那些"神秘而又无处不在"的影子为游戏对象，激发孩子们的好奇心和参与游戏的欲望，在孩子们高涨的热情之下，教师可以积极地设定情境，开展更能贴合孩子们实际需求的活动。当主题确定为"有趣的影子"后，孩子们就开始围绕着影子去发现，每天都有新的关于影子

* 苏桂春，厦门市第六幼儿园。本文发表于2020年7月电子刊物《教育科学》（全文版）。

的秘密告诉老师们，这些小秘密和小疑问正好是开展各种教育活动和游戏的元素。关于"影子"的探索中，孩子们会产生疑问，教师们也应该清楚地了解基础性的问题，对部分问题的筛选应该采取合适的方式，让学生们自然而然地融入影子教学中。如前期交流实践中，孩子们会阐述自己的所见所感，他们会向教师提出各种疑问，比如为什么有的影子大？有的影子小？为什么同样是我的影子一会儿在左边一会儿在右边？为什么在房子下面我的影子就不见了？……教师需要针对相关的问题进行合理的分类，主张孩子们可以通过自己的能力解决的放在一类，需要知识经验铺垫的分一类，需要大家一起做实验了解的又是一类。所有抛出的问题为孩子们每天参与的活动设定了具体的目标，教师应该告知学生们积极地借助身边的事物，如手电、阳光、灯光等去探索和寻找答案，大家对于去找寻自己提出的问题的答案都很积极并乐此不疲[2]。这样，实际设定的主题课程日渐丰富，正是受到这类富有影响力的游戏影响，使得孩子们沉浸在游戏的乐趣中学习。

二、合理把控主题游戏的各个细节

虽然教师们应该抓住一切机会来营造出课程课堂学习的氛围，但是也不能忽视学生们的真实体验，需要将他们的感受摆在重要的位置，对其展开合理的分析，由此才能保证主题游戏的价值发挥出实质性作用。在某一堂户外课程中，教师让孩子们自主玩踩影子的游戏，孩子们在追逐中体验成功和游戏的乐趣。这个过程让一些平常胆大且好动的学生拥有了足够的释放空间，他们在踩影子游戏中始终占据着上风，而有些跑得不够快的孩子一直被踩到影子，巨大的心理落差需要教师们的正确引导，教师可以适当地抛出一些基础性的问题，如：怎样才能不让别人踩到影子呢？有一位小朋友回答说：把影子藏起来。这就给跑得慢的孩子们带来启发，这类孩子开始把自己的影子藏起来，他们躲到树底下，跑到玩具堆里，有的还躲在老师的影子里。这类小朋友平常不善于言谈，通过活跃的游戏氛围，他们也会主动地和老师交流，甚至有小朋友兴高采烈地告诉老师："老师，我躲在树下，我的影子就不见了，他们就踩不到我了。"也有些小朋友突发奇想，发挥出自身的主观能动性，积极地探索"自己和影子"的关系。安安跑过来对老师说："苏老师，我可以踩到我自己的影子[3]。"老师惊讶地看着她把自己的发现用行动展示出来，反问："嗯，是真的能踩到自己的影子吗？那要怎样才踩不到自己的影子呢？除了把影子藏起来这个办法，还有其他办法吗？"其他的小朋友都纷纷实验起来，他们围着自己不停地转，一会儿扎马步一会儿把脚踮起来，还有的躺下来，这个画面充满了童真童趣，老师们看着他们各种搞怪的样子，可适当地给予各种鼓励，让孩子们拥有更为广阔的空间释放自己的主观能动性，打造出别开生面的课程教学模式。

三、善于总结与反思主题活动的过程

在这样的一场游戏中，孩子们不仅锻炼了自己的主观能动力，还真正地体会到活动的乐趣，甚至让他们获取了成长和思考的空间。通过这样一场"影子游戏"，孩子们还发现影子会跟随着自己"跑跑跳跳"，教师可以借此机会让孩子们接触到下一场关于影子的"大赛"中，让孩子们进行赛跑，看看谁跑得快。很多孩子大声地呼应："好啊，肯定是我跑得快！"于是，和自己的影子赛跑的孩子们就开始在操场狂奔起来。在完成了这样的一项活动中，教师和学生都应该学会反思和总结，分析结果为什么会不一样，有的孩子赢了影子，有些却输给了自己的影子，为什么会有这样的结果呢？珺谣左转转右转转，然后眨巴着她的大眼睛得意地告诉我："苏老师，我知道了，是因为方向不同，我朝左边时影子在我的前面，我和它赛跑一定是输的，如果我向后转，影子在我的身后，我就能赢过影子，对吗？"我为她竖起了大拇指，让其他孩子也试试，看看她说的对不对。大家最后都验证了珺谣的想法，但是也同时对这个结果产生了疑问，而我却将疑问又丢还给孩子们，让他们通过观察和查阅资料去找寻这其中的答案，期待着孩子们能够带来更多的惊喜。任何感兴趣的事物，孩子们也会有感到疲乏的时候，这时就需要教师们进行深刻的反思和分析：如何才能去调动孩子们的兴趣就一项事物再进行更深入的了解呢？教学实践中，可以将孩子们的发现作为主体展示出来，将他们的发现和其他同伴和家长们一起分享。此时，游戏活动的加入无疑给孩子们注入了一剂兴奋剂，在游戏中和影子一起玩，怎么玩？怎么好玩？还可以怎么玩？孩子们便又都开始绞尽脑汁想办法了[4]。在新的教学模式之下，可以将影子游戏与其他的游戏内容相互结合，比如与主题洞结合，便出现了影子过家家的游戏；中期，还可以为孩子提供大灯，给他们的手影和影子表演做足准备，他们会在区域和游戏活动中去玩手影和跳影子舞；后期，在孩子们了解了影子还可以作为一种文化进行传承的时候，配合他们的游戏需要一起制作皮影戏台，在皮影戏台搭建好后，孩子们又开始自己设计皮影、制作皮影、创编皮影故事和表演皮影故事。

结　语

在当代教育背景下，丰富多样的主题教育活动的设定成为一种必然的趋势，很多主题背景下大部分的活动都是孩子们自己生成的，无须教师的专项制定，而是需要教师的保驾护航，让孩子们拥有足够的空间成长和学习。本文中强调的"影子游戏"给孩子们带来了乐趣，让其感受到学习和成长的快乐。教师需要抓住机会，将知识进行迁移，让孩子们接触到更加多元的事物。应该明确的是主题实施过程中，孩子是活动的主人，是主题活动的参与者、设计者、受益者，教师应该扮演好引导者的角色。通过具体的实践，感悟到主题中让孩子们自己生成活动不仅有利于教师的观察与指导，更利于孩子的参与与实践，大大提高了师幼互动的质量，让每位孩子都有展示自己的机会，获得成功的体验。

参考文献：

[1] 中华人民共和国教育部.《3－6 岁儿童学习与发展指南》[M]. 北京：首都师范大学出版社，2012.

[2] 李季湄、冯晓霞.《3－6 岁儿童学习与发展指南》解读 [M]. 北京：人民教育出版社，2013.

[3] 冯晓霞. 幼儿园课程 [M]. 北京：北京师范大学出版社，2000.

[4] 施燕，韩春红. 学前儿童行为观察 [M]. 上海：华东师范大学出版社，2010.

在区域活动中开展民间游戏的实践探索

——以闽南民间游戏为例

黄亚兰*

摘要：闽南民间游戏具有浓厚的趣味性和灵活多样性，有许多游戏简便易行、易学易懂，适合在幼儿区域活动中开展。文章基于幼儿的年龄和实际特点，提出在区域活动中有效开展闽南民间游戏的三点策略：创设环境，激发幼儿对民间游戏的持续兴趣；积极创新，有机融合民间游戏与领域活动；科学引导，利用民间游戏传承优良传统，以期促进幼儿的主动学习。

关键词：闽南民间游戏；区域活动；主动学习

传统的闽南民间游戏来源于闽南人民的现实生活，是闽南人在长期的劳动之余相互娱乐而流传下来的民间游戏，具有浓厚的趣味性和灵活多样性。许多民间游戏简便易行、易学易懂，还配有节奏明快、朗朗上口的儿歌和口令，符合幼儿好动、好学、好模仿的心理特点。这些民间游戏，一方面可以促进幼儿的身心健康发展，另一方面有益增长幼儿智慧。

一、创设环境，激发幼儿对民间游戏的持续兴趣

只有游戏内容符合幼儿的兴趣，才能让幼儿积极主动参与其中并培养一定的坚持性。[1]《纲要》要求教师应充分尊重幼儿作为学习主体的经验和体验，尊重他们身心发展的规律和学习特点，以游戏为基本活动，引导他们在与环境的积极互动中得到发展。

---

* 黄亚兰，漳州市机关幼儿园。本文发表于 2018 年第 12 期《福建基础教育研究》。

（一）贴近幼儿生活，创设富有故事情境的游戏

幼儿对贴近生活经验的、富有故事情境的游戏，比较感兴趣，而且兴趣持续的时间也比较长。例如，教师在棋类区投放闽南棋类游戏"虎豹狮象"的棋盘和棋子，根据游戏的来源，编成一个故事："两个农民兄弟把爱吵架的虎豹狮象组织起来，把每只动物当成一个棋子，双方都有虎豹狮象四个棋子，然后画个棋盘，给各个动物棋子定下规矩，这样农民兄弟在干农活休息时玩起了'虎豹狮象'这个棋类游戏。而虎豹狮象自从与农民兄弟玩游戏后，不但不吵架，还成为好朋友呢。"故事情节有趣，激发幼儿积极参与。幼儿下棋时轮流用闽南话边说"虎、豹、狮、象"，边按顺序下棋，每念一个字就把棋子移动一步，当念到"象"时，如果棋子刚好落在对方的棋子上，就可以吃掉对方的那个棋子，谁的棋子先被吃完谁就输了。幼儿有时也会相互讨论，如一个人下错了，对方会马上纠正说："动物不能跑出棋盘，每个棋子要按虎豹狮象走四步。"幼儿在区域活动中学会民间游戏，回到家中还会带动年轻的家长一起下棋，进行良好的亲子互动，促使幼儿对民间游戏更感兴趣。

（二）根据幼儿具体特点，灵活确定游戏目标和指导方法

不同年龄段的幼儿，所表现的兴趣爱好各有不同，所拥有的经验和发展速度更是不同。因此，在区域活动中引导幼儿玩民间游戏时，必须根据不同年龄段幼儿的特点及实际情况，灵活确定游戏目标和指导方法，让幼儿以游戏的形式进行探究式学习。以民间游戏"转陀螺"为例，小班幼儿的思维直观形象，可在小班投放各种各样的陀螺，观察幼儿对转陀螺的兴趣点和操作点。中班幼儿思维比较活跃，但合作性比较差，可引导幼儿边玩转陀螺边观察颜色的变化，并鼓励幼儿积极互动和学习记录。大班幼儿自主性表现比较强，因此可有意识地在益智区投放两个陀螺，让幼儿讨论人多陀螺少可以怎么玩，幼儿提出可以轮流玩或比赛玩。当幼儿萌发出自己想尝试制作陀螺时，教师就可灵活创造机会满足幼儿要求，与幼儿一起收集准备材料，让幼儿通过玩、观察、制作、再玩、再观察，从中引导幼儿把学过的颜色变化加以巩固和应用。如红黄间隔颜色的陀螺转起来看，颜色变成金黄色等。幼儿产生兴趣，积极性和主动性学习就会有增无减，百玩不厌。

二、积极创新，有机融合民间游戏与领域活动

《指南》指出："关注幼儿学习与发展的整体性。儿童的发展是一个整体，

要注重领域之间、目标之间的相互渗透和整合，促进幼儿身心全面协调发展，而不应片面追求某一方面或几方面的发展。"[1]根据这一要求，可采取在保持特有的闽南民间游戏风格的基础上，对其进行创新，并与幼儿园各领域相融合，使游戏的内容更加丰富，形式更加多样，更能满足幼儿主动学习的需要。

（一）将民间游戏与健康领域相融合

如传统的"踢田螺串"游戏，把田螺壳洗干净，串成一串，在地上画上两排方格子，两人轮流把田螺串逐一踢过格子。幼儿两人组成一组，按个人意愿在格子的终点画上自己喜欢的动物，然后从起点比赛玩踢田螺串，双脚轮流或单脚边跳边踢田螺串，看谁先把田螺串送给终点的动物，以此锻炼幼儿的跳和踢的平衡控制能力。还可以引导幼儿花样玩田螺串，把田螺串当圈圈，玩套圈圈。把田螺串系上彩带花和松紧带，借松紧带的弹性，让幼儿持器械练习拍、抖、抛、接等动作。

（二）将民间游戏与艺术领域相融合

如传统的民间游戏"跳皮筋"，幼儿三三两两分为两组，轮流在双线橡皮筋的左、中、右来回跳。为了让游戏更有情趣，教师让幼儿伴上朗朗上口的"马兰花开"儿歌，有节奏地跳皮筋。允许幼儿自己创编动作，也可变换拉皮筋的形状。幼儿参与的人数越来越多，积极性越来越强。教师及时捕捉机会，引导幼儿排成皮筋集体舞。每次表演时，幼儿表现得积极专注，乐趣融融，充分体现出较强的音乐美感。

（三）将民间游戏与科学、社会领域相融合

如"转陀螺"游戏，为了安全起见，教师把传统的抽线木陀螺改造成手转纸陀螺，它是以果冻盒和硬纸板为材料制作而成的彩色陀螺。大班幼儿制作陀螺时，在陀螺的纸片上涂上红与黄、蓝与黄或红与蓝等颜色，然后经过多次的玩"转陀螺"加以验证并得出结论：红＋黄＝金黄、蓝＋黄＝绿、红＋蓝＝紫。幼儿还通过相互观察比较，从中发现并提出"为什么同样是黄与蓝的陀螺，转起来变成绿色的深度会不一样呢？""原来蓝色比黄色的多点，变成的绿色就会深点"等问题，从而逐步了解颜色的渐变规律。大班幼儿还自发地把制作成功的陀螺送给中小班幼儿玩。通过主动学习的培养，幼儿在快乐的游戏中大胆表现和互动，促进科学及社会交往等方面的发展。

三、科学引导，有效利用民间游戏传承优良传统

幼儿是游戏的主体，教师应尊重每一个幼儿，积极有效地与幼儿互动，为

幼儿营造一种宽松的游戏氛围[2]，从而有效利用民间游戏传承优良传统。

（一）传承闽南话

闽南话是闽南人的交流语种，作为闽南人，应该把闽南话传承下去。而多数闽南民间游戏是使用闽南话进行的，幼儿可以玩中学，学中玩。因此，在区域活动中开展闽南民间游戏，对幼儿来说是传承闽南话最直接的方法。如棋类游戏"直"的玩法中伴有"直""打狗"和"挑担"等闽南话口令，幼儿在游戏中边说闽南话边下棋，学说话有趣，下棋活动更有趣。

（二）传承尊师爱幼好品德

教师在游戏中要善于言传身教和心理引导，特别要去掉"教师"的架子，逐渐融入幼儿的游戏中，通过情感交流，发扬尊师爱幼的好品德。如闽南民间游戏"南瓜棋"，其玩法与围棋一样是围堵对方的棋子。班上有几个幼儿学过下围棋，加上教师有意装傻示弱，让他们连续赢了好几盘棋。在这一过程中，幼儿自然地发出各不相同的心声，如"老师也会输""你就让老师赢一盘嘛""我也要赢老师一盘""老师，我教你下棋，不要输给他"等。在与幼儿交流互动中，教师始终作为游戏中的一员和幼儿共同推进游戏，一是让幼儿懂得游戏有输有赢，教师也不例外，培养幼儿游戏的自信心；二是激发幼儿积极、主动和自然流露爱的情感，培养尊师爱幼的好品德。

（三）传承勤俭节约好传统

勤俭节约是中华民族的优良传统，教师必须在幼儿幼小的心灵播下勤俭节约的种子。许多民间游戏的材料搜集容易，制作简单，还可一物多用。如闽南棋类的棋子可以用小花片、小石头、小纸盒或围棋子来代替，一条橡皮筋可以好几个人一起跳，一个纸毽可以让几个人比赛踢毽子等。在引导幼儿参与搜集、准备材料、制作玩具，再到玩自制玩具的过程中，幼儿已逐渐懂得搜集或自制的玩具玩起来也很有趣，既好玩又省钱，久而久之，形成勤俭节约好习惯。

参考文献：

[1] 张辉. 支持幼儿学习与发展的区域活动 [J]. 幼儿教育，2017（7）.

[2] 叶琦. 区域游戏中幼儿学习品质的培养 [J]. 福建教育，2016（6）.

信息技术在幼儿园课程与教学中应用效果的影响因素分析

黄茹萍[1,2]　王雯[2]　郑小红[1*]

摘要： 信息技术在幼儿园课程与教学中的应用尚处于探索阶段。为有效提高信息技术在幼儿园课程与教学中的应用效果，全面系统地分析其影响因素，准确把握各影响因素的作用显得尤为重要。本研究采用鱼骨图，分析信息技术在幼儿园课程与教学中应用效果的影响因素，并运用层次分析法，量化确定各影响因素的重要性，以期为改善信息技术在幼儿园课程与教学中的应用效果提供依据。

关键词： 信息技术；幼儿园课程与教学；应用效果；影响因素；分析

近年来，信息技术同幼儿教育课程与教学整合的步伐不断加快。有研究指出，当下近 56％ 的幼儿园在开展教学活动时应用了信息技术，尤其在语言教学中，信息技术的应用比例高达 90％，即便在信息技术使用率最低的健康教学活动中，这一比例也达到了 20％，并有进一步提高的趋势（郝兆杰等，2014）。可见，课程与教学信息化已成为幼儿园课程与教学发展的必然趋势。然而，幼儿园在应用信息技术过程中也暴露出诸多问题，如教师信息素养不高、信息化教学"形式化"、课程与教学信息化缺乏相应的理论指导等。[1] 为此，有研究者针对信息技术在课程与教学应用中出现的问题，提出了相关的对策和建议（刘玲怡，2006；魏细耀，2008）。这些对策与建议虽在一定程度上为改善信息技术在课程与教学中的应用效果提供了思路，但是，由于考虑的因素不够全面系统，并不能有效地提高信息技术的应用效果。因此，全面系统地

---

　　* 1.厦门市滨海幼儿园；2.华中师范大学教育学院。本文发表于 2016 年第 12 期（总第 712 期）《幼儿教育（教育科学）》。

分析信息技术在幼儿园课程与教学中应用效果的影响因素具有十分重要的意义。目前，这方面的研究也较少。为此，本研究拟结合幼儿园具体工作实践，对相关影响因素进行系统梳理，并对各影响因素的重要性进行相应的量化分析。

一、影响因素分析

信息技术在幼儿园课程与教学中的应用是指，在一定环境条件下，教师借助信息技术手段，对幼儿进行教育的过程。从概念入手分析，我们不难发现，信息技术在幼儿园课程与教学中应用效果的影响因素主要有四个，即教师、幼儿、信息和环境，每个因素又包括若干个子因素。[2,3]为更加清晰地呈现各影响因素的相互关系，本研究采用鱼骨图（Fishbone Diagram）分析法，罗列各影响因素的具体内容及相互关系（见图1）。

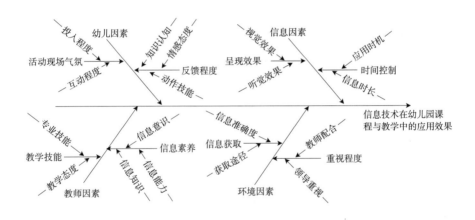

图1　信息技术在幼儿园课程与教学中应用效果的影响因素

（一）教师因素

作为教育信息的主要来源和传播者，教师在幼儿园课程与教学中扮演着重要的角色。尤其是在信息化教学中，教师教学技能和信息素养的高低将直接影响信息技术在幼儿园课程与教学中的应用效果。

1. 教学技能

教学技能是教师组织幼儿园课程与教学活动的基本技能，是教师完成课程与教学任务的动作方式或智力活动方式。[4]教学技能的有效发挥主要取决于教师的专业技能。随着学前教育的发展，教师专业技能已不仅仅局限于传统的弹、唱、跳、画，更强调综合运用专业知识和专业技能达到课程与教学预期效果的能力。教学技能的发挥还受教学态度的影响。教学态度是教师对教学工作和幼儿的一种心理反应倾向，这种反应倾向贯穿于整个教学过程中，包括教师对工作的态度、对幼儿的态度等，它通过影响教师教学工作中的行为表现方式，进而影响教学质量。

2. 信息素养

信息素养是指教师掌握与信息技术有关的理论、知识和方法，利用信息技术介质（如多媒体、电子白板）和信息资源，获取信息、加工处理信息以及创造新信息的能力。[5]影响教师信息素养的因素主要有三个，即信息知识、信息意识和信息能力。[6]信息知识是指教师所具备的与信息和信息技术相关的基本知识，它是促使课程与教学信息化的基本前提，也是提高信息技术在课程与教学中应用效果的基本保证。信息意识是指教师对信息及其规律和重要性的认识，是对信息的内在需求及对信息所具有的特殊的、敏锐的感受力和持久的注意力，它是促使课程与教学信息化的内在要求。信息能力是指教师通过各种形式或手段发现、评价、利用和交流信息的能力，它是促使课程与教学信息化的核心要求。

（二）幼儿因素

幼儿是课程与教学的对象。幼儿的活动表现直接关系到信息技术在课程与教学中的应用效果。一般来说，可通过活动现场气氛以及幼儿对教师运用信息技术开展教学的反馈程度来反映这一应用效果。

1. 活动现场气氛

活动现场气氛即活动现场心理气氛，是指在教学过程中，幼儿表现出来的情绪状态，反映了教学中师幼互动的心理状态。良好的活动现场气氛有助于营造一种催人奋进的教育环境，使幼儿情感上受到熏陶和感化，产生积极进取精神，以最大限度地完成课程与教学任务，进而达到理想的教学效果。通常，活动现场气氛可通过幼儿的投入程度和师幼互动程度来体现。[7]投入程度是指在课程与教学中，幼儿注意力的集中程度以及幼儿对课程内容的沉浸程度，投入程度越高，表明课程内容对幼儿的吸引力越强，幼儿对知识的接收程度也越高。互动程度是指在课程与教学的各个环节中，教师与幼儿之间的双向人际交流以及沟通程度。良好的师幼互动应以幼儿为主体，让幼儿积极地表达情感、全心地投入到课程与教学当中，从而取得良好的信息技术应用效果。

2. 反馈程度

　　反馈程度是指通过信息技术在课程与教学中的应用，幼儿对课程与教学内容理解和掌握程度的具体表现，包括知识认知、动作技能和情感态度等三方面的反馈。[8]知识认知反馈是指幼儿对教师所传播知识的认识、理解、记忆等情况。动作技能反馈是指幼儿通过对课程内容的掌握而表现出的动作水平。情感态度反馈是指幼儿对课程与教学流露出的情感，反映了课程与教学内容对幼儿的吸引程度以及幼儿的专注程度。

（三）信息因素

　　信息对信息化课程与教学的影响主要包括两方面，即信息的呈现效果和时间控制（郝兆杰等，2014）。

　　1. 呈现效果

　　呈现效果反映信息的表现质量。通常，信息技术通过颜色、图形、图像、声音等来传递或表现信息，因此，信息的视觉效果和听觉效果较为重要。视觉效果是指信息所具有的亮度、色彩、背景、清晰度、视距等的可视质量。幼儿的观察、推测能力有限，这就要求提供给幼儿的信息视觉效果要很讲究，以便于幼儿获取相关知识和信息。听觉效果是指信息所具有的音色、音调、音准等的可听质量，声音对幼儿具有最直接的吸引力，因此，信息的听觉效果要符合幼儿的接受能力，具有较高的清晰度，确保无杂音。

　　2. 时间控制

　　为保证信息技术的应用效果，在应用时要对时间进行严格控制，主要涉及应用时机和信息时长两方面内容。应用时机是指教师为完成教学任务和达到教学目的，通过对课程与教学内容的把握，结合幼儿的反馈，选择应用信息技术展现课程与教学内容的时间点。恰当地选择信息技术的应用时机往往可起到事半功倍的效果。信息时长是指信息技术所占课程与教学内容的时间长度。信息技术作为一种辅助性教学手段，其作用是"抛砖引玉"，为确保课程与教学效果，需严格控制信息时长。

（四）环境因素

　　这里的环境是指，信息技术在幼儿园课程与教学中的应用环境。环境因素对信息技术在幼儿园课程与教学中的应用具有十分重要的影响作用。总体来讲，环境因素主要涉及幼儿园对信息技术的重视程度和信息获取的情况两方面。[9,10]

　　1. 重视程度

　　信息技术能否在幼儿园课程与教学中得以顺利地应用取决于幼儿园的重视

程度。从幼儿园的角度来看，重视程度主要包括领导的重视程度和教师的配合程度两方面。作为幼儿园发展定位的决策者，幼儿园领导对是否在课程与教学中应用信息技术具有绝对的话语权，其重视程度直接关系到信息技术硬件设施（如计算机、电子白板、投影仪、电视）等的建设，因此，领导重视是信息技术在课程与教学中应用的前提因素。当然，信息技术的应用离不开教师的配合，因为教师是开展信息化教学的实践者，教师是否配合及配合程度直接关系到信息技术的应用效果。因此，教师配合是信息技术在课程与教学中应用效果的关键因素。

2. 信息获取

信息获取是幼儿园课程与教学信息化的基本保障，只有获取适宜、准确的信息，教师才能够通过信息技术来传播课程与教学内容，促使幼儿更好地学习。信息获取包括信息的获取途径和信息的准确度两方面内容。信息的获取途径是指教师借助一定的渠道（如网络、其他幼儿园的资料等）来获取信息，信息获取途径的多寡与优劣决定教师能否及时和有效地获取课程与教学的素材，为课程与教学奠定基础。信息的准确度是指教师检索的信息符合课程与教学需要的程度，信息是否准确直接关系到课程与教学内容是否能得到准确表达，对课程与教学任务的顺利完成具有重要意义。

二、影响因素的重要性分析

准确把握各影响因素的重要性，可有针对性地解决信息技术在课程与教学中应用效果的问题。本研究采用层次分析法，对各影响因素重要性进行分析。

（一）层次分析法

层次分析法（Analytic Hierarchy Process，AHP），是美国匹兹堡大学教授 Saaty 于 20 世纪 70 年代提出的一种通过两两比较的方法确定层次中各因素相对重要性，进而对各因素重要性做出排序，以确定因素权重的方法。[11]层次分析法要求在构建因素层次结构的基础上，由专家对各因素重要性进行判断并打分，然后，通过计算对各因素权重进行排序，其中，因素重要性比较的标度和权重是核心参数。

为进一步统一比较方法，Saaty 教授提出，可使用 1～9 及其倒数共 17 个数来作为两两比较的标度值，也就是所谓的 1～9 标度法（详见表 1）。

表 1　判断矩阵 1～9 标度

标度值（aij）	含　义
1	因素 i 与因素 j 同等重要
3	因素 i 比因素 j 稍微重要
5	因素 i 比因素 j 明显重要
5	因素 i 比因素 j 强烈重要
7	因素 i 比因素 j 极端重要
2，4，6，8	相邻比较的中间值
倒数	若因素 i 与因素 j 的重要性之比为 a_{ij}，则因素 j 与因素 i 的重要性之比为 $a_{ji} = 1/a_{ij}$[①]

专家根据 1～9 标度法对指标进行重要性比较后，构建判断矩阵 A。通常，判断矩阵给出的因素比较值与实际相比有一定误差，因此，需要由专家对因素重要性进行重新赋值调整，待判断矩阵满足一致性要求后，再借助方根法进行因素权重确定。方根法通过对判断矩阵 A 各行的几何平均，最终得到各因素的权重值，其计算公式如下。

$$w_i = \frac{(\prod_{j=1}^{n} \alpha_{ij})^{1/n}}{\sum_{k=1}^{n} (\prod_{j=1}^{n} \alpha_{kj})^{1/n}} \quad i = 1, 2, \cdots, n$$

注：公式中，w_i 为因数 i 对应的权重值。

层次分析法涉及指标较多、计算量较大，例如矩阵的一致性判断和最大特征根计算等，因此，本研究采用 MATLAB 软件进行计算。

（二）重要性分析步骤

研究者基于鱼骨图分析各因素之间的关系，将鱼骨图分析目标"信息技术在幼儿园课程与教学中的应用效果"作为层次结构的最高层，记为 A，再根据鱼骨图中各因素的隶属关系（如教师因素的下一级为教学技能与信息素养）向下延伸，直至构建出影响因素的层次结构图（见图 2）。

---

① 例如，因素 i 比因素 j 稍微重要，其标度值 $a_{ij} = 3$，则因素 j 与因素 i 的重要性之比为 $a_{ij} = 1/3$。

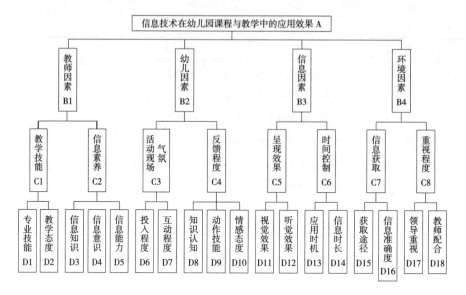

图 2　影响因素的层次结构

由于影响因素项目较多，本研究将以影响因素 B1、B2、B3、B4 的重要性确定为例，具体说明确定的方法及步骤。

步骤 1　建立判断矩阵

根据影响因素的层次结构图，对各层次因素进行两两比较，建立判断矩阵。本研究采用 Saaty 提出的 1～9 标度法对因素两两之间的重要性进行了比较，并建立了判断矩阵 A。因素 B1、B2、B3、B4 相对于目标 A 的判断矩阵如下。

$$A = \begin{bmatrix} 1 & 4 & 1/2 & 1/3 \\ 1/4 & 1 & 1/3 & 1/4 \\ 2 & 3 & 1 & 1/2 \\ 3 & 4 & 2 & 1 \end{bmatrix}$$

步骤 2　进行一致性检验

为鉴定各影响因素权重计算结果的合理性和可靠性，需对判断矩阵进行一致性检验。通常，通过计算一致性比例 CR＝CI/RI 来判断矩阵的一致性，其中一致性指标 CI＝（λ_{max}－n）/（n－1）（λ_{max} 为判断矩阵的最大特征值根，n 为因素个数），n 与 RI 的对照关系如表 2 所示。当 CR＜0.1，则认为判断矩阵满足一致性要求。根据计算，判断矩阵 A 的一致性比例 CR＝（4.1541－4）/3/0.9＝0.0571＜0.1，表明满足一致性要求。

表 2　n 与 RI 的对照关系

n	3	4	5	6	7	8
RI	0.58	0.90	1.12	1.24	1.41	1.48

步骤 3　层次单排序

如判断矩阵满足了一致性要求，可通过方根法再计算各因素权重值，并对各因素进行层次单排序。假设第 i 个因素的权重值为 w_i，则 $w_{B1}=0.1877$，$w_{B2}=0.0789$，$w_{B3}=0.2734$，$w_{B4}=0.4599$。该数据表明，环境因素对信息技术在幼儿园课程与教学中应用效果的影响最大，信息因素次之，再次是教师因素和幼儿因素。同理，可求得其他各层次因素的权重值（见表 3）。从表 3 可看出单层级内各因素的权重关系，权重越大表明该因素越重要，如因素 B2 的子因素 C3 的权重值（0.3333）小于 C4 的权重值（0.6667），这说明反馈程度这一子因素对其上级因素——幼儿因素的影响大于另一子因素——活动现场气氛。

表 3　其他各层次因素单排序权重值

因素	权重	因素	权重	因素	权重
C1	0.5000	D1	0.7500	D10	0.1634
C2	0.5000	D2	0.2500	D11	0.6667
C3	0.3333	D3	0.2297	D12	0.3333
C4	0.6667	D4	0.1220	D13	0.8000
C5	0.7500	D5	0.6483	D14	0.2000
C6	0.2500	D6	0.3333	D15	0.2500
C7	0.2500	D7	0.6667	D16	0.7500
C8	0.7500	D8	0.5396	D17	0.5000
		D9	0.2970	D18	0.5000

步骤 4　层次总排序

层次总排序是每一层次的所有因素相对于目标层的重要性权值。在各层次因素单排序的基础上，可通过因素单排序权重（如 $w_{C1}=0.5000$）乘以对应的上一层次因素的单排序权重（如 $w_{B1}=0.1877$），求得层次总排序的结果（如因素 C1 的总排序权重值为 $W_{C1}=w_{C1}\times w_{B1}=0.0939$）。同理，可求得各因素的层次总排序结果（见表 4）。

表 4　各层次因素总排序权重值

因素	权重	因素	权重	因素	权重	因素	权重
B1	0.1877	C1	0.0939	D1	0.0704	D10	0.0086
B2	0.0789	C2	0.0939	D2	0.0235	D11	0.1367
B3	0.2734	C3	0.0263	D3	0.0216	D12	0.0683
B4	0.4599	C5	0.2050	D5	0.0609	D14	0.0137
		C6	0.0683	D6	0.0088	D15	0.0288
		C7	0.1150	D7	0.0175	D16	0.0863
		C8	0.3449	D8	0.0284	D17	0.1724
				D9	0.0156	D18	0.1724

　　表中不同层级因素的权重值之间无可比性，同一层级的所有因素的权重值总和为 1，各因素的重要性可根据其权重值的大小确定，值越大，该因素越重要。通过表 4 可知，在第一层，因素 B4 权重值最大；在第二层，因素 C5、C8 权重值相对较大；在第三层，因素 D1，D5，D11，D12，D13，D16，D17，D18 的权重值相对较高，均大于 0.05。因此，在改善信息技术在课程与教学中应用效果时，在第一层影响因素方面，首先应考虑环境因素，其次考虑信息因素，再次考虑教师因素，最后考虑幼儿因素；在第二层影响因素方面，首先应考虑呈现效果和重视程度这两个因素，然后再根据其他各因素的权重排序确定重点改善的因素；在第三层影响因素方面，可重点从教师的专业技能和信息能力、信息的视觉和听觉效果、信息技术的应用时机、信息准确度、领导的重视程度以及教师的配合程度等因素入手，通过积极改善这些因素，最终获得良好的信息技术应用效果。

三、信息技术应用效果调节机制

　　随着信息技术在幼儿园中的广泛应用，如何提高信息技术在幼儿园课程与教学中的应用效果成为学前教育工作者需要进一步关注的问题。对此问题，研究者也进行了思考，并提出了构建信息技术应用效果调节机制的模型，该模型将信息技术影响因素、信息技术在课程与教学中的应用、信息技术应用效果评价三者进行了关联（见图 3）。

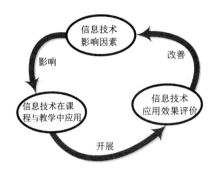

图 3 信息技术应用效果调节机制模型

在该调节机制模型中，信息技术影响因素直接影响信息技术在课程与教学中的应用效果，而通过开展信息技术应用效果的评价，可适时改善信息技术影响因素，从而提高信息技术在课程与教学中的应用效果，如此，形成了一个动态的、不断更新和完善的信息技术应用效果调节机制。本研究主要探讨信息技术应用效果的影响因素，有关如何有效地在课程与教学中应用信息技术以及如何对信息技术应用效果进行评价，尚待进一步研究。

参考文献：

[1] 朱书慧，汪基德. 我国学前教育信息化建设与应用研究现状 [J]. 电化教育研究，2013，(10)：40－46.

[2] 王春蕾，刘美凤. 影响信息技术在中小学教育中应用的有效性的关键因素的调查研究 [J]. 中国电化教育，2005，(6)：14－18.

[3] [9] 张译允. 信息技术在教学中应用的影响因素研究 [D]. 长春：东北师范大学，2008.

[4] 石伟峰. 现代幼儿教师应注重教育技能的训练 [J]. 赤峰学院学报：自然科学版，2013，29 (6)：232－234.

[5] 田金鹭，刘力. 试析我国幼儿教师信息素养的现状、培养与提高 [J]. 辽宁教育行政学院学报，2009，26 (5)：52－53.

[6] 荣曼生. 关于教师信息素养量化评价方案的探索 [J]. 湖南科技大学学报：社会科学版，2006，9 (6)：118－121.

[7] [10] 韩稼梓，沈宏斌，钟勇，等. 课堂气氛对教学效果的影响 [J]. 空军雷达学院学报，2007，21 (2)：152－153，156.

[8] [11] 胡定荣. 课堂反馈的学习理论视角与综合分类 [J]. 上海教育科研，2013，(3)：57－60.

家园合力　挖掘民间传统游戏的教育价值

林河英*

摘要：民间传统游戏内容丰富，形式多样，富有趣味性，是中华优秀传统文化的重要组成部分，具有传承意义和教育价值。幼儿园教育教学中，应充分调动家长的积极性，挖掘民间传统游戏资源，形成园本教材，加强家园协作，推行家长助教、亲子互动、家长开放日等形式，让民间传统游戏课程化，促进幼儿各项能力的全面发展，充分发挥民间传统游戏的育人功能，传承中华优秀传统文化。

关键词：家园合力；民间传统游戏；教育价值

中华优秀传统文化博大精深，作为其重要组成部分之一，民间传统游戏具有很高的教育价值。然而，大部分年轻幼儿教师较少接触民间传统游戏，甚至从未玩过，单靠他们来教育与传承难以实现。因此，可借助家长丰富的生活经验和社会关系，帮助收集整理各种民间传统游戏，有利于幼儿园开展活动，寓教于乐。

一、家长助力，挖掘游戏资源

《幼儿园教育指导纲要（试行）》指出："幼儿园应该主动与家庭保持密切合作……充分利用各种教育资源，为幼儿的良好发展创造条件。"[1]幼儿家长来自各行各业，其职业、阅历与专长等是幼儿园宝贵的教育资源，尤其是 60 后、70 后的爷爷奶奶们，更是参与民间传统游戏的主力军。

* 林河英，女，长泰县实验幼儿园。本文系 2018 漳州市第四期中小学德育研究专项课题 "借助家长资源推进幼儿园民间传统游戏的开展"（课题编号：Zdy1871）的成果之一。本文发表于 2020 年第 3 期《福建教育学院学报》。

1. **借助家长资源，收集游戏内容**。民间传统游戏内容丰富，形式多样，富有趣味性。幼儿园应充分调动家长的积极性，广泛收集各种传统游戏，为传统游戏进校园做准备。可以通过微信群发布邀请函，把家长请进幼儿园沟通交流，让家长明确要求，积极参与到传承民间传统游戏的活动中。通过发放《民间传统游戏征集表》征集游戏，鼓励家长协助教师整理游戏的内容、材料及规则等。经过广泛收集整理，共有跳格子、跑关、翻手绳、斗鸡、弹玻璃珠等几十种民间传统游戏。然后邀请部分家长和教师一起针对收集到的文字、图片及材料进行筛选，选出适合幼儿年龄和学习特点的十几种富有代表性的民间传统游戏，形成桌面游戏与户外游戏。如翻手绳、捡石子、摔牌、找东西南北、石头剪刀布、手心手背等桌面游戏以及跳皮筋、拔河、弹玻璃珠、扔沙包、抬大猪等户外游戏。以大三班为试点开展示范性教学，在活动中不断总结分析、筛选出适合幼儿的兴趣点和学习习惯的部分游戏，在大班年段试行推广。

2. **鼓励家长参与，制作游戏材料**。民间传统游戏的材料比较独特，许多材料是自制的。在征集游戏玩法后，通过微信群和家园互动栏，鼓励家长收集制作各种游戏材料。如缝制沙包、布尾巴、捡石子、橄榄核等，为游戏的开展提供物质保障。

二、家园合力，组织游戏开展

1. **增强家教实效**。幼儿教育决不仅仅是幼儿园的事，真正有效的教育更需要家园携手，合作共进。[2]《幼儿园教育指导纲要》总则提出："家庭是幼儿园重要的合作伙伴，应本着尊重、平等、合作的原则，争取家长的理解、支持和主动参与，并积极支持、帮助家长提高教育能力。"例如，在一次晨间活动时，教师有意识地在桌面玩起"捡石子"游戏，幼儿对这一活动都很感兴趣，并迫不及待地尝试玩起来。可是五分钟过去了，竟然没有一人能做到"抛—拣—接"石子这一系列动作。经过反复讲解示范后，效果依然不如人意。要学会"捡石子"这一游戏，仅靠在园时间是不够的，家庭的教育作用十分重要。教师把这个问题拍成短视频发布在家长群，与家长交流探讨可行办法，希望得到家长助力。果然，有位家长把自己在家如何指导孩子练习的方法拍成抖音视频发在群里，指导其他家长调整方法，分解游戏动作，指导幼儿抛出石子时眼睛要注视石子，同时手摸一下地板，再接住石子，即先练习抛，再练习接。一周后，展示时很多幼儿已经掌握正确游戏方法，体现了家庭教育独特的能动性和实效性。

2. **推行家长助教。** 近年来，家园合作日益频繁，形式更加多样，但却出现"来园看热闹，助教没门道，制作最好不要"的尴尬问题。[3] 为更好开展民间传统游戏，幼儿园按周别邀请家长进课堂参与助教，发挥家园共育的功能。如"抬大猪"游戏，由家长主导组织幼儿游戏，教师协助。游戏刚开始时，由于是家长组织，幼儿较为放松，对游戏的兴趣点很高，抢着要抬"大猪"，并能按游戏规则进行活动。但反复几次后，由于游戏规则太简单，很多幼儿失去兴趣。教师和家长沟通交流，重新设置适合幼儿年龄特点的游戏规则。由家长同幼儿组成双人组合抬"大猪"（运用两根木棍夹跳跳球充当），必须过独木桥、钻山洞、跨小河、穿树林等障碍，把"大猪"抬到赛场才算获胜。新的游戏规则让幼儿很兴奋，在有家长参与共同完成的游戏过程中，游戏玩法和规则不断得到创新与发展。

3. **注重家园共育。** 为了规范家长指导方法，可利用家长观摩日，由教师精心策划，家长参与和协助组织幼儿做游戏。活动中，家长协助教师分组指导幼儿有序开展游戏，观察幼儿表现，向教师反馈游戏开展情况，以便教师有的放矢地及时调整指导策略。如"跳皮筋"游戏需要多人协作，在幼儿园开展时，存在教师指导不力、幼儿学习效果不好等问题。教师通过与家长沟通交流，鼓励家庭间互动合作，利用周末户外活动时间，由家长找一个合适的场地开展教学活动，并拍成短视频或抖音视频发在家长群中，相互学习借鉴。幼儿体验到成功的喜悦，参与游戏的热情便高涨，"跳皮筋"成为幼儿园户外活动的明星项目。

4. **开展亲子互动。** 亲子互动是幼儿园活动的主要形式之一，对幼儿的心理发展、态度行为、价值观念及未来成就具有重要影响。基于家园共育的考虑，以亲子活动为桥梁，在班级微信群发布每一期民间传统游戏的内容选项和比赛规则，并举行"庆六一"亲子活动，家长和孩子商量好后选择报名，参与亲子通关比赛。在亲子活动前，家长要和幼儿一起互动游戏，商量怎样游戏才能获胜。如"骑大马"游戏中，许多家庭不仅自己制作道具，而且坚持每晚练习，在无形中让家长挤出时间陪伴孩子，并在游戏中增进彼此的情感。

三、全面审视，呈现教育价值

民间传统游戏的顺利开展，不断丰富和完善其趣味性、时代性，满足不同层次幼儿的发展需要，凸显家园携手共育的重要性，呈现出潜在的教育价值。

1. **促进家园互动更融洽。**良好的家教观念可以让家长在家园共育时积极参与。幼儿园开展了一系列家园共育活动，特别是从民间游戏征集表的收集、活动内容的商讨以及活动开展方案的确定过程中，家长从倾听者变成参与者，主动参与讨论。家长有了为人师的体验，更明确自己在孩子成长过程中的重要性，从而增强家园互动的积极性。同时，通过民间传统游戏的开展，让家长深入了解幼儿园的工作和孩子的学习特点，沟通更和谐、更全面，教师的家长工作也更有深度，游戏的开展更加具有实效性和实践性。家长和孩子一起参与游戏玩法的商讨、道具的制作及活动场地的选择，使幼儿感受到来自父母的关注与陪伴。家长从中学到值得借鉴的、孩子接受的教育方法，在家庭教育中予以运用，丰富家庭教育的方式，提升教育成效。

2. **促进幼儿发展更全面。**民间传统游戏内容丰富、形式多样、参与面广，在玩游戏的过程中，幼儿的各项能力都得到锻炼提升。这些游戏以户外体育游戏为主要内容，对发展幼儿的走、跑、跳、投、平衡、钻、爬及手指肌肉动作、肢体协调性都有促进作用。如"老鹰捉小鸡""抢四角""跑关"等，可以发展幼儿敏捷的躲闪能力；"敲木棍""投炸弹"等，可以发展手臂投掷力量；"跳房子""跳皮筋"等可以发展跑、跳协调能力。有很多两人或两人以上的小团体合作的游戏，要求同伴间相互配合协调，游戏才可以顺利进行。如"跳皮筋"游戏，皮筋有两人拉的长方形，有三人拉的三角形，有四人拉的十字形，需要多人合作完成；"摸瞎""大脚走路"等，需要同伴间分工合作，自觉遵守游戏规则。幼儿在游戏过程中学会合作、相处，从而促进社会性交往能力的发展。由于游戏来源于家长的收集、家长助教、亲子游戏等渠道，家长参与其中，孩子在整个参与过程中，感受到父母、长辈的关注与关心，爱的体验不断升华，相互关系更加融洽。

3. **促进传统文化传承。**民间传统游戏具有浓厚的乡土气息和地方特色，是园本课程的重要内容之一，且趣味性、娱乐性强，符合幼儿好奇好动的年龄特点。如桌面游戏"捡石子""翻手绳""找东西南北"、廊道游戏"跳房子"、踢毽子等游戏，是幼儿每次课间活动百玩不厌的选择，具有较大的价值潜能。同时，游戏使用的材料简便又廉价，大部分是废旧物品再利用，如旧报纸、树棍、烟盒、瓶盖、橄榄子等，可以开展如打手球、敲小棍、捡石子等游戏。有许多游戏的玩法基本不需要材料，用身体的各部位就可以开展，如"手心手背""炒黄豆""石头剪刀布"等，且易学、易会、易传，对场地的要求小，具有很强的推广价值。

经过一年的探究，各种民间传统游戏逐渐进入校园。该类游戏受时间、场地限制小，材料选择便捷，自主性强，幼儿在玩时自由自在、乐在其中，充分体验到民间传统游戏的特殊趣味性和娱乐性。同时，以家园协同的方式让家长全程参与活动，并且让爷爷、奶奶们以导师的身份指导爸爸、妈妈和孩子。幼儿园将借助家长资源，充分挖掘民间传统游戏的教育价值，让民间传统游戏在幼儿的心灵中绽放生机、薪火相传。

参考文献：

[1] 李晓华，张莹. 基于微信的家园互动研究 [J]. 幼儿教育，2016 (7).

[2] 刘莉. 家园合力，共促幼儿发展——在《指南》指引下的个案分析 [J]. 新教育时代·教师版，2016 (21).

[3] 林燕. 提升家长育儿能力，实现家园高质量合作 [J]. 幼儿教育，2015 (34).

赏读思辨 稚真善美

——我的故事教学主张与实践路径

朱晓梅[*]

把故事讲给幼儿听，让幼儿用听的方式欣赏文学作品，深受幼儿喜爱。听故事是幼儿认识世界、发展智力和语言能力的重要途径，故事教学具有多种育人价值，但在幼儿园实践中却存在一些普遍问题。一是远离经典。有的教师忽视了经典故事的价值，转而选择以成人教育视角编撰的带"说教"意味的故事，很少从幼儿视角和发展需要去思考，许多经典的童话、寓言、民间、神话故事都是人类文化的精粹，不乏内容健康、形象生动、情节有趣、语言优美的佳作。经典故事中所蕴含的人性美的永恒主题是人类幼年时代最宝贵的精神食粮，是不可或缺的。二是功利取向。大人给孩子讲故事常常带有功利性，希望孩子从故事中懂得一些道理、了解一些知识或学会一些词句，忽略故事本身的娱乐性、审美性。三是形式主义。传统故事教学中，教师讲完故事后会进行提问。但有些教师的提问基本都是围绕故事的名称、角色、主要情节及重要对话等进行，把故事内容肢解成若干个知识点，导致幼儿对作品缺乏整体的理解和欣赏，且模式化的提问方式无法激发幼儿思维的活力，幼儿会逐渐丧失对故事的好奇、兴趣和听赏阅读时的专注力。针对以上问题，笔者认为故事教学应做到"赏读思辨，稚真善美"。

一、内涵阐释

1. 核心概念

"赏读"中的"赏"，意思是因爱好、喜欢而观看、倾听。赏读是一种情感

---

* 朱晓梅，厦门市思明区艺术幼儿园。本文发表于 2020 年 3 月《福建教育》。

和认识相交融的心理过程，是指幼儿在主动积极的思维和情感活动中，感受、理解作品，并能用自己喜欢的方式表达、表现。因此赏读是前提、基础，重在唤醒幼儿内心已有的经历和体验，有了对故事的赏读，有了感知与体会，才能启动进一步的思考和辨析。

"思辨"是针对目前故事教学中普遍存在的"思"的缺失，特别是针对幼儿学习独立性和评判性思维的不足提出的。3－6 岁的幼儿还不能像大人一样理性思考，幼儿思维的主要特点是具体形象性，抽象逻辑思维能力在学前阶段的后期才有体现。因此，这里所谈的思辨并不是纯理性的分析，而是将自己对故事的独特体验和理解转化成语言表达出来，启动一小部分理性的思考与辨析，能提出自己的想法或质疑别人的观点，在理解词义、丰富词汇、学习语言的运用规则中促进思维品质的发展。笔者认为，教师应尊重幼儿的想法，激发幼儿的探究，引发幼儿大胆发表自己的观点，鼓励幼儿质疑和辨析，培养幼儿独立、多角度思考问题以及批判性思维的能力。

"稚"即幼小，是指成长发育中、尚不成熟的幼儿所表现出的稚气、稚嫩，是幼儿阶段的生命状态。而"真善美"既是故事教育的目标指向，也是教育过程中的审美追求。"稚真善美"的提法符合学前教育课程的性质和特点，体现学前教育特有的文化内涵和价值意义。

2. 价值取向

（1）儿童视角。对幼儿的理解和认识是教育的逻辑起点与支点，教师应以儿童发展为本，强调以儿童为中心，尊重儿童的天性。一方面，教师要欣赏幼儿的童真、童心、童趣。对 3－6 岁的幼儿来说，他们的生活主要就是审美、游戏、想象，需要的是非理性化的生活智慧。因此，适合幼儿欣赏的故事一定关照儿童的本真，以善为美，能使儿童产生情感上的共鸣，获得精神上的愉悦和满足。另一方面，我们追求儿童拥有质疑、表达、人格成长的自由。教师应充分信任、尊重儿童的意愿、选择和内心世界并给予关爱与支持。因此，故事教学要尊重儿童生命本真，选择体现童真善美的故事，尊重儿童身心发展的规律开展故事教育活动。

（2）价值引导。幼儿教育应为幼儿一生发展打好基础，做有未来的教育。价值观教育不是灌输概念，而是点亮心灯、播撒种子。幼儿需要的不是生硬的词汇和说教，而是与他们已有的生活经验和认识相联系，能够感受、理解和体验的故事。因此，教师遴选故事时不但要考虑适合幼儿的年龄特点，贴近幼儿的生活，还要考虑故事所蕴含的真善美的人文价值对幼儿情感与心灵的滋养，对幼儿的人生观、世界观、价值观产生的影响。

（3）对话。教师要抓住故事中的"教育生长点"，积极搭建对话平台，鼓励幼儿积极互动、交流沟通，以达成思想的默契、意义的承领。苏格拉底认为："在教育的现场，必须尊重共鸣的精神、人类普遍的需求、正义以及在自己的头脑中进行批判性思考的勇气，实际上，这正是教育的精髓。"因此，教师要与儿童进行深度对话，引起幼儿的思辨、表达、讨论、感悟，以提升他们的价值认识。幼儿对故事深层意义的理解不是教师教给的，而是通过对话、讨论、辨析得到的。教师与幼儿应平等对话，预设问题要能引发幼儿参与讨论的兴趣，让幼儿通过师幼、幼幼对话，学会聆听与接纳，敢于质疑和辩论，获得启发，深化思考。

二、实践路径

1. 营造宽松、支持的环境，凸显快乐体验

高尔基说"儿童文学是快乐的文学"，快乐是人们的共同需要。对幼儿来说，快乐不仅能够振奋精神，还有利于他们的生长发育、健全人格、增强自信心，对培养积极乐观的人生态度有着不可低估的作用。师幼之间的融洽轻松是积极互动的前提，只有在宽松支持、亲切温暖的人文环境中，幼儿才能实现快乐的赏读与思辨。

例如：在讲述民间故事《三只山羊嘎啦嘎啦》时，教师巧妙地利用了声音的大小、轻重让幼儿用"听"来感受三只山羊的不同形象，这样的运用很好地增添了故事的趣味性，也激发了正处于语言敏感期的学龄前幼儿的听觉兴趣，帮助他们理解、想象故事的内容情节。刚听完故事的时候，有的孩子已经乐起来了，"什么？这大山怪也太傻了吧？小羊中羊明明就是在"忽悠"山怪，可山怪居然就相信了小山羊的鬼话。"民间故事里反派角色常头脑简单，容易上当受骗，这样的形象能反衬出主角的聪明机智，也是一种夸张的手法，让人觉得幽默有趣。于是这个大山怪就不那么可怕了，反而傻乎乎的有点可爱！像这样充满纯真童趣的、具有游戏精神的故事很适合儿童欣赏。儿童的审美的一大特点就是具有游戏性，他们需要在游戏性的审美中发展自己的情感和想象。听赏或阅读故事对幼儿来说应是始于乐趣，并在欣赏过程中感到愉悦快乐、好玩有趣，心灵在跟随故事发展而跌宕起伏后得到充实和启迪。

2. 讲究平等信任的对话方式

教师应以尊重、接纳、信任的态度与幼儿交流互动，耐心倾听幼儿说话，

及时了解幼儿的感受和需要，对幼儿的回应评价应即时、具体，多肯定、多鼓励，讲究与幼儿对话的方式，幼儿对作品的情节、人物、情感等方面是如何理解的？幼儿感兴趣的点在哪里？幼儿想用什么样的方式去表达表现？这些都需要通过平等"对话"来了解。

例如：幼儿听完民间故事《三只山羊嘎啦嘎啦》后，还沉浸在故事中，教师给孩子们一些回味的时间，再鼓励幼儿分享和表达。

师：有什么话想跟老师和小朋友说说？

幼1：木桥吱吱嘎嘎，会不会断掉呢？

幼2：大山怪怎么只会说话，不会攻击呢？……

师：是哦！我也有点奇怪，哪位小朋友能回答这个问题？

幼：怪兽住在桥下上不来的。

…………

老师也有个问题想问问小朋友，为什么大山羊不先过桥呢？这样做多冒险啊！万一山怪不相信呢？

幼1：大羊先过桥，桥会被踩断。

…………

不同幼儿给出的答案都不太一样，每种答案都体现出各自的视角，幼儿会依据已有的生活经验和初步的道德判断做出自己的假设、推理和概括。而教师的有效支持就是放手鼓励幼儿大胆表达自己不同的想法。尊重幼儿，学会面对多元的答案。所谓"童言无忌"，没有权威、没有对错、没有统一标准，支持鼓励幼儿自由充分地表达、交流、思考、辨析。就是通过这样平等的问题和对话引导孩子思考，让幼儿调动已有的知识、经验、情感与新的问题情境"碰撞"，从而获得更深的感悟与思考。

3. 搭建师幼互动的思辨平台

在故事教学中，教师要捕捉贴近幼儿生活、能引发幼儿兴趣并值得讨论的问题，搭建师幼互动的思辨平台，让幼儿有话可说、有事可谈。教师需多层次、多角度、多方位地预设有价值的、开放式的问题，不受故事语言和情节的限制，可以为幼儿提供创造性想象和思维的空间。这些问题需要幼儿搜寻以往的生活经验，联系实际予以分析、综合、比较、判断和推理。如，在讲述《猪八戒吃西瓜》时，教师提问："猪八戒把西瓜分成四块，可用手劈开肯定不一样大，他会挑最大的还是最小的？说说你的理由！"一个幼儿说："我觉得猪八戒会挑最大的，因为他太贪吃了，他会忍不住的！"另一个幼儿说："我觉得猪八戒会像孔融让梨一样，自己先挑小的，把剩下的三块带回去，但是，他不是真心的，他是假假的，因为他是猪啊，猪就是很爱吃，没办法。"教师追问："他如果想分享可以整个西瓜带回去，现在就分开不是更不好拿？""你觉得他吃了最大的那块西瓜后能忍住不吃剩下的吗？"通过这样层层剖析的问答，孩子的思维和表达能力都能得到锻炼。

一个理想的思辨平台搭建出来后，幼儿会热烈积极地分享观点，放心地说自己的感受，大胆地提出质疑，勇敢地站在自己的立场进行评价。对同一个问题，幼儿有个性化的理解，并会从原来的话题引申出新的话题，这能有效促进幼儿语言、认知、能力、情感、态度等方面的发展。

4. 聚焦思辨问题，崇尚"稚真善美"

苏霍姆林斯基说："只有当情感的血液在知识的肌体中欢腾跳跃的时候，知识才会融入人的精神世界。"因此，故事教学要注重幼儿的情感体验，崇尚稚真善美，通过聚焦思辨问题，使幼儿的情感体验得到升华，从而感悟故事的深刻寓意。

如，经典幼儿故事《两只笨狗熊》，除了蕴含着"要动脑筋，不要轻易相信他人"，还有更深层次"与他人相处不要太计较，相互谦让"的寓意。如果教师只是问："为什么两只狗熊最后只吃到一点面包？"幼儿往往只能理解到"要动脑筋，不要轻易相信他人"这个层面，如果教师生硬地去引申"与他人相处不要太计较，相互谦让是美德"这个寓意，那么幼儿只能是被动的囫囵吞枣式地接受这个道理。说教的方式无法让幼儿真正理解故事的寓意。于是，教师借助关键词"公平"，让幼儿讨论并操作怎么把圆形纸片平均分成两半，在幼儿操作成功后，教师顺势推力，提问："可这是面包啊，要怎么平均分呢？"幼儿又一次发挥聪明才智，想出许多方法。此时，教师峰回路转，问："在生活中你们和朋友分享一块面包一块巧克力时，用不用尺子量？用不用称？""平时和朋友分享一定要平均吗？""哈，哈，没有！""不用，多一点，少一点没关系，多的让给别人自己留少的。""我觉得还是应该平均，不能有的多有的少！这样才是公平！""可是跟好朋友分享好吃的，不需要公平的……"

当孩子们能用自己的童言稚语自由表达，对故事内容作出符合儿童逻辑的、批判性的价值判断时，幼儿方能留下深刻的印象，故事中所蕴含的稚真善美方能内化于心。因此，教师需用转述、重述、追问等多种策略和方法引发幼儿积极表达自己的观点，大胆说出自己的想法，通过思考、讨论、质疑、辨析，真正走进美妙的故事世界中。这样，故事中所暗含的生活逻辑和感人力量，才会长久留在儿童的心里，并悄悄影响他们今后的人生。

幼儿园艺术整合活动的设计与实施策略

周志英*

摘要：幼儿园艺术整合活动是一种符合幼儿认知规律的教学组织形式。幼儿园艺术活动可以在主题目标上寻找整合切入点，重视音乐与美术之间的联系；在活动开展中确定整合手段，形成整合模式，并在环境创设中发现整合的创新点，如可以在音乐活动中融合绘画，在美术活动中融合表演等。

关键词：幼儿园教育；艺术教育；整合教育

《幼儿园教育指导纲要（试行）》中明确指出幼儿的学习是综合的、整体的。在教育过程中，教师应依据幼儿已有经验和学习的兴趣与特点，灵活、综合地组织与安排各方面的教育内容，使幼儿获得相对完整的经验。在各大领域教育中，幼儿园艺术教育最需要以整体和综合的形式开展教学。为此，幼儿园可以从主题要素出发，把握艺术整合活动的设计与实施过程，从幼儿发展状况入手，使一切教育因素形成一种以促进幼儿发展的统一关系，最终达到运用艺术教育启迪幼儿心灵的目的，促使幼儿形成积极的情感态度和健全的人格，有效发挥各种艺术形式的教育价值。在具体教学中，笔者以为幼儿园艺术整合活动可以从以下三个方面来组织。

一、从主题目标上寻找整合切入点，
构建艺术活动整合的方式

实施整合的艺术教育活动整合的关键是确定各种艺术形式的整合切入点。

---

* 周志英，福建省厦门市思明区艺术幼儿园园长。本文系厦门市"十一五"教育科研规划课题"艺术课程整合实践研究"（编号：0943）的阶段性研究成果。本文发表于 2012 年 1 月《学前教育研究》。

所谓整合切入点即探讨整合什么，在哪些环节需要整合。[1]找准了切入点，能最大限度地优化教学过程的各环节。目标的设置是活动设计的首要环节，决定着过程的设计与开展，同时也影响着活动的结果。主题目标是每一节活动的教学过程得以开展与实施的关键因素，它包括知识目标、能力目标、情感目标。在目标整合上，幼儿园应从主题知识目标、能力目标、情感目标入手，探寻艺术活动间的共同体，通过整合引导幼儿用不同的艺术形式去表达感受，进一步深入主题活动的价值，构建艺术活动整合课程，促进幼儿和谐发展。

（一）从主题的知识目标切入，重视音乐的动态造型和美术的形体造型之间的联系

主题的知识目标体现为一个主题在知识结构上的系统性。例如事物的特点、外形特征、功用等。[2]充分把握主题知识目标的各要素，从最容易感知的"型"入手，使不同的艺术形式都成为幼儿深入认知主题的途径，可以帮助幼儿更好地感受、理解、掌握知识点。如在"斗鸡"的主题活动中，围绕认识"民间斗鸡"这一游戏形式，教师可以引导幼儿用身体自由地表现斗鸡的各种动态造型，再尝试用泥塑、绘画等形式再现各种造型的斗鸡形态。幼儿在表演斗鸡的舞蹈和制作斗鸡的舞谱中，往往可以激发起勇于拼搏的精神，体验创造舞蹈造型和泥塑造型的乐趣，从而有助于发展自己的表现力和创造力。

（二）从主题的能力目标切入，在体验中理解音乐的乐曲结构和美术线条之间的联系

主题的能力目标为在主题活动中提升幼儿发展的能力水平设定了基本标准。如在"化蝶"主题活动中，可以让幼儿在表现蝴蝶的姿态中理解乐曲的曲风；在用国画的方式表现蝴蝶中进一步感受蝴蝶共舞的美丽姿态；在理解乐曲和感受弧线的整合活动中，掌握蝴蝶共舞的动作，同时提高幼儿运用国画弧线的技能，进一步丰富幼儿对蝴蝶特征的认知，增强幼儿对蝴蝶这一主题的艺术表现力，实现音乐欣赏与美术创作的整合。

（三）从主题的情感目标切入，在感受中体验音乐的旋律节奏和美术的色彩构图之间的联系

情感教育目标一般包括以下内容：培养幼儿的社会性情感，提高其情绪情感的自我调控能力，帮助他们对自我、环境以及两者之间的关系产生积极的情感体验，最终指向整体教育目标的完成和健全人格的培养。如在"世界真美妙"的活动中，情感目标可以是着重让幼儿感受保护环境的重要性。为此，教师将幼儿分成四组，第一组画小鸟在天空中飞翔的情景，第二组画小兔在草地

上跳跃的情景，第三组画熊猫在森林里散步的情景，第四组画小鱼在水里自由地游来游去的情景。在幼儿创作完毕后，教师可以把这四幅国画作为图谱，进行歌曲教学，让幼儿在感受歌曲的节拍中体验环境保护的重要性。这样的艺术整合形式有助于加深幼儿对歌曲的理解，提高幼儿的美术表征能力，让他们在身临其境的环境中激发保护大自然的情感，从而收到事半功倍的教育效果。

二、在主题活动开展中确定整合手段，
形成艺术活动的整合模式

主题活动是在集体性活动中，以一个主题为线索，围绕主题进行的活动与交流。主题活动内容可以有时侧重于音乐，有时侧重于美术，也可以进行两者的综合。[3]

（一）音乐活动中融合绘画

音乐活动的课型有舞蹈、欣赏、歌曲、器乐演奏等。在主题活动中，在围绕一种音乐活动形式开展时，教师可以巧妙地在其中整合绘画的方式，开展有效教学。如在主题为"化蝶"的音乐欣赏活动中，教师可以运用水作颜料，随着乐曲的铺开，用国画的形式表现蝴蝶飞舞的情景，同时让幼儿随着乐曲用身体动作的形式表现蝴蝶共舞的音乐形象。这一系列音乐活动的开展因为融入了绘画方式，有助于儿童更直观地感受乐曲所要表达的音乐形象，从而有助于推动活动开展和活动目标的达成，体现艺术教育的多种形式，促进幼儿全面发展。

（二）美术活动中融合表演

美术活动的形式有绘画、泥塑、手工等。在主题活动开展中，基于一种美术活动，加入表演的方式，不仅可以推动活动开展，而且能使幼儿多方面的能力获得发展。如在"漂亮的发型"的美术活动中，可以让幼儿通过在制作各式各样的发型的基础上，组织"发型发布会"的表演活动。幼儿在制作发型的美术活动和展示发型的表演活动中，不仅促进了多方面表现力的发展，而且培养了自信心。手工活动与表演活动的整合有利于挖掘幼儿的艺术潜能，激发幼儿的表演兴趣，发展幼儿的表现力。

（三）主题活动中融合艺术表征延伸方式

主题活动一般都会围绕一个主题内容逐环节地深化幼儿的感知与体验。如在"我有一双小小手"的教学活动中，围绕"小手"这一主题，教师既可以引导幼儿感受小手的名称、外形特征、作用等，还可以让幼儿学习有关"小小手"的歌曲，并结合"自己的事情自己做"的品德教育。具体来说，教师可以让幼儿边唱歌曲，边用小手点画果子。手指点画即是"我有一双小小手"这一主题活动的艺术表征延伸形式，可以让幼儿在玩中巩固对小手的认识，体验小手的功用，感受动手的乐趣。

三、在主题环境创设中发现整合的创新点

主题环境创设紧随活动主题开展的步伐，可以说主题开展到哪，环境就相应创设到哪。[4]幼儿园主题环境创设包括活动室空间的布置、自制玩具等。

（一）在自制玩具中融入舞蹈造型要素

自制玩具是培养幼儿动手能力的有效途径，也是幼儿园在组织幼儿布置主题环境中常用的手段之一。在引导幼儿跟随着主题，开展自制玩具的活动时，教师就可以着重让幼儿在制作中学会表现玩具的造型要素，体会玩具的美感和趣味性。如在"有趣的昆虫"的主题活动中，教师就可以鼓励有的小朋友用勺子、纸皮、木棍等材料制作小提琴和蜻蜓，然后展示蜻蜓舞琴的主题，表现昆虫作乐的情景；也可以鼓励有的小朋友通过涂色、粘贴、剪裁等形式表现螳螂吹笛子的可爱形象。这些玩具凝聚着幼儿的智慧，表达着幼儿的情感，实现了美术创作与舞蹈造型的完美结合，有助于发展幼儿的多元智能。

（二）在美术作品布置中融入音乐要素

《幼儿园教育指导纲要（试行）》提出幼儿园的空间、设施、活动材料和常规要求应有利于引发幼儿的主动探索和幼儿间的交往。据此，幼儿园可以在美术作品的布置中融入音乐的要素，使其体现趣味性和教育性。如在"飞舞的树叶"的主题作品布置中，教师可以引导幼儿运用树枝、木头等自然物再现《树叶飘》这一歌曲的五线谱旋律，让幼儿在"飞舞的音符"中感受歌曲旋律的美。让幼儿在看一看、谈一谈、唱一唱中体验美术创作的快乐。教师还可以变化歌唱的形式，从独唱到小组唱再到集体齐唱，宏大动人的场面将展示艺术课程整合带来的良好教育效果，体现艺术课程整合的成功之处。

（三）在空间布置中融入情景表演要素

情景表演指创设一定情景，以表演艺术为中心，实现文学、美术、舞蹈等艺术形式的综合。如在"金色秋天"主题活动的环境创设中，教师就可以组织幼儿布置"拍胸庆丰收"的故事表演情景，引导幼儿通过粘贴、描画人物动作

的形式，表现闽南人们丰收时热闹的场面，感受闽南艺术的精髓与文化底蕴。在此基础上，幼儿还可以把创编的一个个动听的故事在表演游戏时段表演出来。每一句话语、每一个动作、每一个故事都能发挥环境整合的教育功能。

　　总之，艺术是幼儿的另一种表达认识和情感的"语言"，各种艺术形式的整合是时代进步的必然要求和课程改革的必然结果。21世纪的人类社会更趋于全球的一体化和文化的多元化，女子十二乐坊这一乐队就是在传统器乐合奏的基础上融入舞蹈表演。不过，我们需要注意的是艺术活动整合不是艺术知识的简单累加，而是为了综合发展幼儿多方面的艺术能力，它有利于培养幼儿整合的创新能力，促进幼儿和谐发展。

参考文献：

　　［1］楼必生，屠美如. 学前儿童艺术综合教育研究［M］. 北京：北京师范大学出版社，2008：38.

　　［2］丁乐. 试论音、舞、诗、画的整合创新及综合艺术课程的开设［J］.艺术教育，2002，(6).

　　［3］陈晓萍. 异质同构与幼儿艺术启蒙教育［J］. 学前教育研究，2010，(12).

　　［4］张亚静. 幼儿美术教育的价值取向与实施策略［J］. 学前教育研究，2011，(2).

谈引导幼儿主动学习数学的有效策略

林晓丰[*]

摘要： 从"以人为本"教育思想中反映出幼儿应当成为主动的学习者。由于数学知识呈现抽象性和逻辑性的特点，以及幼儿年龄特点对学习数学的能力，凸显了教师的引导作用，使之成为影响幼儿主动学习数学的重要因素。本文以"引导者"角度出发，从环境创设、材料提供、教育形式、教育评价等方面去优化教育策略，引导幼儿主动探索数学的奥秘，自我建构，发展数学知识。

关键词： 引导　幼儿　主动学习　数学　有效策略

当前教育改革倡导尊重幼儿的主体意识，发挥幼儿的主动精神，强调幼儿在教育过程的主体地位，使幼儿生动、活泼、主动地得到发展。然而数学知识以抽象性和逻辑性为特点，是隐藏在具体事物背后的知识，反映的是事物之间的抽象关系，没有教师加以引导，幼儿很难自动体验到数学的重要和有趣，难以将生活中的数学经验转化为数概念，自觉地用数学方法解决自己碰到的问题。教师的引导作用因此成为影响幼儿主动学习数学的重要因素。为此，本文将从"引导者"的角度出发，探索幼儿主动学习数学的有效策略。

一、互动、开放性的学习环境

环境对人的影响是通过人和环境的相互作用得以实现的，人接受环境的影响不是消极被动的，而是积极主动的。当前，在幼儿园数学教育深化改革中的共识是，要为幼儿创设能尽其所能主动学习的合适环境，诱发幼儿主动探索学

---

* 林晓丰，三明市实验幼儿园。本文发表于 2009 年 3 月《湖北成人教育学院学报》。

习、发展幼儿思维能力。

（一）精心设计的"大环境"

幼儿日常生活的周围环境中形形色色的物质均表现为一定的数量、一定的形状，并以一定的空间形式存在，是数学教育取之不尽的源泉。但在大环境中，"数学"的影响具有自发性、偶然性、零散性，我们要有意识、有目的地利用周围环境，并创设适当的数学环境帮助幼儿建构数学知识，发展思维能力。为此，我们将幼儿园固定的环境确定为引导幼儿参加数学活动的"大环境"，如：缤纷多彩的颜色、具有一定排序规律的围墙栏杆，高矮、粗细、宽窄等错落有致的亭台楼柱小桥，几何图形的石块小径，台阶上的算式，楼梯扶手上的数字，由几何图形拼接成的抽象墙饰，等等，将含有数、形、时空等数学内容的现实环境或美丽画面有意地安排进幼儿的生活环境中，让幼儿随机地感知数学、走近数学，对数学产生浓厚兴趣。

（二）自由、自主的"小环境"

教幼儿学习数学的最佳方案是："组织和创设一个让幼儿能在其中尽其所能，充分发展自己的合适的环境。"这个环境既包括教学的材料、工具、空间、时间，还包括幼儿之间的交流与合作。区域活动以其自由、自主，又不乏目标性成为主动学习的"小环境"，数学活动区域依靠一定的教育目标和内容，依据各年龄段幼儿的认知特点，根据各个幼儿的实际水平，提供了有利于幼儿主动活动的材料，使其在操作中学习粗浅的数学知识，培养学习兴趣、发展智力。它的开展是幼儿园数学教学活动的一个有益的延伸和补充，它包含两种类型：数学引导区域和数学兴趣区域，引导区域是教师有目的、有计划地围绕教育目标让幼儿通过操作提高某一方面的数学知识；兴趣区域是幼儿按意愿、兴趣选择数学操作材料，自己分组、分类、分层次地设计活动操作内容和要求，达到照顾个体差异的效果。这种以小组活动的教学形式，为幼儿提供了动脑思考、动手操作等的大量机会，让幼儿在自由、自主的"小环境"中发挥其积极性、主动性和创造性。

（三）系统、专门的发现室（蒙氏教具）

蒙台梭利教学法的精髓在于培养幼儿自觉主动地学习和探索精神。为此，在条件许可的情况下可设置系统、专门的蒙台梭利数学发现室或发现角，其中为孩子提供了丰富多彩、系统的数学学具，以诱发孩子自我学习的乐趣，让儿童感官主动去接触、研究，形成智慧，给幼儿进行个别活动提供了良好的刺激环境。教师则居于协助启导的地位，从旁适时地给予幼儿协助与引导，让幼儿成为教育的主体，使他们开动脑筋、挖掘潜力。孩子在学具的操作中懂得数与量的关系，感受玩数学的快乐。

二、丰富、多样的操作性材料

瑞士著名心理学家皮亚杰在儿童学习数学的论述中指出："数学首先是，也是最重要的，是作用与事物的动作。"抽象的数学符号只代表一种概念，无助于对数的直接感知，而具体材料却能让幼儿通过感官获得感知，从而起到图解概念、体验概念的作用。所以，操作材料是一座迈向抽象数学世界的桥梁，是幼儿获得快乐、激发学习兴趣的动力，也是探索和解决数学问题的工具。幼儿在数学活动中的兴趣高低、持续时间的长短、能否进行独立思维和想象、有无探索和创新等，都与操作材料有着密切的关系，因此，引导幼儿主动学习的关键是根据活动需要、幼儿的水平为幼儿提供丰富的操作材料，它是教师隐性作用的体现。

（一）多层次的操作材料

幼儿发展的差异性决定了教师必须为不同层次能力的幼儿提供不同难度的数学操作材料，打破以往的提供同种学具、材料，进行同步操作、联系，获得同一结果的旧模式。如：中班数学活动《认识数字1—10》，为能力强的幼儿准备的操作材料是看标记写数，能力中等的幼儿点数连线，能力弱的幼儿则准备数物拼版。在分类、排序活动中，为能力强的幼儿准备了按多维特征分类、排序的材料，为能力中等的幼儿准备了按二维特征分类、排序的材料，为能力弱的幼儿准备了按一维特征分类、排序的材料。不同能力水平的幼儿，操作结果层次不同，满足了每一个幼儿的需要，开发每一个幼儿的"最近发展区"，获得成功的体验，从而促进他们参与活动的主动性和积极性。

（二）多样化的操作材料

色彩鲜艳、变化无常的材料比较容易满足幼儿的兴趣需要，符合幼儿心理发展的规律，我们在对一教育目标进行设计、提供材料时力求角度不同，充分多样，以满足幼儿反复操作的需要，主要体现在两种类型：第一类型为内容相同、材料不同的物品。如：数学活动看数取物，有的是取、别回形针，有的是取、投玻璃弹子，有的是取、贴图片，有的是取、摆"花瓣"等；第二类型为属性相同、材料不同的物品。如：复习10以内的加减法，为幼儿提供了加减大转盘、加减棋类游戏、钓鱼、登加减高峰等；第三类型为材料相同、内容不同的物品。如：瓶盖可作为按数取物的操作材料，可作为比较大小的操作材料，可作为一一对应的材料以及数学瓶盖棋的材料，解决了教师频繁换材料的矛盾，使操作材料的功能发挥到极限；面对多样化的材料，幼儿百玩不厌，通过操作，幼儿发现操作结果有时相同，有时不同，激发幼儿去思考、寻找其中的"奥秘"。

（三）节能、自主型的操作材料

相对知识的学习和掌握，幼儿思维发展的主动性、自主性更为重要。因此在操作材料的选择上不妨给予幼儿一点自主空间，让他们来准备数学活动的材料，活动室内设一"数学百宝箱"，收集自然物品和生活物品如饮料瓶与盖、雪糕棒、豆类、小石子、扑克牌、棋子、坚果壳、贝壳、废旧盒子、纽扣、药丸等，充分调动家长及幼儿的积极性，亲子共同制作，经过洗涤、美化、修剪、消毒的过程，随意投放到数学活动中，由于这些物品取之于日常生活，且是由幼儿亲自参与收集的，他们对操作材料会倍感亲切、倍加喜欢、倍加爱护，幼儿可自选自用，按意愿排序、拼图、点数、编数学题等，既节约能源、经费开支，又满足了幼儿的需要，促进幼儿的主动性，从而产生幼儿以活跃的思维投入数学学习中的效果。

三、生动、活泼的教育形式

幼儿园阶段的数学学习，应建立在幼儿的亲历、好奇、热情的基础上，教师创造性的教学活动、教学方法和策略，能培养幼儿的学习兴趣，进而影响其一生的学习方式。因此，以数学问题为中心，巧妙运用生动、活泼、能充分发挥幼儿的主观能动性的教育形式就显得至关重要。

（一）愉快的游戏教学

游戏是幼儿乐学的最好手段，把抽象的数学知识与生动有趣的游戏紧密结合起来，能够使幼儿自发地应用数学，获得有益的经验。如：玩沙玩水游戏是幼儿十分喜爱的游戏，幼儿通过用各种容器盛装沙、水，感知容量的守恒；角色游戏中更是充满大量学习数学的机会，如商店物品的分类摆放，买卖过程的加减运算；娱乐游戏——捉迷藏的方位空间感知，抢椅子游戏，扑克牌的比较数量多少、大小，等等。孩子们在自由自在的游戏中自然而然地喜欢上数学活动，伴随着愉快的情绪体验获得了数学的经验和知识，形成了初步的数概念。

（二）亲切、自然的渗透式教学

引导幼儿在其他领域的学习和生活中发现和提出数学问题，积极运用数学知识和数学思维方式解决问题，将"学数学"和"用数学"结合起来，产生良好的互动，使得数学教育更生动、更自然、更灵活，也更容易被幼儿所接受。在艺术领域，利用装饰进行排序、几何图形的认识及应用、学唱关于数学的儿歌〔如歌曲——"10个小印第安人"（认识10及计数）、"星期歌"（认识星期）、"小兔子开铺子"（认识5以内数量）、"数高楼"（顺数及倒数）〕；在健康领域，引导幼儿运用数学方法调查并统计哪种蔬菜最受小朋友的欢迎，哪种蔬菜不受欢迎；在日常生活领域，带幼儿在户外活动中发现轮子是圆的，屋顶是斜的，房子的前后，路的宽窄，花草的数量、颜色、大小等。数学教育活动的随机渗透，培养了幼儿对数学的情感和良好态度，帮助幼儿学会推理、解决，交流、表达，促进逻辑思维能力的发展，在亲切、自然的状态下获得数学知识和经验，增强了求知欲和学习兴趣。

（三）新颖、形象化的多媒体辅助教学

随着科技的进步，多媒体辅助教学被广泛地运用，计算机多媒体以其画面色彩鲜艳、直观形象、富有动感的特点深受孩子们的喜欢，它容易调动幼儿的注意力、求知欲，使幼儿兴趣盎然、感知迅速。数学知识本身具有抽象、概括、逻辑性等特点，不容易吸引每个孩子的注意力，在引用计算机辅助教学后，这些情况就大不相同了。如：在《复习6以内的加减》中，为了避免枯燥答题方式，将6以内的算式题设计成捉小偷的课件游戏，每一道算式题一出现，在富有神秘感的音乐渲染下，若干个标有数字的"神秘小偷"形象在屏幕上移动，幼儿置身其中，俨然是小警察角色，答得是不亦乐乎，就连平时少言的幼儿也是答完一题还想答，可见电脑课件的魅力所在，它让所有的幼儿在快乐轻松的电脑游戏中，不知不觉地成为学习的主体，真正成为学习的主人。计算机课件还可以用于突破重难点，将幼儿不容易理解的抽象、微观现象，清晰明了地展示出来。如《认识钟》的活动中，重点是让幼儿感知时钟的运转规律，难点是整点、半点的运转规律，设计课件时，我们将要在长时间内观察了解的现象（指针从1走到12，秒针走得最快，分针走得较快，时针走得最慢）在不到一分钟的时间内表现了出来，而整点、半点的运转规律，不需要通过教师过多的言语，不需要幼儿反复操作，我们只需点击鼠标，幼儿对整点（时针走一个字，分针走一圈）、半点（时针走半个字，分针走半圈）的运转规律一目了然。可见，合理使用多媒体辅助教学优化了教学过程，化难为易，帮助幼

儿获得直观形象、生动活泼的知识经验，充分调动了孩子学习的自觉性、主动性、积极性。

四、多元化的教育评价

多元化的教育评价，从赏识幼儿的着眼点出发，多方面入手进行科学性、指导性和激励性的评价，激发幼儿学习数学的内驱力。

（一）赏识性的教师评价

在数学活动中，教师评价的主要目的是为了确定活动效果，活动效果包括幼儿在学习过程的"质"与"量"两方面情况，既对幼儿参加了多种活动，做了多种练习、学习多种知识的量上给予评价，又关注完成活动的质，关注幼儿活动中的情感、态度如何，是否能够与同伴交流、合作，共同完成小组活动任务，能够有条理地收放学具，正确使用学具，能够一项项有秩序地进行操作活动等。教师评价时以赏识、鼓励为主，面向全体，注意个体差异，给予每个幼儿不同程度的表扬，让每位幼儿都能积极、主动地参与活动，获得不同水平的提高。

（二）自主性的幼儿评价

幼儿也是教育评价的参与者，在数学活动中我们注重发挥幼儿在评价中的主体性地位，鼓励幼儿积极参与数学活动的自评和互评，评价的内容为在数学探究活动中自己或同伴是如何用已有的经验和认知来重新建构新经验，在纵向比较时自己获得了哪些成功、体验，探索活动中参与的兴趣如何，操作材料是否适宜等。自主性的评价有助于幼儿交流和表达，客观地认识自我，提升数学经验。

（三）有趣的作品评价

数学活动讲究的是探索操作的过程，难免不留下操作的作品，这些作品表现出幼儿数学探究活动的过程，只要教师有心收集，如完成一项数学操作活动的一组系列照片、一份操作记录表、一份操作作品、一些操作活动的"表情章"等，它真实记录了孩子在数学探究过程中的实践轨迹，对幼儿在某一数学活动的具体情况以及掌握什么数学经验一览无遗，有助于激发幼儿的学习动机。

总之，合乎幼儿认知发展规律的数学教育活动对幼儿思维发展和身心的和谐发展有重要意义，教师应该正确认识幼儿数学教育的目标和内容，创造性地引导幼儿淋漓尽致地发挥出主体作用，激发他们学习数学的兴趣，发展幼儿的逻辑思维能力，使数学活动真正成为幼儿头脑发展的体操。

参考文献：

［1］唐淑．国外幼儿园课程．南京：南京师范大学出版社，1999，(7).

［2］陈幸军．关于幼儿园数学教育变革的思考．学前教育研究，2005，(7—8).

［3］杨惠芳．幼儿数学活动材料设计、提供与幼儿思维发展研究．学前教育文荟，2000，(5).

多方合作　共促劳动教养

——以"五一"主题活动开展劳动教育为例

巫燕华*

摘要：由于劳动机会缺失、劳动形式单一、劳动观念偏差等原因，当前的幼儿教育理念模糊，忽略劳动价值。幼儿园应当通过劳动教育，体现教育价值，让幼儿认识各种劳动，感受劳动意义；学习劳动技能，提高自身素质；培养劳动品质，促进全面发展。可通过年段统一主题开展路线，开辟各班特色劳动主题，多种形式共同开展活动，体验劳动情境主题活动。灵活利用多种形式，放大表扬栏目作用；以自我服务为基础，以集体服务为关键，鼓励劳动行为，树立劳动榜样。家庭里做爸妈的小帮手，园里当劳动调查员，家园共育，形成劳动观念意识。

关键词：劳动教育形式；五一主题活动；劳动品质

时代的进步与发展使得家庭结构不断发生变化，幼儿在家庭环境中失去应有的"自然常态"。德、智、体、美、劳全面发展中的"劳"放在最后一位，常常被成人所忽略，总认为幼儿年龄还小，不需要劳动。但是没有优良的劳动品质，幼儿就很难真正学会独立地走上社会，丧失生活、生存的技巧。幼儿期是形成良好品质的关键期，因此，在幼儿阶段对幼儿进行劳动教育就显得尤为重要。

一、教育理念模糊，忽略劳动价值

劳动教育，是使幼儿树立正确的劳动观念和劳动态度，热爱劳动，尊敬劳

* 巫燕华，女，漳州市幼儿园高级教师。本文系福建省幼儿教育研究会"十一五"课题"幼儿园节日教育中家园互动有效性的研究"的成果之一。本文发表于 2019 年第 6 期《福建教育学院学报》。

动人民，养成劳动习惯的教育。[1]但是，劳动教育在幼儿期渐渐缺失，无论是在家里还是幼儿园，成人提供给幼儿的劳动机会少之又少，从而导致幼儿渐渐丧失了劳动的技能。

（一）父母原因——劳动机会缺失

人们的生活水平提高，教育理念也在发生变化。有的家庭对幼儿过于溺爱，不舍得幼儿吃一点苦，还时常听到："孩子还小，等他大了自然就会做这些事了！"等幼儿长大了，又会说："孩子，你只要读好书，其他都不用管。"幼儿失去了参与劳动的机会，便丧失了劳动的能力。有的家庭，虽然有意识地对幼儿进行劳动教育，但教育形式比较单一，大多数是通过儿歌、故事，或者让幼儿参与劳动的机会比较随意，这样的劳动教育只停留于表面。甚至少数家庭，是因为幼儿犯错才让幼儿参与劳动，这样一来，便把劳动变成惩罚的手段，幼儿便更加排斥劳动了。

（二）幼儿园原因——劳动形式单一

部分幼儿园还没有理解"劳动教育"的意义，有的幼儿园为了迎合家长的需要，注重幼儿的知识教育，忽略了劳动教育，所以未设置劳动教育课程，甚至出现"劳动教育无必要"的错误观念，[2]没能遵循"培养幼儿德智体美劳全面发展"的原则。但是也有越来越多的幼儿园和教师开始重视幼儿劳动教育，有意识地在幼儿园的一日生活中渗透劳动教育。从小班开始慢慢地让幼儿学会自己的事情自己做，增设"值日生"，潜移默化地培养幼儿对劳动的热爱。但是总体来说，幼儿园所开展的劳动教育形式还是比较单一、不全面，幼儿很难通过这样的教育形式获得新的劳动经验。

（三）幼儿自身原因——劳动观念偏差

现在的幼儿生活条件好，成人的劳动教育不到位，使得幼儿缺乏劳动观念，难以养成良好的劳动习惯。幼儿在家庭和班级中的劳动大多是来源于成人的要求，很少有幼儿主动参加劳动，经常能发现幼儿看到地上有纸屑，没有成人的要求，很少有幼儿会主动把纸屑捡起来。有的幼儿还表现出对劳动者不尊重、对劳动成果不珍惜的现象。例如在餐厅吃饭，有的幼儿会模仿自己的爸爸妈妈对服务员大声吆喝，并出现浪费食物等现象。成人是幼儿最好的榜样，正是因为幼儿看到成人对待劳动成果的粗暴态度，导致幼儿对劳动的观念产生偏差，从而养成不良的劳动行为习惯。

二、通过劳动教育，体现教育价值

在幼儿园教育中，劳动教育的开展不应生硬地强制幼儿进行劳动，而是应该根据适当的主题活动，将劳动教育贯穿于幼儿的一日活动，让幼儿从心理上真正愿意参加劳动、热爱劳动。其中"五一劳动节"就是一个良好的教育契机。

（一）认识各种劳动，感受劳动意义

幼儿的认知水平较低，生活轨迹单一，对劳动的教育认识不全面。幼儿园应先让幼儿认识到劳动是一个人得以全面发展的基础，是光荣的，无论什么样的劳动都应该被尊重。结合"五一劳动节"主题活动开展，笔者所在幼儿园在小班让幼儿认识爸爸妈妈的劳动，这种劳动可以是家庭里的，如"妈妈煮饭、爸爸修理灯具"等家务活，也可以是爸爸妈妈的工作，认识自己父母的职业名称、内容，让幼儿先接触身边熟悉的人的劳动。在中班利用家长资源，请牙医入园为幼儿介绍牙医的工作性质以及保护牙齿的方法；在大班联系消防队、110 指挥中心，通过社区活动组织幼儿参观消防员、警察一天的工作，让幼儿切身感受到社会上各行各业的劳动，从而对劳动者产生敬意，让他们了解劳动虽然辛苦，但因为有了劳动，人们才能过上幸福的生活，提高幼儿的劳动积极性，向往劳动生活。

（二）学习劳动技能，提高自身素质

劳动教育不单单只是让幼儿认识劳动的内容和含义，同时还要提升幼儿劳动技能水平。劳动教育使幼儿的肌体充满活力，改善肌体的各种生理素质，包括呼吸、血液循环、新陈代谢等，促使幼儿的身体发育。[3] 例如笔者所在幼儿园将植树融入"五一劳动节"主题活动，小、中班幼儿可以尝试照料班级的自然角植物，观察自然角植物或动物的变化，帮忙浇水、在教师的指导下喂食；大班幼儿可以到种植园地参与浇水、播种、施肥和除草等劳动，待果实成熟，教师还带领幼儿去摘菜，品尝劳动的果实。幼儿通过这样的劳动，一方面体验了劳动的乐趣，另一方面也通过劳动获得了对蔬菜、植物的认识，在亲身体验劳动的同时也增强了体质。

（三）培养劳动品质，促进全面发展

当幼儿在劳动教育中掌握了相应的认知与技能后，教师还应注重在幼儿了解劳动意义的同时产生良好的社会情感，也就是教育意义。在劳动教育中，教师应帮助幼儿树立正确的劳动价值观和态度。《幼儿园教育指导纲要》中指出"要培养幼儿对劳动的热爱和对劳动成果的尊重"。[4] 所以，教师在开展劳动教育的过程中，不能只片面追求幼儿的劳动技能，而要让幼儿真正爱上劳动，尊重劳动成果，养成优秀的劳动品质。

　　笔者所在幼儿园从中班开始，每个班级都设立值日生。值日生的任务有擦桌子、整理书包、整理玩具柜和图书柜、浇花等。为了让幼儿认识到参与班级劳动是光荣的，教师请点心、午饭吃得好的幼儿来当擦桌子的值日生，早早上学的幼儿帮植物浇水等，让幼儿意识到值日生必须由表现优异的人才能担任，从而对值日生产生尊敬的情感。开展一段时间后再让幼儿按号数参与，给予每个幼儿劳动的机会，再结合班级创设的"生活养成角"对积极参与劳动的幼儿进行表扬鼓励。

三、多方合作培养，共促劳动发展

　　幼儿园教师应充分认识劳动教育对幼儿的发展价值，充分挖掘劳动的教育意义，激发幼儿的劳动积极性，培养幼儿热爱劳动的好习惯。

（一）挖掘劳动意义，实施劳动教育

　　在"五一劳动节"来临前，应从知识、能力、情感三方面解析劳动节的内涵，了解"五一劳动节"的文化，充分发掘、筛选、设计、实施"五一"主题活动，提取符合劳动教育精神的内容。

　　1. 年段统一主题开展路线，开辟各班特色劳动主题

　　俗语说："众人拾柴火焰高。"开展劳动教育应以年段为单位，制定适合幼儿年龄特点的劳动目标，整合五大领域活动内容，拟定相应主题方案；再由各班根据自己的班级特色与幼儿现有发展水平，开展别出心裁、求同存异的劳动教育活动。以笔者所在幼儿园为例，每个年段根据幼儿的发展特点，由浅至深、由易到难地开展活动。年段教研制定统一的家园互动表分发给家长，让家长和幼儿利用周末时间共同完成互动表，并由幼儿带来幼儿园介绍展示。同时，各班设计具有本班特色的主题展示墙，为班级营造热爱劳动氛围的同时，向家长展示主题活动的进展程度。

　　2. 多种形式共同开展活动，体验劳动情境主题活动

　　开展劳动情境体验形式应该是多种多样的。劳动教育可以是家里的、班级里的、幼儿园的，也可以利用家长资源带领幼儿到外界去充分感受不同职业的

劳动特点。如通过"争当小记者"进行调查采访,先通过园内采访,让幼儿认识园长、教师、保健室医生、保安、食堂工作人员等平时上班都在做些什么;紧接着通过社区合作,开展园外采访,到超市或医院去采访不同职业的人们的工作性质,从而认识到劳动是多种多样的,每一项劳动都非常重要。

(二)鼓励劳动行为,树立劳动榜样

在劳动教育中,除显性课程(如集体教学活动)外,还可灵活实施隐性课程,如游戏、环境创设等,让幼儿通过各种活动,潜移默化地爱上劳动。

1. 灵活利用多种形式,放大表扬栏目作用

不同的节日活动所蕴含的教育意义不同,教师应根据节日活动所特有的内涵开展特色活动。如笔者所在幼儿园开展的"五一劳动节"主题活动,结合"棒棒小童星"表演活动,让幼儿在展示为自己或他人服务技能的同时,也感受到劳动的乐趣和意义。《纲要》中指出:"3-6岁是儿童生理自理能力和良好生活习惯初步养成的关键期。"[4]对幼儿开展劳动教育,有利于提高幼儿的生活自理能力。如,小班幼儿开展"我是穿鞋子小能手、我是能干的市幼娃"活动,中班幼儿开展"我会自己穿衣服、我是生活小达人"活动,大班幼儿开展"我会帮忙叠被子"活动,并由幼儿自己评选与评价。把结果展示在班级的表扬栏,调动幼儿的劳动积极性,也让家长了解自己幼儿的劳动能力,积极参与到主题活动中。

2. 自我服务为基础,集体服务是关键

为幼儿铺垫了劳动精神之后,教师可引导幼儿将"劳动精神"渗透到幼儿园的一日生活当中,让幼儿从自我服务劳动过渡到集体服务劳动。如小班幼儿喝完牛奶后将牛奶盒拆开压平放在牛奶箱中,慢慢地请"小老师"帮忙检查有没有每一个小朋友都把牛奶瓶放整齐了;中班幼儿可以设计"给小椅子洗澡"的游戏,让幼儿帮忙学会擦桌子、椅子;大班幼儿则可以帮食堂叔叔、阿姨摘菜叶、豆角等。这样的活动对幼儿来说既新鲜又有趣,不但提高了自身的生活劳动技能,也感受到了助人为乐、为他人服务的快乐,完善幼儿的劳动品质。

(三)利用家园合力,构建互动平台

班级外墙的窗口文化是家长与教师联系的纽带,幼儿园可创设丰富多样的家园联系栏,如"家教园地、家园连心桥、教育金点子、沟通无限"等栏目窗口,与家长交流劳动教育理念,也让家长分享在劳动教育活动中的心得,增强家园互动平台的灵活性。

1. 家庭劳动，做爸妈小帮手

幼儿最早接触的生活环境就是家庭，但是许多家庭中由于家长对幼儿的保护，导致幼儿在家庭中的劳动少之又少。因此教师可先让幼儿观察自己的家："我爱我的家，因为家里又干净又舒服。是谁让我的家变得这么干净呢？让我用双眼来观察，让我用小手来记录……"接着让幼儿在家庭劳动中真切体验："我的妈妈、爸爸、爷爷、奶奶通过劳动让我的家变得干净又舒服，我能为我的家做点什么呢？让我也来体验一下家务劳动吧！虽然帮爸爸妈妈做事情已经不是第一次，但这次我要把自己在劳动中的感受记录下来和大家分享！劳动时虽然辛苦，但看到自己的劳动成果可真高兴啊，画个笑脸表示吧！"

2. 园里劳动，当劳动调查员

幼儿园是幼儿第二个家，为幼儿今后走上社会、愿意为他人服务奠定基础，可以先让幼儿观察教师一天的劳动："快乐的幼儿园生活哪里来？让我们用双眼来看看教师的劳动吧！""教师的劳动让我们拥有快乐的幼儿园生活，让我们学到了很多本领，教师说这是她们劳动最大的快乐。"在幼儿感受到教师劳动的辛苦后，再去观察幼儿园里其他人的劳动，"园长老师的、厨房里叔叔阿姨的、医生阿姨的、门卫叔叔的劳动，我们都想知道，让我们一起去采访他们吧！"最后延伸到自己力所能及的劳动，让幼儿在劳动的过程中感受快乐，真正做到"动"起来。

3. 家园共育，树立劳动精神

让幼儿感受到劳动的意义、热爱劳动，单靠家庭或幼儿园单方面的力量是微不足道的，教师应充分利用家园互动的平台，让家长与教师一起协作，帮助幼儿爱上劳动。如制定倡议书，家园合作让幼儿认识劳动的重要性；进行调查活动，了解家长对幼儿的引导方法；发放互动评价表，让家长追踪幼儿在劳动中的表现；进行个体家访，有利于教师了解幼儿在家庭中的劳动氛围；举行反馈会，引导家长相互阐述幼儿在劳动中的转变；实施"小分队"活动，让不同的家庭共同参与到劳动中来；开展春、秋游活动，让幼儿在活动过程中学会分享劳动成果……

帮助幼儿养成良好的劳动习惯，形成正确的劳动观念，具备一定的劳动技能并非一朝一夕，需要成人将理论与实践相结合，开展适宜的劳动教育，在劳动教育的实践过程中发现问题，在理论的基础上找到解决问题的方法。只有教师开展的劳动教育方向正确，才能让幼儿爱上劳动，争做"小劳模"。

参考文献：

［1］百度百科. 劳动教育的意义［EB/OL］.［2018－06］. https：//baike. baidu. com/.

［2］［3］顾明远. 加强劳动教育促进全面发展［EB/OL］.［2018－10－18］. http：//edu. people. com. cn/n1/2018/1018/c1006－30347662. html.

［4］教育部. 幼儿园教育指导纲要［S］. 北京：北京师范大学出版社，2001.

基于儿童立场研读教材的策略研究

吴淑红[*]

摘要： 研读教材是有效教学的重要途径。教师在研读教材时，要以儿童为中心，站在儿童的角度，以儿童心理揣摩教材，以儿童经验处理教材，以儿童思维思考教材，有效融合学生和教材，使两者和谐统一，设计出能真正激发儿童主动参与、生动有趣而又富有个性化的教学方案，使课堂教学生动、高效。

关键词： 儿童立场；研读教材；策略研究；小学数学

研读教材是教师有效开展课堂教学的基础和前提。没有教材或不依赖教材的教学会失去内涵、失去方向，其质量也就没了依托与根基。[1]教师研读教材的立场不同，所采取的教法肯定也不同。因此，教师应该基于怎样的立场来研读教材是十分重要的课题，也是广大教师必须关注的问题。

《义务教育数学课程标准（2011年版）》指出"数学教学活动，特别是课堂教学应激发学生兴趣，调动学生积极性，引发学生的数学思考，鼓励学生的创造性思维；……教师教学应该以学生的认知发展水平和已有的经验为基础……"[2]这指明教师教学要以学生发展为核心，以研究学生为前提，以迎合学生的认知规律和心理特征为途径，使学生成为教育活动的中心。教师在研读课程标准配套的教材时，要充分重视学生作为学习主体的内在需求，站在学生的角度，以儿童的视角观察、分析教材，以儿童的心理揣摩教材，以儿童的经验处理教材，以儿童的思维思考教材，做到"读学生"和"读教材"并重，有效融合学生和教材，使两者和谐统一。

———————————

* 吴淑红，福建省莆田市城厢区逸夫实验小学教育集团总督导长、高级教师、特级教师。本文系福建省教育科学"十二五"规划2014年度课题"小学数学教学内容的改革与教学方法的研究"（编号FJJKCG14－315）的研究成果。本文发表于2018年第5期《教育评论》。

一、儿童立场研读教材的策略研究背景

自从 20 世纪初美国教育家杜威的"儿童本位论"在中国掀起热潮至今，人们对儿童的认识不断更新，从"无视儿童"到"发现儿童"再到"相信儿童"，从认为儿童是无知的、需要鞭训的、智力有高低之分的，到认为儿童是探究者、需要呵护、智力由多维构成的……教育者持"儿童立场"的态度更加鲜明，从姚虎雄在中国教育报上阐述的《儿童立场：不可违拗的教育法则》，到成尚荣提出"教学即儿童研究"的主张，都强调了学校教育的前提必需是对儿童有深刻认识。特别是成尚荣先生一再坚持"研究儿童是教师的第一专业"，倡导让儿童研究走在教学的前面，让儿童研究走在课程研究的前面，指出"教学即儿童研究"是国际教学改革上的一种趋势走向。在新时代教育专家的召唤下，"儿童立场"即"教育立场"应运而生，"儿童立场"的理念得到公认，甚至有人说 21 世纪是儿童的世纪。

"儿童立场"成为当前教育界的热门话题。研究童年的各种"形态"，如经历着的儿童、回忆中的儿童、观念中的儿童、历史视角的儿童、地域视角的儿童、生物学视角的儿童等；分析"儿童立场"的各种"形式"，如教育情境中的儿童立场、基于同理心的儿童立场、不断协商的儿童立场等。许多学者或热衷于"儿童立场"的理念阐述、理论研究，或侧重于"儿童立场"在班主任教育工作中的运用，纷纷自贴拥有"儿童立场"的标签，却忽视了"儿童立场"在学科教学中的重要性，加上受到固有的教学模式的影响，这些理论没能很好地在现实学科教学中真正得到落实。学科教学是学校工作的重头戏，教师的主要任务之一是教学，而课堂是教师实施教学的主阵地。笔者认为，有必要在实践中探索"儿童立场"在课堂教学中的"落脚点"，做到真正基于"儿童立场"进行教学。

教师课堂教学的核心任务是解决教材与学生认识的矛盾[3]，研读教材，研究教法，精准化解矛盾是课堂成功体现。如，以学科专家视角研读教材关注的是教材里学科知识的科学性和严谨性，以普通读者视角研读教材注重的是教材里编排有哪些具体内容，以学生视角研读时观察点是趣味性、形象性和可读性。以教师视角研读教材的中心应该是学生，我们先要弄清楚：教师教学的对象是谁？教学的过程靠谁推进？教学的成效由谁展现？显然，教学内容是要学生学会的，最终成效由学生展现。教师研读教材的目的是把教材变成"学材"，有利于学生学习，便于学生学习，教师只是教学的组织者和实施者，而真正被教育、需要教育的是儿童，儿童才是教育的主体，儿童立场才是教师研读教材的最基本的视角。只有基于儿童立场设计出的学案，才能真正为学生学习服务，才是最有效的教学。

鉴于此，研究基于儿童立场的研读教材的具体策略，突出教学过程围绕"儿童"，与儿童换位思考，以儿童角色定位自己，审视教材，思量教法，煮出吴正宪所说的"营养又好吃的数学"，实现课堂教学中最闪亮的字眼"让学生学会并让学生会学"很有必要。

二、基于儿童立场研读教材的策略

教材是为学生学习所搭建的平台，余文森教授很形象地把教材比喻为跳板，认为教材是让学生踏到跳板跳得更高、更远。以下结合教学实践，从四个方面谈谈基于"儿童立场"研读教材对于提高课堂教学质量的有效性。

（一）依据儿童心理需求，有效激发学生兴趣

儿童的心理需求一般包括被爱的需求、归属感的需求、自尊心的需求、成就感的需求、满足好奇心的需求和活动的需求。其中，成就感的获得与好奇心的满足对儿童心理发育及学习兴趣培养尤为关键。当体验到成功的滋味，并得到适当的鼓励时，儿童会主动继续做下去，而这种成就感正是促使儿童继续尝试的主要原因。每个儿童都不是"小大人"，他们有自己年龄的心理特点，有自己认识世界的方式，强烈的好胜心、好奇心和表现欲都是儿童的天性。因此，在研读教材时，教师要站在儿童的立场上，根据儿童的心理特征，挖掘教材呈现的内容与学生的心理需求的联系，思考怎样唤起儿童的好奇和兴趣等，最大限度地调动学生学习的积极性。如，在二年级上册"乘法的初步认识"[4]的教材先呈现几道加数相同的加法问题，接着是小精灵的提示语"这种加数相同的加法还可以用乘法来表示"，最后是感悟语"用乘法算式表示真简便"。儿童对他不曾看过的或不曾听说过的事物，会产生好奇，会主动去问、去摸、去看，不自觉地产生学习。儿童的好奇心得不到满足，就会降低学习的欲望和求知的兴趣。教师可以根据学生这一特点，从教材中的感悟语得到启示，编者的意图是让学生感悟乘法的便捷。授新课时，教师设计一组师生进行加法口算的比赛题：3＋3、3＋3＋3、3＋3＋3＋3……加法题目难不倒学生，以比赛形式作为导课的切入点，可使全班学生兴趣盎然。刚开始，学生算得很快，与教师

不分高低，成功的喜悦令学生情绪十分高涨。这时，教师抓住时机，问"15个3相加的和是多少"，并很快说出答案。教师抓住学生好奇及好胜的心理，巧设悬念，使学生处于"心求通而未达"的积极状态，有效激发他们的求知欲。这时，教师抛出取胜的"法宝"——数学上"求几个相同加数的和的简便算法"可用乘法。通过点拨，教师把学习气氛推向高潮。学生的疑惑得到解答，既体验到成功的喜悦，又感受到学习数学的乐趣。"加数相同的加法可以用乘法来表示"，这是数学界约定俗成、统一规定的知识，无须验证。教师如果不从儿童角度着手，而以成年人视角看教材，就会直接告知学生用乘法计算，这样学生只能死记硬背，就会觉得学习枯燥无味，或者因觉得知识难于掌握而厌学。可见，教师在教学时要根据儿童心理需求，结合教材内容，适时巧设良机，不断让学生产生好奇心，使之积极探索而乐此不疲，才能达到学习的最佳状态。

（二）联系儿童已有经验，快速生成知识意义

教师要基于儿童已有的生活经验，把教材内容转化成学生熟悉的生活素材，以便更好地解释和指导学生的经验发展；要基于儿童已有的知识经验，找准学习内容与学生已有知识经验的连接点，找准数学新知识的生长点，循序渐进地拓展新知，有序地编织牢固的完整的知识结构网。

数学源于生活，学生身边蕴含着许多有趣的熟悉资源和自然现象，是学习数学的"活教材"。人教版新编义务教育数学教科书图文并茂，主题图生动形象、富有情趣、贴近生活，教师可以借助以往积累的生活经验，结合教材内容及情景图等，架起生活与数学的桥梁展开教学，使教学效果水到渠成。如人教版四年级下册"三角形边的关系"[5]的主题图（学校—邮局—小明家—商店）中四个地点均能相通。教师考虑到四年级的学生，根据生活经验肯定知道直走比绕道走近，就提出问题："小明要从家里到学校，这三条路你喜欢选哪条走？为什么？"当学生选直走最短的那条路，并能说出原因时，教师给予肯定后，把图中这四个地点当作四个点，根据线路直接用线段连成两个三角形（如下图），再让学生说说"线段①加上线段②的长度和与线段③相比，谁长"。学生借助图形和生活经验，一目了然地感知了"三角形两条边的和大于第三边"。教师抛出问题："是不是所有的三角形都有这一特性呢？"接着，组织学生进入验证环节，进一步巩固知识的意义。这样借助生活经验，学生便能快捷、直观、深刻地获得新知。

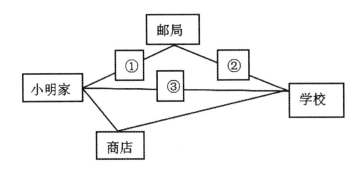

　　数学教材中的各知识点看似各成章节，但其知识内部结构是藕断丝连的。教材遵循儿童知识学习的规律，各模块知识采用逐级递进、螺旋上升的原则编排，呈现的逻辑化知识是在儿童已有知识经验基础上发展而来的。教学时，教师要找准学生已有知识的最近发展区，有效地进行新知教学。如，人教版二年级"千以内数的认识"[6]的教材先详细地呈现一年级时学的"一个一个数，10个一是一十""一十一十数，10个十是一百"的数数情景，再呈现"一百一百数，（）个一百是一千"。千以内数的数数方法是相同的，相邻之间的计数单位之间的进率也都是10。研读教材时，教师根据学生已有的数数基础，利用课件生动、直观地展现数数的过程，充分唤醒学生的旧知，引导学生体会数学知识之间的关联，找到新旧知识的相通点、衔接点，应用知识的正迁移，巧妙地推理、猜想。学生结合已有的知识经验，很快就悟出"一百一百数，10个一百是一千"。这样利用学生已有数学经验，轻而易举地获得了新知。

（三）遵循儿童思维规律，化解学生认知难点

　　儿童的世界千奇百怪，他们对事物的认识和理解有独特的视角。小学低年级儿童的思维以具体形象思维为主，他们的思维往往离不开事物的具体形象；中年级儿童的思维处在由具体形象思维向抽象逻辑思维过渡的阶段；高年级儿童的抽象思维已尚发达，但具体形象思维仍起很大作用。研读教材时，教师要善于从儿童的认知规律出发，探索学生的思维发展特点，根据学生的认知规律，用儿童的思维方式考量呈现给他们的学习材料，这样在教学时才能更好地顺应或契合学生的思维。

　　例如，二年级上册《认识时间》教材中有一道延伸题[7]是这样的："小明从早上8：25到校，11：10离校，在校时间有多长?"有位教师没有从儿童思维实际出发，想当然地列式为11：10－8：25，解释计算过程时指出：算式中10分不够25分减，需向11"时"借1"时"当作60分，然后用原有的10分加上借来的 60 分（即 70 分），减去 25 分得到 45 分；11 "时" 被借 1 后再减 8 "时" 得 2 小时，这样共经历 2 小时 45 分。70 分减 25 分中的个位不够减，向十位 7 借 1 当作 10，学生较容易理解。但 "分" 不够减向 "时" 借 1 当作 60 分，对二年级的小学生来说还很难理解。因此，学生越听越糊涂，不但掌握不了这部分的知识点，而且对这类知识的学习产生畏惧心理。

如果教师了解这个年龄学生的思维特征，能读懂新教材的编排意图，就会发现教材中三处 "用时多久" 的计算方法都是根据整点分段计算的，就应引导学生观察钟表，按整点的算法这样去想：从 8：25 到 9：00 经历 35 分钟，从 9：00 到 11：00 经历 2 小时，11：00 到 11：10 又有 10 分钟，因此共在校 2 小时 45 分。学生对钟表比较熟悉，也经常看到分针走动的规律，按照时间经历的前后顺序，以整点分段进行计算，这样计算思路清晰，步骤明了，能很清楚算出在校经历的时间。教师也可以根据儿童形象思维为主的特点，用线段图分段计时的方法画出线段图，帮助他们解决问题。借助线段图直观、有序地进行思考，虽然题目有一定难度，但学生能迎刃而解。

（四）激发儿童兴奋点，点燃学生求知热情

儿童天性喜欢听故事、热衷玩游戏，听着故事特别精神，玩起游戏特别兴奋。教师要结合教材内容，尽可能地穿插故事或设计游戏环节，捕捉兴奋点，调动学生学习热情，让学生多个感官主动参与体验、感知，让知识、概念、道理悄然走进儿童的大脑。如，在教三年级下册《年月日》[8]时，授完新知接近课终，学生开始疲惫，注意力无法持续集中。在课堂巩固练习环节，某教师安排一个富有趣味的游戏：教师报月份，报出的月份是 "大" 月，男生站起来，报出的月份是 "小" 月，女生站起来。因为游戏牵涉到每个人，学生既兴奋又紧张，个个来了精神，做好挑战准备。刚开始，教师报出 "3 月份"，声音刚落，大部分男生立马站起来，但还有个别男生没有起立而个别女生起立了。一阵骚动后，经过自己思考或同学提示，站错的学生随之调整过来，站对的学生扬扬得意。教师请一男生讲讲自己 "站" 的理由。经这游戏刺激，学生的学习热情高涨，站错的女生听得特别认真，达到事半功倍的效果，全班学生都期待游戏继续，报出下一个月份，好证明自己 "坐立分明"。最后，游戏以 "2 月份" 男女生谁也不动而告终。教师没有强塞思考的任务，而是通过游戏，让学生自主参与、主动思考，在轻松、愉悦的氛围中掌握了新知。

总之，教师在研读教材时，要心中装有学生。从儿童的立场出发，找准立足点，充分借助数学教材载体，设计出真正属于儿童自己的教学方案，激发儿童主动参与学习，使课堂人文、生动、高效。

参考文献：

［1］［3］徐国裕. 有效课堂从研读教材起步［J］. 教育评论，2014（2）：123、123.

［2］中华人民共和国教育部编写组. 义务教育数学课程标准（2011 年版）［M］. 北京：北京师范大学出版社，2012：2－3.

［4］［7］人民教育出版社. 数学（二年级上册）［M］. 北京：人民教育出版社，2013：47、90.

［5］人民教育出版社. 数学（四年级下册）［M］. 北京：人民教育出版社，2014：63.

［6］人民教育出版社. 数学（二年级下册）［M］. 北京：人民教育出版社，2013：75.

［8］人民教育出版社. 数学（三年级下册）［M］. 北京：人民教育出版社，2013：76.

幼儿专注力的识别与支持

——从游戏"掌上明珠"谈起

李珊珊 *

一、幼儿操作"掌上明珠"的活动记录

游戏时间开始 10 多分钟，维维在饮水区慢慢喝水，他慢慢地走出来，在教室里逛了逛。他看到晨晨拿着"掌上明珠"静静地坐在椅子上滚着铁珠子，就搬一把椅子坐在晨晨旁边看，激动地说："进了，进了一个。"第二颗摇了好一会儿，才进去。第三颗快要进洞的时候，前面那一颗却被摇出去了。维维和晨晨感叹道："哎呀，糟糕。"晨晨继续拿着盒子低头对维维说："要不然你自己玩一个。"维维也拿了一个"掌上明珠"坐在边上摇了起来。嘉嘉是晨晨的好朋友，在晨晨游戏了 20 分钟左右，他加入了游戏。

晨晨盯着手上的盒子，两手僵持在半空中，等待着第二个盒子里的珠子一一入洞。嘉嘉突然过来说要和他一起玩，晨晨抬头对他笑一下说："好。"然后连忙低头继续瞄盒子，一边摇盒子一边告诉嘉嘉："我刚刚挑战成功了一个盒子啦，现在这盒就差 2 颗了。"突然，一旁的维维兴奋地叫道："呀，第二颗进去了。"晨晨接话："我也进了，就差最后一颗。"嘉嘉回到座位上试了下，第一颗迟迟不进洞，他摇头晃脑地叹着气，然后看看晨晨和维维，显得有点不耐烦了。L 老师鼓励他："再试试，你可以的。"嘉嘉说："这个太难了，我换一个。"L 老师："其实都很难，也都很容易，你坐下来再试一次。"

晨晨根据珠子进洞时间的快慢，可以一口气坚持 5 到 10 分钟，有时所有的珠子进去了，他就会打乱珠子位置，重新来过一次。在嘉嘉加入游戏之前，

---

* 李珊珊，厦门市仙岳幼儿园。本文发表于 2018 年第 8 期《福建教育》。

他已经玩了 20 多分钟，后来他惊呼道："哇，我进了，我又进了。"L 老师："嘉嘉，你和晨晨比赛，看谁的 3 颗珠子最先进洞。"嘉嘉："不行，我跟他比不行，要三个人比才行。"于是，阿喆加入挑战。过了一会儿，嘉嘉和晨晨相继挑战成功。游戏接近 30 分钟，晨晨有点坐不住了，站起来看看维维的盒子的进展。而维维一动不动，即使旁人的手在他眼前晃来晃去，教师和阿喆在聊天，他也一直盯着盒子头也不抬。晨晨则侧耳听教师和阿喆的内容，听到有趣的问题就跟着一起笑，有时他找嘉嘉聊聊，边聊边开始关注阿喆手中的水果网。他拿着盒子跟阿喆讨论起水果网摆得像长颈鹿吃草，聊完他又低头端着盒子摇珠子。这时，嘉嘉成功挑战了一个雪人图案的盒子，他赶紧喊 L 老师看他的战果。L 老师跟他击掌庆贺。维维也顺利攻坚一个滑冰图案的盒子。接着嘉嘉又挑战成功一个，他激动地站起来，向下握拳喊："耶！我又战胜一关了。"晨晨站起来看着嘉嘉的第二个挑战成果，笑着对他说："我刚刚挑战了更多个，不信你问老师。"然后他跟嘉嘉交换玩，很快坐下来重新摇珠子。维维丝毫没有受到影响，只是听到阿喆说他有个妹妹叫夕夕，夕阳的夕，维维才接话说："你们知道我的妹妹叫什么名字吗？"但他的手和眼仍注意在盒子里，嘉嘉说："知道，叫小花。"维维很肯定地说："对，小花妹妹。"

L 老师问三个玩"掌上明珠"的男生："你们觉得这个玩具最好玩的地方是什么？"维维和晨晨低头没接话，嘉嘉说："球在里面甩来甩去很好玩。"维维说："哎呀，不好玩，太难了吧！"阿喆补充："这个是让人坚持的！"维维放下盒子说："哎，好难玩啊！"但是，他一看嘉嘉和晨晨还在埋头摇，就拿起另一个盒子又低头玩起来。维维埋头到游戏时间结束的音乐响起，嘉嘉时不时和身边同伴聊一些生活日常，最后晨晨长吐一口气彻底放下盒子不玩了，全心听旁人聊天。这时距离晨晨开始玩"掌上明珠"40 分钟了，维维 20 多分钟，嘉嘉也超过 15 分钟。

二、游戏中幼儿的专注力表现

这份玩具投放在班级已经有一段时间，游戏主要靠控制手部肌肉的动作力量、动作角度与幅度来控制铁珠子滚动的方向和速度，最后在确保先进去的珠子不被摇出来的前提下，让所有珠子一一进洞。其中第一颗珠子较容易进，越往后面的珠子，进洞的难度越大。但对中班幼儿动作发展水平而言，如果幼儿能够集中注意力，是可以通过自己的努力获得成功。以学习品质中的专注力为切入点，教师可以识别到幼儿以下几点：

首先，在这次游戏观察记录中可以看到，体验过滚珠游戏的幼儿，能够总结游戏过程中的经验教训，如一旁的阿喆面对维维抱怨太难了的时候，能为其解释"这个是让人学习坚持的"，也就是说，幼儿在游戏中总结了挑战成功的关键技巧——坚持！

其次，幼儿在一定的游戏时间中表现出高度的注意力、持久的集中。幼儿在区域时间有自己的游戏空间和时机，相对自选活动或其他自由活动时间的游戏，更能确保幼儿集中注意力深入体验某一材料。例如，晨晨在摇珠子进洞时，维维和嘉嘉陆续加入，但他埋头于让第二颗、第三颗珠子入洞，他的游戏进程并没有被同伴打断或改变，甚至挑战的兴致更高。再如，晨晨能够从头到尾坚持 30 多分钟操作同一份材料，维维和嘉嘉也能够坚持 15 分钟以上。还有，三位幼儿在摇珠子的过程中，为了确保珠子进洞，他们控制着动作与角度的精确性，纹丝不动，全神贯注地滚珠子。

再次，幼儿能够采取一些策略抗干扰，使自己的有意注意集中在当前的游戏中。例如，晨晨高度集中的注意力过于持久时，会出现疲惫，此时他的游戏欲望还在，就通过和别人聊天让自己动静结合，使精神状态松弛交替。此外，当幼儿无意注意到周边有趣的话题时，他们可以分散一小部分注意力加入其中，同时让主要的注意力集中在滚珠子的任务中，这样既不耽误游戏进程，也能够满足自己对周边新刺激的好奇心。这样的小插曲，反而让幼儿自身的专注力更持久。

第四，游戏的愉悦性和成就感让幼儿的体验得到最强刺激，从而不被无关干扰所影响。《心理学词典》中指出，当出现的对象对当前完成的任务有重要意义，或儿童发生浓厚的兴趣，或者在一般背景上出现强烈的刺激物等条件时，会引起儿童的高度注意。最后，在积极的同伴互动和师幼互动中，幼儿心理上更放松，更有归属感和愉悦感，以至于在游戏中的注意力达到高度集中的状态，幼儿投入其中却体会不到在完成某个任务，而是一起挑战某一个带刺激性的游戏。

三、教师对幼儿专注力品质发展的支持策略

那么，针对促进幼儿专注力品质的发展，教师有哪些回应的机会和可能性呢？

　　首先，从材料上看，"掌上明珠"这份材料有助于激发幼儿在游戏中排除干扰，克服困难，锻炼幼儿的专注力。

　　技巧的不确定性、珠子滚动方向的随机性、珠子大小与洞眼直径的比例之精密性对幼儿手部动作的精细程度要求较高，也就对幼儿注意力的集中程度要求较高。前后珠子进洞难度又有所不同，这给幼儿带来不同的游戏体验。因此投放这份材料，既能吸引幼儿挑战的兴趣，又有助于锻炼幼儿的专注力。教师若有意识促进幼儿专注力的发展，在投放区域材料时，可以考虑这类材料。

　　其次，针对幼儿的专注力表现的差异，教师采取不同的回应方式。

　　案例中，晨晨比较内向，喜欢安静，善于倾听；嘉嘉比较活泼外向，好胜心强；维维做事慢条斯理，虽然与世无争，但是喜欢挑战新鲜事物。晨晨有相对较好的注意力管理能力，教师只需眼神停留，表示对其投入的活动的关注即可；在嘉嘉抱怨、试图放弃时，教师需要多一些关注并及时鼓励他再努力一把，直到他一步步尝到成功的喜悦；维维平常在其他活动中，常表现出低参与度，但不可以点带面下结论，例如今天的滚珠活动让教师看到了他的专注与投入，教师可以再创造类似机会让维维这样的幼儿得到专注力的锻炼。需要注意的是，幼儿有意注意会有疲惫的时候，尤其是高度注意，因此当幼儿出现短暂分心是允许的，教师不可过于苛求。

　　第三，从以上来看，"掌上明珠"这种材料有助于刺激幼儿学习品质的发展，但如果是不喜欢此类材料的幼儿，教师该怎么做呢？

　　建议先分析幼儿不喜欢的原因，是材料与幼儿能力的难度匹配问题，是幼儿本身过于好胜怕输还是缺少挑战困难的勇气、方法，还是教师鼓励和肯定不足等原因。在分析原因的基础上，可通过借同伴竞赛吸引幼儿，用教师言语、非言语的鼓励与肯定，以及降低或提高游戏难度等方式引导幼儿尝试或者进一步挑战；教师要尊重幼儿的游戏意愿，幼儿若是确实不喜欢，则不可强求于此，可变花样改造其他类似材料，鼓励幼儿操作其他有助于专注力发展的材料。

　　第四，专注力可以通过量化的方式观察得到，但评价需要细心考察。

　　教师可通过时间计算来测量幼儿专注力水平，需要注意的是测量幼儿的专注力时，不能局限于某一个单一的动作形式，例如不能仅考虑幼儿是否一直投入地摇滚珠这一动作，而是包括幼儿交流的内容是否与滚珠话题相关，其视觉、听觉、表情等关注的内容是否与当前任务相关等；幼儿分心后是否马上回到任务中，若幼儿只是一下子岔开注意力，但又能立马回到当下的任务中，则分心的内容可忽略不计；注意观察幼儿专注力行为的完整性，例如幼儿即使是在做一些看似无关的行为，或者在某一材料中表现出低专注力水平，但是如果在完整事件中，其所做的事是为当前任务服务的，并不等于幼儿专注力差，应当综合不同环境、不同材料对幼儿的行为表现进行分析和评价。

第五，良好的同伴互动和师幼互动，有助于幼儿专注力的持久。

在活动中，三位男生共同挑战同一个游戏任务，这为幼儿提供了积极的游戏氛围；当幼儿嘉嘉面对迟迟进不去的珠子，开始叹气甚至有些退缩，维维抱怨难度太高了，晨晨注意力出现疲惫了时，教师伺机给予支持和肯定，提高幼儿参与的积极性；同伴之间互相陪伴和鼓励，也帮助幼儿从困难中体验挫败感到一步步体验成就感；师幼之间围绕着滚珠材料聊天，使幼儿松弛、动静结合，把注意力维持在当前的任务中。

幼儿园教师课程意识发展现状及提升策略

陈小芳[*]

摘要：本研究采用问卷调查法了解幼儿园教师课程意识发展水平，发现幼儿园教师课程意识整体处于中等偏上水平，但各维度发展仍存在一定问题。建议幼儿园建立开放民主的管理制度，增强教师课程主体意识；提供持续的专业支持，促进教师课程意识与行为的统一；建立课程审议机制，提升教师课程反思能力；提供多样化的物质支持，提升教师课程资源整合能力；建立发展性评价机制，激发教师主动提升课程评价意识。

关键词：幼儿园教师；课程意识；发展现状；策略

随着我国基础教育改革的不断推进，幼儿园教师课程意识发展水平成为推进课程改革和教师专业发展的重要影响因素。学者们从哲学角度出发，将课程意识定义为教师对课程系统的基本认识，是对课程设计与实施的基本反映。[1]从心理学角度出发，学者们将课程意识定义为教师在考虑课程问题时对课程意义的敏感性和自觉性。[2]本研究中的课程意识是指教师对课程系统的基本认识以及对课程行为的自觉性。[3]幼儿园教师课程意识是指幼儿园教师在理解和尊重幼儿身心发展特点的基础上形成的对幼儿园课程系统的基本认识，以及对课程行为的自觉性，包括主体意识、目标意识、生成意识、资源意识、评价意识等五个方面。主体意识一方面是指教师能认识到幼儿是课程的主体，另一方面是指教师既是课程的研究者、实施者和开发者，也是课程的主体。[4]目标意识是指教师能对课程目标进行正确的解读，并在目标的指导下有效开展教学，必要时能够根据幼儿的需要对目标进行调整和修订。生成意识是指教师能意识到

---

　*　陈小芳，厦门市第二幼儿园教师。本文发表于 2019 年第 11 期（总第 817 期）《幼儿教育》（教育科学）。

课程开发不仅需要专家的支持，也需要教师合理地处理"预设"和"生成"的关系，[5]并对教学情境进行创造性处理。资源意识是指教师能够创造性地利用教材，开发多种课程资源。[6]评价意识是指教师能接纳多元化的评价主体，并采用多元方式来评价幼儿。本研究通过问卷调查了解幼儿园教师课程意识发展现状，并尝试提出相应的提升策略，供相关人员参考。

一、研究设计

（一）研究对象

本研究采用随机抽样法，抽取厦门市各级各类幼儿园的教师作为研究对象，对其进行电子问卷调查。本研究共回收电子问卷 279 份，剔除无效问卷后共回收有效问卷 262 份，回收率为 93.9％。调查样本基本情况见表 1。

表 1　调查样本基本情况

项目	类别	人数（人）	百分比（％）
性别	男	5	1.9
	女	257	98.1
学历	专科及以下	142	54.2
	本科	115	43.9
	研究生	5	1.9
教龄	5 年及以下	135	51.5
	6～10 年	54	20.6
	11～20 年	53	20.2
	21 年及以上	20	7.7
职称	无	170	64.8
	三级	16	6.1
	二级	57	21.8
	一级	19	7.3
幼儿园性质	公办	114	43.6
	民办	148	56.4
	公办省级示范	31	11.8
	公办市级示范	52	19.8
	公办普通	24	9.2

项目	类别	人数（人）	百分比（%）
幼儿园等级①	民办一级	50	19.1
	民办二级	34	13.0
	民办三级	36	13.7
	民办普通	35	13.4

（二）研究方法及工具

本研究在参考已有研究工具的基础上，编制《幼儿园教师课程意识调查问卷》为研究工具。问卷共 21 个题项，包含主体意识（4 个题项）、目标意识（3 个题项）、生成意识（4 个题项）、资源意识（5 个题项）和评价意识（5 个题项）五个维度。问卷采用李克特五点计分法，从"完全不符合"到"完全符合"依次为 1～5 分。经检验，问卷内部一致性 α 系数为 0.901，具有较高的信度，符合研究需要。本研究采用 SPSS25.0 软件对问卷数据进行统计分析。

二、研究结果与分析

（一）幼儿园教师课程意识总体发展情况

表 2　幼儿园教师课程意识得分

	题均分	标准差
主体意识	4.01	0.40
目标意识	4.63	0.50
生成意识	4.51	0.47
资源意识	4.01	0.46
评价意识	4.44	0.57
总分	4.23	0.39

由表 2 可知，幼儿园教师课程意识总分及各维度得分均高于中间值 3。可

① 根据福建省幼儿园等级评定标准，幼儿园划分为公办省级示范性幼儿园、公办市级示范性幼儿园、公办普通幼儿园、民办一级幼儿园、民办二级幼儿园、民办三级幼儿园、民办普通幼儿园。

见，幼儿园教师课程意识整体处于中等偏上水平。究其原因，可能是因为随着课程改革的不断推进，政府对学前教育的重视程度不断加深，对学前教育经费投入总量和生均教育经费投入均有大幅增长，幼儿园教师的地位与待遇都有一定提升，教师队伍建设不断加强，从而在一定程度上推动了幼儿园教师课程意识的觉醒。与此同时，随着园本课程开发的深入推进，许多幼儿园开始进行不同程度的园本课程开发探索，教师的课程意识在课程实践中不断生成和发展。[7]

（二）幼儿园教师课程意识各维度发展情况

1. 主体意识

调查发现，幼儿园教师课程主体意识平均得分高于中间值 3，处于中等偏上水平。96.18％的教师"会对目前的课程加入自己的理解"；94.28％的教师"将幼儿看作课程的主体"，对幼儿是课程的主体有着清晰的认知；90.83％的教师"会对课程进行研究"。可见，大部分幼儿园教师深刻认识到，幼儿是课程的主体，而教师既是课程的研究者、实施者和开发者，也是课程的主体，课程主体意识较强。调查也发现，仍有 46.95％的教师表示会"根据专家的意见进行课程设计"，自己只是"课程的执行者"。可见，幼儿园教师角色还有待进一步转变。当前，幼儿园普遍赋予教师园本课程开发、课程内容选择等权利，也采用"走出去、引进来"等多种方式为教师提供培训学习机会，促进教师专业发展。然而，受学历、年龄等因素的影响，部分幼儿园教师缺乏对课程的系统理解和认识，[8]教师主体意识有待进一步觉醒。

2. 目标意识

调查发现，幼儿园教师课程目标意识平均得分高于中间值 3，处于中等偏上水平。99.23％的教师认为"幼儿园课程的主要目标是促进幼儿身心全面和谐发展"；96.57％的教师"在制订课程目标时会为幼儿自主发展留下空间"；94.66％的教师"会根据实际情况及时对课程目标进行调整和修订"。可见，大部分幼儿园教师课程目标意识较强，对课程目标有清晰的价值取向，能根据实际情况对目标进行灵活调整和修订。究其原因，可能是因为《3～6 岁儿童学习与发展指南》为幼儿园教师提供了具体、可操作的指导和建议。幼儿园教师对各年龄段幼儿应达到的发展水平有清晰、具体的认识，对课程目标的把握相对比较到位，能在了解幼儿发展水平与兴趣的基础上，根据实际需要及时调整与修订目标，促进幼儿身心全面和谐发展。

　　3. 生成意识

　　调查发现，幼儿园教师课程生成意识平均得分高于中间值3，处于中等偏上水平。98.09％的教师"会根据教学情境的变化调整课程内容"；97.71％的教师会"注意引导幼儿通过自己的探索解决问题"；94.65％的教师"会经常设置开放性问题组织幼儿讨论"；89.7％的教师认为"幼儿园课程是在师幼互动中生成和建构的，不是预设的"。可见，大多数幼儿园教师在实施课程的过程中会根据师幼互动的教学情境对课程进行创造性处理，注重建立平等的对话机制，引导幼儿通过讨论、探索等方式解决问题，不过他们对于课程动态生成的认识还不够，在合理处理"预设"与"生成"的关系方面还有待加强。当前，幼儿园教师已经认识到课程的发展价值在预设中并不能完全实现，需要教师与幼儿在课程实施过程中，在与特定的自然环境、社会环境、文化环境的互动中实现。[9]虽然幼儿园教师对课程的动态生成与重建有更深入的理解，但在实践过程中，教师对教学实践情境中出现的问题还不够敏感，对预设课程的批判意识还有待提升。

　　4. 资源意识

　　调查发现，幼儿园教师课程资源意识平均得分高于中间值3，处于中等偏上水平。94.28％的教师会"以幼儿为中心来选择课程资源"；94.27％的教师"会经常和幼儿分享自己的生活经验"；88.55％的教师认为自己"能积极开发和利用家庭、社区、网络等资源"；85.49％的教师"经常拓展课程指导用书上的内容"。可见，大部分幼儿园教师具备以幼儿为中心来开发和利用多样化课程资源的意识。调查也发现，部分教师的课程意识和课程行为存在一定偏差，合理使用课程指导用书、有效整合各种课程资源的能力还有待加强。究其原因，可能是因为幼儿园教师在将科学合理的课程意识转化为课程行为时，缺乏有力的外在支持。当前，幼儿园师幼比较大的现象依然存在，加之政府财政投入力度相对有限，在一定程度上影响了幼儿园教师将课程意识转化为课程行为的积极性，教师课程资源意识难以提升。

　　5. 评价意识

　　调查发现，幼儿园教师课程评价意识平均得分高于中间值3，处于中等偏上水平。98％的教师"非常重视幼儿的自我评价和同伴互评"；96.57％的教师"采用多种方式评价幼儿"；94.27％的教师"会根据幼儿个体情况、幼儿园实际情况等制订相应的幼儿评价标准"；94.27％的教师"会根据幼儿的评价对课程进行调整"；79.38％的教师表示幼儿园"会让家长对课程进行评价"。可见，大多数幼儿园教师对课程评价有较为清晰的认识。

三、建议

（一）建立开放民主的管理制度，增强教师课程主体意识

调查发现，幼儿园教师的课程主体意识还有待进一步加强。因此，幼儿园应当建立开放民主的管理制度，增强教师课程主体意识。例如，幼儿园可以鼓励教师参与园本课程的开发，通过实践研究等形式，让教师真正参与到课程的开发、设计与评价中来。幼儿园教师不仅是课程的实施者，也是课程的研究者和创造者，教师只有获得了相应的自主决策权，才能在具体的实践中提升自己的主体意识。

（二）提供持续的专业支持，促进教师课程意识与行为的统一

调查发现，幼儿园教师课程意识与行为存在一定脱节现象。因此，幼儿园、高校、科研机构、教育部门等应当共同为幼儿园教师提供持续的专业支持，建立有效的专业支持体系。例如，幼儿园可以积极组建园际间的信息、资源共享机制，实现园际专业支持。幼儿园也可以与各高校、科研机构等合作，通过专业引领为教师提供直接指导，从而提高教师的课程意识，促进教师课程意识与行为的统一。

（三）建立课程审议机制，提升教师课程反思能力

课程审议是指课程开发的主体对具体教育实践问题进行反复讨论，以获得一致性的理解，最终作出恰当的、一致的课程决策。[10] 幼儿园课程审议是幼儿园课程开发的重要环节，也是幼儿园课程问题得以解决、课程决策得以形成的过程（虞永平，2005）。调查发现，幼儿园教师对教学的敏感性和自觉性较高，但缺乏对教学目的的思考，对预设课程的批判意识有待提升。因此，幼儿园应当建立课程审议机制，并为教师提供相对自由、民主的园所环境，让教师以平等的身份参与到课程审议中，鼓励教师积极表达自己的想法，提升教师课程反思能力。

（四）提供多样化的物质支持，提升教师课程资源整合能力

幼儿园教师课程资源意识的提升需要一定的物质资源作保证。因此，幼儿园应当为教师提供多样化的物质支持，提升教师课程资源整合能力。例如，幼儿园可以建立图书室、资料室、教玩具资源库等，为教师提供多样化的课程活动资源。同时，幼儿园也可以通过跨园带教、区域交流等方式增加教师之间的

交流与合作，帮助教师分享交流各自的教学经验。幼儿园还可以定期组织教师进行课程观摩，或者邀请园外专家入园指导，帮助教师解决课程资源整合中的问题。

（五）建立发展性评价机制，激发教师主动提升课程评价意识

当前，幼儿园教师虽然对课程评价有较为清晰的认识，但主动性还有待提升。因此，幼儿园应当建立发展性评价机制，引导幼儿园教师积极主动地提升课程评价意识。发展性评价机制不以评价结果作为奖励依据，而是通过个性化、专业化的评价来促进教师专业成长，在此基础上激发教师课程评价意识。幼儿园可以根据教师的实际情况，分析教师的发展需求，制订教师发展规划，并为其提供培训和自我发展的机会，提高教师的专业水平。同时，幼儿园可以通过教师自评、互评、小组评、家长评等多样化的评价方式，激发幼儿园教师开展课程评价的主动性和创造性。

参考文献：

[1][5][9] 郭元祥. 教师的课程意识及其生成 [J]. 教育研究，2003，(6)：33—37.

[2] 吴刚平. 教学改革需要强化课程意识 [J]. 人民教育，2002，(11)：37—40.

[3][8] 曹丹丹，李茂森. 幼儿园教师课程意识的调查研究 [J]. 江苏教育研究，2013，(10)：33—38.

[4] 李茂森. 课堂教学中教师课程意识的迷失与觉醒 [D]. 昆明：云南师范大学，2011.

[6][7] 程凤玉. 幼儿教师课程意识的基本特征及影响因素个案研究 [D]. 长春：东北师范大学，2011.

[10] 张华. 课程与教学论 [M]. 北京：教育科学出版社，2000：21.

乡镇新入职幼儿园教师专业引领研究

马阿芬[*]

《幼儿园教育指导纲要（试行）》指出："教师应成为幼儿学习活动的支持者、合作者、引导者""关注幼儿在活动中的表现和反应，敏感地察觉他们的需要""善于发现幼儿感兴趣的事物、游戏和偶发事件中所隐含的教育价值，把握时机，积极引导"。《幼儿园教师专业标准（试行）》提出："幼儿园教师是履行幼儿园教育工作职责的专业人员，需要经过严格的培养与培训，具有良好的职业道德，掌握系统的专业知识和专业技能"。可见，幼儿的成长离不开教师的引导，而教师的成长离不开专业知识的引领。因此，加强幼儿园教师教育培训，提高幼儿园新教师的专业素质，是一个重要课题。

近年来，长泰县幼儿园的新教师数量剧增，他们均是大专学历，工作认真踏实、积极主动，善于接受新事物，是一支充满朝气和活力的队伍。但是，新教师个体素质差距较大，教学实践、技能技巧等基本功不扎实，缺乏独当一面的能力，因此，充分发挥长泰县实验幼儿园和长泰县县级幼教名师工作室的示范、辐射、引领作用，探究新入职教师的专业引领模式，从而促进新入职教师专业成长，显得十分必要。2015 年以来，我们对全县 6 个乡镇 85 名幼儿园新教师进行了问卷调查和个别访谈，从中了解了新入职幼儿教师在教育教学工作中存在的问题与困惑，了解了新入职幼儿教师在专业成长过程中对外在支持的需要，并针对新教师的培训需求制订了新入职幼儿教师培训方案。具体而言，教师专业发展理论主要有三种取向：理智取向、实践—反思取向和生态取向。理智取向强调知识基础，主张教师通过科学知识的学习提高其专业性；实践—反思取向更强调教师的实践性知识，主张通过反思实现专业发展；生态取向关

* 马阿芬，长泰县实验幼儿园。本文系 2015 年福建省教育科学"十二五"规划立项课题"乡镇幼儿园新入职教师专业引领研究"（编号：2015XB4861）的阶段性研究成果。本文发表于 2017 年第 1 期《幼儿教育研究》。

注教师成长环境中的各种文化、社群、合作、背景等因素。[1]借鉴理智取向的专业发展理论，我们注重"观念引领"；借鉴实践—反思取向的专业发展理论，我们采用了"微格研讨""以赛促研"等措施；借鉴生态取向的专业发展理论，我们探索了"结对帮扶""线上研讨"等培训方式，促进新教师专业发展，提高新入职教师的专业水平。

一、坚持"观念引领"在先

过去，部分教师把幼儿教师的岗位视为"铁饭碗"，缺乏对幼儿教师职业角色的认同感。有研究认为，幼儿教师角色认同涉及两方面：一是幼儿教师在社会中的实际工作，二是幼儿教师对角色的期望感。幼儿教师的角色认同是指幼儿教师在学习和工作过程中对自身角色的理解、心理感悟、工作态度以及行为准则的移入过程，它是幼儿教师职业角色成长阶段十分重要的组成部分。[2]幼儿教师职业认同的高低，关系到他们对本职业的热爱和肯定程度，既是他们干好本职工作的前提和保障，也是他们专业发展的内在动力。

借鉴理智取向专业发展理论，我们注重对新教师的"观念引领"，坚持在每年八月中下旬新教师正式上岗前开展教师职业角色认同感的引领教育，如举办讲座或名师现身说法等。我县各园还向新教师介绍幼儿园的办园理念、办园目标、校园文化等，帮助他们端正对幼教职业的认识，纠正被动工作的应付心态，确保新教师能够以积极的精神面貌投入工作。同时，我们鼓励新教师结合所在幼儿园的发展计划，科学制订个人发展规划，通过个人与集体的共同成长、共同进步，增强他们对幼儿园的认同感和归属感。

二、聚焦"微格研讨"模式

微格教学法起源于20世纪60年代初的美国。它是在一种缩小了的、可控制的教学环境中开展的有利于教师集中掌握某一特定的教学技能和教学内容的教师培训方法。微格教学是一个有控制的实践系统，它针对性强，目标明确突出，其实质是一个实践和操作过程，注重即时反馈。[3]微格教研是一种很好的校本教研形式，由微格教学演变而来，是微格教学理论和实践的深化和延伸。"微"是指局部，"格"是指录像定格。园本研修中的"微格研讨"，是指采取视频录制的方式记录教师教学实况，在活动教学观察的基础上，通过观察录像，分析研讨教学方式和教学细节，对教师教学提出改进和提高的建议。微格教研可以即时反馈，可以再现分析，真实客观，增强了教学研讨的气氛，使教研活动更加丰富和深入。

近年来，"微格研讨"作为园本研修的一种模式，引起了教育领域研究者的广泛关注，因此长泰县实验幼儿园也把"微格研讨"作为课题研究的重点。我园从"微格研讨"与集体教学、"微格研讨"与区域活动、"微格研讨"与户外活动等方面，对"微格研讨"进行实践，让"微格研讨"在我园园本研修中发挥积极的作用，促进新教师专业成长。如在歌唱活动"三条鱼"中，教研组长组织新教师现场听课，将师幼互动实况拍摄下来，新教师根据入职时间的长短分为工作一年级组、工作二年级组、工作三年级组，围绕"教师与幼儿之间的互动是否有效"的主题，在观察录像后展开小组内讨论，由每个成员发表个人观点，小组内整合意见后，把小组内形成的解决策略记录下来，并各推选一名代表，开展第二轮的小组间讨论，不同组别成员可相互提问，最后由教研组长进行小结，最终得出最佳解决策略。"观察思考—成员讨论—小组讨论—分享展示—总结提升"的研讨模式紧密结合了理论知识与现场实践，新教师通过相互间的观察、点评、学习，对研讨主题有了更深入、更专业的思考，有效培育了自身沟通、合作、学习、决策、解决问题的能力，从而促进了自身的专业成长。

三、推行"以赛促研"理念

行动学习是一个以完成预定的工作为目的，在同事支持下的持续不断反思与学习的过程。行动学习中，参加者通过解决工作中遇到的实际问题，反思自己的经验，相互学习和提高。行动学习法强调在职培训过程中教师个人的主动学习，而不是依赖于培训者的知识灌输。[4]

借助行动学习法，我园实行"以赛促研""以赛代训"，将园本教研推向深入，并给新教师搭建展示与锻炼的平台，让他们在历练中提升组织教学能力，增进相互间的学习与交流。教师专业水平体现在教育活动的设计与组织、自我技能的展示等方面，良好的技能有助于教师组织好每日的教学活动。根据研究思路和课题需要，我们组织了弹琴、舞蹈、唱歌、讲故事、主题画、片段教学、活动设计、教育评价八类综合能力竞赛。新教师在精心准备比赛和相互观摩、评比的过程中，既提升了各项基本功的熟练度，又进一步熟悉了大、中、小三个年段的教师参考用书，掌握了《3～6岁儿童学习与发展指南》中幼儿各年龄段的特点以及各领域应达到的目标，自主设计了教案模拟教学，真正促进了自身综合素质、技能技巧的提高。同时，我们组织新教师指导幼儿开展讲故事比赛、主题画比赛，将教师的个人技能转化为指导幼儿的教学能力，达到了"以赛促研""以赛代练"的培训目的。

四、完善"结对帮扶"机制

生态取向的教师专业发展理论关注教师成长环境中的各种文化、社群、合作、背景等因素，人们探索了许多相应的培训方式，如合作学习法。所谓合作学习法，就是指在教师的指导下，学习者组成学习小组或学习团队，为了完成共同的任务，有明确的责任分工的互助性学习方法。[5]

借助合作学习法，我们采取"结对帮扶"机制，以提升全县整体教育水平和推进区域教育的均衡发展，进一步加强园际管理、教育教学、教改科研工作的交流、互动，促进教师专业能力提升，提高教育教学质量。具体而言，我园充分发挥省级示范性幼儿园的示范带动作用，坚持"有组织领导、有阶段计划、有实施方案、有检查评比"的"四个有"要求，采取园间互助、以老带新等形式开展"结对帮扶"工作，为新教师成长搭建平台，引导优质幼儿教育资源向乡镇辐射，推动城乡幼儿教育均衡发展。一方面是交流，让乡镇结对园的新教师开展为期一年的跟班学习、参与"微格教研"；我园的骨干教师送教下乡、与乡镇新教师"同课异构"；联合开展课题展示课、开放日、环境创设技巧等活动，使乡镇的教师感受我园大教研的氛围，提升他们的教育理念。另一方面是结对，我们让名师与新教师签订三年"结对帮扶"协议，详细制订实施方案，每年对照方案检查评比一次，以提升新教师专业知识、专业教学能力等，使"结对帮扶"机制成为新教师专业能力培训的重要渠道。

五、探索"线上研讨"平台

信息化时代，教师教育必须要创新，以应对教育信息化的挑战。推动信息技术与教师教育的深度融合是必然选择。"线上研讨"平台的搭建也是基于生态取向的教师专业发展理论，为教师提供合作研讨的学习平台，使教师学习方式便捷化、个性化，获得高质量的学习结果。

我县信息基础设施建设完善，重视推进信息技术在教育教学中的应用，并提出以建设"名师课堂"和"名校网络课堂"两种形式推进教师培训。我们利用云技术为学习者提供网络服务空间与环境，努力使每一位教师都可以拥有一个网络个人学习管理平台。全县幼教分为 5 个工作坊，每个坊有 20～30 人，由县名师领衔，大力推进"网络学习空间"的建设与应用，加速信息技术与教师教育的深度融合，促进幼儿教师专业化成长。

随着计算机技术、网络技术、通信技术的迅速发展与融合，移动学习开始被广泛应用。通过智能手机、平板电脑等移动设备，新教师可以不受限于特定时间和地点，利用零散时间、碎片化时间进行网络研讨学习。[6] 例如，我园建立教师交流 QQ 群，其中县级名师 18 人、新教师 85 人，利用 QQ 群的聊天、相册、共享、论坛、通告等功能，搭建名师与新教师实时交流平台，双方可随时随地在网上沟通和分享教学经验。又如，我园建立教师微信群，利用微信的强大功能及时展示教学动态信息，将收藏的优秀文章、图片和论文适时发送给群成员共同分享，名教师还可与新教师一对一进行实时对话，围绕困惑问题有针对性地交流。

综上所述，在为期近两年的省级课题研究中，我园建立了"以人为本、以园为本、以需求为本"的园本培训制度，提供了多样的园本培训活动方式，特别是通过观念的引领，以及"微格研讨""以赛促研""结对帮扶""线上研讨"等探索，有效地促进了幼儿园新教师的专业成长，先后有 6 位新教师被推荐参与县级送教活动，13 位新教师自制教学玩具获县级奖项，多名新教师在区域材料设计、环境创设、户外活动组织等方面在园内评比中名列前茅。课题组根据研究进程，汇编了《教师论文集》《新教师活动案例反思集》《新教师风采录》《新教师区域设计及观察推进集锦》《新教师环境创设展示录》材料共 5册，极大地丰富了园本培训资源库，同时也为我县进修学校新入职教师培训改革提供了有益参考。

参考文献：

[1] 王建军. 课程变革与教师专业发展 [M]. 成都：四川教育出版社，2006.

[2] 沈文. 幼儿园新入职教师职业困境和角色认同的现状及关系研究[D]. 沈阳师范大学，2011.

[3] 陈传峰等. 微格教学 [M]. 广州：中山大学出版社，1998.

　　[4]［英］伊恩·麦吉尔，利兹·贝蒂. 行动学习法［M］. 中国高级人事管理官员培训中心，译. 北京：华夏出版社，2002.

　　[5]顾荣芳. 从新手到专家——幼儿教师专业成长研究［M］. 北京：北京大学出版社，2007.

　　[6]中国学前教育研究会. 探寻规律创新实践促进发展［M］. 南京：南京师范大学出版社，2015.

挖掘自然资源　展现农村特色

——谈农村自然资源在区域活动开展与环境创设中的运用

潘晓琴*

《幼儿园教育指导纲要》指出："幼儿园应当为幼儿提供健康、丰富的生活和活动环境，满足他们多方面发展的需要。"农村幼儿园存在着教育经费不足、教学设备差、操作材料缺乏、体育活动设施少的缺陷，很大程度上限制了农村幼儿园幼儿活动的组织与开展。因此，农村幼儿园要发挥农村优势，充分利用农村丰富的社会和自然资源，创造性地组织和开展具有农村特色的幼儿活动，积极创设富有农村特色的教育教学环境，发展幼儿的综合能力。

一、利用农村自然资源，开展具有农村特色的区角活动

区域活动是幼儿按照自己的意愿进行的一种带有学习和工作性质的游戏，是根据自己的兴趣和需要，以快乐和满足为目的，自由选择、自主展开、自由交流的积极主动的活动过程。这种游戏介于自由游戏和教学之间。农村幼儿园开展区域活动有一定困难，但是我们在实践中，变不利条件为有利条件，还是大有可为的。通过创设丰富的活动环境，给幼儿充分的自主权，让幼儿按自己的方式去探索、去学习、去发展。

1. 在农村幼儿园活动面积小、幼儿人数多的情况下，我们可以综合利用、巧妙结合现有资源。比如：在开设美工区、操作区、图书区时，把集体教学用的桌椅，分组摆放，便可就地利用；窗台上挂毛线练习编辫子；门后挂图书袋，幼儿拿到图书到自己座位看，不利用空间且不占地盘。还可以开设自然角，在教室的一角、窗台或廊沿上放置一些小动物、植物，供幼儿观察、探

* 潘晓琴，泰宁县教师进修学校。本文发表于 2014 年第 29 期《教师》。

索，在这里可以看到蝌蚪怎样变成青蛙，小鱼怎样游泳、呼吸，螃蟹怎样行走，种子怎样出土、发芽，知道植物生长需要水分、空气和阳光。捉些蝴蝶、蜻蜓扎在泡沫板上制成动物标本，采集各种树叶、种子制成植物标本供幼儿观赏。这样可以激发幼儿的好奇心，让他们学会观察、学会发现，开阔视野，懂得节约，并养成爱劳动的好习惯。

2. 农村幼儿园室内、室外操作材料少，但是我们却拥有丰富的自然资源。我们可以选择安全、卫生、无污染的自然材料用于幼儿在区域活动中的操作和游戏。如石块、沙、土、树叶、草、蛋壳、各种盒子、毛线、植物种子等，这些材料的数量就足够幼儿使用，这样就可以解决材料少的问题。

比如美工角：农村用来做美工的材料可谓种类繁多、丰富多彩，如：玉米缨、小麦秆、花生皮、狗尾草、树叶、果壳、石子、豆类等都是取之不尽、用之不竭的手工材料，通过观察引导幼儿运用这些材料进行再加工、再创造。例如：用高粱秆制作的眼镜，用地瓜叶柄制作的耳坠、手链，用麦秆编制的戒指、烟袋，用狗尾草编成的小兔、小狗，用树叶、种子粘贴各种小动物等，这一切的一切无不蕴含着幼儿的想象力、创造力和动手操作能力，幼儿的一切绘画活动都可以在这些废物中得到体现，幼儿在操作中学会了剪、团、粘、贴、撕、画等技能，锻炼了幼儿手指的灵活性，提高了幼儿的观察力、创造力和表现力，培养了他们的审美情趣。

又如数学角：数学知识具有抽象性、逻辑性、概括性强的特点，因此，利用数学角辅助幼儿学习数学，引导幼儿关注周围环境中的数、量、形、空间关系，发现生活中的数学非常重要。农村丰富的自然物与日常生活中的废旧物品为幼儿操作学习提供了廉价的教具学具。例如小班幼儿可利用实物小麦、玉米、大豆、花生等，按种类、大小、颜色分类，认识1和许多；中班幼儿可进行数数、一一对应、排序、分类练习；大班幼儿可进行数的组成、加减运算、逢双数、逢五数的练习，还可以利用石子、果核、松球进行大小、颜色分类，用废旧毛线进行自然测量，用火柴棒进行拼图，在串珠、串纽扣活动中进行数数……幼儿在游戏操作过程中，既能通过观察、分析、比较逐渐对数学方面有所了解，同时又发展了幼儿思维的准确性、敏捷性、创造性。

再如表演区：用沙子、竹子、石头可以做成各种不同的打击乐器，沙子被灌进矿泉水瓶里成了"沙锤"，小竹筒被做成了"双响棒子"，大竹节被固定在住竹架上成了架子鼓，竹片可以做成"快板"，石头则充当"小铃"，在竹筒上挖一个小洞，然后放进黄豆，可以做成响筒；小竹板、小竹墩可以做成竹响板、竹管沙球、竹串铃等，让幼儿随音乐自由演奏；用树叶、稻草、贝壳、豆类、塑料袋、纸袋等可以做成服饰，供幼儿表演，有效提高幼儿的审美能力及表现能力。

3. 根据农村条件，开设有农村特色的区域活动。比如，美食城是县城具有的，但在农村商品交易最热闹的地方，莫过于五天一次的集市了，幼儿对集市很熟悉，印象很深。开展集市，能满足农村幼儿参与成人交易活动的欲望，发展幼儿的社会性交往能力；还可和幼儿一起用废旧物品在活动中自制"商品"，如蛋、粮食、瓜果等。

4. 把区域开设到大自然中去。农村自然资源丰富，大自然中有取之不尽的材料，同时也是天然的活动区。农村中多的是土，用土做成泥，用泥做糖葫芦，做窝窝头，做汽车，还可以捡树叶，做标本、贴画，拼画……在大自然中，幼儿的想象力尽情放飞，创造力尽情地发挥，同时尽情感受大自然的美。

5. 将活动区扩展到家庭之中。现在普遍存在一种现象：幼儿在幼儿园是"乖宝宝"，在家却是"小皇帝""小公主"。首先可请家长为孩子开拓一片属于孩子自己的天地，并提供丰富材料，让幼儿自由画、捏、剪、折。还可请家长为孩子提供劳动机会，比如帮家长采摘野菜、草药、摘拣蔬菜等。只要家长肯放手，孩子就会很乐意而为，同时还增强了劳动意识，养成爱劳动的好习惯。

二、运用农村自然材料，创设具有农村特色的幼儿园环境

作为农村幼儿园，缺乏资金，从而也缺乏环境创设的材料。如何就地取材，运用自然资源，体现农村幼儿园的特色呢？可以从以下三方面入手：

1. 充分收集多种可利用的自然资源素材

农村的自然资源包罗万象，品种丰富，但是，是不是所有的自然资源都能运用到我们幼儿园的环境创设和教玩具制作当中去呢？肯定不是。这其中可以大致有这样几类比较适用的：种子类（玉米、黄豆、绿豆、谷类等），竹木类（竹筒、木块、树皮、篾条、树叶、松果等）、秸秆类（麦秆、稻草、油菜秆等），瓜壳类（花生壳、瓜子壳、丝瓜壳等）。一般来说，都是运用晒干后、易于操作的，而不是新鲜的、不容易保存的。

要发挥自然资源的作用，就要充分收集自然资源，一个是在数量上，一个是在种类上。数量多才易于运用，种类多才能避免单调。

2. 创新设计，发掘自然资源的最大使用价值

在农村幼儿园的环境创设和教玩具制作中，如何运用自然资源并不是约定俗成的、一成不变的，而是需要我们幼儿教师充分开动脑筋，创新设计。一般来说，竹木类、种子类因为比较硬，所以适用于自制教玩具比较多，而秸秆类、瓜壳类适用于环境创设比较多。真正在实践中的运用还需要平时多动脑筋，多实践。在教玩具制作方面，竹子可以制成很多体育用具，如跑马竿、踩跷筒、竹圈、小推车、竹蜻蜓、竹扭棍等；木头可以做陀螺、积木块、木凳等；稻草可以搓成草绳；种子类可以穿成串用于数数。在环境创设方面，可以用各种瓜壳来粘贴，还可以用各种秸秆来编织进行装饰，总之就是多动脑，多想办法。

3. 灵活使用，美化搭配

一般来说，自然材料的颜色比较深沉，而且不容易粘贴，在使用的过程中大家都觉得比较吃力，这就需要灵活使用，美化搭配了。这里有几点建议：

（1）在使用之前要进行初加工，比如对竹木类进行切割打磨，对瓜壳种子类进行筛选，对秸秆类进行剪切等，总之就是为了在使用中更易于操作。

（2）在运用到环境创设中时，自然材料不容易上墙，有个窍门，就是运用纸做中介材料，把要用的东西先粘在纸上，然后再粘贴在墙上，这样就很容易上墙，不容易掉。

（3）要充分美化。怎样美化呢？一个方法是上色，根据实际的需要给自然资源上漂亮的颜色，可以用油漆也可以用广告颜料；另一个方法是与彩色卡纸搭配。

总的来说，在幼儿园教育教学中使用自然资源只要兼顾到美观和实用，再加上老师们的巧妙构思，就能充分展现农村幼儿园就地取材、因地制宜的特色，这是城市幼儿园所不能代替的。